Algorithmen und Datenstrukturen

von
Norbert Blum

2., überarbeitete Auflage

Oldenbourg Verlag München

Prof. Dr. Norbert Blum lehrt an der Rheinischen Friedrich-Wilhelms-Universität Bonn, Abteilung Algorithmen und Verteilte Systeme.

Bibliografische Information der Deutschen Nationalbibliothek

Die Deutsche Nationalbibliothek verzeichnet diese Publikation in der Deutschen Nationalbibliografie; detaillierte bibliografische Daten sind im Internet über http://dnb.d-nb.de abrufbar.

© 2013 Oldenbourg Wissenschaftsverlag GmbH
Rosenheimer Straße 145, D-81671 München
Telefon: (089) 45051-0
www.oldenbourg-verlag.de

Lektorat: Johannes Breimeier
Herstellung: Tina Bonertz
Titelbild: shutterstock.com; Grafik: Irina Apetrei
Einbandgestaltung: hauser lacour
Gesamtherstellung: Grafik & Druck GmbH, München

Dieses Papier ist alterungsbeständig nach DIN/ISO 9706.

ISBN   978-3-486-71403-6
eISBN 978-3-486-71966-6

Inhaltsverzeichnis

Vorwort

Ein Informatiker hat häufig ein Programm zu entwickeln, das ein gegebenes Problem aus der Praxis löst. Der eigentlichen Programmierung voran gehen die Problemanalyse und der Entwurf der benötigten Datenstrukturen und Algorithmen. Das Buch gibt eine Einführung sowohl in grundlegende Datenstrukturen und Methoden für die Entwicklung von Algorithmen als auch in den Entwurf von Algorithmen zur Lösung von elementaren Problemen, die selbst häufig als Teilprobleme bei der Lösung eines Problems auftreten.

In Teil I des Buches werden grundlegende Werkzeuge vorgestellt. Immer müssen Algorithmen auch Mengenverwaltungsprobleme lösen. Darum ist Kapitel 1 der Entwicklung von Datenstrukturen zur Lösung von Mengenverwaltungsproblemen gewidmet. Neben einfachen Datenstrukturen – wie Feldern und Listen – werden Bäume, insbesondere balancierte Bäume, Hashing, Priority Queues und Datenstrukturen zur Organisation von disjunkten Mengen behandelt. Viele Probleme lassen sich als ein Problem auf Graphen formalisieren, zu deren Lösung dann ein geordnetes Betrachten des Graphen notwendig ist. Daher beschäftigt sich Kapitel 2 mit Durchmusterungsmethoden für Graphen. In der Praxis erhält ein Informatiker häufig in der Sprache des Anwendungsbereiches eine Problemstellung mit der Aufgabe, ein Computerprogramm zu entwickeln, welches das Problem löst. Üblicherweise wird zunächst mittels Abstraktion aus dem Anwendungsproblem eine mathematische Formulierung erstellt. Zur Lösung des formalen Problems entwickelt man einen Algorithmus, der dann in einer geeigneten Programmiersprache auf dem Rechner implementiert wird. Für die Entwicklung von Algorithmen gibt es allgemeine algorithmische Paradigmen, deren Anwendbarkeit jeweils von gewissen Eigenschaften abhängt. Kapitel 3 ist derartigen Paradigmen gewidmet. Diese umfassen Divide-and-conquer, dynamische Programmierung, Aufzählungsmethoden, Greedyalgorithmen, Approximationsalgorithmen und probabilistische Algorithmen.

In Teil II des Buches werden Lösungen für elementare Probleme entwickelt, die häufig selbst als Teilprobleme bei der Lösung von Problemen auftreten. Dabei kommen die in Teil I des Buches vorgestellten Werkzeuge zum Tragen. Algorithmen für grundlegende Probleme auf Graphen, wie z.B. Wege- oder auch Netzwerkflußprobleme und für Probleme auf Strings, wie z.B. Stringmatching, werden in den Kapiteln 4 und 5 behandelt. Viele in der Praxis auftretenden Probleme sind Online-Probleme. D.h., die Eingabe erfolgt portionsweise und muss auch vom Algorithmus portionsweise ohne Kenntnis der zukünftigen Eingabe verarbeitet werden. Algorithmen, die dies tun, heißen Online-Algorithmen. Diese werden in Kapitel 6 behandelt. In vielen Anwendungen sind Fouriertransformationen zu berechnen. Daher wird in Kapitel 7 ein Algorithmus für schnelle Fouriertransformationen entwickelt. Viele in der Praxis auftretende Probleme lassen sich als lineares bzw. als ganzzahliges lineares Programm formulieren. Kapitel 8 bietet eine Einführung in die lineare und ganzzahlige lineare Programmierung.

Das Buch ist an Personen gerichtet, die über grundlegende Kenntnisse der Analysis und der linearen Algebra, wie sie im 1. Semester in den Vorlesungen Analysis I bzw. Lineare Algebra I vermittelt werden, verfügen. Insofern wurde auf einen Anhang „Mathematische Grundlagen" verzichtet. Die im Buch benötigten graphentheoretischen Grundlagen stehen zu Beginn des 2. Kapitels. Beweise werden, mit Ausnahme der Beweise von Behauptungen und Lemmata, die selbst Teil eines Beweises sind, mit ■ abgeschlossen. Deren Ende wird mit □ angezeigt. Beispiele, die noch fortgeführt werden, sind mit ◊ abgeschlossen. Ansonsten ist das Ende eines Beispiels mit ◆ markiert. Das Buch enthält Übungsaufgaben, die zum Teil dort im Text stehen, wo sie bearbeitet werden sollen. Weitere Übungsaufgaben stehen jeweils am Kapitelende. Schwere Übungsaufgaben sind mit * und sehr schwere Übungsaufgaben mit ** markiert. Um die Vertiefung in den bearbeiteten Teilbereichen zu vereinfachen, werden ausführliche Literaturhinweise gegeben. Bei der Vielzahl von ausgezeichneter Literatur habe ich sicherlich das eine oder andere gute Buch übersehen. Dies bitte ich zu entschuldigen.

Bei der Erstellung der 3. Auflage meines Buches „Theoretische Informatik: Eine anwendungsorientierte Einführung" habe ich der vielerorts erfolgten Modularisierung der Lehrinhalte Rechnung getragen und das Buch geteilt. Das vorliegende Buch „Datenstrukturen und Algorithmen" ist der eine Teil und beinhaltet im wesentlichen überarbeitete Kapitel der zweiten Auflage obigen Buches. Der zweite Teil „Theorie der Berechnung" wird, wesentlich erweitert, noch folgen.

Mein Dank gilt Michael Clausen, Martin Löhnertz, Maria Nikolaidou und Claus Rick, die Teile des Buches gelesen haben. Deren wertvolle Hinweise haben zur Verbesserung des Buches in vielerlei Hinsicht beigetragen. Dem Oldenbourg Verlag gilt mein Dank für die gute Zusammenarbeit.

Norbert Blum

Vorwort zur zweiten Auflage

Neben der üblichen Beseitigung von Druckfehlern und kleineren Modifikationen ist das Buch wesentlich erweitert worden. Als weiteres Beispiel für die dynamische Programmierung wurde ein Algorithmus zur Berechnung von optimalen Suchbäumen hinzugenommen. Das Kapitel über Netzwerkflüsse wurde durch Karzanov's Methode zur Berechnung eines blockierenden Flusses ergänzt. Es wird nun auch die Methode von Boyer und Moore zur Lösung des Stringmatchingproblems vorgestellt und analysiert. Des Weiteren werden Suffixbäume und Ukkonen's Algorithmus zur Berechnung von Suffixbäumen präsentiert.

Ich danke Herrn Matthias Kretschmer für die Erstellung der neuen Abbildungen. Dem Oldenbourg Verlag und insbesondere dem Lektor, Herrn Johannes Breimeier gilt mein Dank für die gute Zusammenarbeit.

Norbert Blum

TEIL I

GRUNDLEGENDES ZUR ENTWICKLUNG VON ALGORITHMEN

1 Datenstrukturen zur Lösung von Mengenverwaltungsproblemen

Computerprogramme verwalten und manipulieren Daten. So hat zum Beispiel ein Programm, das die Konten einer Bank verwaltet, dafür zu sorgen, dass bei der Eröffnung eines neuen Kontos die korrespondierenden Daten in den Datenbestand aufgenommen werden. Wird ein Konto gelöscht, dann müssen die dazugehörigen Daten aus dem Bestand entfernt werden. Die Bearbeitung des Kontos erfordert den Zugriff auf die Daten. Möglicherweise möchte die Bank Werbung nicht an alle Kunden, sondern nur an Kunden, die gewisse Kriterien erfüllen, verschicken. Auch für die Organisation einer derartigen Werbeaktion ist eine geeignete Bearbeitung der Daten notwendig. Der Datenbestand einer Bank ist sehr groß. Da auf den Daten häufig Operationen durchgeführt werden, ist es wichtig, dass dies so effizient wie möglich geschieht. Daher ergibt sich folgende Frage: Wie strukturiert man die Daten, so dass die Operationen effizient durchgeführt werden können? Welche Operationen auszuüben sind, bestimmt die konkrete Anwendung. Wie die Daten zu strukturieren sind, hängt nur davon ab, welche Operationen durchzuführen sind und nicht davon, was das Anwendungsproblem ist. Daher ist es sinnvoll, obige Frage auf einem höheren Abstraktionsniveau zu beantworten.

Die zu verwaltende Menge S ist in der Regel eine Teilmenge eines Universums U der möglichen Daten. Zur Organisation der Verwaltung von S ist es meistens nicht notwendig, die Elemente insgesamt zu betrachten. Falls zum Beispiel die zu verwaltende Menge die Konten einer Bank sind, dann macht es wenig Sinn, zur Mengenmanipulation stets die gesamte gespeicherte Information des betreffenden Kontos zu verwenden. Es genügt in der Regel hierfür einfach eine Zahl, die Kontonummer. Demzufolge bestehen *Mengen* aus Objekten, die sich aus *Schlüssel* (dient der Mengenmanipulation) und *Information* zusammensetzen. Das Universum U besteht dann aus der Menge der möglichen Schlüssel. Sei auf U eine lineare Ordnung $(U, \leq)$ definiert. Wenn U eine Menge von Zahlen ist, dann können wir einfach die übliche Ordnung verwenden. Falls U die Menge der Strings über einem Alphabet sind, dann würde sich die lexikographische Ordnung anbieten. Wir werden uns zunächst mit einfache Operationen beschäftigen und dann später noch weitere Operationen betrachten. Sei $S \subseteq U$ eine Teilmenge von U. Typische einfache Operationen, die bei der Verwaltung von Mengen durchgeführt werden, sind die folgenden:

Name	Effekt
Zugriff(a, S)	**if** $a \in S$
	then Ausgabe := unter dem Schlüssel a gespeicherte
	Information
	else Ausgabe := $a \notin S$;
	fi.
Einfügen(a, S)	$S := S \cup \{a\}$.
Streichen(a, S)	$S := S \setminus \{a\}$.

Ziel ist die Entwicklung von Datenstrukturen zur effizienten Lösung von Mengenverwaltungsproblemen. Hierzu werden wir als erstes einfache Datenstrukturen entwerfen. Diese allein ermöglichen in der Regel keine effiziente Lösung des Mengenverwaltungsproblems, sind aber häufig Bausteine von umfangreicheren Datenstrukturen, die zu einer effizienten Lösung führen. Nachdem wir derartige Datenstrukturen für das Zugriff-, Einfüge- und Streicheproblem untersucht haben, werden wir spezielle wichtige Mengenverwaltungsprobleme betrachten und auf diese zugeschnittene Datenstrukturen entwickeln.

1.1   Einfache Datenstrukturen

Die einfachste Strukturierungsart ist das Feld. Ein *Feld*, auch *Array* genannt, $A[1 : n]$ der Größe n besteht aus n Variablen $A[1], A[2], \ldots, A[n]$ vom gleichen Typ. Ein Programm kann direkt auf jede Variable $A[i]$, $1 \leq i \leq n$, zugreifen. Nehmen wir an, dass in Feld A natürliche Zahlen gespeichert sind. Möchte man nun für ein gegebenes $x \in \mathbb{N}$ feststellen, ob x in A abgelegt ist, dann kann man nacheinander jede Feldvariable $A[i]$ betrachten, bis x gefunden oder alle Feldvariablen angeschaut sind. Diese Vorgehensweise hat den Nachteil, dass im schlimmsten Fall, insbesondere wenn die Suche erfolglos ist, n Speicherzugriffe erforderlich sind. Diese kann im Fall, dass das Feld sortiert ist (d.h., $A[i] \leq A[j]$ für $i < j$) mittels *Binärsuche* beschleunigt werden. Binärsuche vergleicht x mit dem in der Mitte des Feldes abgespeicherten Element und setzt, je nachdem, wie der Vergleich ausgegangen ist, die Binärsuche in der linken bzw. der rechten Hälfte des Feldes fort. Dies leistet folgendes Programmstück:

Algorithmus BINÄRE SUCHE

Eingabe: sortiertes Feld $A[1 : n]$ der Größe n und $x \in \mathbb{N}$.

Ausgabe: $\begin{cases} i \text{ mit } A[i] = x & \text{falls } i \text{ existiert} \\ \text{Meldung } x \notin A & \text{sonst.} \end{cases}$

Methode:

    (1) $p := 0$; $q := n$; Ausgabe := „$x \notin A$";

(2) **while** $p < q$
   do
      if $x < A\left[\left\lceil\frac{p+q}{2}\right\rceil\right]$
         then
            if q > 1
               then
                  $q := \left\lceil\frac{p+q}{2}\right\rceil$
               else
                  $p := q$
            fi
         else
            if $x > A\left[\left\lceil\frac{p+q}{2}\right\rceil\right]$
               then
                  $p := \left\lceil\frac{p+q}{2}\right\rceil$
               else
                  Ausgabe $:= \left\lceil\frac{p+q}{2}\right\rceil$;
                  $p := q$
            fi
      fi
   od.

Bei jedem Schleifendurchlauf halbiert sich die Größe des zu betrachtenden Feldes. Die Anfangsgröße n kann höchstens $(\lceil\log n\rceil + 1)$-mal halbiert werden. Also benötigen wir maximal $\lceil\log n\rceil + 1$ Schleifendurchläufe. Nachteilig ist, dass das Feld sortiert sein muss. Wir werden im folgenden Felder zur Realisierung von höheren Strukturierungsarten verwenden.

1.1.1 Keller und Schlangen

Keller und Schlangen dienen zur Realisierungung von Folgen von Elementen, die nur am Anfang oder am Ende der Folge modifiziert werden dürfen. Bei einem *Keller* kann ein Element am Ende der Folge weggenommen oder hinzugefügt werden. Demnach geschieht die Modifikation eines Kellers nach dem Prinzip *last in first out (LIFO)*. Bei einer *Schlange* erfolgt die Wegnahme eines Elementes am Anfang und die Hinzunahme am Ende der Folge, d.h., die Modifikation einer Schlange geschieht nach dem Prinzip *first in first out (FIFO)*.

Ein Keller K kann durch ein „unendliches" Feld $K[1], K[2], \ldots$ und einem Index TOP realisiert werden. TOP nimmt Werte in $\mathbb{N}_0$ an. Dabei gilt:

1. $K[1], K[2], \ldots, K[\text{TOP}]$ ist der aktuelle Keller.

2. $K[\text{TOP}]$ ist das oberste Kellerelement.

3. Falls TOP $= 0$, dann ist der Keller leer.

Folgende Befehlsfolgen realisieren die Modifikation des Kellers K:

Hinzunahme des Elementes a:

> TOP := TOP +1;
> K[TOP] := a.

Wegnahme des obersten Kellerelementes:

> **if** TOP > 0
>   **then**
> $x := K$[TOP];
>   TOP := TOP −1
>   **else**
>   „Fehlermeldung"
> **fi**.

Für die Operation „Hinzunahme des Elementes a" schreiben wir PUSH(a). Für die „Wegnahme des obersten Kellerelementes" schreiben wir POP. Im konkreten Fall wird man einen Keller durch ein endliches Feld realisieren. Dann muss bei der Hinzunahme eines Elementes überprüft werden, ob im Feld noch Platz ist.

Wir realisieren eine Schlange S durch ein endliches Feld $S[0], S[2], \ldots, S[n-1]$. Indem wir $S[0]$ als Nachfolger von $S[n-1]$ interpretieren, erhalten wir einen geschlossenen Kreis. Die Schlange ist dann stets ein Kreisausschnitt. Zur Spezifikation des Kreisausschnittes verwalten wir zwei Indizes ANF und EN. Dabei gilt stets

$$S = \begin{cases} S[\text{ANF}], S[\text{ANF}+1], \ldots, S[\text{EN- }1] & \text{falls } \text{ANF} < \text{EN} \\ S[\text{ANF}], \ldots, S[n], S[1], \ldots, S[\text{EN- }1] & \text{falls } \text{ANF} > \text{EN} \\ \text{leer} & \text{falls } \text{ANF} = \text{EN}. \end{cases}$$

Folgende Befehlsfolgen realisieren die Modifikation der Schlange S:

Hinzunahme des Elementes a am Ende von S:

> S[EN] := a ;
> EN := EN +1 mod n;
> **if** ANF = EN
>   **then**
>   „Fehlermeldung"
> **fi**.

Wegnahme am Anfang von S:

> **if** ANF $\neq$ EN
>   **then**
> $x := S$[ANF];

$$\text{ANF} := \text{ANF} + 1 \mod n$$

else

    „Fehlermeldung"

fi.

Beachten Sie den Unterschied zwischen der betrachteten Datenstruktur Keller bzw. Schlange und der konkreten Realisierung mittels eines Feldes. Natürlich sind auch andere Implementierungen eines Kellers bzw. einer Schlange denkbar. Viele Programmiersprachen stellen diese Datenstrukturen zur Verfügung, so dass der Programmierer diese selbst nicht implementieren muss. Später werden wir die Datenstrukturen Keller und Schlange zur Lösung von komplexeren Problemen verwenden.

1.1.2 Listen

Eine Folge von Elementen, die an beliebiger Stelle verändert werden darf, heißt *Liste*. Zur Realisierung einer Liste nimmt man üblicherweise kein einzelnes Feld, da bei der Modifikation der Liste eventuell das gesamte Feld umgespeichert werden müsste. Günstiger ist die Verwendung von *verketteten Listen*. D.h., jedes Element besitzt einen Zeiger auf das nachfolgende Element. In Abbildung 1.1 ist eine verkettete Liste, die eine vierelementige Menge repräsentiert, dargestellt.

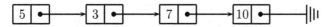

Abbildung 1.1: Verkettete Liste für die Menge $\{5, 3, 7, 10\}$.

Eine Möglichkeit der Realisierung einer verketteten Liste ist die Verwendung von zwei Feldern INHALT$[1 : n]$, NAECHSTER$[1 : n]$ und einer Variablen KOPF. Dabei zeigt KOPF immer auf das erste Listenelement. Obige Liste kann wie folgt realisiert werden:

	INHALT	NAECHSTER
1	7	4
2	3	1
3	5	2
4	10	0

KOPF: 3

Abbildung 1.2: Realisierung der verketteten Liste in Abbildung 1.1.

NAECHSTER des letzten Listenelementes erhält den Wert 0. Die Operation Einfügen benötigt drei Parameter:

1. Das Element a, das eingefügt werden soll.

2. Den Index I desjenigen Elementes, hinter dem a in die Liste eingefügt werden soll. $I = 0$ bedeutet, dass a vor das erste Listenelement einzufügen ist.

3. Den Index FREI eines unbenutzten Platzes in INHALT und NAECHSTER.

Die Operation Streichen benötigt als Parameter den Index I des Elementes, dessen Nachfolger aus der Liste gestrichen werden soll. Folgende Befehlsfolgen realisieren die Operationen Einfügen und Streichen:

Einfügen des Elementes a hinter INHALT[I] in INHALT[FREI]:

```
INHALT[FREI] := a;
if I = 0
   then
      NAECHSTER[FREI] := KOPF;
      KOPF := FREI
   else
      NAECHSTER[FREI] := NAECHSTER[I];
      NAECHSTER[I] := FREI
fi.
```

Streichen des Nachfolgers von INHALT[I]:

```
if I = 0
   then
      KOPF := NAECHSTER[KOPF]
   else
      NAECHSTER[I] := NAECHSTER[NAECHSTER[I]]
fi.
```

Zu lösen ist noch das Problem, wie man I und FREI findet. Die Ermittlung des richtigen Wertes von I bleibt dem Programm überlassen, da dieser von der konkreten Anwendung abhängt. Um immer einen Wert für FREI parat zu haben, verwaltet man die Menge der freien Feldvariablen in einem Keller. Beim Einfügen eines Elementes entfernt man das oberste Kellerelement. Beim Streichen eines Elementes legt man die freigewordene Feldvariable oben auf dem Keller ab.

Eine Liste heißt *sortiert*, falls die Elemente in ihr von links nach rechts aufsteigend oder absteigend sortiert sind. Wenn wir nun ein Element a derart in eine sortierte Liste einfügen wollen, dass die Liste anschließend noch immer sortiert ist, können wir die Liste von links nach rechts solange durchmustern, bis wir den richtigen Index I gefunden haben. Allerdings benötigen wir im schlimmsten Fall Länge der Liste Zeiteinheiten, um den Index I zu finden. Besser können derartige Operationen mittels Bäume realisiert werden.

Übung 1.1:

a) *Geben Sie eine Befehlsfolge an, die ein neues Element a derart in eine aufsteigend sortierte Liste einfügt, dass sie sortiert bleibt.*

b) *Für manche Anwendungen ist es günstig, wenn von einem Listenelement nicht nur auf das nächste Listenelement, sondern auch auf das vorangegangene Listenelement direkt zugegriffen werden kann. Dies erreicht man, indem man zu jeden Listenelement einen Zeiger auf das vorangegangene Listenelement hinzufügt. Derartige Listen heißen doppelt verkettet. Erweitern Sie obige Datenstruktur und Befehlsfolgen, so dass doppelt verkettete Listen realisiert werden.*

1.2 Bäume

Eine sortierte Liste hat den Nachteil, dass eine Einfüge-, Streiche- oder Zugriffsoperation Anzahl der Elementen in der Liste viele Zeiteinheiten benötigen kann. Unser Ziel ist nun die Entwicklung von Datenstrukturen, die eine effizientere Durchführung dieser Mengenoperationen unterstützen. Die ersten Datenstrukturen, die wir hierzu näher betrachten werden, sind die sogenannten *geordneten Bäume*. Da wir in diesem Kapitel nur geordnete Bäume betrachten werden, wird nachfolgend das Adjektiv „geordnet " weggelassen.

Sei $V = \{v_1, v_2, \dots\}$ eine unendliche Menge von *Knoten*. Wir definieren nun induktiv die Menge der Bäume.

1. Jeder Knoten $v_i \in V$ ist ein Baum. v_i ist die *Wurzel* des Baumes.

2. Wenn $T_1, T_2, \dots, T_m$ $(m \geq 1)$ Bäume mit paarweise disjunkten Knotenmengen sind und v ein neuer Knoten ist, dann ist das $(m+1)$-Tupel $T = [v, T_1, T_2, \dots, T_m]$ ein Baum. Der neue Knoten v heißt *Wurzel* des Baumes T. Der Baum T_i heißt *i-ter direkter Unterbaum (Teilbaum)* von T. Die Zahl m ist der *Grad* des Knotens v in T.

Sei T ein Baum mit Wurzel v und direkten Unterbäumen T_i, $1 \leq i \leq m$. Sei w_i die Wurzel von T_i(geschrieben $w_i = \text{Wurzel}(T_i)$). Dann heißt w_i *i-ter Sohn* von v und v *Vater* von w_i. *Nachfolger* bezeichnet die reflexive, transitive Hülle der Sohn-Relation. *Vorgänger* bezeichnet die reflexive, transitive Hülle der Vater-Relation. $w_j, j \neq i$ heißt *Bruder* von w_i. Ein Knoten vom Grad 0 heißt *Blatt*. Ein Knoten vom Grad größer 0 heißt *innerer Knoten*.

Sei u ein Knoten eines Baumes T. Dann ist die *Tiefe von u bezüglich T* Tiefe(u, T) definiert durch

$$\text{Tiefe}(u, T) := \begin{cases} 0 & \text{falls } u = \text{Wurzel}(T) \\ 1 + \text{Tiefe}(u, T_i) & \text{sonst, wobei } T_i \text{ derjenige direkte} \\ & \text{Unterbaum von } T \text{ ist, in dem } u \text{ liegt.} \end{cases}$$

Die *Höhe* Höhe(T) eines Baumes T ist definiert durch

$$\text{Höhe}(T) := \max\{\text{Tiefe}(b, T) \mid b \text{ ist Blatt von } T\}.$$

In Abbildung 1.3 hat der Knoten v_3 die Tiefe 1. Der Unterbaum mit Wurzel v_3 hat die Höhe 2. Ein Baum T heißt *Binärbaum*, wenn jeder innere Knoten von T den Grad 2 hat. In einem Binärbaum sprechen wir statt vom 1. bzw. 2. auch vom *linken* bzw. *rechten* Unterbaum. Abbildung 1.3 enthält einen Binärbaum. Wir unterscheiden zwei Arten der Speicherung von Information in einem Baum:

- *Blattorientierte Speicherung:* Nur in den Blättern des Baumes werden Daten gespeichert.

- *Knotenorientierte Speicherung:* In allen inneren Knoten des Baumes werden Daten gespeichert. Die Blätter bleiben leer.

Wir realisieren einen Binärbaum mit knotenorientierter Speicherung durch drei Felder INHALT, LSOHN, RSOHN und eine Variable WURZEL.

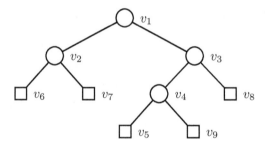

Abbildung 1.3: Binärbaum.

Den Binärbaum in Abbildung 1.3 können wir, wie in Abbildung 1.4 beschrieben, realisieren. Dabei kann die Information eines Knotens bzw. Blattes leer sein. Da Blätter keine Söhne haben, erhalten LSOHN und RSOHN für Blätter den Wert 0.

Wir unterscheiden verschiedene Durchmusterungsmethoden für Binärbäume. Sei T ein Binärbaum mit Wurzel w, linkem Unterbaum L und rechtem Unterbaum R. Wir definieren dann rekursiv:

Präordnung Besuche die Wurzel, dann den linken Unterbaum und dann den rechten Unterbaum: wLR.

Postordnung Durchmustere den linken Unterbaum, dann den rechten Unterbaum und dann die Wurzel: LRw.

Symmetrische (lexikographische) Ordnung Durchmustere den linken Unterbaum, dann die Wurzel und dann den rechten Unterbaum: LwR.

	INHALT	LSOHN	RSOHN
1	Schlüssel, Information zu v_3	6	3
2	Schlüssel, Information zu v_1	4	1
3	Schlüssel, Information zu v_8	0	0
4	Schlüssel, Information zu v_2	5	9
5	Schlüssel, Information zu v_6	0	0
6	Schlüssel, Information zu v_4	8	7
7	Schlüssel, Information zu v_9	0	0
8	Schlüssel, Information zu v_5	0	0
9	Schlüssel, Information zu v_7	0	0

Wurzel: $\boxed{2}$

Abbildung 1.4: Realisierung des Binärbaumes aus Abbildung 1.3.

1.2.1 Beliebige Suchbäume

Sei auf der Menge aller Schlüssel eine lineare Ordnung definiert. Sei T ein Binärbaum mit Wurzel w, linkem Unterbaum L und rechtem Unterbaum R. T heißt genau dann *sortiert* oder *Suchbaum*, wenn

1. L und R sortiert sind,
2. Schlüssel $(v) \leq$ Schlüssel (w) für alle Knoten v in L und
3. Schlüssel $(w) <$ Schlüssel (v) für alle Knoten v in R.

Die zum Schlüssel x korrespondierende Information kann nun gefunden werden, indem wir x mit dem Schlüssel in der Wurzel w vergleichen. Dabei verfahren wir wie folgt:

$x =$ **Schlüssel**(w): Bei knotenorientierter Speicherung ist die Information gefunden. Andernfalls suchen wir in L weiter.

$x <$ **Schlüssel**(w): Wir suchen in L weiter.

$x >$ **Schlüssel**(w): Wir suchen in R weiter.

Falls der betrachtete Knoten ein Blatt des Suchbaumes ist und nicht den Schlüssel x enthält, dann ist x nicht im Suchbaum enthalten. Die maximale Suchzeit in einem Suchbaum ist durch die Höhe des Baumes beschränkt. Dies kann bei einem binären

Baum mit n Knoten $\frac{1}{2}n$ sein. Ein Beispiel hierfür ist die in Abbildung 1.5 skizzierte Gerte.

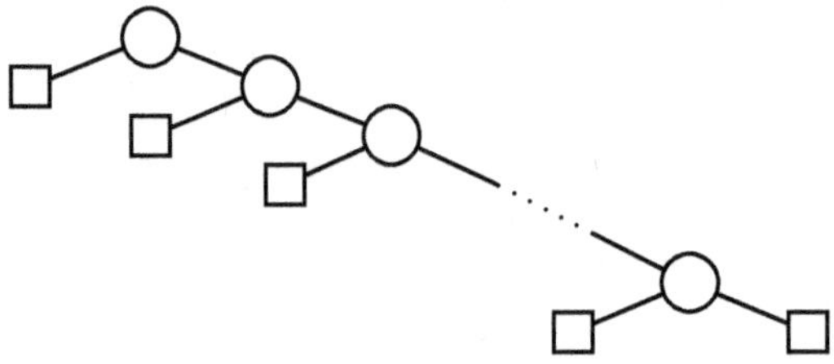

Abbildung 1.5: Gerte.

Wir überlegen uns nun die Durchführung von Einfüge- und Streicheoperationen bezüglich knotenorientierter Speicherung.

Falls der Schlüssel x in den Suchbaum T eingefügt werden soll, dann führt man zunächst die Zugriffsoperation bezüglich x in T aus. Falls x gefunden wird, dann ist x bereits in T und braucht nicht mehr eingefügt zu werden. Stattdessen wird gemeldet, dass x bereits im Suchbaum ist. Falls x nicht gefunden wird, dann endet die Zugriffsoperation in einem Blatt. Wir ersetzen dieses Blatt durch einen Baum, bestehend aus einem Knoten, der x enthält und zwei Blättern.

Falls der Schlüssel x aus T entfernt werden soll, dann führen wir zunächst die Zugriffsoperation bezüglich x in T aus. Falls x nicht gefunden wird, dann befindet sich x nicht im Suchbaum, was gemeldet wird. Andernfalls unterscheiden wir, je nachdem, wie die Söhne des Knotens v, der x enthält, aussehen, drei Fälle. Falls beide Söhne Blätter sind, dann ersetzen wir den Teilbaum, bestehend aus v und den beiden Blättern, durch ein Blatt. Falls ein Sohn w ein innerer Knoten und der andere Sohn ein Blatt ist, dann ersetzen wir den Teilbaum mit Wurzel v in T durch den Teilbaum mit Wurzel w in T. Falls beide Söhne von v innere Knoten sind, dann ersetzen wir in v den Schlüssel x durch den größten Schlüssel in seinem linken Unterbaum und streichen diesen aus dem linken Unterbaum.

Übung 1.2:

a) *Geben Sie einen Algorithmus an, der ein Element a in einen Suchbaum mit knotenorientierter Speicherung derart einfügt, dass dieser anschließend noch immer ein Suchbaum ist.*

b) *Geben Sie einen Algorithmus an, der ein Element a aus einem Suchbaum T streicht, falls a in T ist.*

c) *Sei $k \geq 2$ eine natürliche Zahl. Verallgemeinern Sie die Definition von Suchbaum auf beliebige Bäume, deren Knoten Grad $\leq k$ haben. Geben Sie auch für diese Bäume Algorithmen für Zugriff, Einfügen und Streichen an.*

Binäre Suchbäume ermöglichen im Vergleich zu linearen Listen bessere Lösungen für das Mengenverwaltungsproblem. Wir wissen jedoch bereits, dass es Suchbäume gibt, deren Verhalten kaum besser als das von linearen Listen ist. Als nächstes werden wir untersuchen, was wir im günstigsten Fall erreichen können.

Sei T ein Suchbaum, in dem die Menge $\{x_1, x_2, \ldots, x_n\}$ knotenorientiert gespeichert ist. Bezeichne b_i die Tiefe desjenigen Knotens in T, der x_i enthält. Die *mittlere Weglänge* P von T ist definiert durch

$$P = \frac{1}{n} \cdot \sum_{i=1}^{n} (b_i + 1).$$

Folgender Satz gibt untere Schranken für die Höhe und die mittlere Weglänge eines Binärbaumes an.

Satz 1.1 *Sei T ein binärer Suchbaum für die Menge $S = \{x_1, x_2, \ldots, x_n\}$. Dann gilt:*
a) Höhe$(T) \geq \lceil \log(n+1) \rceil$.
b) $P \geq \lfloor \log(n+1) \rfloor - 1$.

Beweis:

a) Es genügt zu zeigen, dass ein beliebiger Binärbaum mit n inneren Knoten eine Höhe $h \geq \lceil \log(n+1) \rceil$ hat. Innere Knoten befinden sich nur in Tiefen $0, 1, \ldots, h-1$. Bezeichne n_i die Anzahl der inneren Knoten der Tiefe i. Dann kann leicht $n_i \leq 2^i$ mittels Induktion über i bewiesen werden. Also gilt:

$$n = \sum_{i=0}^{h-1} n_i \leq \sum_{i=0}^{h-1} 2^i = 2^h - 1.$$

Also gilt $n + 1 \leq 2^h \Leftrightarrow \log(n+1) \leq h$. Da h ganzzahlig ist, gilt sogar $\lceil \log(n+1) \rceil \leq h$.

b) Sei $k = \lfloor \log(n+1) \rfloor - 1$. P ist minimal, falls T 2^i Knoten der Tiefe i für $0 \leq i \leq k$ und $n - \sum_{i=0}^{k} 2^i = n - (2^{k+1} - 1)$ Knoten der Tiefe $k+1$ besitzt. Wegen $\sum_{i=0}^{k} i \cdot 2^i = (k-1)2^{k+1} + 2$ für $k \geq 1$ erhalten wir

$$P \geq \frac{1}{n} \cdot \left(\sum_{i=0}^{k} (i+1) \cdot 2^i + (k+2)(n - 2^{k+1} + 1) \right)$$

$$= \frac{1}{n}((k-1)2^{k+1} + 2 + (2^{k+1} - 1) + (k+2)(n - 2^{k+1} + 1))$$

$$= \frac{1}{n}(k \cdot 2^{k+1} + 1 + (k+2)(n - 2^{k+1} + 1))$$

$$= \frac{1}{n}(k(n+1) + 1 + 2\underbrace{(n - 2^{k+1} + 1)}_{\geq 0})$$

$$\geq k$$
$$= \lfloor \log(n+1) \rfloor - 1.$$

∎

Übung 1.3: *Beweisen Sie $\sum_{i=0}^{k} i 2^i = (k-1)2^{k+1} + 2$ für $k \geq 1$.*

Ein binärer Suchbaum T, der die im Beweis von Satz 1.1 beschriebene Struktur hat, heißt *vollständig ausgeglichen*. Wir haben uns überlegt, dass gerade die vollständig ausgeglichenen Suchbäume minimale mittlere Weglänge haben und somit bezüglich der Durchführung von Zugriffsoperationen optimal sind. Um sicherzustellen, dass nach einer Einfüge- oder Streicheoperation ein derartiger Suchbaum immer noch vollständig ausgeglichen ist, müssen wir möglicherweise die Inhalte sämtlicher Knoten des Suchbaumes ändern. Beispiele hierfür sind in den Abbildungen 1.6 und 1.7 beschrieben.

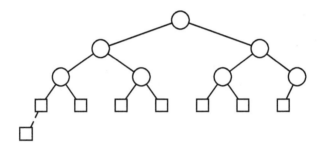

Abbildung 1.6: Einfügen eines Knotens.

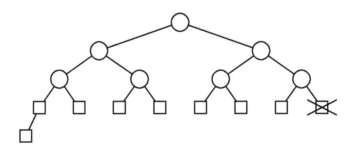

Abbildung 1.7: Streichen eines Knotens.

Übung 1.4: *Zeigen Sie, dass in den durch die Abbildungen 1.6 und 1.7 beschriebenen Beispielen nach der Durchführung der Operation und der erforderlichen Umstrukturierung alle Knoten einen neuen Schlüssel haben.*

1.2.2 AVL-Bäume

Ziel ist nun die Konstruktion von Suchbäumen, die die nahezu optimale Durchführung (d.h. in logarithmischer Zeit) der Operationen Zugriff, Einfügen und Streichen ermöglichen. Derartige Suchbäume heißen *balanciert*. Ein binärer Suchbaum T heißt *AVL-Baum*, falls für jeden Knoten v in T die Höhen des linken und des rechten Teilbaumes sich höchstens um 1 unterscheiden.

Bevor wir uns die Durchführung der Einfüge- und Streiche-Operationen in AVL-Bäumen genauer betrachten, werden wir die maximalen Kosten der Operation Zugriff(a, S) in AVL-Bäumen abschätzen. Sei $n = |S| + 1$: Unabhängig von der Speicherungsart der Schlüssel sind die maximale Kosten von Zugriff(a, S) durch die maximale Höhe eines AVL-Baumes mit n Blättern beschränkt.

Satz 1.2 *Für einen AVL-Baum T mit n Blättern gilt Höhe$(T) \leq 1,4405 \cdot \log(n+1)$.*

Beweis: Wir beweisen den Satz, indem wir nach der minimalen Anzahl n_h von Blättern fragen, so dass ein AVL-Baum die gegebene Höhe h haben kann. Sei T_h ein AVL-Baum der Höhe h mit minimaler Anzahl von Blättern. Dann hat ein Unterbaum, z.B. L, die Höhe $h - 1$ und der andere Unterbaum R die Höhe $h - 2$. Also gilt

$$n_h = n_{h-1} + n_{h-2}.$$

Betrachte die Zahlenfolge F_n mit $F_0 = 0$, $F_1 = 1$ und $F_{n+2} = F_{n+1} + F_n$ für $n \geq 0$. Die Folge F_n heißt *Fibonacci-Folge*. Wegen $n_0 = 1$, $n_1 = 2$ und $n_h = n_{h-1} + n_{h-2}$ für $h \geq 2$ gilt $n_h = F_{h+2}$.

Lemma 1.1

$$F_i = \frac{\alpha^i - \beta^i}{\sqrt{5}}, \; wobei$$

$$\alpha = \frac{1 + \sqrt{5}}{2} \approx 1,618 \; und \; \beta = 1 - \alpha = \frac{1 - \sqrt{5}}{2} \approx -0,618.$$

Beweis: Einfache Induktion über i. $\qquad\qquad\qquad\qquad\qquad\qquad\qquad\qquad$ □

Lemma 1.1 impliziert

$$
\begin{aligned}
n_h \; &= \frac{\alpha^{h+2} - \beta^{h+2}}{\sqrt{5}} \\
&\geq \frac{1}{\sqrt{5}} \left(\alpha^{h+2} - 1 \right) \\
\Leftrightarrow \quad \alpha^{h+2} &\leq \sqrt{5}\, n_h + 1
\end{aligned}
$$

$$\Rightarrow \quad h \quad \leq \frac{\log \sqrt{5}}{\log \alpha} + \frac{\log(n_h + 1)}{\log \alpha} - 2$$
$$\leq 1,4405 \log(n_h + 1).$$

∎

Wie man auf obigen geschlossenen Ausdruck für F_i kommen kann, kann in [Knu97] auf den Seiten 79–84 nachgelesen werden. Satz 1.2 besagt, dass bei der Operation Zugriff(a, S) der Suchpfad maximal die Länge $1,4405 \log(n + 1)$ hat. Dies bedeutet, dass AVL-Bäume höchstens um 45 % schlechteres Verhalten als vollständig ausgeglichene Bäume haben.

Die Operationen Einfügen(a, S) und Streichen(a, S) werden wie bei binären Suchbäumen durchgeführt. Dabei ergibt sich nach der Durchführung der Operation das Problem, dass möglicherweise der Suchbaum kein AVL-Baum mehr ist. In diesem Fall müssen wir den Baum derart umstrukturieren, dass dieser anschließend wieder die AVL-Eigenschaft erfüllt. Hierzu untersuchen wir zunächst, wie der Suchbaum nach der Einfüge- bzw. Streicheoperation aussehen kann.

Bezeichne $\rho(v) = $ Höhe$(R) - $ Höhe(L) die *Balance* des Knotens v, wobei L sein linker und R sein rechter Unterbaum ist. Bedingt durch die Einfüge- bzw. Streicheoperation kann sich nur für Knoten auf dem Suchpfad die Balance ändern. Nach der Durchführung der Operation gilt für jeden Knoten v auf dem Suchpfad $\rho(v) \in \{-2, -1, 0, 1, 2\}$. Wir diskutieren zunächst die Umstrukturierungen nach einer Einfügeoperation.

Einfügen(a, S): Ein Blatt b wird durch den in Abbildung 1.8 skizzierten Binärbaum ersetzt.

Abbildung 1.8: Binärbaum mit zwei Blättern.

Betrachte den Pfad P von b bis zum ersten Knoten v mit $\rho(v) \neq 0$ vor Durchführung der Einfügeoperation. Abbildung 1.9 skizziert diesen Pfad. Nach Durchführung der Einfügeoperation werden die Balancen der Nachfolgerknoten von v auf P, je nachdem ob im rechten oder linken Baum eingefügt wird, zu $+1$ oder zu -1. O.B.d.A. sei $\rho(v) = +1$ vor Durchführung der Operation. Der andere Fall ist symmetrisch. Wir unterscheiden zwei Fälle:

1. a wird in den linken Unterbaum eingefügt. Abbildung 1.10 skizziert diese Situation. Die Höhen der jeweiligen Unterbäumen ist in diesen jeweils angegeben.

Nach der Durchführung der Einfügeoperation gilt $\rho(v) = 0$. Da die Höhe des Unterbaumes mit Wurzel v unverändert bleibt, ändern sich die Balancen von Vorgängerknoten von v nicht.

2. a wird im rechten Unterbaum eingefügt. Dann gilt anschließend $\rho(v) = +2$. Sei w der rechte Sohn von v. Seien B der linke und C der rechte Unterbaum von w. Wir unterscheiden zwei Fälle:

   (a) a wird in C eingefügt. Wir führen die in Abbildung 1.11 beschriebene *Rotation* durch.

   (b) a wird in B eingefügt. Dann führen wir die in Abbildung 1.12 beschriebene *Doppelrotation* durch.

In beiden Fällen bleibt die lexikographische Ordnung erhalten. Da die Höhe des gesamten Unterbaumes unverändert bleibt, ändern sich die Balancen von Vorgängerknoten von w bzw. u nicht.

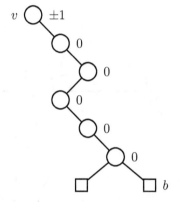

Abbildung 1.9: Pfad P vor der Durchführung von Einfügen(a, S).

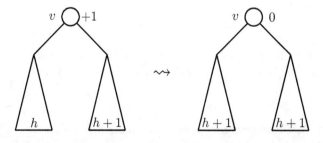

Abbildung 1.10: Einfügen in linken Unterbaum.

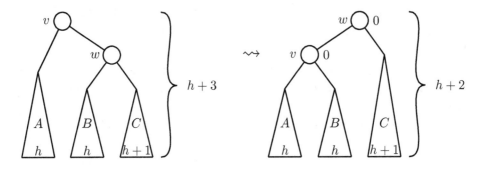

Abbildung 1.11: Rotation.

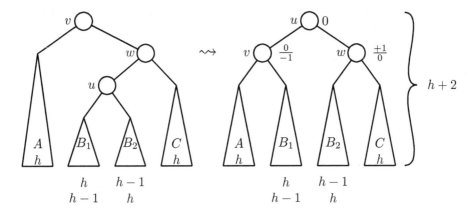

Abbildung 1.12: Doppelrotation.

Streichen(a, S): Ein Teilbaum T' wird durch seinen linken oder seinen rechten Unterbaum A ersetzt. Der andere Unterbaum von T' ist ein Blatt. Sei v der direkte Vorgänger von Wurzel(T'). Sei P der Pfad von v zum ersten Knoten u mit $\rho(u) = 0$ vor Durchführung der Streicheoperation. O.B.d.A. sei nach der Streicheoperation A der linke Unterbaum von v. Der Pfad P vor und nach Durchführung der Streicheoperation ist in Abbildung 1.13 dargestellt. In Abhängigkeit von $\rho(v)$ vor der Streicheoperation unterscheiden wir drei Fälle:

1. $\rho(v) = 0$ (d.h. $u = v$):
   Dann gilt nach der Streicheoperation $\rho(v) = +1$. Die Höhe des Unterbaumes mit Wurzel v hat sich nicht geändert. Also ändern sich die Balancen der Vorgängerknoten von v nicht.

2. $\rho(v) = -1$:
   Dann gilt nach der Streicheoperation $\rho(v) = 0$. Jedoch hat sich die Höhe des Unterbaumes mit Wurzel v um 1 verringert, so dass der Vater von v noch betrachtet werden muss.

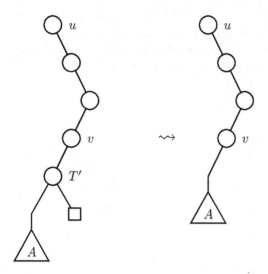

Abbildung 1.13: Pfad P vor und nach Durchführung der Streicheoperation.

3. $\rho(v) = +1$:

   Dann gilt nach der Streicheoperation $\rho(v) = +2$. Also muss der Baum rebalanciert werden. In Abhängigkeit der Höhen der Unterbäume unterscheiden wir drei Fälle. Betrachte hierzu die Abbildungen 1.14 und 1.15:

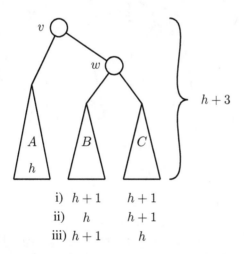

i)	$h+1$	$h+1$
ii)	h	$h+1$
iii)	$h+1$	h

Abbildung 1.14: Fallunterscheidung nach einer Streicheoperation.

In den ersten beiden Fällen wird eine Rotation durchgeführt. Die Höhe des Teilbaumes hat sich im Fall i) nicht verändert, so dass Vorgängerknoten nicht betrachtet werden müssen. Im Fall ii) verringert sich die Höhe des Teilbaumes um 1, so dass der Vater von w noch betrachtet werden muss. Im dritten Fall wird eine Doppelrotation durchgeführt. Die Höhe des Teilbaumes verringert sich um 1, so dass der Vater von x noch betrachtet werden muss.

Rotation:

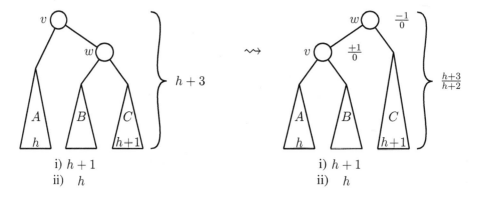

Doppelrotation:

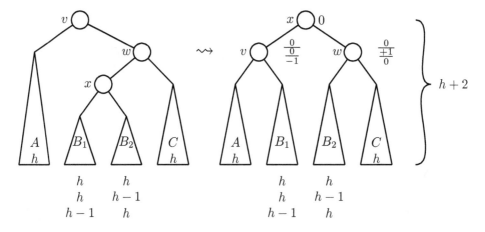

Abbildung 1.15: Rotation und Doppelrotation.

Da die Rebalancierungen spätestens beim Knoten u bzw. bei der Wurzel des Baumes enden und diese nur auf dem Suchpfad durchgeführt werden, haben wir folgenden Satz bewiesen:

Satz 1.3 *Die Operationen Zugriff, Einfügen und Streichen können in AVL-Bäumen mit n Blättern in $O(\log n)$ Zeit ausgeführt werden.*

Übung 1.5: *Zeichnen Sie die AVL-Bäume, die entstehen, wenn die Werte 1, 10, 7, 2, 4, 8, 3, 5, 9, 11 und 6 in dieser Reihenfolge in einen anfangs leeren AVL-Baum eingefügt werden. Führen Sie dabei alle Zwischenschritte inklusive der Rotationen durch. Entfernen Sie danach die 11 aus dem so erhaltenen AVL-Baum. Führen Sie dabei auch alle Zwischenschritte durch.*

1.2.3 B-Bäume

Vollständig ausgeglichene Binärbäume haben die Eigenschaft, dass alle inneren Knoten zwei Söhne haben und die Tiefe zweier Blätter maximal um eins differiert. Um die effiziente Durchführung von Einfüge- und Streicheoperationen zu ermöglichen, müssen wir bezüglich mindestens einer dieser beiden Eigenschaften größere Freiheitsgrade zulassen. Bei der Definition von AVL-Bäumen haben wir implizit die Bedingung bezüglich der Tiefe der Blätter aufgehoben, während nach wie vor innere Knoten zwei Söhne haben. Satz 1.2 zeigt, dass die Tiefen zweier Blätter in einem AVL-Baum mit n Blättern sich maximal um $1.4405 \cdot \log(n+1)$ unterscheiden. Wir werden nun einen anderen balancierten Baum, der die Bedingung bezüglich der Tiefe von Blättern aufrechterhält, jedoch größere Variationsmöglichkeiten bezüglich der Anzahl der Söhne von inneren Knoten zulässt, kennenlernen.

Ein Baum T ist ein *B-Baum der Ordnung* k, $k \in \mathbb{N}$, $k \geq 2$, falls

1. alle Blätter dieselbe Tiefe,
2. die Wurzel mindestens 2 und jeder andere innere Knoten mindestens k Söhne und
3. jeder innere Knoten höchstens $2k - 1$ Söhne

haben.

Satz 1.4 *Sei T ein B-Baum der Ordnung k mit Höhe h und n Blättern. Dann gilt $2 \cdot k^{h-1} \leq n \leq (2k - 1)^h$.*

Beweis: Die Anzahl der Blätter in T ist minimal, wenn die Wurzel genau 2 und jeder andere innere Knoten genau k Söhne hat. Also gilt $2 \cdot k^{h-1} \leq n$. Die Anzahl der Blätter ist maximal, wenn jeder innere Knoten genau $2k - 1$ Söhne besitzt. Also gilt $n \leq (2k - 1)^h$. ∎

Durch einfache Umrechnung ergibt sich folgendes Korollar:

Korollar 1.1 *Sei T ein B-Baum der Ordnung k mit n Blättern und Höhe h. Dann gilt $\log_{(2k-1)} n \leq h \leq 1 + \log_k \frac{n}{2}$.*

Somit ist die Höhe eines B-Baumes logarithmisch in der Anzahl seiner Blätter beschränkt. Allerdings ist die Basis des Logarithmus gleich der Ordnung des B-Baumes.

B-Bäume eignen sich sehr gut zur Speicherung von sehr großen Datenmengen, die nicht insgesamt im Hauptspeicher abgelegt werden können, so dass Seitentransporte zwischen Hintergrund- und Hauptspeicher notwendig sind. Man wählt dann in der Regel die Ordnung k des B-Baumes derart, dass ein Knoten gerade eine Seite füllt. Demzufolge ist die Ordnung sehr groß, so dass in der Anwendung B-Bäume sehr niedrig sind. Wir sind an sortierten B-Bäumen interessiert. Es stellt sich nun die Frage nach der Anordnung der Schlüssel in den Knoten eines B-Baumes und der Durchführung der Operation Zugriff(a, S) in Abhängigkeit dieser Anordnung.

Sei u ein innerer Knoten mit l Söhnen. Bezeichne T_i, $1 \leq i \leq l$ den i-ten Unterbaum des Teilbaumes mit Wurzel u. Der Knoten u enthält $l-1$ Schlüssel $s_1, s_2, \ldots, s_{l-1}$ und l Zeiger $z_1, z_2, \ldots, z_l$. Der Zeiger z_i zeigt auf den i-ten Sohn von u. Für alle Knoten v in T_i gilt für alle Schlüssel s in v:

$$\begin{cases} s \leq s_i & \text{falls } i = 1 \\ s_{i-1} < s \leq s_i & \text{falls } 1 < i < l \\ s_{l-1} < s & \text{falls } i = l. \end{cases}$$

Zunächst beschreiben wir die Operation Zugriff(a, S). Die zu Schlüssel a korrespondierende Information kann gefunden werden, indem wir a mit den Schlüsseln in der Wurzel w vergleichen. Sei r die Anzahl der Söhne von w. Sei s_j der kleinste Schlüssel in w mit $a \leq s_j$, falls solcher existiert. Dann gilt:

a = s$_j$: Bei knotenorientierter Speicherung ist die Information gefunden. Bei blattorientierter Speicherung suchen wir in T_j weiter.

a < s$_j$: Wir suchen in T_j weiter.

a > s$_r$: D.h., s_j existiert nicht. Wir suchen in T_r weiter.

Falls der betrachtete Knoten ein Blatt des Baumes ist und nicht den Schlüssel a enthält, dann ist a nicht im Suchbaum gespeichert.

Die oben beschriebene Organisation der Schlüssel in einem geordneten B-Baum ist die natürliche Verallgemeinerung der Organisation der Schlüssel in binären Suchbäumen. Wir werden nun die Operationen Einfügen und Streichen in B-Bäumen mit knotenorientierter Speicherung genauer betrachten. Nehmen wir hierzu an, dass die Schlüsselmenge S in einem B-Baum T der Ordnung k gespeichert ist. Ferner sei a dasjenige Element, das eingefügt bzw. gestrichen werden soll.

Einfügen(a, S): Hierzu führen wir zunächst die Operation Zugriff(a, S) durch. Falls $a \in S$, dann wird der Schlüssel a gefunden und muss nicht noch einmal eingefügt werden. Andernfalls endet die Suche in einem Blatt b. Sei v der Vater von b in T und l die Anzahl der Söhne von v. Sei s_j der kleinste Schlüssel in v mit $a < s_j$, falls solcher existiert. Dann erhält v den neuen Schlüssel a und ein zu a korrespondierendes neues

Blatt b', wobei a

$$\begin{cases} \text{links von } s_1 & \text{falls } j = 1 \\ \text{zwischen } s_{j-1} \text{ und } s_j & \text{falls } 1 < j \leq l - 1 \\ \text{rechts von } s_{l-1} & \text{falls } s_j \text{ nicht existiert} \end{cases}$$

plaziert wird. Abbildung 1.16 skizziert den Fall $1 < j \leq l - 1$.

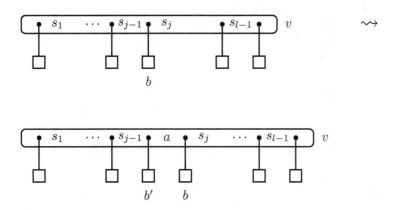

Abbildung 1.16: Einfügen des Blattes b' falls $1 < j \leq l - 1$.

Falls $l < 2k - 1$, dann hat der Knoten v auch nach Durchführung der Operation Einfügen(a, S) maximal $2k - 1$ Söhne. Somit ist der resultierende Baum ein B-Baum der Ordnung k und der Einfügevorgang ist beendet.

Falls $l = 2k - 1$, dann hat der Knoten v nach Durchführung der Einfügeoperation genau $2k$ Söhne, also einen Sohn zuviel. Somit muss der Baum restrukturiert werden. Hierzu teilen wir den Knoten v in der Mitte auf. D.h., die ersten k Söhne und die ersten k Schlüssel werden aus v entfernt und ein neuer Knoten v' mit diesen k Söhnen und den ersten $k - 1$ Schlüsseln kreiert. Falls v einen Vater w in T besitzt, dann wird ein Zeiger auf v' gefolgt vom k-ten Schlüssel unmittelbar vor dem Zeiger auf v in w eingefügt. v und v' besitzen nun jeweils exakt k Söhne. Jedoch hat sich die Anzahl der Söhne von w um 1 erhöht, so dass dieselbe Betrachtung wie für v für den Knoten w durchgeführt werden muss. Falls v keinen Vater in T besitzt, also die Wurzel von T ist, dann kreieren wir eine neue Wurzel w, die als Inhalt einen Zeiger auf v', gefolgt vom k-ten Schlüssel, gefolgt von einem Zeiger auf v erhält. Der resultierende Baum ist ein B-Baum der Ordnung k, so dass der Einfügevorgang terminiert. Abbildung 1.17 skizziert den Fall, dass v einen Vater in T besitzt.

Streichen(a, S): Auch hier führen wir zunächst die Operation Zugriff(a, S) durch. Falls $a \notin S$, dann endet die Zugriffsoperation erfolglos und die Streicheoperation ist beendet. Andernfalls endet die Suche in einem Knoten u, der den Schlüssel $s_j = a$ enthält. Abbildung 1.18 beschreibt diese Situation.

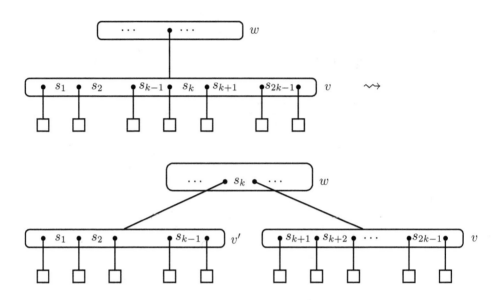

Abbildung 1.17: Aufteilen eines Knotens.

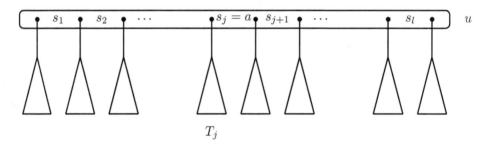

Abbildung 1.18: Knoten u, der den zu streichenden Schlüssel a enthält.

Sei v der Vater des am weitesten rechts stehenden Blattes b von T_j. Falls T_j nur aus einem Blatt besteht, dann gilt $v = u$. Wir entfernen T_j und den Schlüssel s_j, wodurch sich die Anzahl der Söhne von v um 1 verringert. Andernfalls ist der letzte Schlüssel s in v der größte Schlüssel in T_j. In u wird der Schlüssel s_j durch den Schlüssel s ersetzt. In v wird der Schlüssel s gestrichen und auch das Blatt b entfernt. In beiden Fällen bleibt oberhalb von v die Struktur des Baumes unverändert, während sich die Anzahl der Söhne von v um 1 verringert. Sei l die Anzahl der Söhne von v nach Durchführung der Streicheoperation.

Falls $l \geq k$ oder $l \geq 2$ und v die Wurzel des resultierenden Baumes T' ist, dann ist T' ein B-Baum der Ordnung k und der Streichevorgang ist beendet.

Falls $l = k - 1$ und v nicht die Wurzel des resultierenden Baumes T' ist, dann muss T' restrukturiert werden. Dann besitzt v einen Vater w und mindestens einen Bruder v', der unmittelbar neben v in T' steht. O.B.d.A. sei v' links von v in T'. Der andere Fall ist symmetrisch. Sei s' derjenige Schlüssel in w, der zwischen den Zeigern auf v' und v steht. Wir verschmelzen nun v' und v unter Hinzunahme von s' zu einen Knoten, wodurch sich die Anzahl der Söhne von w um 1 verringert. Abbildung 1.19 illustriert diese Operation. Da der Baum vor der Streicheoperation ein B-Baum der Ordnung k war, gilt sicher nach dem Verschmelzen von v und v' zu einen Knoten v, dass v mindestens $2k - 1$ und höchstens $3k - 2$ Söhne besitzt. Falls v mehr als $2k - 1$ Söhne besitzt, dann teilen wir analog zu oben v in der Mitte auf, wodurch sich die Anzahl der Söhne von w wiederum um 1 erhöht, so dass der resultierende Baum ein B-Baum der Ordnung k und der Streichevorgang beendet sind. Falls v genau $2k - 1$ Söhne besitzt, dann müssen wir die Betrachtung mit w fortsetzen, da sich die Anzahl der Söhne von w um 1 verringert hat.

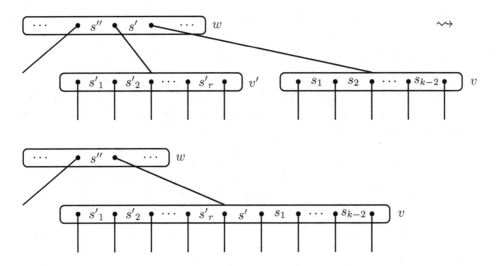

Abbildung 1.19: Verschmelzung zweier Knoten.

Falls $l = 1$, dann ist v die Wurzel des resultierenden Baumes T' und enthält keinen Schlüssel. Wir streichen nun v. Der einzige Sohn von v ist die Wurzel des Baumes und der Streichevorgang ist beendet.

Da der Restrukturierungsvorgang auf dem Suchpfad von der Wurzel zu einem Blatt beschränkt bleibt, wird die Laufzeit jeder der drei Operationen Zugriff(a, S), Einfügen(a, S) und Streichen(a, S) durch die Höhe des B-Baumes dominiert. Dabei wird für jeden inneren Knoten die Zeit $O(k)$ verwendet. Also gilt folgender Satz:

Satz 1.5 *Die Operationen Zugriff, Einfügen und Streichen können in B-Bäumen der Ordnung k in Zeit $O(k \log_k n)$, wobei n die Anzahl der im Baum gespeicherten Schlüssel ist, durchgeführt werden.*

Übung 1.6:

a) *Modifizieren Sie die Algorithmen für Zugriff(a, S), Einfügen(a, S), und Streichen(a, S), so dass diese B-Bäume der Ordnung k mit blattorientierter Speicherung korrekt behandeln.*

b) *Modifizieren Sie B-Bäume dergestalt, dass für jeden inneren Knoten lediglich noch die Zeit $O(\log k)$ verwendet wird.*

1.2.4 Tries

Bisher haben wir Bäume zur Realisierung von Suchmethoden, die auf dem Vergleich von Schlüsseln basierten, verwandt. Wir können aber auch Bäume dazu verwenden, Suchmethoden, die auf der Repräsentation der Schlüssel als String über einem endlichen Alphabet Σ basieren, zu implementieren. Nehmen wir an, dass das Universum U aus allen Strings der Länge $\leq l$ über einem endlichen Alphabet Σ besteht. Sei k die Anzahl der Elemente von Σ.

Ein *Trie* bezüglich dem Alphabet Σ ist ein Baum $T = (V, E)$, für den gilt:

1. Jeder innere Knoten hat Ausgangsgrad $\leq k$.

2. Die ausgehenden Kanten eines inneren Knotens sind mit paarweise verschiedenen Elementen von Σ beschriftet.

Sei P ein Pfad von der Wurzel des Tries T zu einem Blatt b. Dann korrespondiert P zu demjenigen Schlüssel, den wir durch Konkatenation der Kantenbeschriftungen auf P in der Reihenfolge, in der sie auf P liegen, erhalten. Die Gesamtheit aller Pfade von der Wurzel zu einem Blatt korrespondiert zu der im Trie T gespeicherten Menge S. Abbildung 1.20 skizziert einen Trie bezüglich dem Alphabet $\{a, b, \ldots, z\}$. Falls die zu speichernde Menge $S \subseteq \Sigma^{\leq l}$ *präfixfrei* ist, d.h., kein Element von S ist Präfix eines anderen Elementes in S, dann ist es einfach, einen korrespondierenden Trie zu konstruieren. Präfixfreiheit kann durch Anhängen eines Sonderzeichens an jedes Element aus S erzwungen werden. Falls S nicht präfixfrei ist, dann müssen wir den Trie entsprechend ergänzen. Denkbar wären folgende Erweiterungen:

1. Innere Knoten, in denen solch ein Präfix endet, werden markiert, so dass die Pfade von der Wurzel zu einem markierten Knoten oder zu einem Blatt eineindeutig zu den Elementen von S korrespondieren.

2. Die eingehenden Kanten von Blättern erhalten keine Markierung und der Trie ist derart organisiert, dass auch bei nichtpräfixfreien Mengen S die Pfade von der Wurzel zu einem Blatt eineindeutig zu den Elementen von S korrespondieren.

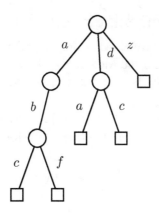

Abbildung 1.20: Trie für $S = \{abc, abf, da, dc, z\}$.

1.3 Hashing

Hashing wird in der Praxis häufig zur Verwaltung von ungeordneten Mengen verwendet. Hierfür benötigt man

1. ein Feld $T[0 : m - 1]$, die *Hashtafel* und
2. eine Funktion $h : U \to [0..m - 1]$, die das Universum U auf das Feld T abbildet.

$[0..m - 1]$ ist eine andere Schreibweise für die Menge $\{0, 1, \ldots, m - 1\}$. Sei $S \subseteq U$ die zu verwaltende Menge. Ziel ist nun, jedes Element $x \in S$ in $T[h(x)]$ zu speichern.

Beispiel 1.1 $m = 5$, $S = \{3, 15, 22, 24\}$, $h(x) = x \mod 5$. Die Hashtafel sieht dann wie in Abbildung 1.21 beschrieben aus.

0	15
1	
2	22
3	3
4	24

Abbildung 1.21: Hashtafel.

◆

Was tun, falls $h(x) = h(y)$ für $x, y \in S, x \neq y$? In unserem Beispiel würde dieses Problem auftreten, wenn wir 22 durch 20 ersetzen. Dieses Ereignis heißt *Kollision*. Es gibt verschiedene Möglichkeiten, dieses Problem zu lösen. Wir werden zwei davon, Kollisionsbehandlung mittels verketteter Listen und mittels offener Adressierung, behandeln.

1.3.1 Kollisionsbehandlung mittels verketteter Listen

Hierbei ist die Hashtafel ein Feld, wobei jede Komponente einen Zeiger auf paarweise disjunkten linearen Listen enthält. Eine Menge $S \subseteq U$ wird durch m lineare Listen repräsentiert. Die i-te Liste enthält alle $x \in S$ mit $h(x) = i$.

Beispiel 1.2 Seien $m = 3$, $S = \{1, 5, 7, 9, 17, 22\}$, $h(x) = x \mod 3$. Abbildung 1.22 skizziert die korrespondierende Hashtafel bei Kollisionsbehandlung mittels verketteter Listen. ◆

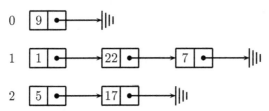

Abbildung 1.22: Hashtafel bei Kollisionsbehandlung mittels verketteter Listen.

Die Operationen Zugriff(x, S), Einfügen(x, S) und Streichen(x, S) werden wie folgt realisiert:

Zugriff(x, S):
    (1)   Berechne $h(x)$.
    (2)   Suche das Element x in der Liste $T[h(x)]$.

Einfügen(x, S):
    (1)   Berechne $h(x)$.
    (2)   Füge x in die Liste $T[h(x)]$ ein.

Streichen(x, S):
    (1)   Berechne $h(x)$.
    (2)   Streiche x aus der Liste $T[h(x)]$.

Die für eine Operation benötigte Zeit ergibt sich aus

1. den Kosten zur Berechnung des Funktionswertes $h(x)$ und

2. der zur Durchmusterung der Liste $T[h(x)]$ benötigten Zeit.

Im folgenden nehmen wir an, dass h in konstanter Zeit ausgewertet werden kann und definieren dann die Kosten für eine Operation bezüglich des Schlüssels x als $1 + \delta_h(x, S)$, wobei S die Menge der gespeicherten Schlüssel und $\delta_h(x, S)$ die Anzahl der anderen Elemente y in S mit $h(y) = h(x)$ sind. D.h., $\delta_h(x, S) = \sum_{y \in S} \delta_h(x, y)$, wobei

$$\delta_h(x,y) = \begin{cases} 1 & \text{falls } h(x) = h(y) \text{ und } x \neq y \\ 0 & \text{sonst.} \end{cases}$$

Der ungünstigste Fall tritt ein, falls alle Schlüssel in derselben Liste gespeichert sind. D.h., für alle $x \in S$ gilt $h(x) = i_0$ für eine Konstante i_0. Daraus ergibt sich unmittelbar folgender Satz:

Satz 1.6 *Die Operationen Zugriff(a, S) und Streichen(a, S) benötigen im worst case $\Omega(|S|)$ Zeit.*

Da ein neues Listenelement an den Anfang einer Liste gehängt werden kann, ist die Operation Einfügen(a, S) in konstanter Zeit realisierbar, es sei denn, es muss überprüft werden, ob a bereits in S ist. Obiger Satz besagt, dass Hashing bei Kollisionsbehandlung mittels verketteter Listen das Mengenverwaltungsproblem im worst case nicht effizienter löst als eine lineare Liste. Dennoch wird Hashing in der Praxis sehr häufig verwendet. Der Grund liegt darin, dass das mittlere Verhalten von Hashing wesentlich besser ist. Wir analysieren nun die erwartete benötigte Zeit einer Folge von n Einfüge-, Streiche- und Zugriffsoperationen bei anfangs leerer Hashtafel unter folgenden Annahmen:

1. Die Hashfunktion $h : U \rightarrow [0..m-1]$ streut das Universum gleichmäßig über das Intervall $[0..m-1]$. D.h., für alle $i, j \in [0..m-1]$ gilt $\big||h^{-1}(i)| - |h^{-1}(j)|\big| \leq 1$. Dabei ist $|h^{-1}(i)|$ die Kardinalität der Menge $h^{-1}(i)$.

2. Sämtliche Elemente des Universums sind mit gleicher Wahrscheinlichkeit Argument der nächsten Operation. D.h., für alle $x \in U$ und $k \geq 1$ ist x mit Wahrscheinlichkeit $\frac{1}{|U|}$ Argument der k-ten Operation.

Bezeichne x_k das Argument der k-ten Operation. Dann folgt für alle $i \in [0..m-1]$ aus obigen Annahmen $\text{prob}(h(x_k) = i) = \frac{1}{m}$, wobei $\text{prob}(h(x_k) = i)$ die Wahrscheinlichkeit für $h(x_k) = i$ bezeichnet. Der folgende Satz gibt eine obere Schranke für den Erwartungswert der von einer Folge von Einfüge-, Streiche- und Zugriffsoperationen benötigten Zeit:

Satz 1.7 *Unter obigen Annahmen ist der Erwartungswert für die von einer Folge von n Einfüge-, Streiche- und Zugriffsoperationen benötigte Zeit $T(n, m) \leq (1 + \beta/2)\, n$, wobei $\beta = n/m$ der maximal mögliche Belegungsfaktor der Hashtafel ist.*

Beweis: Für den Beweis des Satzes machen wir uns folgende Beobachtung zunutze: Falls wir jeder Liste i, $0 \leq i < m$ einen Zähler $l(i)$ zuordnen, so dass stets der Wert des Zählers $l(i)$ größer gleich der Länge der Liste i ist und wir, falls eine Operation die i-te

Liste betrifft, als Aufwand $1 + l(i)$ zählen, dann ist der gezählte Wert stets mindestens so groß wie die benötigte Zeit. Zu Beginn haben alle Zähler den Wert 0. Immer wenn eine Operation die i-te Liste betrifft, addieren wir unabhängig vom Typ der Operation eine Einheit auf den Zähler $l(i)$. Es ist klar, dass dann stets $l(i)$ eine obere Schranke für die Länge der i-ten Liste ist. Zunächst berechnen wir den erwarteten gezählten Wert EC_{k+1} der $(k+1)$-ten Operation. Nehmen wir an, dass $h(x_{k+1}) = i$. Bezeichne $\mathrm{prob}(l_k(i) = j)$ die Wahrscheinlichkeit, dass der Zähler $l(i)$ nach der k-ten Operation den Wert j hat. Dann gilt

$$EC_{k+1} = 1 + \sum_{j \geq 0} \mathrm{prob}(l_k(i) = j) \cdot j.$$

Für $j \geq 1$ gilt

$$\mathrm{prob}(l_k(i) = j) = \binom{k}{j} \left(\frac{1}{m}\right)^j \left(1 - \frac{1}{m}\right)^{k-j}.$$

Also gilt

$$
\begin{aligned}
EC_{k+1} &= 1 + \sum_{j=0}^{k} \binom{k}{j} \left(\frac{1}{m}\right)^j \left(1 - \frac{1}{m}\right)^{k-j} \cdot j \\
&= 1 + \frac{k}{m} \cdot \sum_{j=1}^{k} \binom{k-1}{j-1} \left(\frac{1}{m}\right)^{j-1} \left(1 - \frac{1}{m}\right)^{(k-1)-(j-1)} \\
&= 1 + \frac{k}{m} \left(\frac{1}{m} + \left(1 - \frac{1}{m}\right)\right)^{k-1} \qquad \text{(Binomischer Lehrsatz)} \\
&= 1 + \frac{k}{m}.
\end{aligned}
$$

Somit ergibt sich für den erwarteten gezählten Wert $EC(n)$ von n Einfüge-, Streiche- und Zugriffsoperationen folgende Abschätzung:

$$
\begin{aligned}
EC(n) &= \sum_{k=1}^{n} EC_k \\
&= \sum_{k=0}^{n-1} \left(1 + \frac{k}{m}\right) \\
&= n + \frac{1}{m} \sum_{k=0}^{n-1} k
\end{aligned}
$$

$$= n + \frac{1}{m} \frac{n(n-1)}{2}$$

$$= \left(1 + \frac{n-1}{2m}\right) \cdot n$$

$$< \left(1 + \frac{1}{2}\frac{n}{m}\right) \cdot n$$

$$= \left(1 + \frac{\beta}{2}\right) \cdot n.$$

Da der gezählte Wert stets eine obere Schranke für die benötigte Zeit bildet, folgt unmittelbar die Behauptung des Satzes.

■

Es stellt sich nun die Frage, wie realistisch die Annahmen 1 und 2 sind. Annahme 1 kann leicht mittels Verwendung der Divisionsmethode erreicht werden. Diese ist definiert durch $h : U \to [0..m - 1]$, wobei $h(x) = x \mod m$. Die Annahme 2 ist kritisch, da sie ein bestimmtes Verhalten des Benutzers der Hashfunktion postuliert. Dieses ist im allgemeinen nicht bekannt oder man weiß sogar, dass Annahme 2 nicht erfüllt ist.

Das erwartete Verhalten von Hashing hängt vom Belegungsfaktor $\beta = n/m$ ab. Nur falls β durch eine Konstante beschränkt ist, können wir im Mittel konstante Zeit erwarten. Wir haben zwei Möglichkeiten, dies sicherzustellen:

Wir wählen m bereits zu Beginn groß genug. Dies kann zu Speicherplatzproblemen führen, die auch die Laufzeit vergrößern können. Falls eine Hashtafel zu groß ist, um im Kernspeicher gespeichert zu werden, dann erhöht ein geringer Belegungsfaktor die Anzahl der notwendigen Zugriffe auf den Hintergrundspeicher.

Wir passen m zwischendurch an. Hierzu verwenden wir eine Folge $T_0, T_1, T_2, \ldots,$ $T_i, \ldots$ von Hashtafeln der Größe $m, 2m, \ldots, 2^i m, \ldots$. Für jedes i haben wir eine Hashfunktion $h_i : U \to [0..2^i m - 1]$. Wir verwenden die Hashtafeln derart, dass der aktuelle Belegungsfaktor β immer strikt zwischen $1/4$ und 1 liegt oder T_0 die aktuelle Hashtafel ist. Sei T_i die aktuelle Hashtafel. Es gibt zwei Fälle, in denen wir ganz T_i umspeichern müssen:

- β wird zu 1:

  Dann speichern wir alle $2^i m$ Elemente von T_i nach T_{i+1}. Hierfür benötigen wir $\Theta(2^i m)$ Zeit. Der Belegungsfaktor von T_{i+1} ist dann $1/2$, so dass mindestens $1/4 \cdot 2^{i+1} m$ Operationen durchgeführt werden können, bevor die nächste Um-speicherung notwendig ist.

- β wird zu $1/4$:

  Dann speichern wir alle $1/4 \cdot 2^i m$ Elemente von T_i nach T_{i-1}. Hierzu wird $\Theta\left(1/4 \cdot 2^i m\right)$ Zeit benötigt. Da der Belegungsfaktor von T_{i-1} gleich $1/2$ ist, können mindestens $1/4 \cdot 2^{i-1}m$ Operationen durchgeführt werden, bevor die nächste Umspeicherung notwendig wird.

In beiden Fällen sind die Kosten für die Umspeicherung maximal zwei mal Anzahl der Operationen, die seit der letzten Umspeicherung durchgeführt wurden, mal den Kosten der Umspeicherung eines Elementes. Wir können die Kosten für die Umspeicherung konzeptuell auf die einzelnen Operationen verteilen, so dass der Erwartungswert für die mittleren Kosten $O(1)$ ist. Der Belegungsfaktor ist bei Verwendung von $T_i, i \geq 1$, immer mindestens $1/4$.

Hauptnachteil der Kollisionsbehandlung mittels verketteter Listen ist der Speicherplatzbedarf für die Zeiger. Offene Adressierung kommt ohne diesen zusätzlichen Speicherplatz aus.

1.3.2 Kollisionsbehandlung mittels offener Adressierung

Im Gegensatz zur Kollisionsbehandlung mittels verketteter Listen speichert man bei der Verwendung von *offener Adressierung* alle Elemente der Menge S in die Hashtafel T. Hierzu definiert jedes Element $x \in U$ eine Folge $h(x, i)$, $i = 0, 1, 2, \ldots$ von Tafelpositionen. Diese Folge von Positionen wird durchmustert, wenn eine Operation bezüglich des Schlüssels x durchgeführt wird. Dabei treten folgende Probleme auf: Wann terminiert die Operation Zugriff(a, S) im Fall der erfolglosen Suche? Falls dies erst nach Betrachtung der gesamten Probefolge der Fall ist, dann wird bei der erfolglosen Suche stets die Zeit $\Omega(m)$ benötigt, was bei Anwendungen, bei denen häufiger erfolglos gesucht wird, nicht akzeptabel ist. Falls bei der Betrachtung einer leeren Tafelposition die Suche beendet werden soll, dann ist die Durchführung der Operation Streiche(x, S) nicht unproblematisch. Eine mögliche Lösung wäre, anstatt x einfach aus der Tafel zu entfernen, betreffende Position mit „gestrichen" zu überschreiben. Eine Einfügeoperation würde dann betreffenden Platz wie einen leeren Platz behandeln. Wir werden nun verschiedene Methoden zur Kostruktion der Probenfolgen skizzieren. Sei $h' : U \to [0..m - 1]$ eine Hashfunktion.

Lineares Sondieren *Lineares Sondieren* konstruiert folgende Probefolge für $x \in U$:

$$h(x, i) = (h'(x) + i) \mod m.$$

Bei dieser Methode wird in der Position $h'(x)$ gestartet und dann modulo m die darauf folgenden Positionen durchmustert. Lineares Sondieren hat den Vorteil, dass es leicht zu implementieren ist. Allerdings nimmt man den Nachteil in Kauf, dass lange Cluster stärkere Tendenz zu wachsen haben, als kurze Cluster. Dieses Phänomen nennt man *primäre Häufung*.

Quadratisches Sondieren Bei *quadratischem Sondieren* sieht die für $x \in U$ konstruierte Probefolge folgendermaßen aus:

$$h(x,i) = (h'(x) + c_1 i + c_2 i^2) \mod m,$$

wobei c_1 und $c_2 \neq 0$ Konstanten sind. Quadratische Sondierung hat den Nachteil der sogenannten *sekundären Häufung*. Für $x, y \in U$ mit $h(x,0) = h(y,0)$ sind die Probefolgen identisch.

Double Hashing Seien $h_1 : U \rightarrow [0..m-1]$ und $h_2 : U \rightarrow [0..m-2]$ Hashfunktionen. Dann konstruiert *double Hashing* folgende Probefolge:

$$h(x,i) = (h_1(x) + i h_2(x)) \mod m.$$

Diese Methode hat den Vorteil, dass die Probefolge für einen Schlüssel x auf zwei Arten und Weisen von x abhängt. Allerdings muss man darauf achten, dass m und $h_2(x)$ zueinander prim sind, damit die Probefolge auch die gesamte Hashtafel besucht. Eine einfache Möglichkeit dies sicherzustellen wäre, m als Potenz von 2 und $h_2(x)$ ungerade zu wählen. Da verschiedene $(h_1(x), h_2(x))$-Paare zu verschiedenen Probefolgen führen, ist die Anzahl der verwendeten Probefolgen quadratisch in m. Dies stellt einen weiteren Vorteil gegenüber linearem und quadratischem Sondieren dar, da dort die Anzahl der verschiedenen Probefolgen gleich m ist.

1.3.3 Universelles Hashing

Wir haben unter gewissen Annahmen bewiesen, dass Hashing bei Kollisionsbehandlung mittels verketteter Listen im Mittel lediglich konstante Zeit benötigt. In der Praxis ist die zweite Annahme meistens nicht erfüllt, so dass die Analyse nicht gültig ist. Somit stellt sich die Frage, wie wir von dieser kritischen Annahme wegkommen. Zur Beantwortung dieser Frage ist die Beobachtung nützlich, dass wir zwar nicht auf die Folge der Eingaben, jedoch auf die Wahl der Hashfunktion Einfluss nehmen können. Dies führt zur folgenden Idee:

Definiere eine Klasse H von Hashfunktionen, aus der eine Funktion zufällig gewählt wird. Diese Klasse H soll folgende Eigenschaft haben: Für alle $S \subseteq [0..N-1]$ sind „fast alle" Funktionen in H gut, oder anders ausgedrückt, für alle $x, y \in [0..N-1]$ führt eine zufällig gewählte Funktion $h \in H$ nur mit kleiner Wahrscheinlichkeit zur Kollision. Eine mögliche Realisierung dieser Idee ist die folgende:

Seien $c \in \mathbb{R}$, $N, m \in \mathbb{N}$. Eine Kollektion $H \subseteq \{h \mid h : [0..N-1] \rightarrow [0..m-1]\}$ von Funktionen heißt *c-universell*, falls für alle $x, y \in [0..N-1]$ mit $x \neq y$

$$|\{h \mid h \in H \text{ und } h(x) = h(y)\}| \leq c \cdot \frac{|H|}{m}.$$

Bevor wir das Verhalten von c-universellen Klassen von Hashfunktionen analysieren, konstruieren wir eine solche Klasse.

Satz 1.8 *Seien $m, N \in \mathbb{N}$ und N eine Primzahl. Dann ist $H_1 = \{h_{a,b} \mid h_{a,b}(x) = [(ax + b) \bmod N] \bmod m$ und $a, b \in [0..N - 1]\}$ eine c-universelle Klasse von Hashfunktionen, wobei $c = (\lceil N/m \rceil /(N/m))^2$.*

Beweis: Seien $x, y \in [0..N - 1]$, $x \neq y$ beliebig. Wegen $|H_1| = N^2$ ist zu zeigen, dass

$$|\{(a, b) \mid h_{a,b}(x) = h_{a,b}(y)\}| \leq cN^2/m.$$

Falls $h_{a,b}(x) = h_{a,b}(y)$, dann existieren $q \in [0..m - 1]$, $r, s \in [0..\lceil N/m \rceil - 1]$, so dass

$$ax + b = q + rm \bmod N \text{ und } ay + b = q + sm \bmod N.$$

Da N eine Primzahl ist, ist $\mathbb{Z}_N$ ein Körper. Also gilt für jede Wahl von q, r und s, dass die Gleichungen exakt eine Lösung in a, b haben, womit

$$|\{(a, b) \mid h_{a,b}(x) = h_{a,b}(y)\}| = m \lceil N/m \rceil^2.$$

Wegen

$$\left(\frac{\lceil N/m \rceil}{N/m} \right)^2 \cdot \frac{N^2}{m} \geq m \cdot \left\lceil \frac{N}{m} \right\rceil^2$$

$$\Leftrightarrow (m/N)^2 \cdot N^2/m \geq m$$

$$\Leftrightarrow \quad m \geq m$$

ist H_1 c-universell.

∎

H_1 hat die Größe N^2. Also sind $2 \log N$ Bits notwendig und hinreichend, um eine Funktion aus H_1 zu spezifizieren. Ein zufälliges Element aus H_1 kann dann durch Generierung zweier Zufallszahlen aus $[0..N - 1]$ konstruiert werden. Wir werden nun das erwartete Verhalten von universellem Hashing unter den folgenden Annahmen analysieren:

1. Die Hashfunktion h wird zufällig aus einer c-universellen Klasse H ermittelt. D.h., jedes Element $h \in H$ wird mit Wahrscheinlichkeit $1/|H|$ gewählt.

2. Die Kollisionsbehandlung erfolgt mittels verketteter Listen.

Satz 1.9 *Sei $c \in \mathbb{N}$ und H eine c-universelle Klasse von Hashfunktionen.*

a) Sei $S \subseteq [0..N - 1]$, $|S| = n$ und $x \in [0..N - 1]$. Dann gilt:

$$1/|H| \cdot \sum_{h \in H} (1 + \delta_h(x, S)) \leq \begin{cases} 1 + \frac{cn}{m} & \text{falls } x \notin S \\ 1 + \frac{c(n-1)}{m} & \text{falls } x \in S. \end{cases}$$

b) *Die erwarteten Kosten einer Zugriffs-, Einfüge- oder Streicheoperation sind* $O(1 + \frac{cn}{m})$.

c) *Die erwarteten Kosten einer Folge von n Zugriffs-, Einfüge- und Streicheoperationen, gestartet mit einer leeren Tafel, sind* $O((1 + \frac{cn}{2m})n)$.

Beweis:

a)

$$\sum_{h \in H} (1 + \delta_h(x, S)) = |H| + \sum_{h \in H} \sum_{y \in S} \delta_h(x, y)$$

$$= |H| + \sum_{y \in S} \sum_{h \in H} \delta_h(x, y)$$

$$\leq |H| + \sum_{y \in S \setminus \{x\}} c \frac{|H|}{m}$$

$$\leq \begin{cases} |H| \left(1 + c\frac{n}{m}\right) & \text{falls } x \notin S \\ |H| \left(1 + c\frac{n-1}{m}\right) & \text{falls } x \in S. \end{cases}$$

b) folgt direkt aus a).

c) folgt direkt aus b). Beachte, dass die erwarteten Kosten der i-ten Operation $O\left(1 + \frac{c \cdot i}{m}\right)$ sind.

∎

Universelles Hashing hat, bis auf den Faktor c, das gleiche erwartete Verhalten wie Standardhashing (siehe Satz 1.7), jedoch werden die Annahmen vom Algorithmus und nicht vom Benutzer kontrolliert. Für ein festes $S \subseteq U$ ist das Verhalten eines zufällig gewählten Elementes $h \in H$ mit großer Wahrscheinlichkeit gut. Als nächstes bestimmen wir die Wahrscheinlichkeit für schlechtes Verhalten.

Satz 1.10 *Sei $c \in \mathbb{R}$ und H eine c-universelle Klasse von Hashfunktionen. Sei $S \subseteq [0..N-1]$, $|S| = n$ und $x \in [0..N-1]$. Sei μ der erwartete Wert von $\delta_h(x, S)$. D.h., $\mu = \frac{1}{|H|} \cdot \sum_{h \in H} \delta_h(x, S)$. Dann gilt* $\text{prob}(\delta_h(x, S) \geq t \cdot \mu) \leq 1/t$.

Beweis: Sei $H' = \{h \in H \mid \delta_h(x, S) \geq t\mu\}$. Da H für jede Funktion in H' mindestens $t-1$ Funktionen h mit $\delta_h(x, S) \leq \mu$ enthalten muss, damit der Mittelwert μ erreicht wird, gilt $|H'| \leq |H|/t$.

∎

1.4   Datenstrukturen für disjunkte Mengen

Nehmen wir an, dass wir die Großfamilienzugehörigkeit der Bewohner eines Landes
in einer Datenbank speichern möchten. Zu Beginn haben wir bezüglich der Familien-
zugehörigkeiten der Bewohner keinerlei Information. Dies bedeutet, dass zunächst für
uns jeder Bewohner alleiniges Mitglied einer Familie ist. Sobald wir bezüglich zwei
Bewohner a und b erfahren, dass diese zur selben Familie gehören, möchten wir dies
in unserer Datenbank vermerken. Da die Zugehörigkeit zu einer Grossfamilie transitiv
ist, wissen wir sogar mehr. Alle Mitglieder der bisherigen Großfamilie zu der a gehört
und alle Mitglieder der bisherigen Großfamilie, zu der b gehört, gehören zur selben
Großfamilie. Dies bedeutet, dass wir beide Familien zu einer Großfamilie vereinigen
können. Um dies in unserer Datenbank effizient durchführen zu können, muss diese
folgende Operationen unterstützen: Zugriff auf die aktuelle Familie eines gegebenen
Bewohners a und Vereinigung zweier disjunkte Familien A und B. Somit haben wir
folgendes Mengenverwaltungsproblem zu lösen:

Gegeben sind n paarweise disjunkte einelementige Mengen $S_1, S_2, \ldots, S_n$. O.B.d.A.
sei $S_i = \{i\}$. Die erlaubten Operationen sind die folgenden:

FIND(x): Bestimme den Namen derjenigen Menge, die das Element x enthält.

UNION(A, B, C): Vereinige die Mengen A und B und gib der neuen Menge den
Namen C.

Das *UNION-FIND-Problem* besteht nun darin, eine Folge von UNION- und FIND-
Operationen durchzuführen. Zwei Variationen sind denkbar:

1. Die Operationen werden *on-line* durchgeführt. D.h., jede Operation muss vollständig durchgeführt sein, bevor die nächste Operation bekannt gegeben wird.

2. Die UNION-Operationen sind im voraus bekannt.

Kruskals Algorithmus (siehe Kapitel 4) zur Berechnung eines minimalen überspannenden Baum eines gewichteten ungerichteten Graphen verwendet als Subroutine
einen Algorithmus zur Lösung des UNION-FIND-Problems.

Eine mögliche Lösungsmethode verwendet die in Abbildung 1.23 skizzierte Datenstruktur. Eine Menge wird durch eine einfach verkettete Liste, die für jedes Element
einen Record enthält, dargestellt. Jeder dieser Records hat einen Zeiger auf einen
zusätzlichen Record, der Namen und Größe der korrespondierenden Menge enthält.
Zusätzlich enthält dieser Record einen Zeiger auf den Listenanfang. Ein Feld S der
Größe n enthält in $S[i]$ einen Zeiger auf den Record, der das Element i enthält. Die
Operationen werden folgendermaßen durchgeführt:

FIND(i): Greife über $S[i]$ auf denjenigen Record zu, der i enthält. Über diesen
   Record bestimme denjenigen Record, der den Mengennamen enthält.

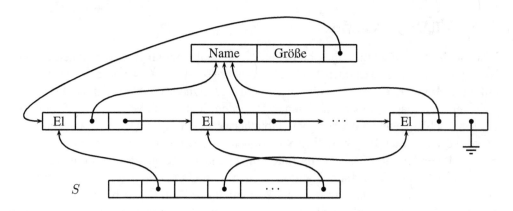

Abbildung 1.23: Datenstruktur zur Behandlung von disjunkten Mengen.

UNION(A, B, C): Nehmen wir an, dass diejenigen Records, die die Mengenna-
men A und B enthalten, bekannt sind. O.B.d.A. sei $|A| \geq |B|$. Die UNION-
Operation kann nun folgendermaßen durchgeführt werden:

(1) Ändere jeden Zeiger auf den Namensrecord der Menge B zu einem Zeiger
auf den Namensrecord der Menge A.

(2) Hänge die verkettete Liste der Menge A an das Ende der verketteten Liste
der Menge B. Setze den Mengenanfangszeiger auf den neuen Listenanfang.
Addiere die Größe der Menge A und die Größe der Menge B und ersetze die
Größenkomponente der Menge A durch diese Summe.

(3) Ändere den Mengennamen A zu C.

(4) Entferne den alten Namensrecord von B.

Es ist klar, dass die Operation FIND(i) in konstanter Zeit durchgeführt werden kann.
Für die Operation UNION(A, B, C) wird in Schritt (1) für jedes Elment, dessen
Namensrecord sich ändert, konstante Zeit benötigt. Nach der Durchführung von Schritt
(1) ist das Ende der verketteten Liste der Menge B bekannt, so dass die verkettete Liste
der Menge A in konstanter Zeit an das Ende der verketteten Liste der Menge B gehängt
werden kann. Sämtliche restlichen Änderungen in den Schritten (2)–(4) können in
konstanter Zeit durchgeführt werden. Somit wird der Gesamtaufwand für die UNION-
Operationen durch die Gesamtanzahl der Namensrecordänderungen dominiert. Unser
Ziel ist es nun zu zeigen, dass sich für jedes Element der zugehörige Namensrecord
maximal $\log n$-mal ändert. Betrachte hierzu ein beliebiges Element i. Jedes Mal, wenn
der zugehörige Namensrecord sich ändert, verdoppelt sich zumindest die Größe der
Menge, die i enthält. Dies kann bezüglich i maximal $\log n$-mal geschehen. Also
beträgt der Gesamtaufwand für alle Namensänderungen $O(n \log n)$. Insgesamt haben
wir folgenden Satz bewiesen:

Satz 1.11 *Obige Lösungsmethode führt eine Folge von $< n$ UNION-Operationen und
m FIND-Operationen in Zeit $O(m + n \log n)$ aus.*

1.5 Priority Queues

Warteschlangen treten im Alltag häufig auf. Man denke nur an Warteschlangen an den Kassen eines Kaufhauses oder den Stau auf einer Autobahn aufgrund eines Verkehrsunfalles. Mitunter verlässt man eine Warteschlange, ohne bedient worden zu sein. Zum Beispiel kann man an einer Autobahnausfahrt den Stau verlassen. Auch kann jemand zur Warteschlange neu hinzukommen. Üblicherweise kommt der, der am längsten wartet, als nächster dran. Es gibt jedoch Situationen, in denen gewisse Personen bevorzugt behandelt werden. Zum Beispiel darf die Polizei oder der Krankenwagen mit Blaulicht die Fahrzeuge im Verkehrsstau überholen, um an den Unfallort zu gelangen. Oder man denke an ein Krankenhaus, in dem die Partienten der Reihe nach behandelt werden. Kommt jedoch ein Notfall an, dann hat dieser Patient Vorrang und wird vorgezogen. Wir werden Datenstrukturen zur effizienten Behandlung von Warteschlangen im Rechner, so genannte Priority Queues, entwickeln.

Eine *Priority Queue* ist eine Datenstruktur zur Speicherung einer Menge von Elementen, zu denen jeweils ein reellwertiger Schlüssel assoziiert ist. Folgende Operationen werden von einer Priority Queue unterstützt:

insert(i, h)**:** Füge das Element i in die Priority Queue h, die i nicht bereits enthält, ein.

deletemin(h)**:** Streiche ein Element mit minimalem Schlüssel aus h und gib dieses Element aus. Falls h leer ist, dann gib „empty" aus.

makepq(S)**:** Konstruiere eine neue Priority Queue zur Speicherung der Menge S.

Für manche Anwendungen werden folgende zusätzliche Operationen benötigt:

findmin(h)**:** Gib ein Element in h mit minimalem Schlüssel aus, ohne es zu streichen. Falls h leer ist, dann gib „empty" aus.

delete(i, h)**:** Streiche das Element i aus der Priority Queue h.

union(h_1, h_2)**:** Kreiere eine neue Priority Queue, die alle Elemente der disjunkten Priority Queues h_1 und h_2 enthält. h_1 und h_2 existieren anschließend nicht mehr.

Wenn wir zur Implementierung von Priority Queues balancierte Bäume verwenden, dann können die Operationen insert(i, h), deletemin(h), delete(i, h) und findmin(h) jeweils in $O(\log n)$ Zeit durchgeführt werden. Mit einem zusätzlichen Zeiger, der immer auf das minimale Element zeigt, ist findmin(h) in konstanter Zeit durchführbar. Die Operation makepq(S) benötigt $O(|S| \log |S|)$ Zeit und union(h_1, h_2) ist in $O(\min\{|h_1|(1 + \log |h_2|), |h_2|(1 + \log |h_1|)\})$ durchführbar. Unser Ziel ist nun die Entwicklung von effizienteren Lösungen.

Ein Baum heißt *heapgeordnet*, falls auf jedem Pfad von einem Blatt zur Wurzel die Größe der Schlüssel monoton fällt. Heapgeordnete Bäume eignen sich sehr gut zur Implementierung von Priority Queues.

1.5.1 d-Heaps

d-Heaps können zur Implementierung von Priority Queues, die die Operation union(h_1, h_2) nicht durchführen, verwendet werden.

Ein d-närer Baum der Höhe t heißt *vollständig*, falls gilt:

1. Jeder Knoten der Tiefe $< t - 1$ hat d Söhne.

2. Maximal ein Knoten der Tiefe $t - 1$ hat l mit $l \notin \{0, d\}$ Söhne.

3. Die Anzahl der Söhne der Knoten der Tiefe $t - 1$ ist „von links nach rechts" monoton fallend.

Ein d-*Heap* ist ein heapgeordneter vollständiger d-närer Baum.

Beispiel 1.3 Die Abbildung 1.24 zeigt einen 3-Heap für die Menge $\{3, 4, 7, 9, 10, 11, 13, 14, 17\}$

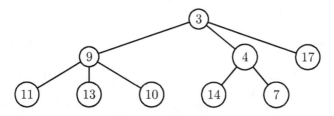

Abbildung 1.24: 3-Heap für die Menge $\{3, 4, 7, 9, 10, 11, 13, 14, 17\}$.

◊

Die Struktur von d-Heaps is derart regulär, dass wir keine explizite Zeiger benötigen, um einen d-Heap zu repräsentieren. Wenn wir, mit 1 beginnend, zunächst den Knoten der Tiefe 0, dann von links nach rechts die Knoten der Tiefe 1, dann von links nach rechtsw die Knoten der Tiefe 2 u.s.w. durchnummerieren und sie mit ihrer Nummer identifizieren, dann stehen die Söhne des j-ten Knotens in den Feldkomponenten $d(j - 1) + 2, d(j - 1) + 3, \ldots, \min\{dj + 1, n\}$. Der Vater des j-ten Knotens steht an der Stelle $\lceil \frac{j-1}{d} \rceil$. Also können wir einen d-Heap mit n Knoten durch ein Feld A der Größe $\geq n$ realisieren. $A[j]$ enthält dann das im Knoten mit Nummer j gespeicherte Element.

Sei $h = (V, E)$ ein d-Heap. Sei $v \in V \setminus \{$ Wurzel$(h)\}$. Bezeichne $f(v)$ den Vater von v, $k(v)$ den in v gespeicherten Schlüssel und num(v) die Nummer von v bezüglich der oben beschriebenen Nummerierung des Baumes h. In einem d-Heap können die Priority Queue-Operationen wie folgt durchgeführt werden:

insert(x, h):

Zunächst erhält h ein neues Blatt b mit $k(b) = x$. Dann werden, in b startend, solange der Schlüssel des Vaters größer als der Schlüssel des gerade betrachteten Knotens ist und nicht die Wurzel des Heaps erreicht ist, die Schlüssel vertauscht und anschließend der Vater betrachtet.

(1) Sei v derjenige Knoten in h mit weniger als d Söhnen und minimaler Nummer. Kreiere für v einen neuen Sohn b.
$k(b) := x;$

(2) $j := b;$
    while $j \neq 1 \wedge k(j) < k\left(f(j)\right)$
        do
            HILF $:= k(j);$
            $k(j) := k\left(f(j)\right);$
            $k\left(f(j)\right) :=$ HILF;
            $j := f(j)$
        od.

delete(x, h):

Wir nehmen an, dass der Knoten i mit $k(i) = x$ bekannt ist. Bezeichne $|h|$ die Anzahl der Knoten im Heap h. Zunächst werden der Schlüssel von i mit $k(|h|)$ überschrieben und der Knoten $|h|$ entfernt. Dann wird die Heapeigenschaft ähnlich wie bei der Einfügeoperation wieder in Ordnung gebracht. Hierzu vergleichen wir, falls i nicht die Wurzel des Baumes ist, zunächst $k(i)$ mit $k(f(i))$. Falls $k(i) < k(f(i))$, dann ist unterhalb von i alles in Ordnung und wir bringen den Heap analog zur Einfügeoperation oberhalb von i in Ordnung. Falls i die Wurzel des Baumes ist oder falls $k(i) > k(f(i))$, dann ist oberhalb von i alles in Ordnung und wir sorgen dafür, dass nun $k(i)$ nach unten an die richtige Stelle sinkt.

(1) $k(i) := k(|h|);$
    Entferne Knoten $|h|$ aus h;

(2) $j := i;$
    if $j \neq 1$ und $k(j) < k(f(j))$
        then
            while $j \neq 1 \wedge k(j) < k\left(f(j)\right)$
                do
                    HILF $:= k(j);$
                    $k(j) := k\left(f(j)\right);$
                    $k\left(f(j)\right) :=$ HILF;
                    $j := f(j)$
                od
        else
            while $\exists$ Sohn i von j mit $k(i) < k(j)$
                do

(Sei i Sohn von j mit $k(i)$ minimal.)
HILF $:= k(j)$;
$k(j) := k(i)$;
$k(i) := $ HILF;
$j := i$
od.

deletemin(h):

(1) Gib $k(1)$ aus;

(2) delete($k(1), h$).

findmin(h):

(1) Gib $k(1)$ aus.

makepq(S):

(1) Konstruiere einen vollständigen d-nären Baum T mit $|S| = n$ Knoten;

(2) Fülle T rückwärts auf und halte dabei die Heapordnung aufrecht (d.h., lasse gegebenenfalls den neuen Schlüssel nach unten sinken).

Es ist leicht zu sehen, dass die Operationen findmin(h) in $O(1)$, insert(x, h) in $O(\log_d n)$ und die Operationen delete(x, h) und deletemin(h) in $O(d \log_d n)$ Zeit durchgeführt werden können. Bezüglich der Operation delete(x, h) haben wir angenommen, dass auf den Knoten i, der x enthält, in konstanter Zeit zugegriffen werden kann. Die für makepq(S) benötigte Zeit kann wie folgt abgeschätzt werden: Für jeden Knoten, der Wurzel eines Teilbaumes der Höhe j ist, wird $O(jd)$ Zeit benötigt. Die Anzahl solcher Knoten ist für $j = \lceil \log_d n \rceil - i, 0 \leq i \leq \lceil \log_d n \rceil$ maximal d^i, was kleiner gleich $\frac{n}{d^{\lceil \log_d n \rceil - (i+1)}}$ ist. Somit ergibt sich folgender Gesamtaufwand:

$$O\left(\sum_{i=0}^{\lceil \log_d n \rceil} \frac{n(i+1)d}{d^i} \right) = O\left(dn \sum_{i=0}^{\lceil \log_d n \rceil} \frac{(i+1)}{d^i} \right) = O(dn).$$

Die Operation union(h_1, h_2) kann nicht in logarithmischer Zeit durchgeführt werden. Falls einer der beiden Heaps, z.B. h_1, wesentlich kleiner als der andere ist, dann könnte union(h_1, h_2) mittels $|h_1|$ insert-Operationen realisiert werden. Die hierfür benötigte Zeit wäre $O(|h_1| \cdot \log_d(|h_2|))$. Im anderen Fall könnte man mittels einer makepq-Operation einen ganz neuen d-Heap aufbauen, was in Zeit $O(d(|h_1| + |h_2|))$ durchführbar ist.

1.5.2 Linksheaps

Wir werden nun eine Datenstruktur entwickeln, die eine logarithmische Durchführung der union-Operation ermöglicht. Die Idee ist, in einem heapgeordneten Binärbaum die Operationen derart durchzuführen, dass bis auf delete- und makepq-Operationen die benötigte Zeit durch die Länge des kürzesten Pfades von der Wurzel zu einem Blatt beschränkt ist. Diese ist sicher $\leq \log n$, wenn n die Anzahl der Knoten im Baum ist. Folgende Bezeichnungen sind hierfür nützlich:

Sei $T = (V, E)$ ein Binärbaum. Für $x \in V$ bezeichne $l(x)$ seinen linken Sohn, $r(x)$ seinen rechten Sohn und Rang(x) die minimale Länge eines Pfades von x zu einem Blatt. Dann gilt

$$\text{Rang}(x) = \begin{cases} 0 & \text{falls } x \text{ ein Blatt ist} \\ 1 + \min\{\text{Rang}(l(x)), \text{ Rang}(r(x))\} & \text{sonst.} \end{cases}$$

Ein Binärbaum heißt *Linksbaum*, wenn Rang$(l(x)) \geq$ Rang$(r(x))$ für jeden inneren Knoten x. Ein *Linksheap* ist ein heapgeordneter Linksbaum. In einem Linksbaum T ist der Pfad von der Wurzel zu dem am weitesten rechts liegenden Blatt des Baumes ein kürzester Pfad von der Wurzel zu einem Blatt. Dieser Pfad heißt *Rechtspfad* von T. Insbesondere ist jeder Teilbaum eines Linksbaumes selbst auch ein Linksbaum. Wir identifizieren einen Knoten im Linksheap mit dem in ihm gespeicherten Element. Des Weiteren werden Elemente nur in inneren Knoten und nicht in den Blättern gespeichert. Zusätzlich enthält jeder Knoten x auch den Wert Rang(x). Seien h, h_1 und h_2 Linksheaps. $R(h)$ bezeichnet den Rechtspfad des Linksheaps h.

Als nächstes werden wir beschreiben, wie in einem Linksheap die Priority Queue-Operationen durchgeführt werden.

findmin(h):
    (1) Gib Wurzel(h) aus.

union(h_1, h_2):
    (1) Mische die Knoten auf $R(h_1)$ und $R(h_2)$ zu einer aufsteigend sortierten Folge und verbinde aufeinanderfolgende Knoten durch eine Kante. Sei P der resultierende Pfad. Der linke Sohn eines Knotens auf $R(h_i)$, $i \in \{1, 2\}$, bleibt linker Sohn des Knotens.
    (2) Berechne bottom-up die Ränge der Knoten auf P und vertausche, wenn nötig, den linken und rechten Teilbaum, um einen Linksheap zu erhalten.

Es ist leicht einzusehen, dass findmin(h) konstante Zeit und union(h_1, h_2) lediglich $O(\log(|h_1|) + \log(|h_2|))$ Zeit benötigen.

insert(x, h): Konstruiere einen Einknotenheap h' mit dem Knoteninhalt x und führe die Operation union(h, h') durch.

deletemin(h): Streiche die Wurzel von h und führe union(h_l, h_r) durch, wobei h_l der linke und h_r der rechte Unterbaum von h sind.

Beide Operationen benötigen $O(\log|h|)$ Zeit.

makepq(S): Da ein 2-Heap auch ein Linksheap ist, genügt es, einen solchen für S aufzubauen. Oben haben wir uns überlegt, wie wir dies in $O(|S|)$ Zeit tun können.

delete(x, h): Auch hier nehmen wir an, dass wir auf den Knoten i, der x enthält, in konstanter Zeit zugreifen können. Sei h_1 der linke und h_2 der rechte Teilbaum des Baumes mit Wurzel i. Sei j der Vater von i in h.

(1) Führe union(h_1, h_2) durch und ersetze in h den Teilbaum mit Wurzel i durch den resultierenden Baum h'.

(2) Bringe die Ränge der Knoten auf dem Pfad von j zur Wurzel in Ordnung und vertausche dabei, falls nötig, den linken und rechten Teilbaum. Terminiere, wenn sich ein Rang nicht ändert.

Es verbleibt noch die Analyse der benötigten Zeit. Schritt (1) kann in $O(\log|h_1| + \log|h_2|) = O(\log|h|)$ Zeit durchgeführt werden. Schritt (2) terminiert, sobald sich der Rang eines betrachteten Knotens nicht geändert hat. Wir unterscheiden drei Fälle:

Falls Rang(Wurzel(h')) = Rang(i), dann ändert sich Rang(j) nicht und Schritt (2) terminiert.

Falls Rang(Wurzel(h')) > Rang(i), dann ändert sich während der Durchführung von Schritt (2) der Rang eines betrachteten Knotens nicht, falls dieser von seinem linken Sohn aus betreten wird. Also liegen, bis auf den letzten Knoten, alle zurückverfolgten Knoten auf dem Rechtspfad eines Teilbaumes des vorherigen Linksbaumes.

Falls Rang(Wurzel(h')) < Rang(i), dann werden linker und rechter Teilbaum des gerade betrachteten Knotens vertauscht, falls sein Rang sich verändert und dieser von seinem linken Sohn aus betreten wird. Also liegen, bis auf den letzten Knoten, alle zurückverfolgten Knoten auf dem Rechtspfad eines Teilbaumes des resultierenden Linksbaumes.

Somit ist in allen drei Fällen Schritt (2) in $O(\log|h|)$ Zeit durchführbar.

Übung 1.7: *Gegeben sei ein beliebiger heapgeordneter Binärbaum $T = (V, E)$. Konstruieren Sie aus T einen Linksheap, ohne dabei die Menge der Pfade von der Wurzel zu einem Blatt zu verändern.*

1.6   Ergänzende Übungsaufgaben

Übung 1.8: *Seien $S[1 : n]$ und $P[1 : n]$ zwei Felder. Sei $P[1], P[2], \ldots, P[n]$ eine Permutation der natürlichen Zahlen $1, 2, \ldots, n$. Geben Sie einen Algorithmus an, der das Feld S gemäß der Permutation umordnet. D.h., $S_{nachher}[i] = S_{vorher}[P[i]]$, $1 \leq i \leq n$.*

Übung 1.9: *Eine lineare Liste, an deren beiden Enden Elemente hinzugefügt oder entfernt werden können, heißt Zweifachkeller. Entwickeln Sie eine Realisierung von Zweifachkeller mit Hilfe eines Feldes.*

Übung 1.10: *Beweisen Sie, dass ein Binärbaum mit n inneren Knoten $n + 1$ Blätter hat.*

Übung 1.11: *Geben Sie einen AVL-Baum T der Höhe ≥ 10 und eine Streicheoperation an, so dass jeder Knoten auf dem Suchpfad rebalanciert wird.*

Übung 1.12: *Nehmen wir an, dass wir in jedem Knoten v eines AVL-Baumes zusätzlich das maximale Element und die Höhe des Teilbaumes mit Wurzel v speichern. Zeigen Sie, dass die Operationen Zugriff, Einfügen und Streichen in $O(\log n)$ Zeit durchgeführt werden können, wobei n die Anzahl der Knoten des AVL-Baumes ist.*

Übung 1.13: *Ein Baum T heißt HB-Baum, wenn er folgende Eigenschaften besitzt:*

 a) *Jeder innere Knoten von T hat einen oder zwei Söhne.*

 b) *Jeder Knoten mit nur einem Sohn hat einen Bruder mit zwei Söhnen.*

 c) *Alle Blätter von T haben dieselbe Tiefe.*

Zeigen Sie, dass ein HB-Baum der Höhe h mit n Blättern stets $F_{h+2} \leq n \leq 2^h$ erfüllt. Dabei bezeichnet F_m die Fibonacci-Folge.

Übung 1.14:

 a) *Entwickeln Sie eine Datenstruktur, die folgende Lösung des UNION-FIND-Problems unterstützt:*
 Eine Menge wird durch einen Baum, dessen Wurzel den Mengennamen enthält, realisiert. UNION(A, B, C) wird dadurch realisiert, dass die Wurzel eines Baumes mit minimaler Elementanzahl zum Sohn der Wurzel des anderen Baumes gemacht wird. FIND(x) wird durchgeführt, indem der Pfad vom Knoten, der x enthält, bis zur Wurzel durchlaufen wird.

 b) *Analysieren Sie die Zeit, die Ihre Lösung für eine Folge von m FIND- und $n - 1$ UNION-Operationen benötigt.*

 c) *Geben Sie eine Folge von $n - 1$ UNION- und n FIND-Operationen an, für die obige Lösungsmethode $\Omega(n \log n)$ Schritte benötigt.*

Übung 1.15*: *Entwickeln Sie eine Datenstruktur, mittels der jede UNION- und jede FIND-Operation in $O(\frac{\log n}{\log \log n})$ Zeit durchgeführt werden kann.*

Übung 1.16: *Entwickeln Sie mit Hilfe von 2-Heaps ein Verfahren, das n natürliche Zahlen in Zeit $O(n \log n)$ sortiert.*

1.7 Literaturhinweise

1962 definierten erstmals ADEL'SON-VELSKIĬ und LANDIS [AVL62] einen balancierten Baum, den sogenannten AVL-Baum. B-Bäume wurden 1972 von BAYER und MCCREIGHT [BM72] eingeführt. In den 70er und 80er Jahren definierten und untersuchten verschiedene Autoren eine Vielzahl von unterschiedlichen balancierten Bäumen, siehe dazu z.B. [Meh88, OW90, CLRS01]. Tries wurden 1960 von FREDKIN [Fre60] eingeführt. Ausgezeichnete Referenzen für die Analyse von Hashingmethoden sind die Bücher von KNUTH [Knu98b], GONNET [Gon84] und MEHLHORN [Meh88]. 1977 präsentierten CARTER und WEGMAN [CW79] universelle Klassen von Hashfunktionen auf einer Tagung. Datenstrukturen für die Verwaltung von disjunkten Mengen wurden von verschiedenen Autoren untersucht. Eine Vielzahl von fundamentalen Ergebnissen hierzu sind von TARJAN. Sein 1984 erschienenes Buch [Tar83] sowie [CLRS01] sind gute Referenzen bezüglich der Behandlung solcher Datenstrukturen und enthalten auch Hinweise auf weitere Literatur. Beide Bücher bilden auch einen guten Einstieg zur vertieften Behandlung von Priority Queues. Eine Lösung der Übungsaufgabe 1.15 findet man in [Blu86].

2 Durchmusterung von Graphen

2.1 Graphentheoretische Grundlagen

Bevor wir uns mit der Durchmusterung von Graphen beschäftigen, legen wir die graphentheoretischen Grundlagen, die wir in diesem Kapitel und auch ansonsten im Buch benötigen. Ein *Graph* $G = (V, E)$ besteht aus einer endlichen, nichtleeren Menge V von *Knoten* und einer Menge E von *Kanten*. Der Graph G ist entweder *gerichtet* oder *ungerichtet*. Im (un-)gerichteten Fall ist jede Kante ein (un-)geordnetes Paar von verschiedenen Knoten. Ein Graph $G = (V, E)$ heißt *bipartit*, falls V derart in disjunkte, nichtleere Mengen A und $B = V \setminus A$ aufgeteilt werden kann, dass für alle $(u, v) \in E$ gilt: $u \in A$ und $v \in B$ oder umgekehrt. Wir schreiben dann häufig $G = (A, B, E)$. Abbildung 2.1 enthält zwei graphische Darstellungen desselben bipartiten Graphen. Seien $v, w \in V$. Ein *Pfad* oder *Weg* P von v nach w ist eine

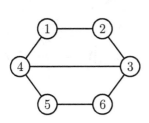 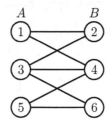

Abbildung 2.1: Ein bipartiter Graph.

Folge von Knoten und Kanten

$$P = [v = v_0], (v_0, v_1), v_1, (v_1, v_2), v_2, \ldots, v_{k-1}, (v_{k-1}, v_k), [v_k = w]$$

mit $(v_i, v_{i+1}) \in E$ für $0 \leq i < k$. Die *Länge* $|P|$ von P ist die Anzahl k der Kanten auf P. P heißt *einfach*, falls $v_i \neq v_j$ für $0 \leq i < j \leq k$. P heißt *Kreis*, falls $v_0 = v_k$ und $|P| \geq 1$. Ein Graph G heißt *azyklisch* oder *kreisfrei*, falls G keinen Kreis enthält. $G' = (V', E')$ heißt *Teilgraph* von $G = (V, E)$, falls $V' \subseteq V$ und $E' \subseteq E \cap (V' \times V')$. G' heißt *induzierter* Teilgraph von G, falls $E' = E \cap (V' \times V')$. Sei $G = (V, E)$ ein ungerichteter Graph. Für $u \in V$ ist der *Grad* $\deg(u)$ von u definiert durch

$$\deg(u) = |\{(u, v) \mid (u, v) \in E\}|.$$

Sei $G = (V, E)$ ein gerichteter Graph. Für $v \in V$ sind der *Eingangsgrad* indeg(v) und der *Ausgangsgrad* outdeg(v) definiert durch

$$\text{indeg}(v) = |\{(u, v) \mid (u, v) \in E\}|$$

und

$$\text{outdeg}(v) = |\{(v, w) \mid (v, w) \in E\}|.$$

Sei $G = (V, E)$ ein Graph. G heißt *zusammenhängend*, falls V nicht in zwei nichtleere Mengen V_1 und V_2 aufgeteilt werden kann, so daß $E \cap V_1 \times V_2 = \emptyset$. Die *Zusammenhangskomponenten* von G sind die maximalen zusammenhängenden induzierten Teilgraphen von G. D.h., zu einer Zusammenhangskomponente $G' = (V', E')$ kann kein Knoten aus $V \setminus V'$ hinzugenommen werden, ohne die Eigenschaft „zusammenhängend" zu verletzen.

In Kapitel 1 haben wir *geordnete Bäume* als Datenstruktur zur Speicherung von Information definiert. Wenn wir Bäume nicht zur Speicherung von Daten verwenden, dann benötigen wir meistens ungeordnete Bäume. Ein *ungeordneter Baum* ist ein zusammenhängender ungerichteter Graph ohne Kreise. Ein *ungeordneter Wald* ist ein ungerichteter Graph, dessen Zusammenhangskomponenten Bäume sind. Somit ist ein kreisfreier ungerichteter Graph stets ein Wald. Nachfolgend lassen wir das Adjektiv „ungeordnet" weg. Ob wir einen geordneten oder einen ungeordneten Baum meinen, ergibt sich aus dem Zusammenhang. Folgender Satz gibt uns alternative Definitionen eines Baumes:

Satz 2.1 *Sei $T = (V, E)$ ein ungerichteter Graph mit $|V| = n > 2$. Folgende Eigenschaften sind äquivalent:*

1. *T ist zusammenhängend und besitzt keinen Kreis.*

2. *T ist kreisfrei und $|E| = n - 1$.*

3. *T ist zusammenhängend und enthält genau $n - 1$ Kanten.*

4. *T enthält keinen Kreis und das Hinzufügen einer beliebigen Kante würde genau einen Kreis kreieren.*

5. *T ist zusammenhängend und das Entfernen einer beliebigen Kante würde einen unzusammenhängenden Graphen erzeugen.*

6. *Jedes Paar von Knoten in T ist durch genau einen Pfad miteinander verbunden.*

Beweis:

„1 $\Rightarrow$ 2"

Sei T zusammenhängend und kreisfrei. Zu zeigen ist, dass dies $|E| = n - 1$ impliziert. Falls dies nicht der Fall ist, dann muss $|E| < n - 1$ oder $|E| > n - 1$ erfüllt sein. Wir werden beide Fälle nacheinander untersuchen und jeweils zum Widerspruch führen.

$|E| < n - 1$ kann nicht sein, da wir mindestens $n - 1$ Kanten benötigen, um n Knoten zu einer Zusammenhangskomponenten zusammenzuführen. Hierzu starten wir mit einem isolierten Knoten und fügen nacheinander die anderen Knoten nebst eine Kante, die den neu hinzugefügten Knoten mit der bisherigen Komponente verbindet, hinzu. Hierfür werden mindestens $n - 1$ Kanten benötigt.

Nehmen wir an, dass $|E| > n-1$. Wir werden nun einen Widerspruch zur Kreisfreiheit herbeiführen. Betrachte hierzu $V' \subseteq V$ mit $|V'| > 2$ minimal, so dass der durch V' induzierte Teilgraph $> |V'| - 1$ Kanten enthält. Da V bis auf die Minimalität, die gewünschte Eigenschaft besitzt, existiert V'. Jeder Knoten in V' hat mindestens Grad zwei. Andernfalls könnten wir den Knoten entfernen und würden einen kleineren Graphen, der die gewünschte Eigenschaft besitzt, erhalten. Wir starten nun in einem beliebigen Knoten $v \in V'$ und verlassen den aktuellen Knoten stets über eine noch nicht durchquerte Kante. Dann muss irgendwann ein bereits besuchter Knoten wieder besucht werden, womit wir einen Widerspruch zur Kreisfreiheit herbeigeführt haben.

„2 $\Rightarrow$ 3"

Seien T kreisfrei und $|E| = n - 1$. Zu zeigen ist, dass T zusammenhängend ist. Nehmen wir an, dass dies nicht der Fall ist. Dann existiert eine Zusammenhangskomponente $Z = (V', E')$ mit $|V'| < n$ und $|E'| > |V'| - 1$. Genauso wie oben zeigen wir nun, dass T einen Kreis enthält.

„3 $\Rightarrow$ 4"

Seien T zusammenhängend und $|E| = n - 1$. Nehmen wir an, dass T einen Kreis (V', E') enthält. Dann gilt $|E'| = |V'|$. Wir starten nun mit (V', E') und fügen wie oben die restlichen $n - |V'|$ Knoten zur Zusammenhangskomponenten hinzu. Hierzu stehen noch höchstens $n - |V'| - 1$ Kanten zur Verfügung. Da aber $n - |V'|$ Kanten benötigt werden, kann der Graph nicht zusammenhängend sein, womit wir einen Widerspruch herbeigeführt haben. Also war unsere Annahme falsch und somit ist T kreisfrei.

Da das Hinzufügen einer Kante eine Knotenmenge $V' \subseteq V$ mit der Eigenschaft, $|E'| = |V'|$ für den induzierten Teilgraphen (V', E'), generieren würde, würde dies einen Kreis erzeugen. Hierdurch kann auch nur genau ein Kreis generiert werden, da ansonsten bereits vorher ein Kreis im Graphen hätte sein müssen.

„4 $\Rightarrow$ 5"

Falls T nicht zusammenhängend wäre, dann könnte eine weitere Kante zwei verschiedene Zusammenhangskomponenten miteinander verbinden. Eine solche Kante würde keinen neuen Kreis kreieren. Falls nach Entfernen einer Kante der Graph zusammenhängend bleibt, dann war T nicht kreisfrei.

„5 $\Rightarrow$ 6"

Da T zusammenhängend ist, ist jedes Paar von Knoten durch mindestens einen Pfad miteinander verbunden. Nehmen wir an, dass es zwei Knoten $v, w \in V$ gibt, die durch zwei unterschiedliche Pfade P_1 und P_2 miteinander verbunden sind. Dann existiert eine Kante e auf $P_1 \setminus P_2$ oder auf $P_2 \setminus P_1$. Nach Entfernen von e ist T nach wie vor zusammenhängend, womit wir einen Widerspruch herbeigeführt haben.

„$6 \Rightarrow 1$"

T ist kreisfrei, da ansonsten ein Paar von Knoten, die durch zwei verschiedenen Pfade miteinander verbunden wären, existieren würden.

∎

Folgende Darstellungsarten von Graphen im Rechner sind üblich:

Nachbarschaftslisten

Ein Graph $G = (V, E)$ wird durch $|V|$ verketteten Listen dargestellt. Für jeden Knoten $v \in V$ haben wir eine verkettete Liste, die $w \in V$ genau dann enthält, wenn $(v, w) \in E$. Abbildung 2.2 enthält Nachbarschaftslisten für den in Abbildung 2.1 dargestellten bipartiten Graphen.

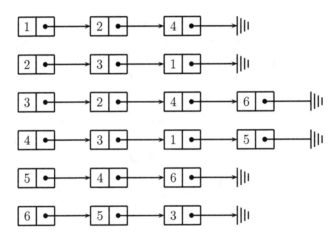

Abbildung 2.2: Darstellung eines Graphen durch Nachbarschaftslisten.

Der Platzbedarf ist bei gerichteten Graphen $|V| + |E|$. Bei ungerichteten Graphen ist der Platzbedarf $|V| + 2|E|$, da jede Kante in zwei Nachbarschaftslisten repräsentiert wird.

Nachbarschaftsmatrix

Ein Graph $G = (V, E)$ mit $V = \{1, 2, \ldots, n\}$ wird durch eine $n \times n$-Matrix $B = (b_{ik})_{nn}$ dargestellt. Diese ist wie folgt definiert:

$$b_{ik} = \begin{cases} 1 \text{ falls } (i, k) \in E \\ 0 \text{ sonst} \end{cases}$$

Abbildung 2.3 enthält die Nachbarschaftsmatrix des in Abbildung 2.1 dargestellten Graphen. Der Platzbedarf der Nachbarschaftsmatrix ist $|V|^2$.

$$
\begin{array}{c@{\quad}c}
 & 1\ 2\ 3\ 4\ 5\ 6 \\
\begin{array}{c}
1 \\ 2 \\ 3 \\ 4 \\ 5 \\ 6
\end{array}
&
\begin{pmatrix}
0\ 1\ 0\ 1\ 0\ 0 \\
1\ 0\ 1\ 0\ 0\ 0 \\
0\ 1\ 0\ 1\ 0\ 1 \\
1\ 0\ 1\ 0\ 1\ 0 \\
0\ 0\ 0\ 1\ 0\ 1 \\
0\ 0\ 1\ 0\ 1\ 0
\end{pmatrix}
\end{array}
$$

Abbildung 2.3: Darstellung eines Graphen durch seine Nachbarschaftsmatrix.

Ein Vorteil von Nachbarschaftslisten gegenüber Nachbarschaftsmatrizen ist, dass ihr Platzbedarf durch die Größe des repräsentierten Graphen beschränkt ist. Eine Nachbarschaftsmatrix benötigt stets, unabhängig von der Anzahl der zu repräsentierenden Kanten, in der Anzahl der Knoten quadratischen Platz. Ein weiterer Vorteil von Nachbarschaftslisten ist, dass die benachbarten Knoten eines Knotens auf einfache Art und Weise besucht werden können, wobei die benötigte Zeit durch die Anzahl der Nachbarn beschränkt ist. Bei Nachbarschaftsmatrizen kann dies in $|V|$ lineare Zeit benötigen. Nachbarschaftsmatrizen haben den Vorteil, dass eine spezifizierte Kante in konstanter Zeit besucht werden kann. Auch kann in konstanter Zeit überprüft werden, ob ein spezifiziertes Paar von Knoten überhaupt eine Kante des zugrundeliegenden Graphen ist. Dies ist bei Verwendung von Nachbarschaftslisten für die Darstellung des Graphen nicht möglich. Welche der beiden Darstellungsarten die geeignete ist, muss immer im konkreten Fall entschieden werden.

2.2 Graphdurchmusterungsmethoden

In Anwendungen muss häufig ein Graph durchmustert werden. Populäre Graphdurchmusterungsmethoden sind *Tiefensuche* (*depth-first-search*) und *Breitensuche* (*breadth-first-search*). Beide lassen sich auf den folgenden Algorithmus, der alle von einem Startknoten s aus erreichbaren Knoten besucht, zurückführen. Die Menge Q enthält alle bisher besuchten Knoten, die noch nicht vollständig bearbeitet sind. $N[v]$ bezeichnet die Nachbarschaftsliste für den Knoten v.

Algorithmus: ALGORITHMISCHE SUCHE

Eingabe: Ein Graph $G = (V, E)$, repräsentiert durch seine Nachbarschaftslisten und ein Startknoten $s \in V$.

Ausgabe: Diese hängt von der Anwendung ab. Die von s aus erreichbaren Knoten sind markiert.

Methode:
    for alle $v \in V$

```
do
    H[v] := N[v]
od;
Q := {s};
markiere s;
while Q ≠ ∅
  do
    wähle v ∈ Q;
    if H[v] ≠ ∅
      then
        wähle v' ∈ H[v];
        H[v] := H[v] \ {v'};
        if v' nicht markiert
          then
            Q := Q ∪ {v'};
            markiere v'
        fi
      else
        Q := Q \ {v}
    fi
od.
```

Nehmen wir an, dass „wähle $v \in Q$" bzw. „wähle $v' \in H(v)$" in konstanter Zeit durchgeführt wird. Da jeder Knoten $v \in V$ höchstens $(\text{outdeg}(v) + 1)$-mal und jede Kante $e \in E$ höchstens einmal betrachtet wird, benötigt ALGORITHMISCHE SUCHE lediglich $O(|V| + |E|)$ Zeit.

Wir haben offen gelassen, wie wir die Menge Q verwalten. Falls wir Q durch einen Keller verwalten, dann wird immer ein bisher nicht besuchter direkter Nachfolger des aktuellen Knoten besucht und wird zum aktuellen Knoten. D.h., die Durchmusterungsmethode arbeitet den Graphen der Tiefe nach ab. Darum heißt diese Vorgehensweise *Tiefensuche*. Falls wir Q durch eine Schlange verwalten, dann werden zunächst alle direkten Nachfolger des aktuellen Knoten besucht. D.h., der Graph wird der Breite nach abgearbeitet. Darum wird diese Vorgehensweise *Breitensuche* genannt.

Um festzustellen, ob ein Knoten $t \in V$ von s aus erreichbar ist, können wir sowohl Tiefensuche als auch Breitensuche anwenden. Wir werden nun Tiefensuche etwas genauer untersuchen. In obiger Prozedur ALGORITHMISCHE SUCHE entspricht das Wählen von $v' \in H[v]$ dem Betrachten der Kante $(v, v') \in E$. Wir können in Abhängigkeit des Verlaufs der Tiefensuche die Kanten von $G = (V, E)$ in vier Kategorien einteilen (siehe Abbildung 2.4):

Baumkanten: Kanten, die während der Suche zu neuen Knoten führen (d.h. v' ist noch nicht markiert).

Rückwärtskanten: Kanten, die bezüglich Baumkanten von Nachfolgern zu Vorgängern führen (insbesondere gilt $v' \in Q$).

Vorwärtskanten: Kanten, die bezüglich Baumkanten von Vorgängern zu Nachfolgern führen und keine Baumkanten sind (insbesondere gilt $v' \notin Q$).

Querkanten: Kanten, die Knoten miteinander verbinden, die bezüglich Baumkanten weder Vorgänger noch Nachfolger zueinander sind (insbesondere gilt $v' \notin Q$).

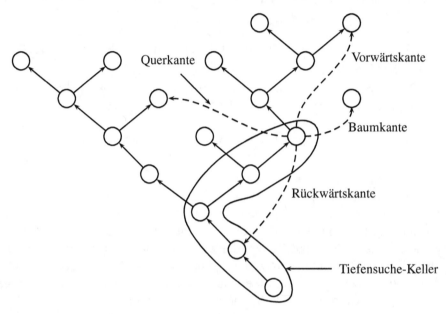

Abbildung 2.4: Die verschiedenen Kantenarten während der Tiefensuche.

Die Tiefensuche hat folgende Eigenschaften:

1. Das Einfügen des Knotens v' in Q entspricht der Operation PUSH(v'). PUSH(v') wird genau dann durchgeführt, wenn eine Baumkante (v, v') betrachtet wird.

2. Das Streichen des Knotens v aus Q entspricht der Durchführung der Operation POP. POP wird genau dann durchgeführt, wenn für das oberste Kellerelement v alle Kanten $(v, v') \in E$ bereits betrachtet sind.

3. Der Tiefensuche-Keller Q enthält immer einen einfachen Pfad vom Startknoten s zum obersten Knoten in Q.

Als nächstes werden wir beweisen, dass mittels Tiefensuche festgestellt werden kann, ob es einen gerichteten Pfad zwischen zwei gegebenen Knoten gibt.

Satz 2.2 *Seien $G = (V, E)$ ein gerichteter Graph und $s, t \in V$. Dann konstruiert eine Tiefensuche auf G mit Startknoten s immer einen einfachen Pfad von s nach t, falls solcher existiert.*

Beweis: Nehmen wir an, dass ein einfacher Pfad $P = (s = v_0), v_1, v_2, \ldots, (v_k = t)$ existiert, aber Tiefensuche auf G mit Startknoten s keinen Pfad von s nach t konstruiert. Sei v_i der erste Knoten auf P, für den die Operation PUSH(v_i) niemals ausgeführt wird. Der Knoten v_i existiert. Ansonsten würde ein Pfad von s nach t konstruiert.

Da Tiefensuche die Operation PUSH(v_0) durchführt, ist PUSH(v_{i-1}) ausgeführt worden. Also wird irgendwann die Kante (v_{i-1}, v_i) betrachtet. Wir unterscheiden zwei Fälle:

1. (v_{i-1}, v_i) ist eine Baumkante. Dann wird die Operation PUSH(v_i) aufgrund der Betrachtung der Kante (v_{i-1}, v_i) durchgeführt.

2. (v_{i-1}, v_i) ist eine Vorwärts-, Rückwärts- oder Querkante. Dann ist die Operation PUSH(v_i) bereits vor der Betrachtung der Kante (v_{i-1}, v_i) erfolgt.

Beides ist ein Widerspruch zur Wahl von v_i. Also ist die Annahme falsch. ∎

In manchen Anwendungen ist es nützlich, in einem azyklischen, gerichteten Graphen $G = (V, E)$ eine Kante $e = (v, w)$ erst dann zu betrachten, wenn bereits alle Kanten mit Endknoten v betrachtet sind. Wir können den Algorithmus ALGORITHMISCHE SUCHE leicht derart modifizieren, dass dies der Fall ist. Hierzu ordnen wir jedem Knoten $v \in V$ einen Zähler NZB$[v]$ zu, der zu Beginn als Wert den Eingangsgrad von v erhält. Bei der Betrachtung einer eingehenden Kante von v wird NZB(v) um 1 vermindert. Sobald NZB$[v]$ den Wert 0 erhält, wird v in Q eingefügt. Eine derartige Durchmusterung des Graphen G heißt *Topologische Suche* auf G.

> **Übung 2.1:** *Arbeiten Sie einen Algorithmus für die Topologische Suche auf einem Graphen $G = (V, E)$ aus und analysieren Sie die benötigte Zeit.*

In gewissen Anwendungen ist es nützlich, in einem gerichteten Graphen $G = (V, E)$ eines der obigen Verfahren rückwärts, d.h. gegen die Kantenrichtung laufend, anzuwenden. Wir bezeichnen dann betreffendes Verfahren mit *Rückwärts-Tiefensuche*, *Rückwärts-Breitensuche* bzw. *Rückwärts-Topologische Suche*.

2.3 Ergänzende Übungsaufgaben

Übung 2.2:

a) *Zeigen Sie, dass während der Durchführung der Tiefensuche der Keller Q stets einen einfachen Pfad vom Startknoten s zum obersten Kellerelement enthält.*

b) *Geben Sie sowohl für die Tiefensuche als auch für die Breitensuche ein Beispiel an, in dem eine Kante (v, w) betrachtet wird, obwohl eine Kante (u, v) zu diesem Zeitpunkt noch nicht betrachtet ist.*

Übung 2.3: *Die transitive Hülle eines gerichteten Graphen $G = (V, E)$ ist ein gerichteter Graph $H = (V, E')$, dessen Kantenmenge E' genau dann die Kante (v, w) enthält, wenn in G ein Pfad von v nach w existiert.*

a) *Entwickeln Sie ein Verfahren zur Berechnung der transitiven Hülle eines gegebenen gerichteten Graphen.*

b) *Analysieren Sie den Platzbedarf und die benötigte Zeit Ihres Verfahrens.*

Übung 2.4[**]: *Die transitive Reduktion eines gerichteten Graphen $G = (V, E)$ ist ein Graph $G' = (V, E')$ mit $|E'|$ minimal, so dass die transitive Hüllen von G und G' gleich sind.*

a) *Zeigen Sie, dass für einen azyklischen Graphen G die transitive Reduktion eindeutig bestimmt ist.*

b) *Entwickeln Sie einen Algorithmus zur Berechnung der transitiven Reduktion eines gegebenen azyklischen gerichteten Graphen. Welche Laufzeit hat Ihr Algorithmus?*

2.4 Literaturhinweise

Es gibt mittlerweile eine Vielzahl von einführenden Büchern in die Graphentheorie. Einen guten Einstieg geben die Bücher von WAGNER [Wag70], HARARY [Har74], TUTTE [Tut84] und DIESTEL [Die96]. Graphdurchmusterungsmethoden werden in nahezu jedem Lehrbuch über Datenstrukturen und Algorithmen oder über Algorithmen auf Graphen behandelt. Anfang der 70er Jahre wurde vor allem von TARJAN die Bedeutung der Tiefensuche für den Entwurf von effizienten Algorithmen auf Graphen erkannt, so dass eine Vielzahl von Linearzeitalgorithmen zur Lösung von Graphenproblemen auf ihn zurückgehen. Unter anderem findet man in seinem Buch [Tar83] Referenzen auf seine grundlegenden Arbeiten. Eine Lösung für die Übungsaufgabe 2.4 findet man in [AGU72].

3 Über den Entwurf von Algorithmen

In der Praxis erhält ein Informatiker häufig in der Sprache des Anwendungsbereiches eine Problemstellung mit der Aufgabe, ein Computerprogramm, das dieses Problem löst, zu entwickeln. Die übliche Vorgehensweise ist dann wie in Abbildung 3.1 beschrieben.

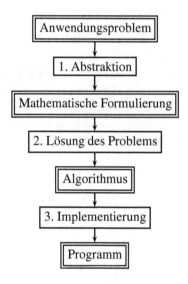

Abbildung 3.1: Vorgehensweise bei der Programmentwicklung.

Wir werden uns den Schritt 2 genauer anschauen. Es gibt mehrere allgemeine algorithmische Paradigmen, deren Anwendbarkeit jeweils von dem Vorhandensein von gewissen Eigenschaften abhängt. Sinnvoll ist demnach, zunächst eine Problemanalyse durchzuführen und die Anwendbarkeit der in Frage kommenden Lösungsparadigmen zu überprüfen. Im Anschluss daran wird dann die am besten geeignete Methode ausgewählt und darauf aufbauend der Algorithmus entwickelt. Wir werden zunächst die gängigsten algorithmischen Paradigmen kennenlernen.

3.1 Divide-and-conquer

Die *divide-and-conquer*-Strategie löst ein Problem, indem sie dieses in kleinere Teilprobleme aufteilt, die Teilprobleme löst und dann die Lösungen der Teilprobleme zu einer Lösung des Gesamtproblems kombiniert. Häufig sind die erhaltenen Teilprobleme von derselben Struktur wie das ursprüngliche Problem, so dass zur Lösung dieser wiederum rekursiv die divide-and-conquer-Strategie angewendet werden kann. Somit besteht das divide-and-conquer-Paradigma auf jedem Level der Rekursion aus folgenden drei Schritten:

1. Divide: Teile das Problem in eine Anzahl von Teilprobleme auf.

2. Conquer: Falls die Teilproblemgröße klein genug ist, dann löse die Teilprobleme direkt. Andernfalls löse die Teilprobleme rekursiv auf dieselbe Art und Weise.

3. Combine: Kombiniere die Lösungen der Teilprobleme zu einer Gesamtlösung des ursprünglichen Problems.

Die Anwendbarkeit des divide-and-conquer-Paradigmas setzt voraus, dass ein Problem auf geeignete Art und Weise in mindestens zwei Teilprobleme aufgeteilt werden kann. Dies ist häufig möglich, wenn der Aufwand für die Lösung eines Problems lediglich von der Problemgröße und nicht von der konkreten Problemstellung abhängt. Eine weitere Voraussetzung für die Anwendbarkeit ist die effiziente Kombinierbarkeit der Teillösungen zu einer Gesamtlösung. Wir werden nun das divide-and-conquer-Paradigma anhand eines Sortierverfahrens, dem Mergesort (Sortieren durch Mischen) illustrieren. Die Aufgabenstellung ist die folgende:

Gegeben: Folge $x_1, x_2, \ldots, x_n$ von n Zahlen.

Gesucht: Permutation $y_1, y_2, \ldots, y_n$ der Eingabe, so dass $y_1 \leq y_2 \leq y_3 \leq \cdots \leq y_n$.

Intuitiv folgt Mergesort der folgenden divide-and-conquer-Strategie. Der Einfachheit halber nehmen wir an, dass n eine Potenz von 2 ist.

1. Divide: Teile die n-elementige Folge in zwei Teilfolgen, bestehend aus jeweils $n/2$ Elementen.

2. Conquer: Unter Verwendung von Mergesort, sortiere die beiden Folgen rekursiv.

3. Combine: Mische die beiden sortierten Folgen zu einer sortierten Folge.

Beachte, dass eine Folge der Länge eins bereits sortiert ist, so dass die Rekursion terminiert, sobald die Problemgröße eins erreicht ist. Die Schlüsseloperation des Mergesort-Algorithmus ist somit das Mischen zweier sortierten Folgen im Combine-Schritt. Hierzu verwenden wir eine Prozedur $\mathrm{MERGE}(A, p, q, r)$, wobei A ein Feld und p, q und r Indizes von Feldelementen mit $p \leq q \leq r$ sind. Die Prozedur nimmt an, dass die Teilfelder $A[p..q]$ und $A[q+1..r]$ aufsteigend sortiert sind. Sie mischt dann diese zu einem einzelnen Teilfeld, das dann das aktuelle Teilfeld $A[p..r]$ ersetzt.

Übung 3.1: *Geben Sie einen Pseudocode an, der* $\mathrm{MERGE}(A,p,q,r)$ *mit maximal* $r-p$ *Vergleichsoperationen realisiert.*

Die Prozedur $\mathrm{MERGESORT}(A,p,r)$ sortiert nun die Elemente im Teilfeld $A[p..r]$. Falls $p \geq r$, dann besitzt das Teilfeld maximal ein Element und ist somit sortiert. Falls $p < r$, dann berechnet der Divide-Schritt den Index q, der $A[p..r]$ in zwei Teilfelder $A[p..q]$ und $A[q+1..r]$ mit $\lfloor n/2 \rfloor$ bzw. $\lceil n/2 \rceil$ Elemente aufteilt, wobei $n = r-p+1$. Wir erhalten somit folgende rekursive Prozedur:

$\mathrm{MERGESORT}(A,p,r)$
  if $p < r$
    then
      $q := \lfloor (p+r)/2 \rfloor$;
      $\mathrm{MERGESORT}\ (A,p,q)$;
      $\mathrm{MERGESORT}\ (A,q+1,r)$;
      $\mathrm{MERGE}\ (A,p,q,r)$
    else
      Gib A[p..r] aus
  fi.

Beispiel 3.1 Nehmen wir an, dass das Feld $A = \langle 5,7,2,1,1,3,2,5 \rangle$ mittels MERGESORT sortiert wird. Wenn wir die Mischoperationen in einem Baum darstellen, dann erhalten wir das in Abbildung 3.2 skizzierte Bild.

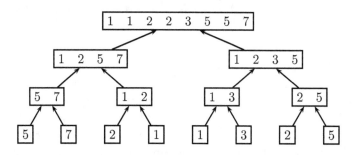

Abbildung 3.2: Mergesort bei der Eingabe $\langle 5,7,2,1,1,3,2,5 \rangle$.

Die benötigte Zeit von divide-and-conquer-Algorithmen kann häufig durch eine Rekursionsgleichung, die die Gesamtzeit für ein Problem der Größe n durch einen Ausdruck der Laufzeiten von Problemen kleinerer Größe beschreibt, ausgedrückt werden. Bezeichne $T(n)$ die benötigte Zeit für ein Problem der Größe n. Falls die

Problemgröße $n \leq c$ für eine Konstante c ist, dann benötigt die direkte Lösung auch nur konstante Zeit. Nehmen wir an, dass im Divide-Schritt das Problem der Größe n in a gleichgroße Probleme der Größe n/b aufgeteilt wird und $D(n)$ die hierfür benötigte Zeit ist. Ferner sei $C(n)$ die Zeit, die wir für die Kombination der Teillösungen zur Gesamtlösung benötigen. Dann erhalten wir die folgende Rekursionsgleichung:

$$T(n) = \begin{cases} \Theta(1) & \text{falls } n \leq c \\ a \cdot T(n/b) + D(n) + C(n) & \text{sonst.} \end{cases}$$

Im Fall von Mergesort erhalten wir $c = 1$, $a = b = 2$ und $D(n) + C(n) = \Theta(n)$, was folgende Rekursionsgleichung ergibt:

$$T(n) = \begin{cases} \Theta(1) & \text{falls } n \leq 1 \\ 2 \cdot T(n/2) + \Theta(n) & \text{falls } n > 1. \end{cases}$$

Falls n eine Potenz von 2 ist, erhalten wir

$$T(n) = 2^{\log n} \cdot T(1) + \sum_{i=1}^{\log n} 2^{i-1} \cdot \Theta\left(\frac{n}{2^{i-1}}\right)$$

$$= 2^{\log n} \cdot \Theta(1) + \sum_{i=1}^{\log n} \Theta(n)$$

$$= \Theta(n) + \Theta(n \log n)$$

$$= \Theta(n \log n).$$

Eine weitere schöne Anwendung des Divide-and-Conquer-Paradigmas findet man in Kapitel 7, in dem die Berechnung von schnellen Fouriertransformationen beschrieben ist.

3.2 Dynamische Programmierung

Ähnlich zur divide-and-conquer-Strategie löst *dynamische Programmierung* ein Problem durch Kombination von Lösungen von Teilproblemen des Problems. Der Unterschied besteht darin, dass dynamische Programmierung auch anwendbar ist, wenn die Teilprobleme nicht disjunkt sind, sondern wiederum gemeinsame Teilprobleme haben. Jedes dieser Teilprobleme wird nur einmal gelöst und das Ergebnis in einer Tabelle so lange aufbewahrt, wie es eventuell benötigt wird. Dadurch wird die Wiederholung von Berechnungen vermieden. Normalerweise wird dynamische Programmierung zur Lösung von Optimierungsproblemen verwandt. Für immer größer werdende Teilprobleme werden optimale Lösungen berechnet bis schließlich eine optimale Lösung für das Gesamtproblem berechnet ist. Somit setzt bei Optimierungsproblemen die

Anwendbarkeit von dynamischer Programmierung die Gültigkeit des folgenden *Optimalitätsprinzips* voraus:

Optimalitätsprinzip: Jede Teillösung einer optimalen Lösung, die Lösung eines Teilproblems ist, ist selbst eine optimale Lösung des betreffenden Teilproblems.

Wir werden nun diese Vorgehensweise anhand der Berechnung von optimalen Suchbäumen und anhand des Handlungsreisendenproblems skizzieren.

Wir werden zunächst optimale Suchbäume definieren. Gegeben seien eine statische, sortierte Menge $S = \{x_1, x_2, \ldots, x_n\}$, d.h., $x_1 < x_2 < \ldots < x_n$ und eine *Zugriffsverteilung* $(\alpha_0, \beta_1, \alpha_1, \beta_2, \ldots, \beta_n, \alpha_n)$ für die Operation Zugriff(a, S). Dabei ist β_i, $1 \leq i \leq n$, die Wahrscheinlichkeit, dass die Operation Zugriff(a, S) mit dem Argument $a = x_i$ ausgeführt wird. α_0 ist die Wahrscheinlichkeit, dass $a < x_1$ und α_n ist die Wahrscheinlichkeit, dass $x_n < a$. Für $0 < j < n$ bezeichnet α_j die Wahrscheinlichkeit, dass für das Argument $x_j < a < x_{j+1}$ gilt. Da $(\alpha_0, \beta_1, \ldots, \beta_n, \alpha_n)$ eine Wahrscheinlichkeitsverteilung ist, gilt $\beta_i, \alpha_j \geq 0$ für $1 \leq i \leq n$ und $0 \leq j \leq n$ sowie $\sum_{i=1}^{n} \beta_i + \sum_{j=0}^{n} \alpha_j = 1$.

Sei T ein Suchbaum für die Menge S, wobei die Information im Baum knotenorientiert gespeichert ist. Seien $x_0 := -\infty$ und $x_{n+1} := \infty$. Bezeichne b_i^T die Tiefe des Knotens x_i in T und a_j^T die Tiefe des Blattes (x_j, x_{j+1}) in T. Die *gewichtete Pfadlänge* P^T oder auch *Kosten* P^T des Suchbaumes ist definiert durch:

$$P^T := \sum_{i=1}^{n} \beta_i(1 + b_i^T) + \sum_{j=0}^{n} \alpha_j a_j^T.$$

Die mittlere Suchzeit einer Folge von Zugriffsoperationen ist proportional zur gewichteten Pfadlänge des Suchbaums. Ein Suchbaum T für S heißt *optimal*, wenn seine gewichtete Pfadlänge P^T minimal ist. D.h., $P^T = \min\{P^{T'} \mid T' \text{ ist Suchbaum für } S\}$. Wir bezeichnen einen optimalen Suchbaum mit T_{opt} und seine gewichtete Pfadlänge mit P_{opt}.

Beispiel 3.2 Betrachten wir die Menge $S := \{x_1, x_2, x_3, x_4\}$ mit der Zugriffsverteilung $(\frac{1}{6}, \frac{1}{24}, 0, \frac{1}{8}, 0, \frac{1}{8}, \frac{1}{8}, 0, \frac{5}{12})$. Dann ist der in Abbildung 3.3 skizzierte Suchbaum optimal.

$\blacklozenge$

Unser Ziel ist die Entwicklung eines effizienten Algorithmus zur Berechnung eines optimalen Suchbaumes T_{opt} für eine gegebene sortierte Menge $S = \{x_1, x_2, \ldots, x_n\}$ und gegebener Zugriffsverteilung $(\alpha_0, \beta_1, \alpha_1, \ldots, \beta_n, \alpha_n)$. Die Idee ist, dynamische Programmierung zu verwenden. Da die Verwendung von dynamischer Programmierung die Gültigkeit des Optimalitätsprinzips voraussetzt, überprüfen wir zunächst, ob dieses vorliegend der Fall ist. Falls in T_{opt} ein Teilbaum nicht optimal für die korrespondierenden Wahrscheinlichkeiten (oder auch *Gewichten*) ist, dann könnten wir diesen durch einen besseren Teilbaum ersetzen, was dann auch zur Verbesserung des

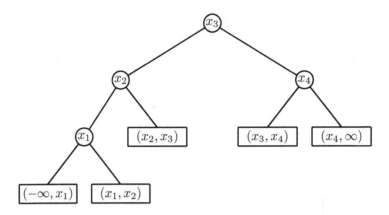

Abbildung 3.3: Optimaler Suchbaum für S.

gesamten Suchbaumes führen würde. Dies wäre dann ein Widerspruch zur Optimalität von T_{opt}. Also ist in T_{opt} jeder Teilbaum bezüglich den korrespondierenden Gewichten ein optimaler Suchbaum und somit die dynamische Programmierung anwendbar.

Für $0 \leq i \leq j \leq n$ bezeichne $c(i,j)$ die Kosten eines optimalen Suchbaumes mit den Gewichten $(\alpha_i, \beta_{i+1}, \alpha_{i+1}, \ldots, \beta_j, \alpha_j)$. Ferner sei $w(i,j) := \sum_{l=i+1}^{j} \beta_l + \sum_{l=i}^{j} \alpha_l$ die Summe der Gewichte.

Wir betrachten nun x_k mit $i < k \leq j$ und stellen uns folgende Frage: Was sind die kleinstmöglichen Kosten eines Suchbaumes mit Wurzel x_k und Gewichten $(\alpha_i, \beta_{i+1}, \alpha_{i+1}, \ldots, \beta_j, \alpha_j)$? Die Wurzel x_k gibt uns die Aufteilung der Teilmenge $\{x_{i+1}, x_{i+2}, \ldots, x_j\}$ von S vor. Offensichtlich ist es am besten, für den linken und den rechten Teilbaum einen optimalen Suchbaum zu nehmen. Dies gibt uns die Antwort

$$w(i,j) + c(i, k-1) + c(k, j),$$

so dass wir folgende Rekursionsgleichung für $c(i,j)$ erhalten:

1. $c(i,i) = 0$
2. $c(i,j) = w(i,j) + \min_{i<k\leq j}\{c(i, k-1) + c(k, j)\}$ für $i < j$.

Die Idee ist nun, unter Verwendung der obigen Rekursionsgleichung, sukzessive für $j - i = 1, 2, \ldots, n$ die Werte $c(i,j)$ zu berechnen. Der Algorithmus konstruiert optimale Suchbäume $t(i,j)$ für die Gewichte $(\alpha_i, \beta_{i+1}, \alpha_{i+1}, \ldots, \beta_j, \alpha_j)$. Hierzu werden drei Felder c, r und w verwendet. Für $0 \leq i \leq j \leq n$ enthält dann $c[i,j]$ die Kosten von $t(i,j)$, $r[i,j]$ die Wurzel von $t(i,j)$ und $w[i,j]$ das Gesamtgewicht von $t(i,j)$. Das Resultat des Algorithmus wird schließlich durch das Feld r spezifiziert.

Algorithmus OPTSB

Eingabe: Zugriffsverteilung $(\alpha_0, \beta_1, \alpha_1, \ldots, \beta_n, \alpha_n)$.

Ausgabe: $T_{opt} = t(0, n)$.

Methode:

(1) **for** i **from** 0 **to** n
    do
        $c[i, i] := 0;$
        $w[i, i] := \alpha_i;$
        for j **from** $i + 1$ **to** n
            do
                $w[i, j] := w[i, j - 1] + \beta_j + \alpha_j$
            od
    od;

(2) **for** j **from** 1 **to** n
    do (*Berechnung der 1-Knoten optimale Suchbäume*)
        $c[j - 1, j] := w[j - 1, j];$
        $r[j - 1, j] := x_j$
    od;

(3) **for** d **from** 2 **to** n
    do
        for j **from** d **to** n
            do
                $i := j - d;$
                $c[i, j] := w[i, j] + \min_{i < k \leq j}\{c[i, k - 1] + c[k, j]\};$
                (*Bezeichne k_0 ein k, das obiges Minimum annimmt.*)
                $r[i, j] := x_{k_0}$
            od
    od.

Übung 3.2: *Beweisen Sie die Korrektheit des Algorithmus* OPTSB.

Durchzuführen ist noch die Aufwandsanalyse für obigen Algorithmus. Drei Felder der Größe n^2 werden benötigt. Somit kann der Algorithmus OPTSB derart implementiert werden, dass $O(n^2)$ Platz ausreicht. Offensichtlich genügen für Schritt (1) des Algorithmus $O(n^2)$ und für Schritt (2) $O(n)$ Zeit. Der Block der inneren **for**-Schleife wird $(n - d + 1)$-mal ausgeführt. Jede Ausführung benötigt $O(d)$ Zeit. Also reicht für die innere **for**-Schleife insgesamt $O((n - d + 1)d)$ Zeit. Die äußere **for**-Schleife führt die innere **for**-Schleife für jedes $2 \leq d \leq n$ aus. Also ergibt sich für Schritt (3) des Algorithmus die Laufzeit $O(\sum_{d=2}^{n}(n - d + 1)d) = O(n^3)$. Dies ergibt für den Algorithmus OPTSB eine Gesamtlaufzeit von $O(n^3)$. Eine verfeinerte Implementierung, die gewisse Eigenschaften von optimalen binären Suchbäumen ausnutzt, ermöglicht es, die benötigte Zeit auf $O(n^2)$ zu reduzieren.

Als weiteres Beispiel für die Demonstration von dynamischer Programmierung verwenden wir das Handlungsreisendenproblem. Dieses ist folgendermaßen definiert:

Problem des Handlungsreisenden (HR)

Gegeben: n Städte $\{0, 1, \ldots, n-1\}$ und für alle $i, j \in \{0, 1, \ldots, n-1\}$ Kosten $c(i, j) \in \mathbb{N}_0$ für die direkte Reise von i nach j.

Gesucht: Eine kostengünstigste Rundreise (d.h., jede Stadt wird genau einmal betreten und genau einmal verlassen).

Sei $G = (V, E)$, $c : E \to \mathbb{N}_0$ die Spezifikation einer Eingabe des Handlungsreisendenproblems, wobei $V = \{0, 1, \ldots, n-1\}$. Für $k = 1, 2, \ldots, n$ konstruieren wir nun iterativ optimale Reisen durch k Städte. Da jede Rundreise durch die Stadt 0 gehen muss, beginnen wir o.B.d.A. jede Reise in der Stadt 0. Für $S \subseteq \{1, 2, \ldots, n-1\}$ und $i \in S$ bezeichne $C(S, i)$ die Länge einer kürzesten Reise, die in 0 beginnt, in i endet und jede Stadt in S genau einmal besucht. Dann gilt

1. $C(\{i\}, i) = c(0, i)$ für $1 \leq i \leq n-1$ und
2. $C(S, i) = \min_{k \in S \setminus \{i\}} \{C(S \setminus \{i\}, k) + c(k, i)\}$ für $|S| \geq 2$.

Die Länge einer optimalen Rundreise ist dann $\min_{1 \leq i < n} \{C(\{1, 2, \ldots, n-1\}, i) + c(i, 0)\}$. Speichert man nicht nur die Werte $C(S, i)$, sondern auch jeweils einen der Knoten k, der in der definierenden Gleichung das Minimum liefert, dann kann rückwärts betrachtend auch eine optimale Rundreise konstruiert werden.

Übung 3.3: *Arbeiten Sie den Algorithmus zur Lösung des Handlungsreisendenproblems aus. Konstruieren Sie dabei auch explizit eine optimale Rundreise.*

Die Gesamtkosten des Algorithmus betragen

$$O\left(n - 1 + \sum_{l=2}^{n-1} \binom{n-1}{l} l(l-1)\right) = O((n-1)(n-2)2^{n-1} + n - 1).$$

Dynamische Programmierung reduziert die benötigte Zeit gegenüber dem expliziten Betrachten der $n! \approx 2^{n \log n}$ möglichen Lösungskandidaten beträchtlich. Dynamische Programmierung findet auch bei der Berechnung von Editierdistanzen seine Anwendung. Diese ist im Kapitel 5.4 beschrieben.

3.3 Aufzählungsmethoden

Einen ganz anderen Zugang als divide-and-conquer oder dynamische Programmierung bilden die *Aufzählungsmethoden*. Nacheinander werden die Lösungskandidaten aufgezählt. Im Fall eines Entscheidungsproblems werden diese überprüft, ob sie das betrachtete Problem lösen. Im Fall eines Optimierungsproblems merkt man sich stets eine unter allen bisher aufgezählten Lösungen optimale Lösung. Aufgrund der großen

Anzahl von Lösungskandidaten verbietet sich in der Regel ein derart naiver Ansatz. Unser Ziel ist nun, die Entwicklung von intelligenten Aufzählungsmethoden. Derartige Verfahren haben die Eigenschaft, dass sie nicht alle Lösungskandidaten aufzählen, sondern mit Hilfe von geeigneten Kriterien die Aufzählung von Lösungskandidaten vermeiden. Wir werden zunächst anhand eines Beispieles ein allgemeines Verfahren zur systematischen Abarbeitung eines Lösungsraumes entwickeln und uns dann um die Beschreibung geeigneter Kriterien kümmern.

Üblicherweise wird der Lösungsraum mit Hilfe eines *Aufzählungsbaumes* T abgearbeitet. Die Wurzel des Baumes steht für den gesamten Lösungsraum. An jeder Kante des Aufzählungsbaumes stehen Restriktionen. Ein Knoten j des Aufzählungsbaumes repräsentiert alle Kandidaten des Lösungsraumes, die zusätzlich sämtliche Restriktionen erfüllen, die zu den Kanten auf dem eindeutigen Pfad von der Wurzel von T zu j korrespondieren. Bezeichne S_j diese Menge von Lösungskandidaten.

Beispiel 3.3 Nehmen wir an, dass wir die Anzahl der verschiedenen Möglichkeiten, die Zahl 9 als Summe von drei verschiedenen natürlichen Zahlen zu repräsentieren, bestimmen möchten. Sei

$$x_i = \begin{cases} 1 \text{ falls } i \text{ eine der gewählten Zahlen ist} \\ 0 \text{ sonst} \end{cases}$$

Der in Abbildung 3.3 beschriebene Baum arbeitet systematisch den Lösungsraum ab. Wir nehmen dabei an, dass wir den Baum mittels Tiefensuche von links nach rechts konstruiert haben.

◆

Wir haben die Knoten in der Reihenfolge, in der sie kreiert werden, durchnummeriert. Die Tiefensuche terminiert im Knoten j, sobald die Methode Kenntnis davon hat, dass

- $S_j = \emptyset$ oder
- exakt eine Lösung durch den Pfad von der Wurzel 0 zum Knoten j spezifiziert wird.

Dann ist j ein Blatt des Aufzählungsbaumes. Falls j kein Blatt ist, dann wird mittels Kreation von zusätzlichen Restriktionen eine Separation von S_j konstruiert. D.h., es wird eine endliche Menge von ausgehenden Kanten konstruiert. Die zu einer dieser Kanten korrespondierenden Restriktionen definieren eine Teilmenge von S_j. Somit definieren die ausgehenden Kanten von j eine endliche Menge S_j^* von Teilmengen von S_j. Die Restriktionen müssen dergestalt sein, so dass $\cup_{R \in S_j^*} R = S_j$. Die Mengen in S_j^* müssen nicht paarweise disjunkt sein. Jedoch werden die Restriktionen häufig so gewählt, dass diese Mengen paarweise disjunkt sind. S_j^* bildet dann eine Partition von S_j.

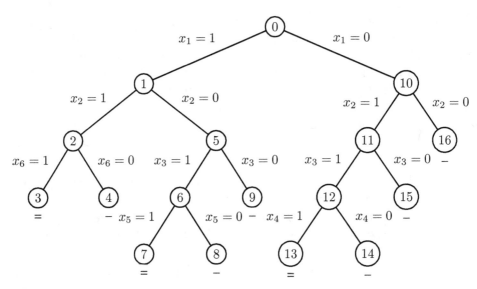

Abbildung 3.4: Aufzählungsbaum für den zum Problem im Beispiel 3.3 korrespondierenden Lösungsraum.

Aufzählungsalgorithmen, für die bereits zu Beginn der zugrundeliegende Aufzählungsbaum festliegt, heißen *statisch*. Falls der Aufzählungsbaum erst während des Ablaufs des Algorithmus in Abhängigkeit von der aktuellen Eingabe berechnet wird, dann heißt der Aufzählungsalgorithmus *dynamisch*. Wir unterscheiden zwei Arten von Aufzählungsalgorithmen: *Backtracking* und *Branch-and-Bound*.

Backtracking versucht schrittweise partielle Lösungskandidaten zu erweitern. Nach jeder Erweiterung des aktuellen partiellen Lösungskandidaten überprüft der Algorithmus ein notwendiges Kriterium dafür, dass der aktuelle partielle Lösungskandidat zu einer Lösung des Problems fortgesetzt werden kann. Falls das Kriterium nicht erfüllt ist, wird zu einem früheren partiellen Lösungskandidaten zurückgegangen (daher der Name Backtracking) und für diesen eine noch nicht betrachtete Erweiterung versucht. Backtracking kann für Probleme angewandt werden, deren Lösung als ein n-Tupel $(y_1, y_2, \ldots, y_n)$ ausgedrückt werden kann, wobei $y_i \in S_i$, $1 \leq i \leq n$ für eine endliche Menge S_i. Der Einfachheit halber beschränken wir uns bei der Beschreibung des Verfahrens auf den Fall $S_i = \{0, 1\}$, $1 \leq i \leq n$. Backtracking lässt sich dann als eine Tiefensuche auf einem Aufzählungsbaum für den Lösungsraum $\{0, 1\}^n$ veranschaulichen. Ein Aufzählungsbaum $T = (V, E)$ für den Lösungsraum $\{0, 1\}^n$ ist ein vollständiger binärer Baum der Höhe $n + 1$, für den folgende Eigenschaften erfüllt sind:

1. Jeder innere Knoten $v \in V$ ist mit einer Variablen x_i, $1 \leq i \leq n$ beschriftet.

2. Falls ein Knoten v mit der Variablen x_i beschriftet ist, dann ist kein Nachfolger von v mit x_i beschriftet.

3. Die linke ausgehende Kante eines Knotens ist mit 0 und die rechte ausgehende Kante ist mit 1 beschriftet.

Ein Pfad von der Wurzel zu einem Blatt definiert einen Lösungskandidaten. Dabei bezeichnet die Beschriftung der auf P liegenden ausgehenden Kante des mit x_i beschrifteten Knotens den Wert von x_i im Lösungskandidaten.

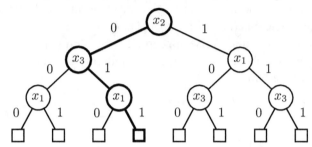

Abbildung 3.5: Aufzählungsbaum für $\{0,1\}^3$; der hervorgehobene Pfad entspricht dem Lösungskandidaten $(y_1, y_2, y_3) = (1, 0, 1)$.

Während der Tiefensuche auf einem Suchbaum wird in jedem besuchten Knoten v ein notwendiges (aber nicht notwendigerweise hinreichendes) Kriterium dafür berechnet, dass der bisher spezifizierte partielle Lösungskandidat, gegeben durch den Pfad von der Wurzel zum aktuellen Knoten v, zu einer Lösung des Problems fortgesetzt werden kann. Trifft das Kriterium nicht zu, dann kann der partielle Lösungskandidat nicht zu einer Lösung fortgesetzt werden und es werden keine Nachfolger von v mehr besucht. Dies bedeutet, dass der Suchbaum unterhalb von v abgeschnitten wird und die Tiefensuche eine POP-Operation durchführt. Die benötigte Zeit für das Backtracking ergibt sich aus der Anzahl der besuchten Knoten und der Zeit für die Berechnung des Kriteriums in jedem Knoten. Hinzu kommt noch die für die Ermittlung des Suchbaumes verwandte Zeit. Für einen gegebenen Lösungsraum gibt es sehr viele Suchbäume. Da die Effizienz sehr von dem Suchbaum abhängt, sollte man bei der Wahl des Suchbaumes sorgfältig sein. Im schlimmsten Fall untersucht Backtracking den gesamten Lösungsraum.

Beispiel 3.4 Färbbarkeitszahl (FZ)

Gegeben: ungerichteter Graph $G = (V, E)$, $V = \{1, 2, \dots, n\}$, $k \in \mathbb{N}$.

Frage: Können die Knoten in V derart mit k Farben eingefärbt werden, so dass benachbarte Knoten verschieden eingefärbt sind? Wir nennen eine derartige Färbung *legal*.

Nehmen wir an, dass der Graph $G = (V, E)$ durch seine Nachbarschaftsmatrix $(NF)_{n,n}$, wobei

$$NF(i,j) = \begin{cases} 1 & \text{falls } (i,j) \in E \\ 0 & \text{sonst} \end{cases}$$

gegeben ist. Die k Farben sind repräsentiert durch die Zahlen $1, 2, \ldots, k$. Jedem Knoten i ordnen wir die Variable x_i, die einen Wert aus $\{1, 2, \ldots, k\}$ annehmen kann, zu. In unserem Beispiel gilt $S_i = \{1, 2, \ldots, k\}$, $1 \leq i \leq n$. Die resultierenden Suchbäume sind k-näre Bäume der Höhe $n + 1$. Der folgende Algorithmus löst FZ mittels Backtracking. Der bearbeitete Suchbaum ist unabhängig von der konkreten Eingabe und wird auf systematische Art und Weise abgearbeitet. Es wird genau dann ein Backtrack durchgeführt, wenn durch die Einfärbung des aktuellen Knotens zwei benachbarte Knoten dieselbe Farbe erhalten.

Algorithmus K-COLOUR

Eingabe: $G = (V, E)$, $k \in \mathbb{N}$.

Ausgabe: Legale Färbung von V mit $\leq k$ Farben, falls solche existiert.

Methode: SEARCH(1).

Dabei ist SEARCH(i) ein Aufruf der folgenden rekursiven Prozedur:

procedure SEARCH(i)
  $colour(i) := 0$;
  while $colour(i) < k$
    do
      $colour(i) := colour(i) + 1$;
      if $\forall l < i : (l, i) \in E \implies colour(l) \neq colour(i)$
        then
          if $i < n$
            then
              SEARCH($i + 1$)
            else
              Gib $(colour(1), colour(2), \ldots, colour(n))$ aus;
              HALT
          fi
      fi
    od.

Übung 3.4: *Beweisen Sie die Korrektheit von* K-COLOUR. *Analysieren Sie die benötigte Zeit. Überlegen Sie sich geschickte Implementierungen der if-Abfrage in der Prozedur* SEARCH(i). *Versuchen Sie ein „sinnvolles" dynamisches Backtracking-Verfahren zu entwickeln.*

♦

Backtrackingalgorithmen eignen sich sehr gut zur Lösung des Graphenisomorphieproblems. In Kapitel 4.6 werden wir solche näher betrachten.

Eine weitere Aufzählungsmethode stellt *Branch-and-Bound* dar. Branch-and-Bound eignet sich zur Lösung von Optimierungsproblemen. Im Branch-Schritt wird ein Blatt des Aufzählungsbaumes expandiert. Jedoch wird die Auswahl des zu expandierenden Blattes mit Hilfe einer Bewertungsfunktion gesteuert. Der zu einem Blatt j korrespondierende Wert ist eine untere Schranke für die Kosten aller Lösungskandidaten in S_j, falls das Problem ein Minimierungsproblem ist und eine obere Schranke, falls das Problem ein Maximierungsproblem ist. Es wird immer ein Blatt mit der vielversprechendsten Schranke (Bound) expandiert. Branch-and-Bound wird solange iteriert, bis ein Blatt j erreicht ist, so dass S_j genau einen Lösungskandidaten L enthält, dessen Kosten nicht schlechter als irgendeine Schranke eines nicht expandierten Blattes sind. Offenbar ist dann L eine optimale Lösung. Wir werden nun Branch-and-Bound anhand des Handlungsreisendenproblems (HR) illustrieren.

Sei $G = (V, E)$, $c : E \rightarrow \mathbb{N}_0$ eine Eingabe für HR. Sei $V = \{0, 1, \ldots, n - 1\}$. Wir berechnen zunächst eine einfache untere Schranke C_0 für die Kosten einer optimalen Rundreise. Da auf einer Rundreise jede Stadt betreten und verlassen wird, gilt sicher

$$\text{Cost}_{opt} \geq 1/2 \sum_{i=0}^{n-1} (\min_{j \neq i} c(j, i) + \min_{l \neq i} c(i, l)).$$

Wir weisen C_0 diesen Wert zu. Ferner nehmen wir an, dass $c(i, j) = \infty$, falls $(i, j) \notin E$. Wir werden das Branch-and-Bound-Verfahren anhand eines kleinen Beispiels illustrieren. Betrachte hierzu folgendes Beispiel für vier Städte $\{0,1,2,3\}$:

Beispiel 3.5 Die Kostenfunktion ist durch die in Tabelle 3.1 beschriebene Matrix I_0 definiert. Dann gilt

$$\begin{aligned}
C_0 &= 1/2 \sum_{i=0}^{n-1} \min_{j \neq i} c(j, i) + \min_{l \neq i} c(i, l)) \\
&= 1/2((2 + 2) + (1 + 1) + (1 + 1) + (1 + 1)) \\
&= 5.
\end{aligned}$$

Dies ergibt den durch Abbildung 3.6 beschriebenen Suchbaum, wobei wir in die Knoten die unteren Schranken schreiben.

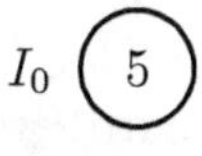

I_0 ⑤

Abbildung 3.6: Suchbaum vor der 1. Iteration.

Tabelle 3.1: I_0

	0	1	2	3
0	∞	2	5	8
1	3	∞	4	1
2	2	1	∞	1
3	6	6	1	∞

Branch-Schritt: Bezeichne R_{opt} eine optimale Rundreise. Da die Stadt 0 verlassen werden muss und die Stadt 1 die nächste Stadt zur Stadt 0 ist, wählen wir die Verzweigung $I_1 : (0,1) \in R_{opt}$ oder $I_2 : (0,1) \notin R_{opt}$. Wir können die Kostenmatrix für I_1 durch ∞-setzen von Werten in der Kostenmatrix für I_0 konstruieren. Dabei werden die offensichtlichen Implikationen von $(0,1) \in R_{opt}$ berücksichtigt. Diese sind $(0,2),(0,3),(1,0),(2,1),(3,1) \notin R_{opt}$.

Tabelle 3.2: I_1

	0	1	2	3
0	∞	2	∞	∞
1	∞	∞	4	1
2	2	∞	∞	1
3	6	∞	1	∞

Tabelle 3.3: I_2

	0	1	2	3
0	∞	∞	5	8
1	3	∞	4	1
2	2	1	∞	1
3	6	6	1	∞

Demnach ergibt sich $C_1 = \frac{1}{2}((2+2)+(1+2)+(1+1)+(1+1)) = 5,5$. Da bezüglich I_2 $(0,1) \notin R_{opt}$, erhalten wir die Kostenmatrix für I_2 durch Setzen von c(0,1) auf ∞ in der Kostenmatrix für I_0. Es ergibt sich dann die untere Schranke $C_2 = \frac{1}{2}((5+2)+(1+1)+(1+1)+(1+1)) = 6,5$ und somit den in Abbildung 3.7 beschriebenen Suchbaum.

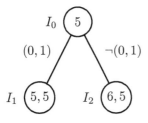

Abbildung 3.7: Suchbaum nach der 1. Iteration.

Da I_1 das Blatt mit kleinstem Kostenwert ist, erfolgt der nächste Branch-Schritt am Blatt I_1. Die zur Stadt 1 nächste Stadt ist die Stadt 3. Analog zu oben erhalten wir die Verzweigung $(1,3) \in R_{opt}$ oder $(1,3) \notin R_{opt}$ am Blatt I_1. Wegen $(0,1) \in R_{opt}$ impliziert $(1,3) \in R_{opt}$ auch $(3,0) \notin R_{opt}$ und somit $(3,2) \in R_{opt}$ und $(2,0) \in R_{opt}$. Demnach erhalten wir dann eine Rundreise der Länge 6. Die Konstruktion der Kostenmatrix für I_4 erfolgt analog. Für das korrespondierende Blatt erhalten wir eine untere Schranke von 7. Insgesamt ergibt sich der in Abbildung 3.8 beschriebene Suchbaum.

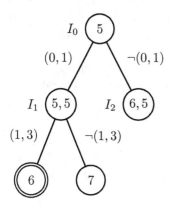

Abbildung 3.8: Suchbaum nach der 2. Iteration.

Da die untere Schranke in jedem anderen Blatt größer als 6 ist, ist die Rundreise 0,1,3,2,0 optimal.

◆

3.4 Greedyalgorithmen

Greedyalgorithmen machen im Gegensatz zu Backtracking oder Branch-and-Bound eine einmal getroffene Wahl nicht mehr rückgängig. Zu jedem Zeitpunkt, wenn eine Entscheidung getroffen wird, wählt ein Greedyalgorithmus diejenige Alternative, die im Moment am besten geeignet erscheint, aus. Eine derartige Strategie führt nicht notwendigerweise zu einer optimalen Lösung. Dennoch gibt es viele Optimierungsprobleme, die die Konstruktion einer optimalen Lösung mittels eines effizienten Greedyalgorithmus zulassen. Wir werden uns nun diese Vorgehensweise anhand eines Problems aus der Codierungstheorie genauer anschauen.

Sei Σ ein Alphabet. Eine *binäre Codierung* ψ von Σ ist eine injektive Abbildung $\psi : \Sigma \to \{0,1\}^+$. $\psi(\Sigma)$ ist dann ein *Binärcode* für Σ. Ein Binärcode heißt *präfixfrei*, wenn $\psi(a)$ kein Präfix von $\psi(b)$ ist, für beliebige $a, b \in \Sigma, a \neq b$. Sei $t \in \Sigma^+$ ein Text. Ein präfixfreier Code $\psi(\Sigma)$ ermöglicht folgende einfache Codierung $\psi(t)$ von t: Für $t = a_1 a_2 \ldots a_n \in \Sigma^n$ konkateniere die Codewörter der einzelnen Buchstaben in t. Ein präfixfreier Binärcode $\psi(\Sigma)$ heißt *optimal* für den Text $t \in \Sigma^+$, falls $\psi(t)$ minimale Länge hat. D.h., $|\psi(t)| = \min\{|\psi'(t)| \,|\, \psi'(\Sigma)$ ist ein präfixfreier Binärcode für $\Sigma\}$.

Unser Ziel ist nun die Entwicklung eines Greedyalgorithmus, der für einen gegebenen Text $t \in \Sigma^+$ einen optimalen präfixfreien Binärcode $\psi(\Sigma)$ konstruiert. Dabei machen wir uns folgende Beobachtung zunutze: Ein präfixfreier Binärcode für Σ bezüglich des Textes $t \in \Sigma^+$ kann durch einen Binärbaum $T_\Sigma(t)$ derart repräsentiert werden, so dass gilt:

1. $T_\Sigma(t)$ besitzt $|\Sigma|$ Blätter, die jeweils mit einem paarweise verschiedenen Symbol aus Σ beschriftet sind.

2. Wenn wir die linke ausgehende Kante eines inneren Knotens mit 0 und die rechte ausgehende Kante mit 1 beschriften, dann ist $\psi(a)$ für alle $a \in \Sigma$ gleich der Beschriftung des Pfades von der Wurzel zu dem Blatt, das a enthält.

$T_\Sigma(t)$ ist ein Trie, der eine präfixfreie Menge $S \subset \{0,1\}^+$ repräsentiert. Dabei gilt $|S| = |\Sigma|$ und jedes Element in S korrespondiert zu einem Element in Σ. Wir illustrieren diese Beobachtung anhand eines konkreten Beispiels.

Beispiel 3.6 Die Häufigkeiten der Symbole im gegebenen Text t sind durch Tabelle 3.4 gegeben. Für die Güte einer Codierung spielen lediglich die Häufigkeiten der Symbole und nicht der konkrete Text t eine Rolle. Abbildung 3.9 zeigt den zu einem optimalen präfixfreien Binärcode korrespondierenden Binärbaum $T_\Sigma(t)$.

$\blacklozenge$

Tabelle 3.4: Häufigkeiten der Symbole im Text t.

Symbol	a	b	c	d	e	f	g	h
Häufigkeit	16	4	35	10	10	5	7	13

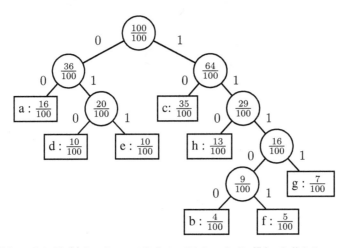

Abbildung 3.9: $T_\Sigma(t)$ für einen präfixfreien Binärcode für Σ bezüglich t.

Für $c \in \Sigma$ bezeichne $f_t(c)$ die Häufigkeit von Buchstaben c im Text t. Gegeben $T_\Sigma(t)$ für $\psi(\Sigma)$, ergibt sich die Anzahl $C(T_\Sigma(t))$ der für die Codierung von t benötigten Bits aus

$$C(T_\Sigma(t)) = \sum_{c \in \Sigma} f_t(c) \cdot d_T(c),$$

wobei $d_T(c)$ die Tiefe des Blattes, das c enthält, bezeichnet. $C(T_\Sigma(t))$ bezeichnet dann die *Kosten* von $T_\Sigma(t)$. Somit haben wir folgendes Problem zu lösen:

Gegeben: Alphabet Σ, Text $t \in \Sigma^+$.

Gesucht: Binärbaum $T_\Sigma(t)$ mit minimalen Kosten.

Folgender Greedyalgorithmus löst obiges Problem:

Algorithmus OPTCODE

Eingabe: Alphabet Σ und Häufigkeiten $f_t(c)$ für alle $c \in \Sigma$.

Ausgabe: Binärbaum $T_\Sigma(t)$ mit minimalen Kosten.

Methode:

    (1) $n := |\Sigma|;\ Q := \emptyset$;
    (2) **for** alle $c \in \Sigma$
        do
            Kreiere Blatt b mit Markierung c;
            $f(b) := f_t(c);\ \ Q := Q \cup \{b\}$
        od;
    (3) **for** $i := 1$ **to** $n - 1$
        do
            Kreiere neuen Knoten z;
            Entferne x mit $f(x)$ minimal aus Q;
            Mache x zum linken Sohn von z;
            Entferne y mit $f(y)$ minimal aus Q;
            Mache y zum rechten Sohn von z;
            $f(z) := f(x) + f(y)$;
            Füge z in Q ein
        od;
    (4) Gib den Binärbaum mit Wurzel in Q aus.

Satz 3.1 *Der Algorithmus* OPTCODE *berechnet einen Binärbaum $T_\Sigma(t)$ minimaler Kosten.*

Beweis: Für $1 \le i \le n - 1$ bezeichne Q_i die Menge Q, unmittelbar vor dem i-ten Durchlauf der **for**-Schleife (3). Q_n sei die Menge Q nach dem $(n - 1)$-ten Durchlauf. Q_1 enthält die Wurzeln von n Bäumen, die jeweils nur aus ihrer Wurzel bestehen. Diese sind mit paarweise verschiedenen Buchstaben aus Σ markiert. Also enthält jeder Binärbaum $T_\Sigma(t)$ minimaler Kosten jeden Baum, dessen Wurzel in Q_1 ist, als

Teilbaum. Nehmen wir an, dass die Ausgabe kein Binärbaum minimaler Kosten ist. Dann ist der Baum, dessen Wurzel in Q_n ist, kein optimaler Baum und somit auch in keinem Binärbaum $T_\Sigma(t)$ minimaler Kosten enthalten. Betrachte $i_0 \geq 1$ minimal, so dass folgende Eigenschaften erfüllt sind:

1. Es gibt einen Binärbaum $T'_\Sigma(t)$ minimaler Kosten, der jeden Baum, dessen Wurzel in Q_{i_0} ist, enthält.

2. Es gibt keinen Binärbaum $T_\Sigma(t)$ minimaler Kosten, der jeden Baum, dessen Wurzel in Q_{i_0+1} ist, enthält.

Sei z ein tiefster Knoten in $T'_\Sigma(t)$, der nicht in einem Baum, dessen Wurzel in Q_{i_0} ist, enthalten ist. Dann sind sein linker Sohn z_1 und sein rechter Sohn z_2 in Q_{i_0}. Seien x und y die während des (i_0+1)-ten Durchlaufs der **for**-Schleife (3) gewählten Knoten. Dann sind gemäß der Konstruktion x und y in $T'_\Sigma(t)$.

Tausche die Teilbäume mit Wurzeln z_1 und x in $T'_\Sigma(t)$. Da $f(x)$ minimal und z ein tiefster Knoten in $T'_\Sigma(t)$, der nicht in einem Baum, dessen Wurzel in Q_{i_0} ist, enthalten ist, können sich die Kosten dadurch nicht erhöht haben. Tausche die Teilbäume mit Wurzeln z_2 und y. Auch dies kann die Kosten des Baumes nicht erhöhen. Also ist der resultierende Baum ein optimaler Baum, der jeden Baum, dessen Wurzel in Q_{i_0+1} ist, enthält. Dies ist ein Widerspruch dazu, dass kein solcher Baum existiert. ∎

Übung 3.5: *Entwickeln Sie eine $O(n \log n)$-Implementierung des Algorithmus* OPTCODE.

3.5 Approximationsalgorithmen

Algorithmen, die für ein Optimierungsproblem nicht eine optimale, sondern eine „nahezu" optimale Lösung garantieren, heißen *Approximations-* oder *Näherungsalgorithmen*. Insbesondere zur Lösung von NP-vollständigen Optimierungsproblemen werden Approximationsalgorithmen verwendet. Für NP-vollständige Optimierungsprobleme sind keine polynomielle Algorithmen, die eine optimale Lösung berechnen, bekannt. Wir werden nun als Beispiel einen Approximationsalgorithmus für ein NP-vollständiges Problem kennenlernen.

Problem des Handlungsreisenden mit Dreiecksungleichung (ΔHR)

Gegeben: $G = (V, E)$, $V = \{0, 1, \ldots, n-1\}$, $c : E \rightarrow \mathbb{N}_0$, so dass

1. $c(i,j) = c(j,i) \quad \forall i, j \in V$ (Symmetrie)
2. $c(i,j) \leq c(i,k) + c(k,j) \quad \forall i, j, k \in V$ (Dreiecksungleichung)

Gesucht: Eine kürzeste Rundreise, d.h., eine Permutation π von $\{0, 1, \ldots, n-1\}$, die $\sum_{i=0}^{n-1} c(\pi(i), \pi(i+1 \mod n))$ minimiert.

Symmetrie und Dreiecksungleichung implizieren, dass $E = V \times V \setminus \{(i, i) \mid i \in V\}$. Sei $G = (V, E)$ ein ungerichteter Graph und $c : E \to \mathbb{N}_0$ eine Kostenfunktion auf den Kanten im Graphen. Ein Baum $T = (V, A)$ mit $A \subseteq E$ und $|A| = n - 1$ heißt *überspannender Baum von G*. Die *Kosten* $c(T)$ des überspannenden Baumes T sind definiert durch $c(T) = \sum_{(i,j)\in A} c(i,j)$. Ein überspannender Baum T heißt *minimal*, falls $c(T) \leq c(T')$ für alle überspannenden Bäume T' von G. Wir werden in Kapitel 4.4 effiziente Algorithmen zur Berechnung eines minimalen überspannenden Baumes $T = (V, A)$ bei gegebenem $G = (V, E)$, $c : E \to \mathbb{N}_0$ kennenlernen. Der Approximationsalgorithmus macht sich folgende Beobachtung zunutze:

Sei $T = (V, A)$ ein minimaler überspannender Baum für den Graphen $G = (V, E)$ und Kostenfunktion $c : E \to \mathbb{N}_0$. Seien Cost_{opt} die Kosten einer kürzesten Rundreise in G. Dann gilt $c(T) \leq \text{Cost}_{opt}$. Dies folgt daraus, dass wir aus einer Rundreise durch Entfernen einer beliebigen Kante einen überspannenden Baum erhalten. Obige Beobachtung legt folgenden Approximationsalgorithmus für ΔHR nahe:

Algorithmus: APPROXΔHR

Eingabe: $G = (V, E)$, $c : E \to \mathbb{N}_0$ mit $V = \{0, 1, \ldots, n-1\}$, $E = V \times V \setminus \{(i, i) | i \in V\}$ und c erfüllt Symmetrie und Dreiecksungleichung.

Ausgabe: Rundreise R mit $c(R) \leq 2 \cdot \text{Cost}_{opt}$, wobei $c(R)$ die Kosten der Rundreise bezeichnen.

Methode:

(1) Konstruiere einen minimalen überspannenden Baum $T = (V, A)$;

(2) Starte in der Wurzel von T und besuche mittels Tiefensuche auf T alle Knoten in V;

(3) Schreibe die Knoten in der Reihenfolge auf, in der sie oberster Knoten im Tiefensuche-Keller sind. Dies ergibt eine Knotenfolge $v_0, v_1, v_2, \ldots, v_i, \ldots, v_{j-1}, v_j, v_{j+1}, \ldots, v_{2(n-1)-1}$ mit $v_{2(n-1)-1} = v_0$;

(4) Streiche v_j genau dann aus der Knotenfolge, wenn $j < 2(n-1) + 1$ und $i < j$ mit $v_i = v_j$ existiert;

(5) Gib die resultierende Knotenfolge aus.

In einer Implementierung des obigen Algorithmus wird man natürlich nicht Knoten im Schritt (3) aufnehmen und dann im Schritt (4) wieder streichen. Wir haben dies hier nur getan, um den Beweis des nachfolgenden Satzes zu vereinfachen.

Satz 3.2 *Der Algorithmus* APPROXΔHR *berechnet eine Rundreise R mit $c(R) \leq 2 \cdot \text{Cost}_{opt}$.*

Beweis: Die Knotenfolge vor dem Streichen ergibt eine Reise durch alle Knoten (keine Rundreise), die jede Kante von T genau zweimal durchquert. Wegen $c(T) \leq$ Cost$_{opt}$ und der Symmetrie der Kostenfunktion hat diese Reise Kosten $\leq 2 \cdot$ Cost$_{opt}$. Da die Dreiecksungleichung erfüllt ist, werden durch das Streichen der Knoten aus der Reise die Kosten der resultierenden Reise nicht erhöht. Also wird eine Rundreise R mit Kosten $c(R) \leq 2 \cdot$ Cost$_{opt}$ konstruiert. ∎

3.6 Probabilistische Algorithmen

Algorithmen, die Zufallszahlen bzw. Zufallsentscheidungen verwenden, heißen *probabilistisch* oder auch *randomisiert*. Es gibt verschiedene Gründe für die Verwendung von Zufallszahlen. Universelles Hashing verwendet diese um die erwartete Laufzeit zu verbessern. Dies ist möglich, da für jede Folge von Operationen nahezu alle Hashfunktionen innerhalb einer universellen Klasse von Hashfunktionen gute Laufzeiten garantieren. Wählt man nun die konkrete Hashfunktion aus der universellen Klasse zufällig aus, so erhält man mit großer Wahrscheinlichkeit eine gute Hashfunktion, so dass das erwartete Verhalten von universellen Hashing gut ist. Probabilistische Algorithmen, die immer eine korrekte Lösung liefern und Randomisierung lediglich zur Laufzeitverbesserung verwenden, heissen *Las-Vegas-Algorithmen*. Es gibt probabilistische Algorithmen, die Zufallsgeneratoren verwenden und die Laufzeit verbessern, jedoch mitunter eine falsche Lösung berechnen. Falls ein probabilistischer Algorithmus manchmal eine inkorrekte Lösung produziert, jedoch die Wahrscheinlichkeit, dass solche auftritt, begrenzt werden kann, dann heißt dieser *Monte-Carlo-Algorithmus*. Nachfolgend werden wir sowohl für Las-Vegas-Algorithmen als auch für Monte-Carlo Algorithmen ein Beispiel ausführlich behandeln.

3.6.1 Ein Las-Vegas-Algorithmus

Wir werden als ein Beispiel für einen Las-Vegas-Algorithmus ein randomisiertes Sortierverfahren, nämlich randomisiertes Quicksort, kennenlernen. Dieses Verfahren hat im worst case quadratische Laufzeit. Jedoch ist die erwartete Laufzeit $\Theta(n \log n)$, wobei n die Anzahl der zu sortierenden Zahlen ist. Nun kann man sich fragen, warum wir randomisiertes Quicksort überhaupt betrachten, da wir z.B. mit Mergesort bereits ein Verfahren kennen, das im worst case $\Theta(n \log n)$ Laufzeit hat. Randomisiertes Quicksort hat gegenüber anderen Sortierverfahren folgende Vorteile:

1. Es ist einfach zu implementieren,

2. benötigt nur einen kleinen zusätzlichen Speicher und

3. eine sorgfältig optimierte Version von Quicksort läuft auf den meisten Computern signifikant schneller als jedes andere Sortierverfahren.

Betrachten wir z.B. Mergesort. Mergesort benötigt zum Sortieren von n Zahlen einen zusätzlichen Speicher der Größe $\Omega(n)$, es sei denn, man ist bereit, nicht unbeträchtlichen zusätzlichen Aufwand zu betreiben.

Übung 3.6: *Versuchen Sie, den von Mergesort benötigten zusätzlichen Speicherplatz zu reduzieren.*

Die Idee von Quicksort ist recht einfach. Nehmen wir an, dass wir eine Menge $S = \{s_1, s_2, \ldots, s_n\}$ von n Zahlen sortieren möchten. Falls wir $s_k \in S$ finden könnten, so dass die Hälfte der Zahlen in S kleiner oder gleich s_k und die Hälfte der Zahlen größer als s_k ist, dann könnten wir die Zahlen in S sortieren, indem wir zunächst die Menge $S \setminus \{s_k\}$ in zwei Mengen S_1 und S_2 aufteilen, so dass S_1 genau die Elemente kleiner oder gleich s_k und S_2 genau die Elemente größer als s_k enthält. Für diese Aufteilung werden exakt $n - 1$ Vergleiche benötigt. Falls wir nun das Element s_k in Linearzeit, d.h., in Zeit cn für eine Konstante c, bestimmen könnten, dann hätten wir die Abschätzung $T(n) \leq 2T(n/2) + (c+1)n$ für die Gesamtlaufzeit $T(n)$ des Sortieralgorithmus, welche die Lösung $O(n \log n)$ hat. In der Tat kann das mittlere Element einer Menge in Linearzeit berechnet werden. Allerdings sind die Algorithmen zum Finden des mittleren Elementes einer Menge von Zahlen dergestalt, dass das resultierende Sortierverfahren gegenüber Mergesort nichts mehr gewinnen würde. Schauen wir uns noch einmal obige Abschätzung an. Wir sehen, dass die Lösung $O(n \log n)$ bliebe, wenn S nicht genau in der Mitte, sondern in etwa in der Mitte aufgeteilt würde. Falls wir z.B. S derart mittels s_k aufteilen wollten, dass weder S_1 noch S_2 mehr als $3n/4$ Elemente besitzen würde, dann gäbe es in S mindestens $n/2$ Kandidaten hierfür. Aber auch einer dieser Kandidaten ist deterministisch nicht einfach zu bestimmen. Die nächste Idee ist, s_k zufällig zu wählen. Dann ist zwar nicht gewährleistet, dass der Algorithmus immer die Menge in etwa in der Mitte aufteilt, aber es besteht die begründete Hoffnung, dass der Algorithmus dies fast immer tut. Den resultierenden Algorithmus nennen wir *randomisiertes Quicksort* oder kurz *RandQS*.

Nehmen wir an, dass die n Zahlen in einem Feld $S[1 : n]$ gespeichert sind. Sei in $S[k]$ dasjenige Element gespeichert, mittels dem S in zwei Mengen S_1 und S_2 aufgeteilt werden soll. Dann können wir für die Implementierung von Quicksort zwei Zeiger i und t, mittels denen wir das Feld durchmustern und in zwei Teile teilen, verwenden. Dies sieht dann folgendermaßen aus:

- i durchmustert $S[1], S[2], \ldots, S[n]$ von links nach rechts bis $S[i]$ mit $S[i] > S[k]$ gefunden ist.

- t durchmustert $S[1], S[2], \ldots, S[n]$ von rechts nach links, bis ein $S[t]$ mit $S[t] \leq S[k]$ gefunden ist.

- Falls $t > i$, dann werden $S[i]$ und $S[t]$ miteinander vertauscht und das Ganze für $S[i+1], S[i+2], \ldots, S[t-1]$ wiederholt.

- Falls $t < i$, dann gilt $t = i - 1$. Vertausche $S[k]$ und $S[i - 1]$. Dies hat den Effekt, dass das Element, mittels dem aufgeteilt wurde, an der richtigen Stelle steht.

Das Sortierproblem wird für die beiden sich ergebenden Teilmengen rekursiv gelöst. Um einen Test für die Indexüberschreitung durch die Zeiger i und t einzusparen ist es nützlich, zusätzlich zwei Elemente $S[0]$ und $S[n + 1]$ mit $S[0] = -\infty$ und $S[n + 1] = \infty$ hinzuzunehmen.

Übung 3.7: *Geben Sie eine Implementierung von RandQS an.*

Als nächstes werden wir die worst case Laufzeit von RandQS analysieren. Bezeichne hierzu $QS(n)$ die maximale Anzahl von Vergleichen, die benötigt werden, um ein Feld der Größe n mittels RandQS zu sortieren. Dann gilt:

$$QS(0) = QS(1) = 0 \quad \text{und}$$
$$QS(n) \leq n + 1 + \max\{QS(k - 1) + QS(n - k) \mid 1 \leq k \leq n\}.$$

Mittels Induktion kann für $n \geq 1$

$$QS(n) \leq \frac{(n + 1)(n + 2)}{2} - 3$$

gezeigt werden.

Übung 3.8: *Arbeiten Sie die Analyse des worst case Verhaltens von RandQS aus. Zeigen Sie, dass die erzielte obere Schranke scharf ist.*

Unser Ziel ist nun, die erwartete Anzahl von Vergleichen bei einer Ausführung von RandQS zu bestimmen. Hierfür können wir o.B.d.A. annehmen, dass n verschiedene Zahlen zu sortieren sind und dass diese Zahlen gerade die Zahlen $1, 2, \ldots, n$ sind.

Übung 3.9: *Zeigen Sie, dass sich das Ergebnis der Analyse nicht verschlechtern würde, wenn obige Annahme nicht erfüllt wäre.*

Dann gilt für $1 \leq t \leq n$, dass $s_k = t$ mit Wahrscheinlichkeit $1/n$. Beachte, dass dies unabhängig davon ist, in welcher Permutation die Zahlen im Feld stehen. Wenn $s_k = t$, dann müssen nach der Partition Teilprobleme der Größe $t - 1$ und $n - t$ gelöst werden. Bezeichne $QS_e(n)$ die erwartete Anzahl von Vergleichen an einer Eingabe von n Elementen. Wir erhalten dann folgende Rekursionsgleichung:

$$QS_e(0) = QS_e(1) = 0$$
$$QS_e(n) = \frac{1}{n} \sum_{t=1}^{n} (n + 1 + QS_e(t - 1) + QS_e(n - t))$$
$$= (n + 1) + \frac{2}{n} \sum_{t=0}^{n-1} QS_e(t)$$

Multiplikation mit n ergibt:

$$nQS_e(n) = n(n+1) + 2\sum_{t=0}^{n-1} QS_e(t)$$

Also gilt:

$$(n+1)QS_e(n+1) - nQS_e(n) =$$
$$(n+1)(n+2) + 2\sum_{t=0}^{n} QS_e(t) - (n(n+1) + 2\sum_{t=0}^{n-1} QS_e(t))$$

Nach Vereinfachung der rechten Seite der Gleichung, Addition von $nQS_e(n)$ und Division durch $(n+1)(n+2)$ erhalten wir

$$\frac{QS_e(n+1)}{n+2} = \frac{2}{n+2} + \frac{QS_e(n)}{n+1}.$$

Wir werden nun aus obiger Gleichung eine Rekursionsgleichung konstruieren, die einfacher handzuhaben ist. Definiere hierzu $A_n = \frac{QS_e(n)}{n+1}$. Dann können wir obige Gleichung wie folgt schreiben:

$$A_{n+1} = \frac{2}{n+2} + A_n.$$

Dies ergibt folgende neue Rekursionsgleichung:

$$A_1 = 0$$
$$A_{n+1} = \frac{2}{n+2} + A_n.$$

Also erhalten wir

$$\begin{aligned}
A_n &= \frac{2}{n+1} + A_{n-1} \\
&= \frac{2}{n+1} + \frac{2}{n} + A_{n-2} \\
&= \frac{2}{n+1} + \frac{2}{n} + \ldots + \frac{2}{3} + A_1 \\
&= 2\sum_{i=3}^{n+1} \frac{1}{i} \\
&= 2(H_{n+1} - \frac{3}{2}) \\
&< 2\ln(n+1),
\end{aligned}$$

wobei $H_{n+1} = \sum_{i=1}^{n+1} \frac{1}{i}$ die $(n+1)$-te harmonische Zahl ist. Also gilt

$$QS_e(n) = (n+1)A_n < 2(n+1)\ln(n+1).$$

Insgesamt haben wir folgenden Satz bewiesen:

Satz 3.3 *Die erwartete Anzahl von Vergleichen, die RandQS beim Sortieren von n Zahlen durchführt ist kleiner als $2(n+1)\ln(n+1)$.*

Da RandQS das Element s_k zum Aufteilen der Menge S zufällig wählt, gilt obiger Satz für jede Eingabe, unabhängig von der konkreten Permutation, bezüglich der die n Zahlen im Feld zu Beginn gespeichert sind.

3.6.2 Ein Monte-Carlo-Algorithmus

Für eine gegebene natürliche Zahl n möchten wir testen, ob sie eine Primzahl ist. Man kann diesen Primzahltest durchführen, indem man n durch alle Primzahlen $p \leq \sqrt{n}$ zu dividieren versucht. Ist n durch eine dieser Zahlen teilbar, dann ist n zusammengesetzt. Andernfalls ist n eine Primzahl. Für große n ist dieser offensichtliche deterministische Algorithmus zu ineffizient. Unser Ziel ist es, einen effizienten Monte-Carlo-Algorithmus für den Primzahltest zu entwickeln.

Die Idee des Primzahltest ist die folgende: Für eine beliebige zusammengesetzte natürliche Zahl n und eine natürliche Zahl a mit ggT$(a, n) = 1$ entwickelt man zunächst ein Kriterium, das, falls es zutrifft, beweist, dass n zusammengesetzt ist. Dann zeigt man, dass für zusammengesetztes n von den natürlichen Zahlen a kleiner als n mit ggT$(a, n) = 1$ höchstens ein Viertel nicht das Kriterium erfüllen. Falls n eine Primzahl ist, dann ist das Kriterium niemals erfüllt. Der Monte-Carlo Algorithmus wählt ein zufälliges $a < n$ aus und testet, ob ggT$(a, n) = 1$. Ist dies nicht der Fall, dann hat der Algorithmus einen Teiler von n entdeckt und n ist zusammengesetzt. Andernfalls überprüft der Algorithmus, ob das Kriterium erfüllt ist. Ist dies der Fall, dann hat der Algorithmus einen Beweis dafür gefunden, dass n zusammengesetzt ist. Andernfalls wiederholt der Algorithmus das Ganze maximal t-mal. Falls der Algorithmus in t Durchläufen keinen Beweis dafür gefunden hat, dass n zusammengesetzt ist, dann gibt er aus, dass n wahrscheinlich eine Primzahl ist. Die Wahrscheinlichkeit dafür, dass diese Ausgabe falsch ist, ist $\leq (1/4)^t$. Zunächst werden wir das Kriterium herleiten.

Satz 3.4 *Sei n eine Primzahl und $a \in \mathbb{N}$ mit ggT$(a, n) = 1$. Seien $s = \max\{r \in \mathbb{N} \mid 2^r$ teilt $n - 1\}$ und $d = (n - 1)/2^s$. Dann gilt*

$$a^d \equiv 1 \mod n$$

oder $\exists r \in \{0, 1, \ldots, s - 1\}$ mit

$$a^{2^r d} \equiv -1 \mod n.$$

Beweis: Betrachte $a \in \mathbb{N}$ mit ggT$(a, n) = 1$ beliebig. Da n eine Primzahl ist, gilt $\phi(n) = n - 1$, wobei $\phi(n)$ die Anzahl der Zahlen $a \in \{1, 2, \ldots, n\}$ mit ggT$(a, n) = 1$ bezeichnet. Aus der Definition von s und d folgt $n - 1 = 2^s d$. Da die Ordnung eines Elementes einer endlichen, multiplikativ geschriebenen Gruppe die Ordnung der Gruppe teilt, ist die Ordnung k der Restklasse $a^d + n\mathbb{Z}$ eine Potenz von 2. Wir unterscheiden zwei Fälle:

Falls $k = 2^0 = 1$, dann gilt $(a^d)^1 = a^d \equiv 1 \mod n$.

Falls $k = 2^l$ mit $1 \leq l \leq s$, dann hat die Restklasse $a^{2^{l-1}d} + n\mathbb{Z}$ die Ordnung 2. Andernfalls wäre $k < 2^l$. Das einzige Element der Ordnung 2 ist $-1 + n\mathbb{Z}$. Also gilt $a^{2^{l-1}d} \equiv -1 \mod n$.

∎

Obiger Satz impliziert, dass für eine Zahl n eine ganze Zahl a mit $\mathrm{ggT}(a,n) = 1$, so dass $\forall r \in \{1, 2, \ldots, n-1\}$

$$a^d \not\equiv 1 \mod n \text{ und } a^{2^r d} \not\equiv -1 \mod n$$

ein *Zeuge gegen die Primalität von* n ist. Folgender Satz gibt für zusammengesetztes n eine Abschätzung der Anzahl der Nichtzeugen gegen die Primalität von n in der Menge $\{1, 2, \ldots, n-1\}$.

Satz 3.5 *Sei* $n > 9$ *eine ungerade zusammengesetzte Zahl. Dann gibt es in* $\{1, 2, \ldots, n-1\}$ *höchstens* $1/4(n-1)$ *Zahlen* a *mit* $ggT(a,n) = 1$ *und* a *ist kein Zeuge gegen die Primalität von* n.

Für den Beweis des Satzes sind einige Grundkenntnisse aus der Zahlentheorie notwendig. Zudem ist der Beweis nicht einfach. Darum wird hier von dessen Präsentation abgesehen. Somit ergibt sich folgender Monte-Carlo-Algorithmus für den Primzahltest.

Algorithmus PRIMZAHLTEST

Eingabe: $n \in \mathbb{N}$ ungerade, $n > 9$.

Ausgabe: „zusammengesetzt" oder „prim".

Methode:
    (1) Berechne s, d mit d ungerade und $n - 1 = 2^s d$.
    (2) Wähle $a \in \{1, 2, \ldots, n-1\}$ zufällig.
    (3) **if** $\mathrm{ggT}(a,n) \neq 1$
        then
            Ausgabe := „zusammengesetzt"
        else
            $k := 0; a_0 := a^d \mod n$;
            while $k < s$ und $a_k \not\equiv 1 \mod n$
            do
                $k := k + 1$;
                $a_k := a_{k-1}^2 \mod n$
            od;
            if $k = 0$
            then
                Ausgabe := „prim"
            else
                if $k = s$ und $a_k \not\equiv 1 \mod n$
                    then
                      Ausgabe := „zusammengesetzt"

> **else**
> > **if** $a_{k-1} \not\equiv -1 \mod n$
> > > **then**
> > > > Ausgabe := „zusammengesetzt"
> > > **else**
> > > > Ausgabe := „prim"
> > > **fi**
> > **fi**
> **fi**
> **fi**.

Folgender Satz fasst die Eigenschaften des Algorithmus PRIMZAHLTEST zusammen:

Satz 3.6 *Falls die Eingabe n des Algorithmus* PRIMZAHLTEST *eine Primzahl ist, dann ist die Ausgabe immer „prim". Falls n zusammengesetzt ist, dann ist mit Wahrscheinlichkeit $\geq 3/4$ die Ausgabe „zusammengesetzt".*

Falls die Eingabe des Algorithmus eine Primzahl ist, dann ist die Ausgabe des Algorithmus immer korrekt. Nur im Fall, dass die Eingabe zusammengesetzt ist, kann die Ausgabe des Algorithmus falsch sein. Die Wahrscheinlichkeit, dass der Algorithmus dann „prim" ausgibt, ist $\leq 1/4$. Durch t-malige Wiederholung des Algorithmus PRIMZAHLTEST können wir die Fehlerwahrscheinlichkeit auf $\leq 4^{-t}$ reduzieren.

3.7 Ergänzende Übungsaufgaben

Übung 3.10: *Ein Sortierverfahren heißt stabil, falls nach Terminierung des Algorithmus gleiche Elemente in derselben Ordnung in der sortierten Folge stehen, wie sie vorher in der unsortierten Folge standen. Ist Mergesort stabil?*

Übung 3.11: *Kann das Handlungsreisendenproblem mittels divide-and-conquer gelöst werden? Begründen Sie Ihre Antwort.*

Übung 3.12*: *Entwickeln Sie unter Verwendung von dynamischer Programmierung einen Algorithmus zur Berechnung der transitiven Hülle eines gerichteten Graphen $G = (V, E)$. Was ist die Laufzeit Ihres Algorithmus? Sorgen Sie dafür, dass Ihr Algorithmus die transitive Hülle in $O(|V|^3)$ Zeit berechnet.*

Übung 3.13: *Seien $x = x_1 x_2 \ldots x_n$ und $y = y_1 y_2 \ldots y_m$ Strings über einem endlichen Alphabet Σ. Ein String $z = z_1 z_2 \ldots z_r$ heißt Teilsequenz von x, falls $i_1 < i_2 < \ldots < i_r$ existieren, so dass $z_j = x_{i_j}$ für $1 \leq j \leq r$. Falls z Teilsequenz von x und y ist, dann heißt z gemeinsame Teilsequenz von x und y. Verwenden Sie dynamische Programmierung zur Berechnung einer längsten gemeinsamen Teilsequenz zweier Strings x und y. Welche Laufzeit hat die von Ihnen entwickelte Methode?*

Übung 3.14: *Betrachten Sie das Produkt $M = M_1 \times M_2 \times \ldots \times M_n$ von n Matrizen, wobei M_i die Dimension $r_{i-1} \times r_i$, $1 \le i \le n$ hat. Je nachdem, in welcher Reihenfolge die Multiplikationen der Matrizen durchgeführt werden, benötigt man bei Verwendung der Schulmethode für die Matrizenmultiplikation mehr oder weniger arithmetische Operationen. Entwickeln Sie unter Verwendung von dynamischer Programmierung einen Algorithmus, der in $O(n^3)$ Zeit eine optimale Anordnung der Matrixmultiplikationen berechnet.*

Übung 3.15*: *Entwickeln Sie ein Backtracking-Verfahren zur Lösung des Erfüllbarkeitsproblems und eine Heuristik, die den Wert einer Variablen festlegt, falls dieser für jede Fortsetzung des aktuellen partiellen Lösungskandidaten bereits eindeutig bestimmt ist.*

Übung 3.16: *Gegeben ein Schachbrett sollen k Damen derart plaziert werden, dass keine der Damen eine andere schlagen kann. Geben Sie eine Formulierung des Problems mit Hilfe von Booleschen Variablen an. Entwickeln Sie mit Hilfe von Backtracking einen Algorithmus zur Lösung des Problems. Finden Sie Lösungen für $k = 4, \ldots, 8$.*

Übung 3.17: *Lösen Sie folgendes Problem mit Hilfe von dynamischer Programmierung und mit Hilfe von Branch-and-Bound: Gegeben seien n Personen und n Aufgaben. Die Kosten für die Übertragung der Aufgabe j auf die Person i betragen c_{ij}. Das Problem ist nun, den Personen derart paarweise verschiedene Aufgaben zu übertragen, dass die Gesamtkosten minimiert werden.*

Übung 3.18: *Ein Autofahrer fährt von Madrid nach Athen entlang einer festen Route. Wenn sein Tank voll ist, dann kann er n Kilometer fahren. Auf einer Karte sind die Tankstellen nebst den Entfernungen zwischen den Tankstellen eingetragen. Der Autofahrer möchte so wenig wie möglich zum Tanken anhalten. Geben Sie eine effiziente Methode an, mittels der entschieden wird, an welchen Tankstellen angehalten wird. Beweisen Sie, dass Ihre Strategie zu einer optimalen Lösung führt.*

Übung 3.19: *Verallgemeinern Sie den Algorithmus* OPTCODE *auf Codeworte, die das Alphabet $\{0, 1, 2\}$ verwenden. Beweisen Sie, dass dieser einen optimalen Code berechnet.*

Übung 3.20: *Eine überdeckende Knotenmenge eines Graphen ist eine Teilmenge der Knotenmenge, so dass für jede Kante des Graphen diese mindestens einen Endknoten enthält. Entwickeln Sie einen Greedyalgorithmus, der für einen gegebenen Graphen $G = (V, E)$ eine überdeckende Knotenmenge berechnet, die höchstens doppelt so groß wie eine minimale überdeckende Knotenmenge ist.*

3.8   Literaturhinweise

Mergesort war bereits VON NEUMANN bekannt und geht auf Verfahren zurück, die auf mechanischen Sortiergeräten verwendet wurden. Eine ausführlichere Behandlung von Rekursionsgleichungen findet man in [CLRS01]. BELLMAN begann 1955 damit, die dynamische Programmierung systematisch zu untersuchen. Zwar waren Elemente der dynamischen Programmierung bereits früher bekannt, jedoch gab BELLMAN dieser Methode eine solide mathematische Basis [Bel57]. Der Algorithmus zur Konstruktion optimaler Suchbäume ist von GILBERT und MOORE [GM59]. 1971 hat KNUTH [Knu71] einen $O(n^2)$ Algorithmus publiziert. Eine ausführliche Behandlung von Backtracking, Branch-and-Bound und ähnlichen Verfahren findet man in [Pea84]. Weitere Greedyalgorithmen findet man z.B. in [CLRS01, PS82]. Der Algorithmus OPTCODE wurde 1952 von HUFFMAN [Huf52] vorgestellt. Einen guten Einstieg für das Studium von Approximationsalgorithmen bilden [CLRS01, GJ79]. Weiterführend sind das von HOCHBAUM 1997 herausgegebene Buch [Hoc97] und die Bücher von AUSIELLO, CRESCENZI, GAMBOSI, KANN, MARCHETTI-SPACCAMELA und PROTASI [ACG$^+$99], von VAZIRANI [Vaz01] und von JANSEN und MARGRAF [JM08]. Eine gute Einführung in das Gebiet der probabilistischen Algorithmen geben die Bücher von MOTWANI und RAGHAVAN [MR95] und von MITZENBACHER und UPFAL [MU05]. Der erste probabilistische Algorithmus für Primzahltest wurde von SOLOVAY und STRASSEN [SS77] vorgestellt. Der hier vorgestellte Algorithmus ist von MILLER [Mil76] und RABIN [Rab80]. Lange Zeit war es offen, ob der Primzahltext deterministisch in polynomieller Zeit durchführbar ist. Dies wurde 2002 von AGRAWAL, KAYAL und SAXENA [AKS04] bewiesen. Ein ausgezeichnetes Buch, das die Entwicklung des Primzahltests von randomisierten Algorithmen bis zu „PRIMES is in P" beschreibt ist von DIETZFELBINGER [Die04]. Harmonische Zahlen werden ausführlich in [Knu97] analysiert.

TEIL II

ALGORITHMEN FÜR ELEMENTARE PROBLEME

4 Algorithmen auf Graphen

Viele im realen Leben auftretende Probleme können als ein Problem in Graphen formuliert werden. Die zentrale Vergabe von Themen für die Bachelorarbeit an Studierenden, so dass diese möglichst zufrieden sind, lässt sich auf ein sogenanntes Matchingproblem in einem Graphen transformieren. In manchen Anwendungen ist es günstig, zunächst die Knoten innerhalb einer starken Zusammenhangskomponente eines gerichteten Graphen zu einem einzelnen Superknoten zusammenzufassen und dann das Problem auf dem auf diese Art und Weise reduzierten Graphen zu lösen. Die Frage nach der kürzesten oder nach der preiswertesten Verbindung zweier Städte lässt sich mit Hilfe eines kürzesten Wegeproblems in einem Graphen beantworten. Als Subroutine des in Kapitel 3 beschriebenen Approximationsalgorithmus für das Handlungsreisendenproblem benötigen wir einen Algorithmus, der einen minimalen überspannenden Baum eines gegebenen Graphen berechnet. Das Problem, welche Wassermenge durch ein Leitungsnetz von der Quelle zu einem Verbraucher transportiert werden kann, lässt sich mit Hilfe eines Netzwerkflussproblems lösen. Wir werden nachfolgend effiziente Algorithmen für alle oben erwähnten Graphenprobleme entwickeln.

4.1 Bipartites Matching

Ein Institut an einer Universität vergibt die Themen für die Bachelorarbeit zentral. Jedes Thema darf höchstens einmal bearbeitet werden. Nehmen wir an, dass n Studierende ein Thema wünschen und dass das Institut $m \geq n$ Themen zur Verfügung stellt. Die Themen werden vorher den Studierenden bekannt gegeben. Jeder von ihnen teilt dem Institut mit, welche der Themen bevorzugt werden. Das Institut beabsichtigt nun soviele Studierende wie möglich mit einem bevorzugten Thema zu versorgen. Um dieses Problem zu lösen wird es zunächst auf ein Graphenproblem transformiert. Hierzu konstruiert der Institutsleiter einen bipartiten Graphen $G = (S, T, E)$. Die Menge S enthält für jeden Studierenden genau einen Knoten. Für jedes Thema ist in T genau ein Knoten. Zwei Knoten $s \in S$ und $t \in T$ sind genau dann durch eine Kante in E miteinander verbunden, wenn t ein bevorzugtes Thema für den Studierenden s ist. Da jeder Studierende maximal ein Thema erhält und jedes Thema höchstens einmal bearbeitet wird, ist obiges Problem äquivalent dazu, eine größte Teilmenge M von E zu berechnen, so dass alle Kanten in M

paarweise keine gemeinsame Endknoten haben. Das Institut hat aufgrund der ersten Vergaberunde gelernt und möchte die zweite Runde besser gestalten. Nun sollen die Studierenden jedes Thema mit einer Zahl aus $\{0, 1, 2, \ldots, 10\}$ bewerten. Je höher die Bewertung umso zufriedener ist der Studierende, wenn er betreffendes Thema bearbeiten darf. Gegeben eine Vergabe der Themen an die Studierenden ergibt sich deren Gesamtzufriedenheit aus der Summe der Bewertungen, die die Studierenden für das erhaltene Thema dem Institut mitgeteilt haben. Das Institut möchte nun die Themen derart vergeben, dass die Gesamtzufriedenheit so groß wie möglich ist. Auch hierzu konstruiert der Institutsleiter zunächst den bipartiten Graphen $G = (S, T, E, w)$ zuzüglich einer Gewichtsfunktion w, die jeder Kante $(s, t) \in E$ die Bewertung des Themas t durch den Studierenden s zuordnet. Also ist nun $E = S \times T$. Das Gewicht einer Teilmenge von E ergibt sich aus der Summe der Gewichte der Kanten in dieser Teilmenge. Ziel ist nun die Berechnung einer Teilmenge M von E von maximalen Gewicht, so dass alle Kanten in M paarweise keine gemeinsame Endknoten haben. Wir werden nun diese Graphenprobleme formal definieren.

Sei $G = (V, E)$ ein ungerichteter Graph. $M \subseteq E$ heißt *Matching*, falls für alle $(v, w), (x, y) \in M$ mit $(v, w) \neq (x, y)$ stets auch $\{v, w\} \cap \{x, y\} = \emptyset$ gilt. D.h., zwei Kanten in M haben immer verschiedene Endknoten. M heißt *maximales Matching* von G, falls $|M'| \leq |M|$ für alle Matchings M' von G. Das *maximale Matchingproblem* ist die Konstruktion eines maximalen Matchings für einen gegebenen Graphen G. Falls wir mit jeder Kante $(i, j) \in E$ ein Gewicht $w_{ij} > 0$ assoziieren, dann erhalten wir einen *gewichteten, ungerichteten Graphen* $G = (V, E, w)$. Das Gewicht $w(M)$ eines Matchings M ist gleich der Summe der Gewichte der Kanten in M. Ein Matching $M \subseteq E$ hat *maximales Gewicht*, falls $\sum_{(i,j) \in M'} w_{ij} \leq \sum_{(i,j) \in M} w_{ij}$ für alle Matchings $M' \subseteq E$. Gegeben einen gewichteten ungerichteten Graphen $G = (V, E, w)$ ist das *maximale gewichtete Matchingproblem* die Konstruktion eines gewichtsmaximalen Matchings $M \subseteq E$. Falls der Graph G bipartit ist, dann heißt dieses Problem auch *Assignmentproblem*. Wir werden für bipartite Graphen für beide Varianten des Matchingproblems effiziente Algorithmen zu deren Lösung entwickeln.

4.1.1 Der ungewichtete Fall

Sei $M \subseteq E$ ein Matching von $G = (V, E)$. $v \in V$ heißt *M-saturiert*, falls $u \in V$ mit $(u, v) \in M$ existiert. Andernfalls heißt v *M-frei*. Die Grundidee nahezu aller Algorithmen zur Berechnung eines maximalen Matchings für einen gebenen Graphen $G = (V, E)$ ist die folgende:

(1) Starte mit einem Anfangsmatching M_0 (z.B. $M_0 = \emptyset$).

(2) Konstruiere eine Folge $M_1, M_2, \ldots, M_t$ von Matchings, für die gilt:
   a) $|M_i| < |M_{i+1}|, \quad 0 \leq i < t$ und
   b) M_t ist ein maximales Matching.

Es stellt sich nun die Frage, wie wir bei gegebenem M_i das neue Matching M_{i+1} berechnen können. Zur Beantwortung dieser Frage benötigen wir noch einige Bezeichnungen. Ein Pfad $P = v_1, v_2, \ldots, v_k$ heißt *M-alternierend*, falls die Kanten auf P abwechselnd in M und $E \setminus M$ liegen. D.h., $(v_i, v_{i+1}) \in M \Leftrightarrow (v_{i+1}, v_{i+2}) \notin M$ für $1 \leq i \leq k - 2$. Graphisch stellen wir die Kanten in M fett dar. Abbildung 4.1 zeigt einen M-alternierenden Pfad.

Abbildung 4.1: M-alternierender Pfad.

Falls die Endknoten eines einfachen M-alternierenden Pfades P M-frei sind, dann können wir das Matching M um eine Kante vergrößern, indem wir aus M alle Kanten, die auf P liegen, entfernen und alle Kanten in $P \cap E \setminus M$ hinzufügen. D.h., wir bilden die *symmetrische Differenz* $M \oplus P = M \setminus P \cup P \setminus M$. Ein einfacher M-alternierender Pfad, der zwei M-freie Knoten miteinander verbindet, heißt *M-augmentierend*. Obige Beobachtung legt folgenden Algorithmus zur Berechnung eines maximalen Matchings nahe:

Algorithmus MAXIMALES MATCHING

Eingabe: ungerichteter Graph $G = (V, E)$ und Matching $M \subseteq E$.

Ausgabe: maximales Matching $M_{\max}$.

Methode:
    while es existiert ein M-augmentierender Pfad
      do
        konstruiere solch einen Pfad P;
        $M := M \oplus P$
      od;
    $M_{\max} := M$.

Nun stellt sich die Frage, ob obiges Verfahren korrekt ist. Die Korrektheit ergibt sich aus folgendem Satz:

Satz 4.1 *Seien $G = (V, E)$ ein ungerichteter Graph und $M \subseteq E$ ein Matching. M ist genau dann maximal, wenn kein M-augmentierender Pfad in G existiert.*

Beweis:

„$\Rightarrow$"

Diese Richtung haben wir uns bereits überlegt.

„⇐"

Sei M ein Matching von G und enthalte G keinen M-augmentierenden Pfad. Sei M' ein beliebiges maximales Matching von G. Zu zeigen ist, dass $|M| = |M'|$. Nehmen wir an, dass $|M| < |M'|$.

Betrachte $G' = (V, M \oplus M')$. Da sowohl M als auch M' Matchings sind, gilt $\deg_{G'}(v) \leq 2$ für alle $v \in V$. Falls $\deg_{G'}(v) = 2$, dann ist eine der beiden inzidenten Kanten in M und die andere in M'. Also sind alle Zusammenhangskomponenten von G' isolierte Knoten, Kreise gerader Länge mit abwechselnden Kanten in M und M' oder Pfade mit abwechselnden Kanten in M und M'. Zudem ist in allen Kreisen die Anzahl der Kanten in M gleich der Anzahl der Kanten in M'.

Wegen $|M'| > |M|$ ist eine dieser Zusammenhangskomponenten ein Pfad P, der mehr Kanten in M' als in M enthält. P fängt folglich mit einer Kante in M' an und hört auch mit einer Kante in M' auf. Somit sind beide Endknoten von P M-frei. Also ist P ein M-augmentierender Pfad. Dies ist ein Widerspruch dazu, dass G keinen M-augmentierenden Pfad enthält. Also ist unsere Annahme falsch und somit $|M| = |M'|$.
                                                                                    ∎

Das Schlüsselproblem ist nun: Wie findet man einen M-augmentierenden Pfad P, falls solch ein Pfad existiert? Wir werden dieses Schlüsselproblem für den Fall, dass $G = (V, E)$ bipartit ist, lösen. Sei $G = (A, B, E)$ ein bipartiter ungerichteter Graph. Unsere Vorgehensweise sieht nun folgendermaßen aus:

1. Wir transformieren das Schlüsselproblem in ein Erreichbarkeitsproblem in einem gerichteten, bipartiten Graphen $G_M = (A', B', E_M)$.
2. Wir lösen das Erreichbarkeitsproblem konstruktiv.

Zur Konstruktion von G_M richten wir die Kanten in M von A nach B und die Kanten in $E \setminus M$ von B nach A. Ferner fügen wir zu A einen neuen Knoten s und zu B einen neuen Knoten t hinzu und erweitern die Kantenmenge, indem wir eine gerichtete Kante von s zu jedem M-freien Knoten in B und eine gerichtete Kante von jedem M-freien Knoten in A zu t hinzufügen. Demzufolge ist der Graph $G_M = (A', B', E_M)$ definiert durch

$$A' = A \cup \{s\}; \quad B' = B \cup \{t\}; \qquad s, t \notin A \cup B; \quad s \neq t$$
$$\begin{aligned} E_M = \quad & \{(u, v) \mid (u, v) \in M \text{ und } u \in A, v \in B\} \\ & \cup \{(x, y) \mid (x, y) \in E \setminus M \text{ und } x \in B, y \in A\} \\ & \cup \{(s, b) \mid b \in B \text{ ist } M\text{-frei}\} \\ & \cup \{(a, t) \mid a \in A \text{ ist } M\text{-frei}\}. \end{aligned}$$

Abbildung 4.2 illustriert die obige Konstruktion. Die untere Knotenreihe sind die Knoten in A und die obere Knotenreihe sind die Knoten in B. Von A nach B kommt man nur über Kanten in M während man von B nach A nur über Kanten in $E \setminus M$ kommt. Demzufolge sind Pfade von einem Knoten in B zu einem Knoten in A M-alternierend.

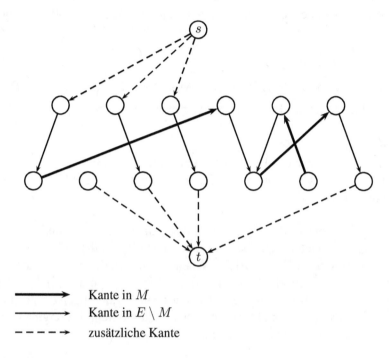

$\longrightarrow$	Kante in M
$\longrightarrow$	Kante in $E \setminus M$
$- - - \rightarrow$	zusätzliche Kante

Abbildung 4.2: Der Graph G_M.

Lemma 4.1 *Sei $G = (A, B, E)$ ein bipartiter Graph, $M \subseteq E$ ein Matching und $G_M = (A', B', E_M)$ wie oben konstruiert. Dann existiert genau dann ein M-augmentierender Pfad in G, wenn es einen einfachen Pfad von s nach t in G_M gibt.*

Beweis:

„$\Rightarrow$"

Sei $P = v_0, v_1, v_2, \dots, v_k$ ein M-augmentierender Pfad in G. O.B.d.A können wir $v_0 \in B$ annehmen. Dann gilt:

1. $v_i \in A$ für i ungerade,

2. $v_i \in B$ für i gerade,

3. $v_0 \in B$ M-frei und $v_k \in A$ M-frei,

4. $(v_i, v_{i+1}) \in M$ falls i ungerade und

5. $(v_i, v_{i+1}) \in E \setminus M$ falls i gerade.

Also ergibt sich direkt aus der Konstruktion von G_M, dass $P' = s, v_0, v_1, \ldots, v_k, t$ ein einfacher Pfad von s nach t in G_M ist.

„$\Leftarrow$"

analog.

∎

Folgender Algorithmus findet somit einen M-augmentierenden Pfad, falls ein solcher existiert:

Algorithmus FINDE AUGPFAD

Eingabe: Bipartiter Graph $G = (A, B, E)$ und Matching $M \subseteq E$.

Ausgabe: M-augmentierender Pfad, falls solcher existiert.

Methode:
    (1)   Konstruiere $G_M = (A', B', E_M)$.
    (2)   Führe eine Tiefensuche mit Startknoten s auf G_M durch.
    (3)   Falls t erreicht wird, dann gib den im Keller stehenden Pfad P ohne die Knoten s und t aus.

Der Graph G_M kann sicher in Zeit $O(n + m)$, wobei $n = |A| + |B|$ und $m = |E|$, konstruiert werden. Die Tiefensuche benötigt auch nur $O(n + m)$ Zeit. Somit konstruiert obiger Algorithmus in $O(n + m)$ Zeit einen M-augmentierenden Pfad P, falls solcher existiert. Die symmetrische Differenz $M := M \oplus P$ kann in $O(|P|) = O(n)$ Zeit durchgeführt werden. Da maximal $\lceil n/2 \rceil$ solcher Augmentierungen erfolgen können und der Algorithmus nur einmal keine Augmentierung durchführt, ergibt sich als Gesamtzeit $O(n \cdot m)$. Somit haben wir folgenden Satz bewiesen:

Satz 4.2 *Sei $G = (A, B, E)$ ein bipartiter Graph, der keine isolierte Knoten enthält. Dann kann ein maximales Matching von G in Zeit $O(n \cdot m)$ konstruiert werden.*

Im Fall, dass $G = (V, E)$ nicht bipartit ist, ist die Lösung des Schlüsselproblems wesentlich komplizierter.

4.1.2 Der gewichtete Fall

Wir werden uns nun mit dem gewichteten Fall befassen. Sei $G = (V, E, w)$ ein gewichteter ungerichteter Graph und $M \subseteq E$ ein Matching von G. Sei P ein M-alternierender Pfad. Der *Gewinn* $\Delta(P)$ *bezüglich* P bezeichnet die Gewichtsveränderung des Matchings nach Bilden der symmetrischen Differenz $M \oplus P$. D.h.,

$$\Delta(P) = \sum_{(i,j) \in P \cap E \setminus M} w_{ij} \; - \sum_{(i,j) \in P \cap M} w_{ij}.$$

Folgender Satz charakterisiert ein maximales gewichtetes Matching in einem gewichteten ungerichteten Graphen:

Satz 4.3 *Sei $G = (V, E, w)$ ein gewichteter, ungerichteter Graph und $M \subseteq E$ ein Matching von G. Dann ist M genau dann gewichtsmaximal, wenn keiner der folgenden zwei Fälle erfüllt ist:*

1. *Es gibt einen M-alternierenden Kreis P gerader Länge mit $\Delta(P) > 0$.*

2. *Es gibt einen einfachen M-alternierenden Pfad P mit $(v, w) \in M \Rightarrow (v, w) \in P$ oder $v, w \notin P$, so dass $\Delta(P) > 0$.*

Beweis:

„$\Rightarrow$"

Sei $M \subseteq E$ ein Matching von maximalem Gewicht. Es ist klar, dass dann keiner der beiden Fälle erfüllt sein kann, da ansonsten $M \oplus P$ ein Matching mit größerem Gewicht ergeben würde.

„$\Leftarrow$"

Sei $M' \subseteq E$ ein beliebiges Matching. Betrachte $G' = (V, M \oplus M', w)$. Jede Zusammenhangskomponente von G', die nicht aus einem isolierten Knoten besteht, ist ein M-alternierender Kreis gerader Länge oder ein M-alternierender Pfad. Also gilt für jede Zusammenhangskomponente P gemäß Voraussetzung $\Delta(P) \leq 0$ und somit $w(M') = w(M \oplus M' \oplus M) \leq w(M)$. ∎

Gemäß Satz 4.3 müssten wir neben den M-augmentierenden Pfaden auch die anderen M-alternierenden Pfade und auch die M-alternierenden Kreise betrachten. Folgender Satz eröffnet uns die Möglichkeit, uns auf die Betrachtung von M-augmentierenden Pfaden zu beschränken:

Satz 4.4 *Sei $G = (V, E, w)$ ein gewichteter, ungerichteter Graph und $M \subseteq E$ ein Matching von G mit $|M| = k$ und $w(M)$ ist maximal unter allen Matchings der Größe k von G. Sei P ein M-augmentierender Pfad mit maximalem Gewinn $\Delta(P)$. Dann hat $M' = M \oplus P$ maximales Gewicht unter allen Matchings der Größe $k + 1$ von G.*

Beweis: Sei M'' ein beliebiges Matching der Größe $k+1$ von G. Es genügt zu zeigen, dass $w(M'') \leq w(M \oplus P)$. Betrachte $G' = (V, M'' \oplus M, w)$. Sei R ein beliebiger M-augmentierender Pfad in G'. Wegen $|M''| > |M|$ existiert R. Dann gilt

$$w(M) + \Delta(R) = w(M \oplus R) \leq w(M \oplus P)$$
$$w(M'') - \Delta(R) = w(M'' \oplus R) \leq w(M).$$

Nach Addition dieser beiden Ungleichungen erhalten wir

$$w(M) + w(M'') \leq w(M \oplus P) + w(M)$$

und somit

$$w(M'') \leq w(M \oplus P).$$

■

Die Sätze 4.3 und 4.4 legen folgende allgemeine Methode zur Konstruktion eines maximalen gewichteten Matchings in einem Graphen $G = (V, E, w)$ nahe:

Algorithmus MAXIMALES GEWICHTETES MATCHING

Eingabe: Gewichteter, ungerichteter Graph $G = (V, E, w)$.

Ausgabe: Maximales gewichtetes Matching $M_{\max}$ von G.

Methode:

$M := \emptyset$;
while es existiert ein M-augmentierender Pfad P mit $\Delta(P) > 0$
  do
    konstruiere solchen Pfad P mit maximalem Gewinn $\Delta(P)$;
    $M := M \oplus P$
  od;
$M_{\max} := M$.

Folgender Satz beweist die Korrektheit dieser Vorgehensweise:

Satz 4.5 *Der Algorithmus* MAXIMALES GEWICHTETES MATCHING *berechnet ein gewichtsmaximales Matching.*

Beweis: Sei $|M_{\max}| = t$. Satz 4.4 impliziert für $1 \leq k \leq t$, dass während der k-ten Durchführung des Blockes der **while**-Schleife ein Matching M_k, dessen Gewicht maximal unter allen Matchings der Größe k ist, konstruiert wird.

Falls $M_{\max}$ einen $M_{\max}$-alternierenden Kreis P mit $\Delta(P) > 0$ enthält, dann ist $M_{\max} \oplus P$ ein Matching der Größe t mit $w(M_{\max} \oplus P) > w(M_{\max})$, was nach Voraussetzung nicht sein kann. Falls $M_{\max}$ einen $M_{\max}$-alternierenden Pfad P mit $\Delta(P) > 0$ enthält, dann kann gemäß der Konstruktion P nicht $M_{\max}$-augmentierend sein. Falls die Länge von P gerade ist, dann wäre $M_{\max} \oplus P$ ein Matching der Größe t mit $w(M_{\max} \oplus P) > w(M_{\max})$, was gemäß der Konstruktion nicht möglich ist. Andernfalls wäre $M_{\max} \oplus P$ ein Matching der Größe $t - 1$ mit $w(M_{\max} \oplus P) > w(M_{t-1})$, was auch nicht sein kann.

Insgesamt folgt aus Satz 4.3 die Korrektheit des Algorithmus MAXIMALES GEWICHTETES MATCHING. ■

Das Schlüsselproblem ist also, einen M-augmentierenden Pfad P mit maximalem Gewinn $\Delta(P)$ zu finden. Obige Betrachtung gilt sowohl für bipartite als auch für nicht bipartite Graphen. Wir werden nun für bipartite Graphen dieses Schlüsselproblem lösen.

Sei $G = (A, B, E, w)$ ein gewichteter, bipartiter Graph und $M \subseteq E$ ein Matching von G. Da wir auch im gewichteten Fall M-augmentierende Pfade konstruieren möchten, konstruieren wir zunächst genauso wie im nichtgewichteten Fall den gerichteten Graphen $G_M = (A \cup \{s\}, B \cup \{t\}, E_M, w)$, indem wir die Kanten in M von A nach B, die Kanten in $E \setminus M$ von B nach A richten, für jeden freien Knoten $b \in B$ die Kante (s, b) und für jeden freien Knoten $a \in A$ die Kante (a, t) hinzunehmen. Die neuen Kanten (s, b) und (a, t) erhalten das Gewicht 0.

Das Problem ist nun, dass zwar eine Tiefensuche mit Startknoten s auf G_M die Konstruktion eines M-augmentierenden Pfades P garantiert, falls solcher existiert, jedoch nicht garantiert, dass $\Delta(P)$ maximal unter allen M-augmentierenden Pfaden ist. Also benötigen wir noch einen zusätzlichen Mechanismus, der dafür sorgt, dass $\Delta(P)$ auch maximal unter allen M-augmentierenden Pfaden ist. Hierzu führt der Algorithmus zwei Arten von Schritten, den *Suchschritt* und den *Erweiterungsschritt*, durch. Eingabe eines Suchschrittes ist stets ein Teilgraph G_M^* von G_M und eine obere Schranke U, so dass

1. $\Delta(P) \leq U$ für alle M-augmentierenden Pfade P in G_M,

2. $\Delta(P) = U$ für alle M-augmentierenden Pfade P in G_M^* und

3. G_M^* enthält alle M-augmentierenden Pfade P mit $\Delta(P) = U$.

Der Suchschritt verwendet die Tiefensuche zur Konstruktion von M-augmentierenden Pfaden in G_M^*. Falls G_M^* keinen M-augmentierenden Pfad enthält, dann berechnet der Erweiterungsschritt die Eingabe für den nächsten Suchschritt.

Im wesentlichen müssen wir uns noch den Erweiterungsschritt überlegen. Gegeben $G = (A, B, E, w)$ konstruieren wir zunächst, wie oben beschrieben, den gerichteten Graphen $G_\emptyset = (A \cup \{s\}, B \cup \{t\}, E_\emptyset, w)$. Sei $W = \max_{(i,j) \in E} w_{ij}$. Wir initialisieren die obere Schranke U und den Eingabegraphen $G_\emptyset^*$ für den ersten Suchschritt wie folgt:

$$U := W \text{ und}$$
$$G_\emptyset^* := (A \cup \{s\}, B \cup \{t\}, E_\emptyset^*, w), \text{ wobei}$$
$$E_\emptyset^* = \{(i, j) \mid (i, j) \in E_\emptyset \text{ und } w_{ij} = W\}$$
$$\cup \{(s, i) \mid i \in B\} \cup \{(j, t) \mid j \in A\}.$$

Es ist leicht zu zeigen, dass U und $G_\emptyset^*$ die Eigenschaften 1–3 erfüllen.

Übung 4.1: *Zeigen Sie, dass U und $G_\emptyset^*$ die Eigenschaften 1–3 erfüllen.*

Ein Suchschritt terminiert mit einem Matching M und einem gewichteten gerichteten Graphen $G_M = (A \cup \{s\}, B \cup \{t\}, E_M, w)$, so dass jeder M-augmentierende Pfad P in G_M Gewinn $\Delta(P) < U$ hat. Für die Behandlung des Erweiterungsschrittes betrachte den Tiefensuche-Baum T, der von der letzten Tiefensuche des Suchschrittes konstruiert worden ist. Beachte, dass die Tiefensuche erfolglos war, d.h., dass kein Pfad vom Startknoten s zum Zielknoten t gefunden wurde. Abbildung 4.3 beschreibt diese Situation.

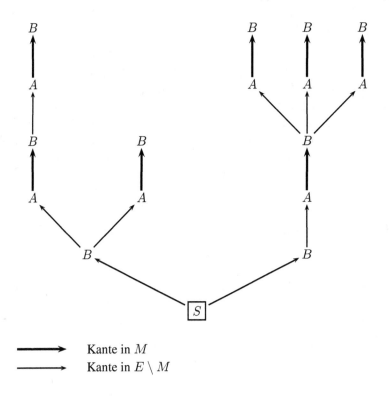

Kante in M

Kante in $E \setminus M$

Abbildung 4.3: Tiefensuche-Baum T nach der letzten Tiefensuche.

Sei $B_T = B \cap T$ und $A_T = A \cap T$. Unser Ziel ist es nun, die obere Schranke um den geeigneten Wert δ zu verringern und die Kantenmenge E_M^* derart durch Hinzufügen von Kanten aus $E_M \setminus E_M^*$ zu erweitern, so dass die Eigenschaften 1–3 bezüglich der oberen Schranke $U - \delta$ und dem Eingabegraphen für den nachfolgenden Suchschritt erfüllt sind. Das Problem ist nun, wie erhalten wir das geeignete δ und, in Abhängigkeit von δ, diejenigen Kanten, die in E_M^* eingefügt werden müssen. Zur Organisation dieses Prozesses assoziieren wir mit jedem Knoten $j \in A$ ein Knotengewicht v_j und mit jedem Knoten $i \in B$ ein Knotengewicht u_i dergestalt, dass stets folgende Invarianten erfüllt sind:

1. $u_i + v_j \geq w_{ij}$ für alle $(i,j) \in E_M \setminus M$,
2. $v_j + u_i = w_{ji}$ für alle $(j,i) \in M$,
3. $u_i = U$ für alle M-freie $i \in B$ und
4. $v_j = 0$ für alle M-freie $j \in A$.

Eine Kante aus E_M ist genau dann in E_M^*, wenn die Summe ihrer Knotengewichte gleich dem Kantengewicht ist. Dies sind genau die Kanten in M und die Kanten $(i,j) \in E_M \setminus M$ mit $u_i + v_j = w_{ij}$.

Zur Berechnung des geeigneten δ definieren wir für $i \in B$ und $j \in A$ die *Unbalancen* π_{ij} bzw. π_{ji} durch

$$\pi_{ij} = u_i + v_j - w_{ij} \quad \text{bzw.} \quad \pi_{ji} = v_j + u_i - w_{ji}.$$

Unser Ziel ist nun, die Pfade des Tiefensuche-Baumes T durch Hinzunahme von geeigneten Kanten (i,j) mit $i \in B_T$ und $j \in A \setminus A_T$ zu verlängern. Dadurch bedingt soll der mögliche Gewinn, d.h., die obere Schranke U, möglichst wenig reduziert werden. Da $(i,j) \notin E_M^*$ gilt $u_i + v_j > w_{ij}$, d.h., $\pi_{ij} > 0$. Um die Kante (i,j) in E_M^* einfügen zu können, müssen wir die Knotengewichte u_i und v_j derart modifizieren, dass anschließend $\pi_{ij} = 0$. Hierzu verringern wir u_i um den Wert $\delta = \pi_{ij}$. Damit dadurch bedingt keine Kante aus E_M^* entfernt werden muss, müssen auch die Knotengewichte der anderen Knoten in T geeignet modifiziert werden. Hierzu verringern wir für alle $i \in B_T$ den Wert u_i um δ und erhöhen für alle $j \in A_T$ den Wert v_j um δ. Die obere Schranke U wird um δ reduziert. Da zu Beginn $u_i = U$ für alle M-freien Knoten $i \in B$ und M-freie Knoten $i \in B$ stets auch in B_T sind, gilt auch nach dem Erweiterungsschritt $u_i = U$. Da zu Beginn $v_j = 0$ für alle M-freien Knoten $j \in A$ und M-freie Knoten $j \in A$ stets nicht in A_T sind, gilt auch nach dem Erweiterungsschritt $v_j = 0$.

Da δ derart zu wählen ist, dass mindestens eine Kante zu E_M^* hinzukommt, jedoch die Verringerung von U kleinstmöglich ist, wählen wir

$$\delta = \min\{\pi_{ij} \mid i \in B_T \text{ und } j \in A \setminus A_T\}.$$

Wir werden zeigen, dass nach dem Erweiterungsschritt bezüglich der neuen unteren Schranke und dem neuen Eingabegraphen für den Suchschritt die Invarianten 1–3 erfüllt sind. Falls $\delta \geq U$, dann terminiert der Algorithmus. Die Ausarbeitung des Algorithmus überlassen wir den Lesern als Übung. Es verbleibt noch der Korrektheitsbeweis und die Komplexitätsanalyse.

Sei P ein Pfad in G_M. Das *Ungleichgewicht* $\pi(P)$ des Pfades P ist definiert durch

$$\pi(P) = \sum_{e \in P} \pi_e.$$

Lemma 4.2 *Sei $P = v_0, v_1, \ldots, v_k$ mit $v_0 \neq s$ und $v_k \neq t$ ein einfacher alternierender Pfad in G_M. Dann gilt*

$$\Delta(P) = \begin{cases} u_{v_0} + v_{v_k} - \pi(P) & \text{falls } v_0 \in B, v_k \in A \\ u_{v_0} - u_{v_k} - \pi(P) & \text{falls } v_0, v_k \in B \\ -v_{v_0} - u_{v_k} - \pi(P) & \text{falls } v_0 \in A, v_k \in B \\ -v_{v_0} + v_{v_k} - \pi(P) & \text{falls } v_0, v_k \in A. \end{cases}$$

Beweis: Nach Definition gilt

$$\Delta(P) = \sum_{e \in P \cap E_M \setminus M} w_e - \sum_{e \in P \cap M} w_e$$

$$= \sum_{(i,j) \in P \cap E_M \setminus M} (u_i + v_j - \pi_{ij}) - \sum_{(j,i) \in P \cap M} (v_j + u_i - \pi_{ji}).$$

Wegen $\pi_{ji} = 0$ für $(j,i) \in M$ gilt

$$= \underbrace{(\sum_{(i,j) \in P \cap E_M \setminus M} (u_i + v_j) - \sum_{(j,i) \in P \cap M} (v_j + u_i))}_{D} -\pi(P).$$

Da der Pfad alternierend ist, heben sich in D, bis auf den ersten Summanden bezüglich der ersten Kante auf P und dem zweiten Summanden bezüglich der letzten Kante auf P, alle Summanden auf. Also gilt

$$D = \begin{cases} u_{v_0} + v_{v_k} & \text{falls } v_0 \in B, v_k \in A \\ u_{v_0} - u_{v_k} & \text{falls } v_0, v_k \in B \\ -v_{v_0} - u_{v_k} & \text{falls } v_0 \in A, v_k \in B \\ -v_{v_0} + v_{v_k} & \text{falls } v_0, v_k \in A, \end{cases}$$

womit das Lemma bewiesen ist. ∎

Lemma 4.3 *Während der Durchführung des Algorithmus sind stets folgende Invarianten erfüllt:*
i) $u_i = U$ *für alle M-freien Knoten $i \in B$,*
ii) $v_j = 0$ *für alle M-freien Knoten $j \in A$ und*
iii) $\pi_e \geq 0$ *für alle Kanten $e \in E_M$.*

Beweis: Zu Beginn, d.h. $M = \emptyset$, sind alle Invarianten gemäß Definition erfüllt. Wir zeigen nun, dass unter der Voraussetzung, dass alle Invarianten erfüllt sind, weder der Suchschritt noch der Erweiterungsschritt eine der Invarianten verletzt.

Da der Suchschritt weder Knotengewichte noch die Gewichtsoberschranke verändert, verletzt der Suchschritt niemals eine der Invarianten. Dass der Erweiterungsschritt i) und ii) aufrecht erhält, haben wir uns bereits oben überlegt. δ ist gerade so gewählt, dass die Modifikation der Knotengewichte niemals iii) verletzt.

$\blacksquare$

Satz 4.6 *Der Algorithmus* MAXIMALES GEWICHTETES MATCHING *terminiert bei wie oben beschriebener Durchführung des Such- und Erweiterungsschrittes mit einem gewichtsmaximalen Matching* $M_{\max}$.

Beweis: Es ist klar, dass der Algorithmus mit einem Matching $M_{\max}$ terminiert. Gemäß Satz 4.4 genügt es zu zeigen, dass stets ein Pfad P mit maximalem Gewinn $\Delta(P)$ augmentiert wird und nach der Terminierung kein augmentierender Pfad P mit $\Delta(P) > 0$ existiert.

Nehmen wir an, dass der Algorithmus den Pfad P mit $\Delta(P) > 0$ augmentiert, obwohl ein augmentierender Pfad Q mit $\Delta(Q) > \Delta(P)$ existiert. Sei $P = i, \ldots, j$ und sei $Q = p, \ldots, k$. Lemma 4.2 impliziert, dass

$$\Delta(Q) = u_p + v_k - \pi(Q) \text{ und } \Delta(P) = u_i + v_j - \pi(P).$$

Lemma 4.3 impliziert, dass $\pi(Q) \geq 0$, $u_i = u_p$ und $v_j = v_k = 0$. Wegen $\pi(P) = 0$ gilt dann $\Delta(Q) + \pi(Q) = \Delta(P)$ also $\Delta(Q) \leq \Delta(P)$, was $\Delta(Q) > \Delta(P)$ widerspricht.

Nach Terminierung des Algorithmus gilt $u_i \leq 0$ für alle $M_{\max}$-freien Knoten $i \in B$ und $v_j = 0$ für alle $M_{\max}$-freien Knoten $j \in A$. Lemmata 4.2 und 4.3 implizieren für alle augmentierenden Pfade P in $G_{M_{\max}}$

$$\Delta(P) = u_i + v_j - \pi(P) \leq -\pi(P) \leq 0,$$

wobei $P = i, \ldots, j$. Demzufolge existiert kein $M_{\max}$-augmentierender Pfad P mit $\Delta(P) > 0$.

$\blacksquare$

Die Analyse der benötigten Zeit überlassen wir den Lesern als Übung.

Übung 4.2:

a) *Arbeiten Sie den Algorithmus* MAXIMALES GEWICHTETES MATCHING *aus.*

b) *Zeigen Sie, dass der Algorithmus derart implementiert werden kann, dass seine Laufzeit* $O(n^3)$ *ist, wobei* $|A \cup B| = n$.

4.2 Starke Zusammenhangskomponenten

Gegeben sei eine Liste von Städten. Gesucht ist eine Liste, die genau alle Paare (a, c) von Städten mit der Eigenschaft, dass die Stadt c von der Stadt a mit dem Flugzeug erreicht werden kann, enthält. Für die Berechnung dieser Paare reduzieren wir das Problem zunächst auf ein Graphenproblem. Wir konstruieren einen gerichteten Graphen $G = (V, E)$, so dass V für jede Stadt genau einen Knoten enthält. E enthält genau dann die Kante (a, b), $a, b \in V$, wenn es einen Direktflug von a nach b gibt. Das Paar (a, c) ist genau dann in die Liste aufzunehmen, wenn es einen Pfad von a nach c in G gibt. Dies bedeutet, dass wir die transitive Hülle des Graphen G zu berechnen haben. In Übung 2.3 haben wir die transitive Hülle eines Graphen definiert und uns ein Verfahren überlegt, das diese für einen gegebenen Graphen berechnet. Die Laufzeit des Algorithmus ist kubisch in der Anzahl der Knoten von V.

Können wir diese Laufzeit verbessern? Eine Möglichkeit wäre die Entwicklung eines effizienteren Algorithmus zur Berechnung der transitiven Hülle eines gegebenen gerichteten Graphen. Eine andere Idee wäre, die Anzahl der Knoten in V zu reduzieren und dann erst die transitive Hülle zu berechnen. Diese Idee werden wir nun weiterverfolgen. Dabei hilft uns folgende Beobachtung: Wenn die Stadt a von der Stadt b und die Stadt b von der Stadt a mit dem Flugzeug erreicht werden können, dann sind die Mengen der von Stadt a und der von Stadt b mit dem Flugzeug erreichbaren Städte in $V \setminus \{a, b\}$ gleich. Demzufolge können wir zunächst alle maximalen Mengen von paarweise mit dem Flugzeug erreichbaren Städten berechnen, diese zu einen Superknoten schrumpfen. Dies ergibt dann die reduzierte Knotenmenge V'. In die Kantenmenge nehmen wir genau dann die Kante (A, B), wenn es in der zu A korrespondierenden Menge eine Stadt a und in der zu B korrespondierende Knotenmenge ein b mit $(a, b) \in E$ existiert. Dann berechnen wir die transitive Hülle für den reduzierten Graphen $G' = (V', E')$. Mit Hilfe dieser können wir dann die gesuchte Liste berechnen. Hierzu benötigen wir in der Anzahl der Knoten in V' kubische Zeit. Damit dies zu einer Laufzeitverbesserung insgesamt führt, benötigen wir einen effizienten Algorithmus zur Berechnung dieser maximalen Mengen von Knoten. Unser Ziel ist nun, obige Idee zu formalisieren. Danach werden wir einen Algorithmus, der diese maximalen Mengen in Linearzeit berechnet, entwickeln.

Sei $G = (V, E)$ ein gerichteter Graph. Zwei Knoten $u, v \in V$ heißen *stark zusammenhängend*, wenn in G sowohl ein Pfad von u nach v, als auch ein Pfad von v nach u existiert. Die Relation „stark zusammenhängend" ist, wie man leicht überprüfen kann, eine Äquivalenzrelation. D.h., diese Relation teilt die Knotenmenge V in Äquivalenzklassen V_i, $1 \leq i \leq r$ auf. Sei E_i die Menge der Kanten in E, deren Endknoten beide in V_i liegen. Dann heißen die Graphen $G_i = (V_i, E_i)$ die *starken Zusammenhangskomponenten* von G. Falls G nur eine starke Zusammenhangskomponente besitzt, dann heißt G *stark zusammenhängend*.

Jeder Knoten in V ist Knoten in einer starken Zusammenhangskomponente. Jedoch gibt es Kanten, die in keiner Komponente enthalten sind. D.h., die Endknoten einer solchen Kante befinden sich in zwei verschiedenen Zusammenhangskomponenten. Derartige Kanten heißen *Zweikomponentenkanten*. Wir erhalten den *reduzierten Graphen* $G_{red} = (V_{red}, E_{red})$, indem wir für jede starke Zusammenhangskomponente $G_i = (V_i, E_i)$ einen Knoten v_i kreieren und zwei Knoten $v_i, v_j \in V_{red}$ genau dann mittels einer Kante (v_i, v_j) miteinander verbinden, wenn in V_i ein Knoten u und in V_j ein Knoten v mit $(u, v) \in E$ existieren. Der reduzierte Graph ist azyklisch und kann somit topologisch sortiert werden. Viele Algorithmen, die auf gerichteten Graphen arbeiten, zerlegen den Graphen zunächst in seine starken Zusammenhangskomponenten. Dies kann unter anderem aus folgenden Gründen nützlich sein:

1. Die Aufgabenstellung ist derart, dass eine Lösung bezüglich des reduzierten Graphen direkt eine Lösung bezüglich des Ursprungsgraphen impliziert.

2. Das ursprüngliche Problem kann in Teilprobleme, eines für jede starke Zusammenhangskomponente, deren Lösungen dann in Abhängigkeit vom reduzierten Graphen zu einer Lösung des ursprünglichen Problems kombiniert werden, aufgeteilt werden.

Gegeben einen gerichteten Graphen $G = (V, E)$ möchten wir seine starken Zusammenhangskomponenten $G_i = (V_i, E_i)$, $1 \leq i \leq r$, berechnen. Nehmen wir an, dass die Komponenten gemäß einer beliebigen topologischen Sortierung des reduzierten Graphen von G durchnummeriert sind. Dies impliziert, dass Zweikomponentenkanten nur von einer Komponente V_i zu einer Komponente V_j mit $i < j$ führen können.

Dem Algorithmus liegt folgende Idee zugrunde: Falls wir auf irgendeine Art und Weise zunächst einen beliebigen Knoten $u_r \in V_r$, den *Referenzknoten für* V_r, dann einen beliebigen Knoten u_{r-1} aus V_{r-1} usw. erhalten würden, dann würde eine Tiefensuche mit Startknoten u_r genau die Knoten in V_r besuchen. Eine anschließende Tiefensuche mit Startknoten u_{r-1} würde genau die Knoten in V_{r-1} erstmals besuchen, da nur Zweikomponentenkanten nach V_r betrachtet werden können usw. Es genügt also, bezüglich einer beliebigen topologischen Sortierung die starken Zusammenhangskomponenten rückwärts mittels Tiefensuche mit einem beliebigen Referenzknoten für die gerade zu bearbeitende Komponente zu konstruieren. Zu beantworten ist noch die Frage, wie wir in einer richtigen Reihenfolge die Referenzknoten erhalten.

Wir sagen, die Knoten in einem gerichteten Graphen $G = (V, E)$ sind *erledigungsorientiert durchnummeriert*, wenn sie während einer Tiefensuche mit 1 beginnend in dem Moment die nächste freie Nummer erhalten, wenn sie den Tiefensuche-Keller verlassen. Für $u \in V$ bezeichne $\mathrm{num}(u)$ diese Nummer von u.

Lemma 4.4 *Sei* $G = (V, E)$ *ein gerichteter Graph und seien die Knoten von* G *erledigungsorientiert durchnummeriert. Dann gilt für alle* $u, v \in V$ *mit* $\mathrm{num}(u) > \mathrm{num}(v)$: *Falls in* G *ein Pfad* P *von* v *nach* u *mit* $num(w) \leq num(u)$ *für alle* w *auf* P *existiert, dann sind* u *und* v *in derselben starken Zusammenhangskomponente.*

Beweis: Zu zeigen ist noch, dass ein Pfad von u nach v in G existiert. Nehmen wir an, dass kein solcher Pfad in G existiert. Dann kann v kein Knoten im Teilbaum mit Wurzel u des Tiefensuche-Baumes sein. Da $\mathrm{num}(v) < \mathrm{num}(u)$ und kein Pfad von u

nach v existiert hat die Tiefensuche zum Zeitpunkt t, wenn v den Tiefensuche-Keller betritt, den Knoten u noch nicht betrachtet. Sei

$$P = v = w_1, w_2, \ldots, w_k = u.$$

Betrachte $i \geq 1$ maximal, so dass unmittelbar, nachdem v den Tiefesuche-Keller betreten hat, w_i bereits betrachtet worden ist. Da $v = w_1$ bereits betrachtet ist, existiert i. Da $u = w_k$ noch nicht betrachtet ist, gilt $i < k$. Wir unterscheiden zwei Fälle:

Falls w_i zum Zeitpunkt t sich nicht im Tiefensuche-Keller befindet, dann muss die Operation $POP(w_i)$ bereits erfolgt sein. Dann muss aber auch schon vorher die Kante (w_i, w_{i+1}) inspiziert worden sein. Dann ist aber auch bereits w_{i+1} betrachtet worden, was der Wahl von i widerspricht. Falls w_i sich zum Zeitpunkt t im Tiefensuche-Keller befindet dann überlegt man sich genauso wie bereits im Beweis von Satz 2.2, dass u Knoten im Teilbaum mit Wurzel v des Tiefensuche-Baumes sein muss. Dies ist aber ein Widerspruch zu $\text{num}(u) > \text{num}(v)$. ■

Sei $G' = (V, E')$ der Rückwärtsgraph zu G. D.h., $E' = \{(v, w) \mid (w, v) \in E\}$. Aus der Definition von stark zusammenhängend folgt direkt, dass genau die Rückwärtsgraphen der starken Zusammenhangskomponenten von G die starken Zusammenhangskomponenten von G' bilden. Demzufolge impliziert die Kenntnis der starken Zusammenhangskomponenten von G' die Kenntnis der starken Zusammenhangskomponenten von G und umgekehrt. Folgendes Lemma liefert eine Regel zur Bestimmung der Referenzknoten für die Berechnung der starken Zusammenhangskomponenten des Rückwärtsgraphen $G' = (V, E')$:

Lemma 4.5 *Sei $G = (V, E)$ ein gerichteter Graph und seien die Knoten von G erledigungsorientiert durchnummeriert. Werde folgende Regel (R) bei der Bestimmung der Referenzknoten zur Berechnung der starken Zusammenhangskomponenten von $G' = (V, E')$ angewandt:*

  (R) *Wähle Knoten u mit $\text{num}(u)$ ist maximal unter allen Knoten, die noch keiner Komponente zugeordnet wurden.*

Dann ist u stets in einer Komponente, deren Nachfolgerkomponenten bezüglich des reduzierten Graphen G'_{red} alle bereits konstruiert sind, enthalten.

Beweis: Die Regel zur Bestimmung der Referenzknoten impliziert, dass für alle Knoten v, die während der Tiefensuche auf G' mit Startknoten u besucht werden, in G ein Pfad P von v nach u mit $num(w) \leq num(u)$ für alle w auf P existiert. Falls $\text{num}(u) > \text{num}(v)$, dann sind u und v wegen Lemma 4.4 in derselben Komponente. Andernfalls ist gemäß der Regel (R) die Komponente, die v enthält, bereits konstruiert. ■

Insgesamt haben wir gezeigt, dass eine Tiefensuche auf G zur Bestimmung der Nummerierung gefolgt von einer Tiefensuche auf G' zur Bestimmung der Komponenten genügt. Somit ergibt sich folgender Satz:

Satz 4.7 *Sei $G = (V, E)$ ein gerichteter Graph. Dann können die starken Zusammenhangskomponenten von G in Zeit $O(|V| + |E|)$ berechnet werden.*

Übung 4.3: *Arbeiten Sie den Algorithmus zur Berechnung der starken Zusammenhangskomponenten für einen gegebenen gerichteten Graphen aus.*

4.3 Kürzeste-Weg-Probleme

Ein Autofahrer wünscht die kürzeste Straßenverbindung von Berlin nach Rom zu finden. Gegeben eine Straßenkarte Europas, auf der die Distanz zwischen jedem Paar von aufeinanderfolgenden Kreuzungspunkten markiert ist, stellt sich die Frage, wie diese kürzeste Verbindung bestimmt werden soll. Offensichtlich ist es äußerst ungeschickt, jede mögliche Verbindung zu betrachten, die Gesamtlänge dieser Verbindung auszurechnen und die kürzeste Verbindung unter all diesen auszuwählen. Kein vernünftiger Mensch würde eine Verbindung, die über Moskau verläuft, überhaupt in Betracht ziehen.

Zur Konstruktion eines effizienten Verfahrens ist es nützlich, zunächst von der eigentlichen Fragestellung zu abstrahieren und das Problem durch ein Problem in Graphen zu modellieren. Hierzu repräsentieren wir Kreuzungspunkte durch Knoten und die Wege zwischen aufeinanderfolgenden Kreuzungspunkten durch gerichtete Kanten. Jede Kante erhält als Gewicht die Länge des korrespondierenden Weges. Auf diese Art und Weise erhalten wir einen gewichteten gerichteten Graphen $G = (V, E, w)$, wobei die *Gewichtsfunktion* $w : E \rightarrow \mathbb{R}$ jeder Kante $e \in E$ ein reellwertiges Gewicht $w(e)$ zuordnet. Das *Gewicht* $w(P)$ eines Pfades $P = v_0, v_1, v_2, \ldots, v_k$ ist definiert durch

$$w(P) = \sum_{i=0}^{k-1} w(v_i, v_{i+1}).$$

Für $u, v \in V$ ist die *kürzeste Wegelänge* $\delta(u, v)$ von u nach v definiert durch

$$\delta(u, v) = \begin{cases} \min\{w(P) \mid P \text{ ist Pfad von } u \text{ nach } v\} & \text{falls solcher Pfad existiert} \\ \infty & \text{sonst.} \end{cases}$$

Wir vereinbaren, dass $w(u, v) = \infty$ für $(u, v) \notin E$. Ein Pfad P von u nach v ist ein *kürzester Pfad von u nach v* falls $w(P) = \delta(u, v)$.

Die Interpretation eines Kantengewichtes ist die Distanz zwischen den korrespondierenden Kreuzungspunkten. In anderen Anwendungen kann die Interpretation auch Kosten, oder auch eine andere Quantität, die wir entlang eines Pfades von einem Start- zu einem Zielpunkt zu minimieren wünschen, sein. Wir betrachten in diesem Kapitel verschiedene Varianten des *kürzesten-Weg-Problems*. Gegeben ist jeweils ein gewichteter, gerichteter Graph $G = (V, E, w)$.

1) *Einzelpaar-kürzeste-Weg-Problem (single-pair-shortest-path problem)*: Gegeben zwei Knoten $s, t \in V$ möchte man einen kürzesten Pfad von s nach t finden.

2) *Einzelquelle-kürzeste-Weg-Problem (single-source-shortest-paths problem)*: Finde einen kürzesten Pfad von einem gegebenen Knoten $s \in V$, der sogenannten *Quelle*, zu jedem Knoten $v \in V$.

3) *Alle-Paare-kürzeste-Weg-Problem (all-pair shortest-paths problem)*: Finde für jedes Paar $u, v \in V$ einen kürzesten Pfad von u nach v.

Narürlich kann das „Einzelpaar-kürzeste-Weg-Problem" gelöst werden, indem man das „Einzelquelle-kürzeste-Weg-Problem" löst. Es ist auch kein asymptotisch effizienteres Verfahren bekannt. Aus diesem Grund werden wir auch gleich dieses allgemeinere Problem betrachten. Gemäß unserer Definition kann eine Eingabe für ein kürzestes-Weg-Problem Kanten mit negativem Gewicht enthalten. Falls nun der Graph $G = (V, E, w)$ einen Kreis mit negativem Gewicht, der von der Quelle s aus erreichbar ist, enthält, dann kann kein Pfad von der Quelle s zu einem Knoten v auf diesem Kreis ein kürzester Pfad sein. Man könnte das Gewicht des Pfades durch ein weiteres Durchlaufen diese Kreises verringern. Dies bedeutet dann insbesondere, dass das „Einzelquelle-kürzeste-Weg-Problem" keine wohldefinierte Lösung hat. Auch möchten wir, dass für jeden Knoten $v \in V$ ein kürzester Pfad von s nach v berechnet werden kann. D.h., dass ein Pfad endlicher Länge von s nach v in $G = (V, E, w)$ existiert. Daher nehmen wir an, dass für einen gegebenen Graphen $G = (V, E, w)$ und gegebener Quelle $s \in V$ stets folgendes erfüllt ist:

1. Es existiert von der Quelle s zu jedem Knoten $v \in V$ ein Pfad endlicher Länge.

2. Alle Kreise in $G = (V, E, w)$ haben nichtnegatives Gewicht.

Zur Entwicklung von effizienten Algorithmen zur Lösung von kürzesten Wegeproblemen benötigen wir die Kenntnis über Eigenschaften von kürzesten Pfaden in einem gegebenen gewichteten Graphen $G = (V, E, w)$. Folgendes Lemma besagt, dass Teilpfade von kürzesten Pfaden wiederum selbst kürzeste Pfade sind.

Lemma 4.6 *Sei $G = (V, E, w)$ ein gewichteter, gerichteter Graph. Sei $P = v_1, v_2, \ldots, v_k$ ein kürzester Pfad von v_1 nach v_k in G. Dann gilt für alle $1 \leq i \leq j \leq k$, dass der Teilpfad $P_{ij} = v_i, v_{i+1}, \ldots, v_j$ von P ein kürzester Pfad von v_i nach v_j ist.*

Beweis: Nehmen wir an, dass es einen kürzeren Pfad P'_{ij} von v_i nach v_j in G existiert. D.h., $w(P'_{ij}) < w(P_{ij})$. Betrachte den Pfad $Q = P_{1i}, P'_{ij}, P_{jk}$. Dann gilt

$$
\begin{aligned}
w(Q) &= w(P_{1i}) + w(P'_{ij}) + w(P_{jk}) \\
&< w(P_{1i}) + w(P_{ij}) + w(P_{jk}) \\
&= w(P).
\end{aligned}
$$

Dies ist aber ein Widerspruch dazu, dass P ein kürzester Pfad von v_1 nach v_k ist. Also ist P_{ij} ein kürzester Pfad von v_i nach v_j. ∎

Mit Hilfe von Lemma 4.6 lässt sich leicht das folgende Korollar beweisen:

Korollar 4.1 *Sei* $G = (V, E, w)$ *ein gewichteter, gerichteter Graph. Sei* P *ein kürzester Pfad von einer Quelle* s *zu einem Knoten* $v \in V$. *Sei* u *der direkte Vorgänger von* v *auf* P *und* $\delta(s, v)$ *das Gewicht eines kürzesten Pfades von* s *nach* v. *Dann gilt* $\delta(s, v) = \delta(s, u) + w(u, v)$.

Beweis: Sei P' der Teilpfad von s nach u von P. Lemma 4.6 impliziert, dass P' ein kürzester Pfad von s nach u ist. Also gilt $w(P') = \delta(s, u)$ und somit

$$\begin{aligned} \delta(s, v) &= w(P) \\ &= w(P') + w(u, v) \\ &= \delta(s, u) + w(u, v). \end{aligned}$$

∎

Folgendes Lemma gibt direkt einen Hinweis, wie wir einen effizienten Algorithmus für das „Einzelquelle-kürzeste-Weg-Problem" entwickeln können:

Lemma 4.7 *Sei* $G = (V, E, w)$ *ein gewichteter, gerichteter Graph und* $s \in V$ *der betrachtete Quellknoten. Dann gilt* $\delta(s, v) \leq \delta(s, u) + w(u, v)$, *für alle Kanten* $(u, v) \in E$.

Beweis: Auf der rechten Seite der Ungleichung ist die Menge der Pfade von s nach v, die in Betracht gezogen werden, eingeschränkt auf Pfade, deren letzte Kante (u, v) ist. Das minimale Gewicht aller Pfade von s nach v kann nicht größer sein als das dieser Pfade. ∎

Die Grundidee vieler Algorithmen zur Lösung des „Einzelquelle-kürzeste-Weg-Problems" ist die folgende:

Wir verwalten für jeden Knoten $v \in V$ einen Wert $d(v)$ für den stets $\delta(s, v) \leq d(v)$ gilt. D.h., $d(v)$ ist immer eine obere Schranke für das Gewicht eines kürzesten Weges von der Quelle s nach v. Aus Lemma 4.7 folgt nun unmittelbar, dass für alle $(u, v) \in E$ $d(u) + w(u, v)$ eine obere Schranke für $\delta(s, v)$ darstellt. Dies bedeutet, dass wir im Fall $d(v) > d(u) + w(u, v)$ den Wert von $d(v)$ um $d(v) - (d(u) + w(u, v))$ vermindern können. Da sich der Abstand der oberen Schranke zu $\delta(s, v)$ verringert hat, haben wir diese dadurch verbessert. Wir können die oberen Schranken wie folgt initialisieren:

$$d(v) := \begin{cases} 0 & \text{falls } v = s \\ \infty & \text{falls } v \in V \setminus \{s\}. \end{cases}$$

Obige Betrachtung legt folgenden Verbesserungsschritt für eine obere Schranke nahe:

VERBESSERE$(u, d(v))$
   if $d(v) > d(u) + w(u, v)$
      then
         $d(v) := d(u) + w(u, v)$
  fi.

Da wir kürzeste Pfade und nicht nur ihr Gewicht berechnen wollen, merken wir uns für alle $v \in V$ in einer Variablen $\pi(v)$ denjenigen Knoten $u \in V$, aufgrund dessen $d(v)$ zuletzt vermindert wurde. Wir initialisieren diese Variablen durch $\pi(v) :=$ nil. Der vollständige Verbesserungsschritt sieht dann folgendermaßen aus:

VERBESSERE$(u, d(v))$
   if $d(v) > d(u) + w(u, v)$
      then
         $d(v) := d(u) + w(u, v)$;
         $\pi(v) := u$
  fi.

Die Idee ist nun, so lange Verbesserungsschritte durchzuführen, bis $d(v) = \delta(s, v)$ für alle $v \in V$. Folgendes Lemma ist zentral für den Korrektheitsbeweis der Algorithmen, die wir entwickeln werden:

Lemma 4.8 *Sei $G = (V, E, w)$ ein gewichteter, gerichteter Graph und $s \in V$ ein Quellknoten. Sei $P = s, Q, u, v$ ein kürzester Pfad von s nach v in G. Nehmen wir an, dass ein Algorithmus $d(x)$ und $\pi(x)$ für jeden Knoten $x \in V$ wie oben initialisiert und eine Folge von Verbesserungsschritten durchführt. Falls nun der Algorithmus den Verbesserungsschritt* VERBESSERE$(u, d(v))$ *durchführt und zu diesem Zeitpunkt $d(u) = \delta(s, u)$ ist, dann gilt nach der Durchführung dieses Verbesserungsschrittes $d(v) = \delta(s, v)$.*

Beweis: Nach Durchführung des Verbesserungsschrittes gilt

$$d(v) \leq d(u) + w(u, v)$$
$$= \delta(s, u) + w(u, v) \qquad \text{Voraussetzung}$$
$$= \delta(s, v) \qquad\qquad \text{Korollar 4.1.}$$

∎

Eine Lösung des „Einzelquelle-kürzeste-Weg-Problems" ist die Ausgabe eines kürzesten Pfades von s nach v für jeden Knoten $v \in V$. Wir werden Lösungen berechnen, bei denen diese Pfade einen Baum bilden. Dafür ist folgende Definition nützlich:

Sei $G = (V, E, w)$ ein gewichteter, gerichteter Graph. Ein *kürzester Wegebaum* T von G mit Wurzel s ist ein gerichteter Teilgraph $T = (V, E', w)$ von G, so dass T ein

Baum mit Wurzel s und für alle $v \in V$ der eindeutige Pfad von s nach v in T ein kürzester Pfad von s nach v in G sind.

Wenn nun der Algorithmus mit $d(v) = \delta(s,v)$ für alle $v \in V$ terminiert, dann gilt

$$\pi(u) \begin{cases} = \text{nil} & \text{falls } u = s \\ \neq \text{nil} & \text{sonst.} \end{cases}$$

Betrachte den durch π induzierten Teilgraphen $T_\pi = (V, E_\pi)$ von G, wobei $E_\pi = \{(\pi(v), v) \mid v \in V \setminus \{s\}\}$. Folgendes Lemma zeigt, dass der Algorithmus im Grunde genommen die gewünschte Ausgabe berechnet hat:

Lemma 4.9 *Sei $G = (V, E, w)$ ein gewichteter, gerichteter Graph, $s \in V$ ein Quellknoten und G enthalte für jeden Knoten $v \in V$ einen Pfad endlicher Länge von s nach v. Falls ein Algorithmus $\mathcal{A}$ für jeden Knoten $v \in V$ die Werte $d(v)$ und $\pi(v)$ wie oben beschrieben initialisiert, dann eine Folge von Verbesserungsschritten durchführt und mit $d(v) = \delta(s,v)$ für alle $v \in V$ terminiert, dann ist $T_\pi = (V, E_\pi)$ ein kürzester Wegebaum mit Wurzel s in G.*

Beweis: Wir zeigen zunächst, dass $T_\pi = (V, E_\pi)$ ein Baum mit Wurzel s ist. Hierzu betrachten wir den durch T_π induzierten ungerichteten Graphen $T'_\pi = (V, E'_\pi)$, den wir erhalten, indem wir in T_π die Richtungen der Kanten ignorieren.

Gemäß Konstruktion gilt $|E'_\pi| = |V| - 1$. Wir zeigen nun, dass T'_π keinen Kreis enthält, woraus wegen $|E'_\pi| = |V| - 1$ direkt folgt, dass T'_π ein Baum ist. Beachte, dass

$$\text{indeg}_{T_\pi}(v) = \begin{cases} 0 & \text{falls } v = s \\ 1 & \text{sonst.} \end{cases}$$

Nehmen wir an, dass T'_π einen Kreis K enthält. Dann bilden die Kanten auf K auch einen Kreis in T_π, da ansonsten ein Knoten v mit $\text{indeg}_{T_\pi}(v) > 1$ existieren müsste. Betrachte die letzte Situation, in der für einen Knoten v auf dem Kreis K ein Verbesserungsschritt die obere Schranke $d(v)$ vermindert. Da der Algorithmus terminiert, muss diese Situation existieren. Sei w der direkte Nachfolger von v auf K; d.h., $\pi(w) = v$. Dann gilt $d(w) = \tilde{d}(v) + w(v, w)$, wobei $\tilde{d}(v)$ der Wert der oberen Schranke für $\delta(s, v)$ vor obigem Verbesserungsschritt ist. D.h., $\tilde{d}(v) > \delta(s, v)$. Also gilt $d(w) > \delta(s, w)$, was ein Widerspruch zur Voraussetzung ist. Also ist T_π und somit auch T'_π kreisfrei.

Da T'_π ein Baum ist, müssen wir uns nur noch davon überzeugen, dass die Kanten in T_π die richtige Richtung haben. Gemäß der Konstruktion gilt, dass die Quelle s den Eingangsgrad 0 und jeder andere Knoten den Eingangsgrad 1 hat. Also gilt, dass eine Breitensuche auf T_π mit Startknoten s alle Knoten besucht, da andernfalls ein Knoten größeren Eingangsgrad haben müsste. Also besitzen die Kanten in T_π die richtige Richtung und somit ist T_π ein kürzester Wegebaum. ∎

4.3.1 Dijkstras Algorithmus

Dijkstras Algorithmus löst das „Einzelquelle-kürzeste-Weg-Problem" für den Fall, dass alle Kantengewichte nichtnegativ sind. Wir nehmen in diesem Abschnitt an, dass $G = (V, E, w)$ stets ein gewichteter, gerichteter Graph mit $w(u, v) \geq 0$ für alle $(u, w) \in E$ ist. Dijkstras Algorithmus verwaltet eine Menge S von Knoten, für die bereits feststeht, dass die obere Schranke gleich dem Gewicht eines kürzesten Pfades von s zu diesem Knoten ist. In jedem Schritt wählt der Algorithmus einen Knoten $u \in V \setminus S$ mit kleinster oberen Schranke aus, fügt u in S ein und führt für alle Kanten $(u, v) \in E$ mit $v \in V \setminus S$ den Verbesserungsschritt VERBESSERE$(u, d(v))$ durch. Demnach erhalten wir den folgenden Algorithmus:

Algorithmus DIJKSTRA

Eingabe: gewichteter, gerichteter Graph $G = (V, E, w)$ mit $w(u, v) \geq 0$ für alle $(u, v) \in E$ und ein Quellknoten $s \in V$.

Ausgabe: $\delta(s, v)$ für jeden Knoten $v \in V$ und ein kürzester Wegebaum T_π.

Methode:

    $d(s) := 0$;
    $\pi(s) := $ nil;
    for alle $v \in V \setminus \{s\}$
        do
            $d(v) := \infty$;
            $\pi(v) := $ nil
        od;
    $Q := V$;
    while $Q \neq \emptyset$
        do
            Finde $u \in Q$ mit $d(u) = \min\{d(v) \mid v \in Q\}$;   (*)
            $Q := Q \setminus \{u\}$;
            for alle $v \in Q$ mit $(u, v) \in E$
                do
                    if $d(v) > d(u) + w(u, v)$
                        then
                            $d(v) := d(u) + w(u, v)$;
                            $\pi(v) := u$
                  fi
                od
        od;
    Gib $\{d(v) \mid v \in V\}$ und T_π aus.

Zunächst beweisen wir die Korrektheit des Algorithmus von Dijkstra.

Satz 4.8 *Dijkstras Algorithmus gibt für jeden Knoten* $v \in V$ *den Wert* $\delta(s, v)$ *und einen kürzesten Wegebaum* T_π *aus.*

Beweis: Es genügt zu zeigen, dass Dijkstras Algorithmus für alle $v \in V$ den Wert $\delta(s, v)$ ausgibt. Der zweite Teil der Behauptung folgt dann direkt aus Lemma 4.9. Wir werden zeigen, dass nach jedem Abarbeiten des Blockes der **while**-Schleife für jeden Knoten $v \in V \setminus Q$ und für jeden Knoten $y \in Q$ folgende Invarianten erfüllt sind:

1. $d(v) = \delta(s, v)$ und
2. $d(y) = \min\{\delta(s, x) + w(x, y) \mid x \in V \setminus Q\}$.

Beim ersten Durchlauf der **while**-Schleife verlässt der Quellknoten s die Menge Q. Für diesen gilt $\delta(s, s) = 0 = d(s)$. Also gilt Invariante 1. Da für alle $v \in V \setminus \{s\}$ mit $(s, v) \in E$ der Verbesserungsschritt VERBESSERE$(s, d(v))$ durchgeführt wurde und wir $w(x, y) = \infty$ für alle $(x, y) \notin E$ vereinbart haben, ist auch Invariante 2 erfüllt.

Es genügt nun zu zeigen, dass die Gültigkeit beider Invarianten vor Abarbeiten des Blockes der **while**-Schleife deren Gültigkeit danach impliziert. Da vor Abarbeiten des Blockes $d(v) = \delta(s, v)$ für alle $v \in V \setminus (Q \cup \{u\})$ müssen wir nur noch für das gewählte u zeigen, dass dannach $d(u) = \delta(s, u)$. Betrachte hierzu einen kürzesten Pfad P von s nach u in G. Sei x der letzte Knoten auf P, der vor dem Abarbeiten des Blockes in $V \setminus Q$ ist. Wegen $s \in V \setminus Q$ existiert x. Dann hat P die Form $P = s, P_1, x, y, P_2, u$, wobei $y = u$ sein kann und $y \in Q$ gilt. Dann gilt

$$\delta(s, u) = \delta(s, x) + w(x, y) + w(y, P_2, u)$$
$$\geq d(y) + \underbrace{w(y, P_2, u)}_{\geq 0} \qquad \text{(Invariante 2)}$$

Da $d(u)$ stets eine obere Schrenke von $\delta(s, u)$ ist, gilt $\delta(s, u) \leq d(u)$. Aus der Wahl von u folgt nun $d(u) \leq d(y)$ und somit $\delta(s, u) = d(u)$. Also ist Invariante 1 erfüllt. Da für jeden Knoten $v \in Q$ mit $(u, v) \in E$ der Verbesserungsschritt VERBESSERE$(u, d(v))$ durchgeführt wird und u der einzige Knoten ist, der aus Q entfernt wird, ergibt sich direkt die Gültigkeit der Invariante 2. ∎

Als nächstes werden wir uns überlegen, wie wir Dijkstas Algorithmus implementieren können. Bis auf das Finden von $u \in Q$ mit $d(u) = \min\{d(v) \mid v \in Q\}$ können wir sämtliche Arbeit den Knoten und Kanten des Graphen $G = (V, E, w)$ zuordnen. Also ist die Laufzeit des Algorithmus durch $O(m + n)$ zuzüglich der für die Behandlung von Q benötigten Zeit begrenzt. Falls wir für die Verwaltung von Q eine lineare Liste verwenden, dann kann u jeweils in $O(|Q|)$ Zeit gefunden werden. Mit Hilfe eines Arrays können wir dafür sorgen, dass bei Durchführung eines Verbessserungsschrittes VERBESSERE$(u, d(v))$ auf den Wert $d(v)$ in konstanter Zeit zugegriffen werden kann.

Also führt die Verwendung einer linearen Liste in Verbindung mit einem Array zu einer $O(n^2)$-Implementierung. Bei Verwendung einer Priority Queue zur Realisierung von Q erhalten wir eine $O((n+m)\log n)$-Implementierung, was für „dünne" Graphen effizienter als $O(n^2)$ sein kann.

Übung 4.4: *Arbeiten Sie unter Verwendung einer Priority Queue eine $O((n + m)\log n)$-Implementierung des Algorithmus von Dijkstra aus.*

4.3.2 Der Bellman-Ford-Algorithmus

Dijkstras Algorithmus ist nicht anwendbar, falls wir auch negative Kantengewichte zulassen. Der Algorithmus von Bellman und Ford löst das „Einzelquelle-kürzeste-Weg-Problem" für diesen Fall. Seine Ausgabe besteht bei gegebenem Graphen $G = (V, E, w)$ und gegebenem Quellknoten $s \in V$ aus den Werten $\delta(s, v)$ für alle $v \in V$ und dem kürzesten Wegebaum T_π, falls G keinen Kreis mit negativem Gewicht enthält. Ansonsten gibt der Algorithmus eine Fehlanzeige aus. Sei $V = \{1, 2, \dots, n\}$ und $s = 1$. Dann folgt aus Korollar 4.1

$$\delta(1, 1) = 0$$
$$\delta(1, j) = \min_{k \neq j}\{\delta(1, k) + w(k, j)\} \qquad (j = 2, 3, \dots, n).$$

Wir möchten nun das obige Gleichungssystem durch sukzessive Approximation lösen. Dabei berechnen wir in der Approximation l-ter Ordnung für jeden Knoten j den Wert $d^l(j)$, der das Gewicht eines kürzesten Pfades von 1 nach j, auf dem $\leq l$ Kanten liegen, bezeichnet. Also gilt:

$$d^1(1) = 0$$
$$d^1(j) = w(1, j) \qquad (j = 2, 3, \dots, n)$$
$$d^{l+1}(j) = \min\left\{d^l(j), \min_{k \neq j}\{d^l(k) + w(k, j)\}\right\}.$$

Es ist klar, dass $d^1(j) \geq d^2(j) \geq \dots \geq d^l(j) \dots$ für alle $j = 1, 2, \dots, n$. Nun stellt sich die Frage, ob diese sukzessive Approximation zu den korrekten Werten $\delta(1, j)$, $1 \leq j \leq n$, konvergiert. Falls G keine Kreise mit negativem Gewicht enthält, dann gibt es für jeden Knoten $j \in V$ einen kürzesten Pfad von 1 nach j, der einfach ist. Also gilt dann für $1 \leq j \leq n$: $d^{n-1}(j) = d^n(j) = \delta(1, j)$. Falls es in G einen Kreis mit negativem Gewicht gibt, dann existiert ein $j \in V$ mit $d^{n-1}(j) > d^n(j)$. Wäre dies nicht der Fall, d.h., $d^{n-1}(j) = d^n(j)$ für alle $j \in V$, dann wäre auch $d^{n-1}(j) = d^{n+l}(j)$ für alle $l \geq 0$. Da aber ein Kreis mit negativem Gewicht in G existiert, gibt es ein $k \in V$ mit $d^{n-1}(k) > d^{n+l}(k)$ für ein $l \geq 0$. Wir fassen diese Beobachtungen in einem Satz zusammen:

Satz 4.9 *Sei* $G = (V, E, w)$ *ein gewichteter, gerichteter Graph und jeder Knoten* $j \in V$ *von dem Quellknoten 1 auf einem Pfad endlicher Länge erreichbar. Dann gilt*

$$\begin{cases} d^{n-1}(j) = d^n(j) = \delta(1,j) \; \forall j & \text{falls } G \text{ keinen Kreis mit negativem} \\ & \text{Gewicht enthält.} \\ \\ d^{n-1}(j) > d^n(j) \text{ für ein } j \in V & \text{sonst.} \end{cases}$$

Aus obigen Überlegungen erhalten wir folgenden Algorithmus:

Algorithmus BELLMAN-FORD

Eingabe: $G = (V, E, w)$, Quellknoten $s \in V$, $|V| = n$.

Ausgabe: $\delta(s, v)$ für jeden Knoten $v \in V$ und ein kürzester Wegebaum T_π, falls G keinen Kreis mit negativem Gewicht enthält und Fehlanzeige sonst.

Methode:

$d(s) := 0; \quad \pi(s) := $ nil;

for alle $v \in V \setminus \{s\}$

    do

        $d(v) := \infty; \quad \pi(v) := $ nil

    od;

$i := 1$; konvergiert $:= $ **false**;

while $i \le n$ **and** $\neg$konvergiert

    do

        konvergiert $:= $ **true**;

        for alle $v \in V$

            do

                $h(v) := \min_{k \ne v} \{d(k) + w(k, v)\}$;

                if $d(v) > h(v)$

                    then

                        $d(v) := h(v)$;

                        $\pi(v) := u$ für ein u mit $d(u) + w(u, v) = h(v)$;

                        konvergiert $:= $ **false**

                fi

        od;

        $i := i + 1$

    od;

if $\neg$konvergiert

    then

        Ausgabe $:= $ Fehlanzeige

    else

        Gib für alle $v \in V$ den Wert $d(v)$ und gib den Baum T_π aus

fi.

Die Korrektheit des Bellman-Ford Algorithmus ergibt sich direkt aus den voranstehenden Überlegungen. Für das einmalige Abarbeiten des Blockes der **while**-Schleife benötigt der Algorithmus $O(m)$ Zeit. Da dieser Block maximal n-mal durchlaufen wird, ergibt sich eine Gesamtlaufzeit von $O(n \cdot m)$.

4.3.3 Das alle-Paare-kürzeste-Weg-Problem

Das „alle-Paare-kürzeste-Weg-Problem" kann durch n-maliges Lösen des „Einzelquelle-kürzeste-Weg-Problems" gelöst werden. Auf diese Art und Weise erhalten wir direkt einen $O(n^3)$- bzw. $O(nm \log n)$-Algorithmus, falls der Graph nur Kanten mit nichtnegativem Kantengewicht enthält und einen $O(n^2 m)$-Algorithmus sonst. Eine Beobachtung von Edmonds und Karp ermöglicht es uns, auch bei negativen Kantengewichten diese zunächst in einem Vorpass derart zu transformieren, dass alle Kantengewichte ≥ 0 sind. Dann können wir wiederum durch n-maliges Anwenden des Algorithmus von Dijkstra das „alle-Paare-kürzeste-Weg-Problem" lösen. Diese Transformation sieht folgendermaßen aus:

(1) Füge zu $G = (V, E, w)$ einen neuen Knoten $s \notin V$ und für jeden Knoten $v \in V$ die Kante (s, v) mit $w(s, v) = 0$ hinzu.

(2) Löse das „Einzelquelle-kürzeste-Weg-Problem" mit Quellknoten s. (Dies kann mittels des Bellman-Ford Algorithmus in Zeit $O(nm)$ geschehen.)

(3) Definiere $w' : E \to \mathbb{R}^+$ durch $w'(v, w) = w(v, w) + \delta(s, v) - \delta(s, w)$.

Lemma 4.10 *Für alle $(u, v) \in E$ gilt $w'(u, v) \geq 0$.*

Beweis: Wegen $\delta(s, v) \leq \delta(s, u) + w(u, v)$ gilt $0 \leq \delta(s, u) - \delta(s, v) + w(u, v) = w'(u, v)$. ∎

Lemma 4.11 *Für jeden Pfad P von einem Knoten x zu einem Knoten y gilt $w'(P) = w(P) + \delta(s, x) - \delta(s, y)$.*

Beweis: Sei $P = x = v_0, v_1, \ldots, v_t = y$. Dann gilt

$$w'(P) = \sum_{i=0}^{t-1} w'(v_i, v_{i+1})$$

$$= \sum_{i=0}^{t-1} w(v_i, v_{i+1}) + \delta(s, v_i) - \delta(s, v_{i+1})$$

$$= \left(\sum_{i=0}^{t-1} w(v_i, v_{i+1})\right) + \delta(s, v_0) - \delta(s, v_t)$$

$$= w(P) + \delta(s, v_0) - \delta(s, v_t).$$

∎

Aus Lemma 4.11 folgt unmittelbar, dass ein kürzester Pfad bezüglich der Gewichts-funktion w' auch ein kürzester Pfad bezüglich der Gewichtsfunktion w ist. Also implizieren Lemmata 4.10 und 4.11 folgenden Satz:

Satz 4.10 *Das „alle-Paare-kürzeste-Weg-Problem" kann bei beliebigen Kantenge-wichten in Zeit $O(n^3)$ bzw. $O(nm \log n)$ gelöst werden.*

Das folgende Verfahren von Floyd ist wegen seiner Einfachheit bei dichten Graphen effizienter. Es werden nacheinander alle Knoten $u \in V$ betrachtet und in jedem Schritt für jedes Paar von Knoten die Länge $\mathrm{dist}(v, w)$ eines kürzesten Pfades von v nach w, der zwischen v und w nur bereits betrachtete Knoten enthält, berechnet.

Algorithmus FLOYD

Eingabe: gewichteter, gerichteter Graph $G = (V, E, w)$.

Ausgabe: $\delta(x, y)$ für alle $x, y \in V$ bzw. die Meldung, dass G einen Kreis mit negativem Gewicht enthält.

Methode:
>**for** alle $(x, y) \in V \times V$
>>**do**
>>>$\mathrm{dist}(x, y) := w(x, y)$
>>
>>**od**;
>
>$U := V$;
>**while** $U \neq \emptyset$
>>**do**
>>>Wähle $u \in U$; $U := U \setminus \{u\}$;
>>>**if** $\mathrm{dist}(u, u) < 0$
>>>>**then**
>>>>>PRINT('Es existiert ein Kreis mit negativem Gewicht')
>>>>
>>>>**else**
>>>>**for** alle $x, y \in V$
>>>>>**do**
>>>>>>$\mathrm{dist}(x, y) = \min\{\mathrm{dist}(x, y), \mathrm{dist}(x, u) + \mathrm{dist}(u, y)\}$
>>>>>
>>>>>**od**
>>>
>>>**fi**
>>
>>**od**;
>
>Gib $\mathrm{dist}(x, y)$ für alle $x, y \in V$ aus.

In der obigen Formulierung berechnet Floyds Algorithmus für alle $x, y \in V$ lediglich die Länge eines kürzesten Pfades von x nach y. Häufig wünscht man nicht nur die Länge eines kürzesten Pfades, sondern auch einen kürzesten Pfad von x nach y. Zur Berechnung dieser Pfade können wir obigen Algorithmus leicht ergänzen, so dass für jeden Knoten $x \in V$ auch ein kürzester Wegebaum mit Wurzel x berechnet wird. Hierzu berechnen wir für jeden Knoten $y \in V$ bezüglich jedem Knoten $x \in V$ den potentiellen Vater $\pi_x(y)$ im kürzesten Wegebaum mit Wurzel x. Zu Beginn gilt

$$\pi_x(y) = \begin{cases} x & \text{falls } (x,y) \in E \\ \text{undefiniert} & \text{sonst.} \end{cases}$$

Wenn wir nun $\text{dist}(x,y)$ durch $\text{dist}(x,u) + \text{dist}(u,y)$ ersetzen, dann ersetzen wir auch $\pi_x(y)$ durch $\pi_u(y)$; d.h., wir führen die Anweisung $\pi_x(y) := \pi_u(y)$ durch.

Satz 4.11 *Sei $G = (V, E, w)$ ein gewichteter, gerichteter Graph. Dann gilt:*

a) *Der ergänzte Algorithmus von Floyd berechnet für alle Paare $x, y \in V$ die kürzeste Weglänge $\delta(x,y)$ und für alle $x \in V$ einen kürzesten Wegebaum mit Wurzel x, falls der Algorithmus nicht wegen $\text{dist}(u,u) < 0$ für ein $u \in V$ anhält. Hält dieser wegen $\text{dist}(u,u) < 0$ an, dann gibt es einen Kreis $v_1, v_2, \ldots, v_k$ mit*

    i) *$v_1, v_2, \ldots, v_k$ hat negatives Gewicht,*

    ii) *$v_1 = v_k = u$ und*

    iii) *$v_{i-1} = \pi_u(v_i)$ für $i \in \{2, 3, \ldots, k\}$.*

b) *Die Laufzeit des Algorithmus von Floyd ist $O(n^3)$.*

Beweis: Zunächst beweisen wir den Teil a). Während dem Ablauf des Algorithmus bezeichne für alle $x, y \in V$ im Fall, dass $\text{dist}(x,y)$ endlich ist, $P(x,y)$ den aktuellen Pfad mit Gewicht $\text{dist}(x,y)$ von x nach y. Zu Beginn gilt

$$P(x,y) = \begin{cases} x & \text{falls } x = y \\ x, y & \text{falls } (x,y) \in E \\ \text{undefiniert} & \text{sonst.} \end{cases}$$

$P(x,y)$ ändert sich genau dann, wenn $\text{dist}(x,y)$ reduziert wird. Nehmen wir an, dass der Algorithmus $\text{dist}(x,y)$ durch $\text{dist}(x,u) + \text{dist}(u,y)$ ersetzt. Dann ersetzen wir $P(x,y)$ durch $P(x,u), P(u,y)$. Zeige nun durch Induktion über die Anzahl der Distanzänderungen, dass der Algorithmus folgende Invarianten aufrechterhält:

1. $P(x,y)$ hat die Weglänge $\text{dist}(x,y)$.

2. $P(x,y)$ ist, unter den Pfaden von x nach y, die bis auf x und y nur Knoten aus $V \setminus U$ enthalten, ein kürzester Pfad.

3. $P(x,y)$ ist ein einfacher Pfad, falls $x \neq y$ und ein einfacher Kreis, falls $x = y$.

4. $P(x,y) = P(x, \pi_x(y)), y$.

Aus den Invarianten folgt dann Teil a) des Satzes unmittelbar.

Teil b) ist eine einfache Übung und wird den Lesern überlassen.

◼

Wir haben bei der Entwicklung der Algorithmen zur Lösung von kürzesten Wege-problemen allgemeine algorithmische Paradigmen verwendet. Der Algorithmus von Dijkstra ist ein Greedyalgorithmus. Die Algorithmen von Bellman-Ford und von Floyd verwenden dynamische Programmierung.

Übung 4.5:

a) *Ergänzen Sie den Algorithmus* FLOYD, *so dass dieser auch die kürzesten Wegebäume berechnet.*

b) *Vervollständigen Sie den Beweis des Satzes 4.11.*

4.4 Minimale überspannende Bäume

Die Regierung eines Landes möchte dafür sorgen, dass die n wichtigsten Städte des Landes durch ein Autobahnnetz miteinander verbunden sind. Benötigt wird also ein Baum, in dem die Knoten die n Städte und die Kanten Autobahnen sind. Ziel der Regierung ist es, die Kosten die für die Erstellung des Autobahnnetzes zu minimieren. Zwischen manchen Städten gibt es bereits eine Autobahn, die diese miteinander verbindet. Die Kosten für den Bau einer neuen Autobahn hängen von den örtlichen Begebenheiten ab. Für die Lösung des Problems wird zunächst ein gewichteter, ungerichteter Graph $G = (V, E, w)$ konstruiert. Eine Kante (a, b) steht für eine direkte Autobahnverbindung der Städte a und b. Diese Kante wird mit den Kosten, die solche Autobahn verursachen würde, gewichtet. Gesucht ist nun ein Teilbaum des Graphen G, der alle Knoten enthält, so dass die Summe der Kantengewichten minimal ist. Solcher würde das Problem der Regierung lösen. Wir werden nun dieses Problem formalisieren.

Sei $G = (V, E, w)$ ein gewichteter, ungerichteter Graph, wobei die Funktion w jeder Kante $e \in E$ ein reellwertiges Gewicht $w(e)$ zuordnet. Ein Baum $T = (V, A, w)$ mit $A \subseteq E$ und $|A| = |V| - 1$ heißt *überspannender Baum* von G. Da G genau dann, wenn G zusammenhängend ist, einen überspannenden Baum T besitzt, setzen wir in diesem Abschnitt stets voraus, dass G zusammenhängend ist. Das Gewicht $w(T)$ des überspannenden Baumes ist definiert durch $w(T) = \sum_{e \in A} w(e)$. Ein überspannender Baum $T = (V, A, w)$ von G heißt *minimal*, falls $w(T) \leq w(T')$ für alle überspannende Bäume $T' = (V, A', w)$ von G. Gegeben einen gewichteten, gerichteten Graphen $G = (V, E, w)$, möchten wir einen minimalen überspannenden Baum $T = (V, A, w)$ von G berechnen. Wir werden zwei Greedyalgorithmen zur Lösung dieses Problems kennenlernen. Beiden Algorithmen liegt die Idee zugrunde, dass der Algorithmus stets eine Menge $\tilde{A} \subseteq E$ von Kanten verwaltet, so dass folgende Invariante erfüllt ist:

- Es gibt einen minimalen überspannenden Baum $T = (V, A, w)$ von G mit $\tilde{A} \subseteq A$.

In jedem Schritt wird zu $\tilde{A}$ eine Kante (u, v) mit $\tilde{A} \cup \{(u, v)\}$ erfüllt nach wie vor obige Invariante hinzugefügt. Wir nennen solche Kanten *sicher bezüglich* $\tilde{A}$. Somit erhalten wir folgendes Programmstück:

(1) $\tilde{A} := \emptyset$;

(2) **while** $\tilde{A}$ bildet keinen überspannenden Baum
> **do**
>> Finde eine bezüglich $\tilde{A}$ sichere Kante $(u, v) \in E \setminus \tilde{A}$;
>> $\tilde{A} := \tilde{A} \cup \{(u, v)\}$
> **od**;

(3) Gib $T = (V, \tilde{A}, w)$ aus.

Offen ist noch, wie wir effizient eine sichere Kante bezüglich $\tilde{A}$ finden. Hierzu sind folgende Begriffe nützlich: Ein *Schnitt* $(S, V \setminus S)$ eines ungerichteten Graphen $G = (V, E)$ ist eine Partition von V. Eine Kante (u, v) *kreuzt* den Schnitt $(S, V \setminus S)$, falls $u \in S$ und $v \in V \setminus S$ oder umgekehrt. Ein Schnitt *respektiert* eine Menge $E' \subseteq E$ von Kanten, falls keine Kante in E' den Schnitt kreuzt. Eine Kante (u, v) heißt *Kandidatskante* bezüglich eines Schnittes $(S, V \setminus S)$, falls (u, v) diesen Schnitt kreuzt und minimales Gewicht unter allen Kanten, die $(S, V \setminus S)$ kreuzen, hat. Folgender Satz liefert uns eine allgemeine Regel zum Erkennen von sicheren Kanten:

Satz 4.12 *Sei $G = (V, E, w)$ ein gewichteter, ungerichteter Graph. Sei $\tilde{A} \subseteq E$ eine Kantenmenge, so dass es einen minimalen überspannenden Baum $T = (V, A, w)$ von G mit $\tilde{A} \subset A$ gibt. Sei $(S, V \setminus S)$ ein beliebiger Schnitt von G, der $\tilde{A}$ respektiert und (u, v) eine Kandidatskante bezüglich $(S, V \setminus S)$. Dann ist die Kante (u, v) sicher bezüglich $\tilde{A}$.*

Beweis: Nehmen wir an, dass $(u, v) \notin A$. Andernfalls wäre nichts mehr zu beweisen. Wir werden nun einen anderen minimalen überspannenden Baum $T' = (V, A', w)$ mit $\tilde{A} \cup \{(u, v)\} \subseteq A'$ konstruieren. Betrachte hierzu den Pfad P von u nach v in T. P zusammen mit der Kante (u, v) bildet einen Kreis. Abbildung 4.4 illustriert diese Situation. Da diese Kante (u, v) den Schnitt $(S, V \setminus S)$ kreuzt, gibt es mindestens eine Kante (x, y) in T auf P, die auch $(S, V \setminus S)$ kreuzt. Da $(S, V \setminus S)$ die Kantenmenge $\tilde{A}$ respektiert, gilt $(x, y) \notin \tilde{A}$. Wir erhalten nun einen überspannenden Baum $T' = (V, A', w)$ von G, indem wir (x, y) aus A entfernen und (u, v) hinzufügen. D.h., $A' = (A \setminus \{(x, y)\}) \cup \{(u, v)\}$. Da (x, y) und (u, v) den Schnitt $(S, V \setminus S)$ kreuzen und (u, v) eine Kandidatskante bezüglich $(S, V \setminus S)$ ist, gilt $w(u, v) \leq w(x, y)$ und somit $w(T') = w(T) - w(x, y) + w(u, v) \leq w(T)$. Da T ein minimaler überspannender Baum von G ist, muss $w(T') = w(T)$ und somit T' ein minimaler überspannender Baum von G sein. Wegen $(x, y) \notin \tilde{A}$ gilt $\tilde{A} \subseteq A'$. Also ist die Kante (u, v) sicher bezüglich $\tilde{A}$. ∎

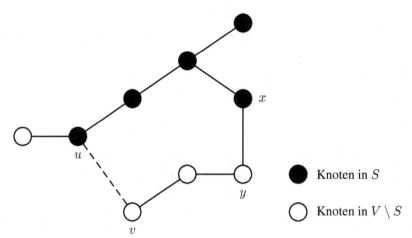

Abbildung 4.4: Kandidatskante (u, v) in $T = (V, A, w)$.

Satz 4.12 gibt uns eine sehr allgemeine Regel zum Erkennen von sicheren Kanten. Beide Algorithmen, die nachfolgend betrachtet werden, verwenden folgendes Korollar zu Satz 4.12:

Korollar 4.2 *Sei $G = (V, E, w)$ ein gewichteter, ungerichteter Graph. Sei $\tilde{A} \subseteq E$ eine Kantenmenge, so dass $\tilde{A} \subseteq A$ für einen minimalen überspannenden Baum $T = (V, A, w)$. Sei C eine Zusammenhangskomponente des Waldes $G_{\tilde{A}} = (V, \tilde{A})$. Falls (u, v) eine Kandidatskante bezüglich $(C, V \setminus C)$ ist, dann ist (u, v) sicher bezüglich $\tilde{A}$.*

Beweis: Der Schnitt $(C, V \setminus C)$ respektiert $\tilde{A}$. Also folgt aus Satz 4.12, dass (u, v) sicher bezüglich $\tilde{A}$ ist. ∎

4.4.1 Der Algorithmus von Kruskal

Gegeben den Wald $G_{\tilde{A}} = (V, \tilde{A})$ bestimmt Kruskals Algorithmus eine sichere Kante bezüglich $\tilde{A}$, indem er eine Kante mit minimalem Gewicht, die zwei beliebige Bäume in $G_{\tilde{A}}$ miteinander verbindet, findet. Somit erhalten wir folgenden Algorithmus:

Algorithmus KRUSKAL

Eingabe: zusammenhängender, gewichteter, ungerichteter Graph $G = (V, E, w)$.

Ausgabe: minimaler überspannender Baum $T = (V, A, w)$ von G.

Methode:
    (1) $\tilde{A} := \emptyset$;
    (2) Sortiere die Kanten in E aufsteigend bezüglich w;
    (3) **for** jede Kante $(u, v) \in E$ in der aufsteigenden Ordnung bezüglich w

do

(4)   **if** u und v sind in verschiedenen Zusammenhangskomponenten von $G_{\tilde{A}}$

         then

(5) $\tilde{A} := \tilde{A} \cup \{(u,v)\}$

      fi

   od;

(6) Gib $T = (V, \tilde{A}, w)$ aus.

Zu Beantworten ist noch die Frage, wie wir effizient entscheiden, ob u und v in verschiedenen Zusammenhangskomponenten von $G_{\tilde{A}}$ sind oder nicht. Hierzu drängen sich direkt Datenstrukturen zur Lösung des UNION-FIND-Problems auf. Dabei repräsentiert eine Menge jeweils eine Zusammenhangskomponente des aktuellen Waldes $G_{\tilde{A}}$. Mittels den Operationen FIND(u) und FIND(v) bestimmen wir die Zusammenhangskomponenten, die u bzw. v enthalten. Falls diese verschieden sind, führen wir die Operation UNION(FIND(u), FIND(v), FIND(u)) durch, da die Kante (u,v) zu $\tilde{A}$ hinzugenommen wird und somit beide Zusammenhangskomponenten miteinander verbindet. Sei $|V| = n$ und $|E| = m$. Zu Beginn initialisiert der Algorithmus n paarweise disjunkte einelementige Mengen, die jeweils einen Knoten von V enthalten und sortiert die Kanten aufsteigend bezüglich w. Die Laufzeit unserer Implementierung beträgt dann $O(m \log n)$ für das Sortieren der Kanten und $O(m + n \log n)$ für das Abarbeiten der **for**-Schleife, insgesamt also $O(m \log n)$.

4.4.2 Der Algorithmus von Prim

Prims Algorithmus hat die Eigenschaft, dass die Kanten in $\tilde{A}$ stets einen Baum bilden. Bezeichne $V_{\tilde{A}}$ diejenigen Knoten, die Endknoten einer Kante in $\tilde{A}$ sind. $\tilde{A}$ wird immer um eine Kante minimalen Gewichts, die $V_{\tilde{A}}$ mit einem Knoten in $V \setminus V_{\tilde{A}}$ verbindet, erweitert. Der Algorithmus startet mit einem beliebigen Knoten $s \in V$ als Wurzel des Baumes, der konstruiert wird. Somit erhalten wir folgenden Algorithmus:

Algorithmus PRIM

Eingabe: zusammenhängender, gewichteter, ungerichteter Graph $G = (V, E, w)$.

Ausgabe: minimaler überspannender Baum $T = (V, A, w)$.

Methode:

(1) $Q := V$;

(2) wähle $s \in Q$ beliebig;

(3) $d(s) := 0; \pi(s) := \text{nil}$;

(4) **for** jeden Knoten $u \in Q \setminus \{s\}$

      do

         $d(u) := \infty$

      od;

(5) **while** $Q \neq \emptyset$

do

    Finde $u \in Q$ mit $d(u) = \min\{d(v) \mid v \in Q\}$;

    $Q := Q \setminus \{u\}$;

    for alle $(u, v) \in E$

        do

            if $v \in Q$ **and** $w(u, v) < d(v)$

                then

                    $d(v) := w(u, v)$

                    $\pi(v) := u$;

            fi

        od

    od;

(6) Gib T_π aus.

Es fällt sofort die Ähnlichkeit zu Dijkstras Algorithmus auf. Die Gedanken, die wir uns dort zur Implementierung und Korrektheit des Algorithmus gemacht haben, übertragen sich direkt. Allerdings ist es einfacher, die Korrektheit direkt zu beweisen.

Übung 4.6:

a) *Beweisen sie die Korrektheit des Algorithmus von Prim.*

b) *Geben sie eine effiziente Implementierung des Algorithmus von Prim an und analysieren Sie deren Laufzeit.*

4.5 Netzwerkflussprobleme

Der Manager einer Handelsgesellschaft steht vor folgendem Problem: In den Seehäfen $A_1, A_2, \ldots, A_p$ liegen Bananen zur Verschiffung bereit. Zielhäfen sind $B_1, B_2, \ldots, B_q$. Bezeichne r_i, $1 \leq i \leq p$, die Quantität der Bananen in A_i und $d_j, 1 \leq j \leq q$, die Quantität der vom Hafen B_j angeforderten Bananen. Die Kapazität der Schiffahrtslinie von Hafen A_i zum Hafen B_j ist begrenzt, d. h., maximal $c(A_i, B_j)$ Bananen können von A_i nach B_j verschifft werden. Die Fragen, die sich der Manager stellt, sind die folgenden:

1. Ist es möglich, alle Anforderungen zu befriedigen?

2. Falls nein, welche Quantität von Bananen kann maximal zu den Zielhäfen gebracht werden?

3. Wie sollen die Bananen verschifft werden?

Der Manager transformiert zunächst das Problem in ein mathematisches Problem. Hierzu konstruiert er einen gerichteten Graphen $G = (V, E)$, wobei die Knoten den Häfen und die Kanten den Schiffahrtslinien entsprechen. D.h., $V = \{A_1, A_2, \ldots, A_p, B_1, B_2, \ldots, B_q\}$ und $E = \{(A_i, B_j) \mid 1 \le i \le p, 1 \le j \le q\}$. Um auszudrücken, dass von Hafen A_i nach Hafen B_j maximal $c(A_i, B_j)$ Bananen verschifft werden können, ordnet er jeder Kante (A_i, B_j) die Kapazität $c(A_i, B_j)$ zu. Er interpretiert nun die Verschiffung der Bananen als einen Fluss im Graphen. Um zu gewährleisten, dass nicht mehr als r_i Bananen vom Hafen A_i verschifft werden und auch nicht mehr als d_j Bananen zum Hafen B_j gebracht werden, kreiert der Manager zwei zusätzliche Knoten s, t, fügt die Kanten (s, A_i) mit Kapazität $c(s, A_i) = r_i$, $1 \le i \le p$ und die Kanten (B_j, t), mit Kapazität $c(B_j, t) = d_j$, $1 \le j \le q$ hinzu. Zur Beantwortung der drei oben gestellten Fragen löst er nun folgendes Problem: Was ist der maximale Fluss von s nach t in G und wie sieht ein solcher aus? Dabei ist der Fluss auf einer Kante durch ihre Kapazität beschränkt. Des Weiteren muss der gesamte Fluss, der einen Knoten A_i oder B_j betritt, diesen wieder verlassen. Wir werden nun das Netzwerkflussproblem, das wir betrachten werden, formal definieren.

Ein gerichteter Graph $G = (V, E, c, s, t)$ mit *Quelle* $s \in V$, *Senke* $t \in V \setminus \{s\}$ und *Kapazitätsfunktion* $c : E \to \mathbb{R}^+$, die jeder Kante $e = (v, w)$ eine positive reellwertige Kapazität $c(v, w)$ zuordnet, heißt *Flussnetzwerk* oder *Transportnetzwerk*. Wir vereinbaren $c(v, w) = 0$ für alle $(v, w) \in V \times V \setminus E$. Seien

$$
\begin{aligned}
\text{IN}(v) &= \{e \in E \mid e = (w, v), \quad w \in V\}, \\
\text{OUT}(v) &= \{e \in E \mid e = (v, w), \quad w \in V\}, \\
\Gamma^-(v) &= \{w \in V \mid (w, v) \in \text{IN}(v)\} \text{ und} \\
\Gamma^+(v) &= \{w \in V \mid (v, w) \in \text{OUT}(v)\}.
\end{aligned}
$$

Ein *Fluss* $f : V \times V \to \mathbb{R}$ ist eine Funktion, die folgende Bedingungen erfüllt:

1. *Kapazitätsbedingung*:

   $f(v, w) \le c(v, w)$ für alle $(v, w) \in V \times V$.

2. *Kirchhoffsches Gesetz*:

   $\sum_{e \in \text{IN}(v)} f(e) = \sum_{e \in \text{OUT}(v)} f(e)$ für alle $v \in V \setminus \{s, t\}$.

Die *Größe* $|f|$ eines Flusses ist der Fluss in die Senke t, der diese nicht wieder verlässt. D.h., $|f| = \sum_{v \in V} f(v, t) - \sum_{w \in V} f(t, w)$.

Sei $(S, V \setminus S)$ ein *Schnitt*. Wir sagen, der Schnitt $(S, V \setminus S)$ *separiert* s und t, falls $s \in S$ und $t \in V \setminus S$. Bezeichne $E(S, V \setminus S)$ die Menge der Kanten (x, y), mit $x \in S$ und $y \in V \setminus S$. Die *Kapazität* $c(S, V \setminus S)$ eines Schnittes $(S, V \setminus S)$ ist definiert durch

$$
c(S, V \setminus S) = \sum_{(x,y) \in E(S, V \setminus S)} c(x, y).
$$

Es ist klar, dass der von s nach t fließende Fluss nicht größer als die Kapazität eines s und t separierenden Schnittes sein kann.

Satz 4.13 (Max-Flow Min-Cut Theorem) *Sei $G = (V, E, c, s, t)$ ein Flussnetzwerk. Dann ist der maximale Flusswert in G gleich dem Minimum der Kapazitäten der s und t separierenden Schnitte. D.h.,*

$$\max\{|f| \mid f \textit{ Fluss in } G\} = \min\{c(S, V \setminus S) \mid (S, V \setminus S) \textit{ ist } s, t\text{-separierend}\}.$$

Beweis: Sei $F_{\max} = \max\{|f| \mid f \text{ ist Fluss in G}\}$. Es ist klar, dass

$$F_{\max} \leq \min\{c(S, V \setminus S) \mid (S, V \setminus S) \, s, t\text{-separierender Schnitt}\}.$$

Also genügt es zu zeigen, dass ein Schnitt $(S, V \setminus S)$ mit $c(S, V \setminus S) = F_{\max}$ existiert. Hierzu geben wir eine einfache Prozedur an, die, gegeben einen Fluss f mit $|f| = F_{\max}$, einen Schnitt $(S, V \setminus S)$ mit $c(S, V \setminus S) = F_{\max}$ konstruiert. Wir starten mit $S = \{s\}$. In jedem Schritt erweitern wir S um einen Knoten $y \in V \setminus S$, den wir zu S hinzufügen müssen, damit die Behauptung überhaupt erfüllt sein kann. Diese Idee wird durch folgendes Programmstück realisiert:

(1) $S := \{s\}$;

(2) **while** es existieren $x \in S, y \in V \setminus S$ mit
$\quad\quad c(x, y) > f(x, y)$ oder $f(y, x) > 0$
$\quad$ **do**
$\quad\quad\quad S := S \cup \{y\}$
$\quad$ **od**.

Wir zeigen zunächst, dass der berechnete Schnitt $(S, V \setminus S)$ ein s, t-separierender Schnitt ist. Nehmen wir hierzu an, dass dies nicht der Fall ist, d.h., $t \in S$. Dann gibt es einen Knoten $x_{l-1} \in S$, der dafür verantwortlich war, dass t zu S hinzugenommen wurde, d.h. $c(x_{l-1}, t) > f(x_{l-1}, t)$ oder $f(t, x_{l-1}) > 0$. Genauso gibt es einen Knoten $x_{l-2} \in S$, der dafür verantwortlich war, dass x_{l-1} zu S hinzugenommen wurde, oder $x_{l-1} = s$ usw. Also existiert ein ungerichteter Pfad $P = s = x_0, x_1, \ldots, x_l = t$ mit $x_j \in S$ für $0 \leq j \leq l$. Sei $\varepsilon_i = \max\{c(x_i, x_{i+1}) - f(x_i, x_{i+1}), f(x_{i+1}, x_i)\}$, für $0 \leq i < l$. Gemäß unserer Konstruktion gilt stets $\varepsilon_i > 0$. Sei $\varepsilon = \min_{0 \leq i < l} \varepsilon_i$. Wir führen nun einen Widerspruch herbei, indem wir einen Fluss f^* mit $|f^*| = F_{\max} + \varepsilon$ konstruieren. Hierzu ändern wir den Fluss auf den ungerichteten Kanten (x_i, x_{i+1}), $0 \leq i < l$ wie folgt ab:

$$\begin{cases} f^*(x_i, x_{i+1}) := f(x_i, x_{i+1}) + \varepsilon & \text{falls } (x_i, x_{i+1}) \in P \\ f^*(x_{i+1}, x_i) := f(x_{i+1}, x_i) - \varepsilon & \text{falls } (x_{i+1}, x_i) \in P. \end{cases}$$

Aus der Wahl von ε folgt direkt, dass die Kapazitätsbedingung von f^* nicht verletzt wird. Als nächstes werden wir uns überzeugen, dass auch das Kirchhoffsche Gesetz erfüllt bleibt. Betrachte hierzu einen beliebigen Knoten x_i, $0 < i < l$. Es gibt die in

Abbildung 4.5 skizzierten Möglichkeiten für die Flussänderungen auf den Kanten mit Endknoten x_i auf P.

Abbildung 4.5: Flussänderungen auf den Kanten mit Endknoten x_i auf P.

In allen vier Fällen folgt aus der Gültigkeit des Kirchhoffschen Gesetzes vor der Flussänderung auch dessen Gültigkeit danach. Also ist f^* ein Fluss. Ferner gilt

$$
\begin{aligned}
|f^*| &= \sum_{v \in V} f^*(v,t) \\
&= \sum_{v \in V \setminus \{x_{l-1}\}} f(v,t) + f^*(x_{l-1},t) \\
&= \sum_{v \in V \setminus \{x_{l-1}\}} f(v,t) + f(x_{l-1},t) + \varepsilon \\
&= |f| + \varepsilon \\
&= F_{max} + \varepsilon.
\end{aligned}
$$

Dies ist ein Widerspruch zur Maximalität von f. Also gilt $t \notin S$. Also ist $(S, V \setminus S)$ ein s,t-separierender Schnitt. Gemäß der Konstruktion gilt für alle $x \in S$, $y \in V \setminus S$ $f(x,y) = c(x,y)$ und $f(y,x) = 0$. Also gilt

$$
|f| = \sum_{x \in S, y \in V \setminus S} f(x,y) = \sum_{x \in S, y \in V \setminus S} c(x,y) = c(S, V \setminus S),
$$

womit das Max-Flow Min-Cut Theorem bewiesen ist. ∎

Der im Beweis des Max-Flow Min-Cut Theorems konstruierte Pfad P heißt *augmentierender Pfad*. Im Fall, dass der vorliegende Fluss nicht maximal ist, gibt uns der Beweis des Max-Flow Min-Cut Theorems eine Methode zur Konstruktion eines augmentierenden Pfades. Mit Hilfe dieses Pfades kann dann der Fluss vergrößert werden. Dieses Vorgehen heißt *Augmentierungsschritt*. Somit erhalten wir folgenden Algorithmus zur Konstruktion eines maximalen Flusses in einem Flussnetzwerk:

Algorithmus FORD-FULKERSON

Eingabe: Flussnetzwerk $G = (V, E, c, s, t)$.

Ausgabe: maximaler Fluss f in G.

Methode:

(1) Starte mit dem Nullfluss f_0, d.h., $f_0(x, y) = 0$ für alle $(x, y) \in E$.

(2) $f := f_0$; gefunden := **false**;

(3) **while** ¬gefunden

    do

        Konstruiere wie im Beweis des Max-Flow Min-Cut Theorems den Schnitt $(S, V \setminus S)$ bezüglich des aktuellen Flusses f;

        if $t \in S$

            then

                Vergrößere, wie im Beweis des Max-Flow Min-Cut Theorems beschrieben, den Fluss f um ε

            else

                gefunden := **true**

        fi

    od;

(4) Ausgabe := f.

Ford und Fulkerson [JF62] haben anhand eines Beispiels gezeigt, dass bei irrationalen Kapazitäten obiges Verfahren möglicherweise nicht terminiert. Jedoch zeigt folgender Satz, dass, falls alle Kapazitäten ganzzahlig sind, der Algorithmus stets terminiert. Die Anzahl der durchgeführten Augmentierungsschritte kann jedoch sehr groß sein.

Satz 4.14 (Integrality Theorem) *Sei* $G = (V, E, c, s, t)$ *ein Flussnetzwerk, in dem alle Kapazitäten ganzzahlig sind. Dann terminiert Ford und Fulkersons Methode nach maximal* $\sum_{(x,y) \in E} c(x, y)$ *Augmentierungsschritten mit einem ganzzahligen maximalen Fluss.*

Beweis: Da alle Kapazitäten ganzzahlig sind und wir mit dem Nullfluss starten, ist während der Durchführung des obigen Algorithmus $|f|$ stets ganzzahlig. Des Weiteren erhöht ein Augmentierungsschritt die Größe des Flusses mindestens um eins. Somit folgt die Behauptung aus $F_{max} \leq \sum_{(x,y) \in E} c(x, y)$.
∎

Auch bei ganzzahligen Kapazitäten kann Ford und Fulkersons Methode viele Augmentierungsschritte benötigen. Unser Ziel ist es nun, Strategien zur Auswahl des augmentierenden Pfades zu entwickeln, so dass die Methode von Ford und Fulkerson unabhängig von der Größe der Kapazitäten effizient ist. Hierzu sind folgende Bezeichnungen nützlich: Sei $G = (V, E, c, s, t)$ ein Flussnetzwerk und f ein Fluss von der Quelle s zur Senke t. Sei G' derjenige ungerichtete Graph, den wir aus G erhalten, indem wir die Kantenrichtungen ignorieren. Ein *augmentierender Pfad* P ist ein Pfad von s nach t in G', so dass

1. $f(x,y) < c(x,y)$ für jede Kante $(x,y) \in E$, die auf P in Vorwärtsrichtung liegt (*Vorwärtskante*) und

2. $f(y,x) > 0$ für jede Kante $(y,x) \in E$, die auf P in umgekehrter Richtung liegt (*Rückwärtskante*).

Wir sagen, dass wir den Fluss auf P um $\varepsilon > 0$ *augmentieren*, falls wir auf jeder Vorwärtskante von P den Fluss um ε vergrößern und auf jeder Rückwärtskante von P den Fluss um ε vermindern. Unser Ziel ist nun die Entwicklung von Regeln, die die Auswahl der augmentierenden Pfade derart steuert, so dass Ford und Fulkersons Methode nach dem Augmentieren von „wenigen" augmentierenden Pfaden terminiert. Edmonds und Karp haben 1969 folgende Regel aufgestellt:

* Augmentiere immer einen (beliebigen), bezüglich der Anzahl der Kanten, kürzesten augmentierenden Pfad.

Sie haben gezeigt, dass in einem Flussnetzwerk $G = (V, E, c, s, t)$ auf diese Art und Weise das Verfahren nach maximal $m \cdot n/2$ Augmentierungsschritten terminiert, wobei $n = |V|$ und $m = |E|$. Unabhängig von Edmonds und Karp beobachtete Dinic zusätzlich, dass es sinnvoll ist, gleichzeitig alle kürzesten augmentierenden Pfade zu betrachten und solange solche zu augmentieren, bis keiner mehr existiert. Wir werden nun direkt das Verfahren von Dinic entwickeln. Hierfür sind folgende Bezeichnungen nützlich:

Ein Fluss f in einem Flussnetzwerk $G = (V, E, c, s, t)$ heißt *blockierend*, falls auf jedem Pfad von s nach t eine Kante (x,y) mit $f(x,y) = c(x,y)$ liegt. Eine derartige Kante heißt *saturiert*. Eine Kante $e \in E$ heißt *nützlich von x nach y*, falls $e = (x,y)$ und $f(e) < c(x,y)$ oder $e = (y,x)$ und $f(e) > 0$. Auf einem augmentierenden Pfad sind alle Kanten nützlich.

Dinic's Algorithmus arbeitet in Phasen. In jeder Phase konstruiert dieser zunächst aus dem gegebenen Flussnetzwerk $G = (V, E, c, s, t)$ bei vorliegenden Fluss $f : E \to \mathbb{R}$ ein *geschichtetes* Flussnetzwerk G_f, das genau die kürzesten augmentierenden Pfade enthält. Danach konstruiert der Algorithmus im geschichteten Netzwerk einen blockierenden Fluss. Die Konstruktion des geschichteten Netzwerkes erfolgt mittels einer Breitensuche auf dem Flussnetzwerk. Diese wird durch folgendes Programmstück realisiert:

(1) $V_0 := \{s\}$; $i := 0$;

(2) $H := \{v \in V \backslash \bigcup_{j \leq i} V_j \mid \exists u \in V_i$ mit (u,v) oder (v,u) ist nützlich von u nach $v\}$;

(3) **if** $H = \emptyset$
    then
       HALT
    fi;

(4) **if** $t \in H$
    then
       $l := i + 1; \quad V_l := \{t\}; \quad$ HALT
    else
       $V_{i+1} := H; \quad i := i + 1; \quad$ **goto** (2)
  fi.

V_i enthält genau diejenigen Knoten, deren bezüglich der Anzahl von nützlichen Kanten kürzeste Distanz von s gerade i beträgt.

Lemma 4.12 *Falls obiger Algorithmus in Schritt 3 terminiert, dann ist der aktuelle Fluss f maximal.*

Beweis: Sei $S = \bigcup_{j=0}^{i} V_j$. Dann gilt gemäß der Konstrukion $s \in S$ und $t \in V \setminus S$. Also ist $(S, V \setminus S)$ ein s, t-separierender Schnitt. Alle Kanten von S nach $V \setminus S$ sind saturiert und alle Kanten von $V \setminus S$ nach S haben Fluss 0. Also folgt die Behauptung unmittelbar aus dem Max-Flow Min-Cut Theorem.

∎

Für $1 \leq i \leq l$ sei

$$E_i = \{e \in E \mid \exists x \in V_{i-1}, y \in V_i : e \text{ ist nützlich von } x \text{ nach } y\}.$$

Für $e = (v, w) \in E_i$ definieren wir

$$\tilde{c}(e) = \begin{cases} c(e) - f(e) & \text{falls } v \in V_{i-1} \\ f(e) & \text{falls } v \in V_i \end{cases}$$

Das *geschichtete Netzwerk* $G_f = (V, E', \tilde{c}, s, t)$ ist definiert durch

$$E' = \{(x, y) \mid \exists j \in [1..l] : x \in V_{j-1}, y \in V_j, (x, y) \in E_j \text{ oder } (y, x) \in E_j\}.$$

D.h., wir haben in G_f die Kanten in E_j von V_{j-1} nach V_j gerichtet, auch wenn dies in G umgekehrt der Fall ist. Wir werden nun den Fluss f in G zu einem Fluss f' vergrößern, indem wir einen blockierenden Fluss $\bar{f}$ in G_f berechnen und mit Hilfe von $\bar{f}$ den Fluss f' für $e = (x, y) \in E$ wie folgt definieren:

$$f'(e) = \begin{cases} f(e) + \bar{f}(e) & \text{falls } x \in V_{j-1}, y \in V_j, (x, y) \in E' \text{ für ein } j \\ f(e) - \bar{f}(e) & \text{falls } x \in V_j, y \in V_{j-1}, (y, x) \in E' \text{ für ein } j \\ f(e) & \text{sonst.} \end{cases}$$

Lemma 4.13 f' *ist ein Fluss.*

Wir überlassen den einfachen Beweis den Lesern als Übung. Beachten Sie, dass im Beweis des Max-Flow Min-Cut Theorems $\varepsilon_i = \tilde{c}(x_i, x_{i+1})$.

Übung 4.7: *Beweisen Sie Lemma 4.13.*

Eine *Phase* des Algorithmus von Dinic besteht aus

1. der Berechnung des geschichteten Netzwerkes $G_f = (V, E', \tilde{c}, s, t)$,

2. der Berechnung eines blockierenden Flusses $\bar{f}$ in G_f und

3. der Vergrößerung des Flusses f in G zu einen Fluss f'.

Wir werden nun zeigen, dass die Anzahl der Phasen durch $|V| = n$ beschränkt ist. Hierzu genügt es zu beweisen, dass die Anzahl der Schichten im geschichteten Netzwerk von Phase zu Phase streng monoton wächst. Bezeichne l_k den Index der letzten Schicht in der k-ten Phase.

Lemma 4.14 *Falls die k-te Phase nicht die letzte Phase ist, dann gilt $l_{k+1} > l_k$.*

Beweis: Wir werden zeigen, dass die Länge eines kürzesten augmentierenden Pfades sich nach der k-ten Phase strikt vergrößert hat, falls überhaupt noch ein augmentierender Pfad existiert. Betrachte hierzu das geschichtete Netzwerk, das in der k-ten Phase konstruiert wird. Die Schicht mit Index 0 enthält genau den Knoten s. Die Schicht mit Index l_k besteht aus genau dem Knoten t. Für Knoten in V, die in keiner Schicht sind, definieren wir eine weitere Schicht mit Index $l_k + 1$, die genau diese Knoten enthält. Wir können die in G bezüglich des Flusses f nützlichen Kanten in drei Klassen einteilen.

A: nützliche Kanten von Schicht i nach Schicht $i + 1$ für ein $i < l_k$,

B: nützliche Kanten von Schicht i, $1 \le i \le l_k + 1$ nach Schicht j für ein $j \le i$ und

C: nützliche Kanten von Schicht $l_k - 1$ nach Schicht $l_k + 1$.

Gemäß der Konstruktion ergibt sich unmittelbar

1. $E' = A$, d.h., G_f enthält genau die Kanten in A. Dies bedeutet, dass nach der k-ten Phase die Kanten in B und C auf dieselbe Art und Weise nützlich sind wie vorher. Eine Kante in A behält seine Nützlichkeit oder wird nützlich von Schicht $i + 1$ nach Schicht i, anstatt von Schicht i nach Schicht $i + 1$.

2. Ein nach der k-ten Phase kürzester augmentierender Pfad P muss jede Schicht passieren, d.h., $|P| \ge l_k$.

3. Da in der k-ten Phase ein blockierender Fluss konstruiert und dementsprechend augmentiert wurde, muss auf P eine Kante e liegen, für die gilt:

   i) $e \in B \cup C$ oder

   ii) $e \in A$ und nach der k-ten Phase ist e nützlich von Schicht $i + 1$ nach Schicht i und nicht mehr von Schicht i nach Schicht $i + 1$, für ein $i < l_k$.

   In beiden Fällen verlängert e den Pfad um mindestens eine Kante. Also gilt $|P| \geq l_k + 1$.

   $\blacksquare$

Es folgt direkt Korollar 7.3:

Korollar 4.3 *Die Anzahl der benötigten Phasen ist $\leq n - 1$.*

Insgesamt haben wir somit folgenden Satz bewiesen:

Satz 4.15 *Sei $G = (V, E, c, s, t)$ ein Flussnetzwerk. Dann kann ein maximaler Fluss f_{max} in $O(nm + nb)$ Zeit konstruiert werden, wobei $|V| = n$, $|E| = m$ und b diejenige Zeit ist, die für die Berechnung eines blockierenden Flusses in einem geschichteten Netzwerk mit $\leq n$ Knoten und $\leq m$ Kanten benötigt wird.*

Dinic's Idee zur Konstruktion eines blockierenden Flusses war die folgende:

1. Berechne mittels einer Tiefensuche einen Pfad P von s nach t in G_f.
2. Augmentiere diesen. Falls für eine Kante e auf P danach $\bar{f}(e) = \tilde{c}(e)$, dann streiche diese Kante aus G_f.
3. Wiederhole das Ganze solange, bis kein Pfad von s nach t in G_f mehr existiert.

Falls während der Tiefensuche ein Backtrack erfolgt, dann können wir betreffenden Knoten nebst allen inzidenten Kanten aus G_f streichen. Dinic's Methode terminiert erst dann, wenn in G_f kein Pfad von s nach t mehr existiert. Also berechnet sie einen blockierenden Fluss. Da das Augmentieren eines Pfades P in G_f mindestens eine Kante auf P blockiert, werden höchstens m Pfade augmentiert. Da im Fall einer Pop-Operation betreffender Knoten nebst allen inzidenten Kanten aus G_f entfernt werden, ist die für die Pop-Operationen benötigte Gesamtzeit durch $O(m + n)$ begrenzt. Eine Push-Operation, die nicht zu einem augmentierenden Pfad führt, zieht die korrespondierende Pop-Operation nach sich. Also ist die hierfür benötigte Gesamtzeit auch durch $O(m + n)$ begrenzt. Ein augmentierender Pfad hat die Länge $< n$. Also ist die übrige benötigte Zeit durch $O(mn)$ begrenzt. Insgesamt ergibt sich folgender Satz:

Satz 4.16 *Dinic's Algorithmus berechnet einen maximalen Fluss in Zeit $O(n^2 m)$.*

Übung 4.8: *Arbeiten Sie den Algorithmus von Dinic aus.*

1974 hatte Karzanov die Idee, in jedem Schritt einen Knoten anstatt eine Kante zu saturieren. Dies hat dann zu einem $O(n^2)$ Verfahren zur Berechnung eines blockierenden Flusses im geschichteten Netzwerk geführt. Somit kann nunmehr ein maximaler Fluss in Zeit $O(n^3)$ berechnet werden. Unser Ziel ist nun, die Methode von Karzanov zu entwickeln.

Die *Kapazität* $c(v)$ eines Knotens v ist die maximale Flussgröße, die durch den Knoten v durchgeschickt werden kann. Das heißt,

$$c(v) := \min\{ \sum_{e\in\text{IN}(v)} c(e), \sum_{e\in\text{OUT}(v)} c(e)\}.$$

Ein Fluss f *saturiert einen Knoten* v, falls

$$\sum_{e\in\text{IN}(v)} f(e) = \sum_{e\in\text{OUT}(v)} f(e) = c(v).$$

Ein Knoten v heißt *blockiert*, falls auf jedem Pfad von v zur Senke t eine saturierte Kante liegt.

Die Idee besteht nun darin, von der Quelle s ausgehend soviel Fluss wie möglich in das Netzwerk zu bringen. Dabei kann es passieren, dass mehr Fluss in einen Knoten gelangt, als abgeführt werden kann. Von solchen Knoten schicken wir dann den überschüssigen Fluss zurück und versuchen dann, diesen auf anderen Weg nach t zu bringen. Dabei sorgen wir dafür, dass bereits blockierte Knoten blockiert bleiben. Für die Durchführung dieser Idee benötigen wir zunächst einige Bezeichnungen.

Sei $G = (V, E, c, s, t)$ ein Flussnetzwerk. Eine Funktion $p : E \to \mathbb{R}$ heißt *Preflow* falls folgende Bedingungen erfüllt sind:

1. $0 \le p(e) \le c(e)$ für alle $e \in E$ (*Kapazitätsbedingung*) und
2. $\sum_{e\in\text{IN}(v)} p(e) \ge \sum_{e\in\text{OUT}(v)} p(e)$ für alle $v \in V \setminus \{s, t\}$.

Seien $p_{in}(v) := \sum_{e\in\text{IN}(v)} p(e)$ und $p_{out}(v) := \sum_{e\in\text{OUT}(v)} p(e)$. Falls für ein Knoten $v \in V$ $p_{in}(v) > p_{out}(v)$ dann heißt v *unbalanciert*. Andernfalls heißt der Knoten v *balanciert*. Falls alle $v \in V \setminus \{s, t\}$ balanciert sind, dann ist der Preflow ein Fluss.

Sei $G_f = (V, E', \tilde{c}, s, t)$ das bezüglich des Flusses f konstruierte geschichtete Netzwerk. Karzanov's Methodes besteht aus zwei Schritten, die solange iteriert werden, bis alle Knoten balanciert sind. Anschließend enthält das geschichtete Netzwerk einen blockierenden Fluss. Schritt 1 bringt Preflow in G_f vorwärts. Schritt 2 balanciert den Preflow in G_f.

Ein Knoten ist unbalanciert, da mehr Preflow ankommt als abgeführt werden kann. Somit sind alle ausgehenden Kannten eines unbalancierten Knotens saturiert und dieser demzufolge blockiert. Der Preflow an einem unbalancierten Knoten wird durch Verringerung von eingehenden Preflow derart balanciert, dass anschließend $p_{in}(v) = p_{out}(v) = \tilde{c}(v)$. Also bleibt v blockiert. Nach dem Balancieren verbieten wir, dass sich der Preflow auf eingehenden Kanten von v ändert.

Eine Kante e heißt *offen*, falls der Preflow auf e geändert werden darf. Andernfalls heißt e *geschlossen*. Zu Beginn sind alle Kanten offen.

Für die Durchführung des ersten Schrittes nehmen wir an, dass für jeden Knoten $v \in V$ die Kanten in $\mathrm{OUT}(v)$ in einer beliebigen aber festen Ordnung durchnummeriert sind. Die Idee besteht nun darin, vom Knoten v Preflow in die nächste Schicht zu bringen, indem möglichst viel Preflow über die erste offene nicht saturierte Kante, dann möglichst viel Preflow über die zweite offene nicht saturierte Kante u.s.w. geschickt wird. Dabei gilt bezüglich den offenen Kanten in $\mathrm{OUT}(v)$ stets folgende Invariante:

- Die ersten Kanten sind alle saturiert. Diese werden von einer nicht saturierten Kante e mit $p(e) \geq 0$ gefolgt. Wir bezeichnen diese Kante immer mit $k(v)$. Für alle nachfolgenden Kanten e gilt $p(e) = 0$.

Für die Organisation des zweiten Schrittes verwalten wir die eingehenden Kanten $e \in \mathrm{IN}(w)$ eines Knotens w mit $p(e) > 0$ mit Hilfe eines Kellers K_w. Sobald eine Kante $e \in \mathrm{IN}(w)$ einen Preflow $p(e) > 0$ erhält, wird e auf den Keller K_w abgelegt. Falls im Verlauf des zweiten Schrittes der eingehende Preflow von w reduziert wird, wird zunächst möglichst viel Preflow auf der obersten Kante in K_w entfernt, dann möglichst viel Preflow auf der zweitobersten Kante u.s.w. Folgendes Programmstück realisiert den ersten Schritt, der in G_f Preflow vorwärts bringt. Dabei ist l der Index der letzten Schicht in G_f.

(1) **for** alle $e \in \mathrm{OUT}(s)$
    do
        $p(e) := \tilde{c}(e)$
    od;
    START := 1;

(2) **for** $i := $ START **to** $l - 1$
    do
        for alle $v \in V_i$
            do
                $P := p_{in}(v)$;
                while $P > 0$ und $k(v)$ definiert
                    do

$$e := k(v);$$
$$P' := \min\{\tilde{c}(e) - p(e), P\};$$
$$p(e) := p(e) + P';$$
$$P := P - P'$$
      od
    od
od.

Nach der Durchführung des ersten Schrittes gilt für jeden Knoten $v \in V \setminus \{s, t\}$

$$p_{in}(v) = p_{out}(v) \quad \text{oder} \quad p_{in}(v) > p_{out}(v) = \tilde{c}(v).$$

Im zweiten Fall ist v unbalanciert. Als nächstes werden wir den zweiten Schritt „Balancieren des Preflows" entwickeln. Bezeichne hierfür V_{max} die Schicht mit höchsten Index, die einen unbalancierten Knoten enthält.

Für alle unbalancierten Knoten $v \in V_{max}$ reduzieren wir unter Verwendung von K_v wie oben beschrieben den eingehenden Preflow von v bis v balanciert ist. Anschließend gilt somit $p_{in}(v) = p_{out}(v) = \tilde{c}(v)$. Wir schließen dann alle eingehenden Kanten von v. Nachdem alle unbalancierten Knoten in V_{max} balanciert sind, bringen wir wieder in G_f Preflow nach vorne. Da nur für Knoten in der Schicht V_{max-1} der ausgehende Fluss verringert wurde, kann nun der erste Schritt mit START $= max - 1$ durchgeführt werden.

Beide Schritte werden solange abwechselnd durchgeführt, bis in G_f kein unbalancierter Knoten mehr existiert.

Übung 4.9: *Arbeiten Sie Karzanov's Algorithmus aus.*

Da nach dem ersten Vorwärtsbringen von Preflow jede ausgehende Kante von s und auch jede ausgehende Kante eines unbalancierten Knotens saturiert ist, sind s und alle unbalancierten Knoten blockiert. Für die Korrektheit des Algorithmus genügt es zu zeigen, dass dieser einen blockierenden Fluss konstruiert. Dies folgt unmittelbar aus folgenden Lemma.

Lemma 4.15 *Wenn ein Knoten durch den Algorithmus blockiert wird, dann bleibt dieser während des gesamten Algorithmus blockiert.*

Beweis: Da das Vorwärtsbringen von Preflow niemals den Preflow auf einer Kante reduziert, genügt es zu zeigen, dass ein Knoten, der vor einem Balancierungsschritt blockiert ist, dies auch nach dem Balancierungsschritt bleibt.

Sei hierzu v ein blockierter Knoten in einer Schicht V_j mit $j \geq max$. Da für alle Kanten e auf einem Pfad von v nach t in G_f der Preflow $p(e)$ durch den Balancierungsschritt nicht verändert wird, bleibt v blockiert.

Sei v ein unbalancierter und damit auch ein blockierter Knoten in Schicht V_{max}. Dann wird durch den Balancierungsschritt der eingehende Preflow von v reduziert. Nehmen wir an, dass der Preflow auf der Kante $e = (w, v)$ mit $w \in V_{max-1}$ reduziert wird. Sei $x \in V_j$, $j < max$ ein beliebiger Knoten, der vor der Reduktion von $p(e)$ blockiert war. Da sich der Preflow auf allen Pfaden von x nach t, die e nicht enthalten, nicht geändert hat und alle Pfade, die e enthalten, durch den blockierten Knoten v gehen, bleibt x auch nach der Reduktion von $p(e)$ blockiert. Da dies für jede Kante gilt, auf der der Preflow durch den Balancierungsschritt reduziert wird, folgt die Behauptung. ∎

Da s zu Beginn blockiert ist, folgt aus Lemma 4.15 direkt, dass obiger Algorithmus einen blockierenden Fluss konstruiert. Somit verbleibt nur noch die Aufwandsanalyse.

Satz 4.17 *Karzanov's Algorithmus berechnet in $O(n^2)$ Zeit einen blockierenden Fluss.*

Beweis: Wenn im Balancierungsschritt der Preflow auf einer Kante e reduziert wird, dann wird die Kante e geschlossen. Also ist die Anzahl der Reduktionen von Preflow durch die Anzahl m der Kanten im Flussnetzwerk G beschränkt.

Da jede Kante höchstens einmal saturiert wird, ist die Anzahl der Erhöhungen von Preflow auf einer Kante, wodurch diese saturiert wird, auch durch m beschränkt.

Zwischen zwei Balancierungsschritten existiert für jeden nicht saturierten Knoten höchstens eine Kante, die eine nicht saturierende Erhöhung des Preflows erfährt. Jedes Vorwärtsbringen von Preflow saturiert mindestens einen Knoten. Also gilt für die Gesamtanzahl A der nicht saturierenden Erhöhungen

$$A \leq \sum_{i=1}^{n-1} i = \frac{n(n-1)}{2} = O(n^2).$$

∎

4.6 Das Graphenisomorphieproblem

Das Graphenisomorphieproblem stellt nach wie vor eine große Herausforderung sowohl für Algorithmiker als auch für Komplexitätstheoretiker dar. Bisher ist es weder gelungen, einen polynomiellen Algorithmus für das Graphenisomorphieproblem zu finden, noch ist es gelungen, die NP-Vollständigkeit dieses Problems zu beweisen. Im Hinblick darauf, dass das Graphenisomorphieproblem in vielen Gebieten, wie z.B. Chemie, Computergrafik oder bei der Konstruktion und Aufzählung von kombinatorischen Konfigurationen seine Anwendung findet, wurden vor allem in den sechziger, siebziger und achtziger Jahren große Anstrengungen unternommen, um für das Graphenisomorphieproblem effiziente Algorithmen zu finden. Manche von diesen

Algorithmen scheinen in der Praxis vernünftige Laufzeiten zu haben, wenn sie auch im worst case exponentielle Zeit benötigen.

Wir werden anhand des Graphenisomorphieproblems zwei Techniken erproben. Zum einen werden wir Backtrackingalgorithmen entwickeln. Das während des Backtrackings berechnete notwendige Kriterium, dass der bisher konstruierte partielle Lösungskandidat zu einer Gesamtlösung fortgesetzt werden kann, wird ausgeklügelter sein, als etwa das triviale Kriterium, das wir bei der Berechnung der Färbbarkeitszahl eines Graphen zugrundegelegt haben. Andererseits werden wir demonstrieren, dass Reduktionstechniken, die beim Beweis der NP-Vollständigkeit von Problemen verwandt werden, auch für das Graphenisomorphieproblem ihre Anwendung finden. Das *Graphenisomorphieproblem* ist wie folgt definiert:

Graphenisomorphieproblem (GI)

Gegeben: Zwei ungerichtete Graphen $G = (V, E)$ und $G' = (V', E')$.

Frage: Gibt es eine Bijektion $\pi : V \to V'$, so dass für alle $u, v \in V$ gilt:

$$(u, v) \in E \Leftrightarrow (\pi(u), \pi(v)) \in E'?$$

Falls G und G' isomorph sind, dann schreiben wir $G \cong G'$. Zwei Graphen können nur isomorph sein, wenn sie dieselbe Anzahl von Knoten haben. Dies kann leicht in Linearzeit überprüft werden. Daher nehmen wir an, dass stets $V = V' = \{1, 2, \ldots, n\}$ gilt. Somit entspricht eine Bijektion π einer Permutation von $1, 2, \ldots, n$. Offensichtlich könnten wir das Graphenisomorphieproblem lösen, indem wir alle $n!$ Permutationen durchprobieren und jeweils überprüfen, ob die Permutation die gewünschte Eigenschaft hat. Die Anzahl $n!$ der Permutationen verbietet diesen Ansatz schon für kleine n. Unser Ziel ist nun die Entwicklung von Heuristiken, mittels derer die Anzahl der zu überprüfenden Permutationen drastisch reduziert wird.

Die Idee ist, hierzu notwendige Bedingungen für die Existenz eines Isomorphismus für zwei gegebene Graphen zu verwenden. Geeignet hierzu sind Eigenschaften, die unter Anwendung von Graphenisomorphie invariant sind. Eine triviale Eigenschaft haben wir oben schon verwandt. Die Anzahl der Knoten bleibt natürlich erhalten. Auch können zwei Graphen nur dann isomorph sein, wenn sie dieselbe Anzahl von Kanten besitzen. Dies ist also eine weitere triviale notwendige Bedingung. Eine weitere einfache notwendige Bedingung ist, dass für jeden auftretenden Knotengrad d beide Graphen dieselbe Anzahl von Knoten mit Grad d haben. D.h., wir könnten für beide Graphen jeweils die Knoten gemäß ihrem Grad in Klassen einteilen. Unterscheiden sich diese Unterteilungen beider Graphen, dann sind die Graphen sicher nicht isomorph. Andererseits können diese Unterteilungen gleich und die Graphen trotzdem nicht isomorph sein. Jedoch wissen wir, dass ein Isomorphismus nur Knoten einer Klasse auf Knoten der korrespondierenden Klasse abbilden kann. Wir werden nun diese Technik weiter ausarbeiten.

Bezeichne S_n die Menge der Permutationen von n Elementen. Sei $G = (V, E)$ ein Graph mit $V = \{1, 2, \ldots, n\}$. $\phi \in S_n$ heißt *Automorphismus* des Graphen G, falls für alle $i, j \in V$ gilt: $(i, j) \in E \Leftrightarrow (\phi(i), \phi(j)) \in E$; d.h., $\phi(G) = G$. Wir bezeichnen die Menge der Automorphismen von G mit $AUT(G)$. Es ist klar, dass jeder Graph einen Automorphismus besitzt, nämlich diejenige Permutation, die jeden Knoten auf sich selbst abbildet. Wir nennen diesen Automorphismus *trivial*. Folgendes Graphenautomorphismusproblem hat enge Bezüge zum Graphenisomorphieproblem:

Graphenautomorphismusproblem (GA)

Gegeben: Graph $G = (V, E)$, $V = \{1, 2, \ldots, n\}$.

Frage: Besitzt G einen nichttrivialen Automorphismus ϕ?

Übung 4.10: *Sei $G = (V, E)$ ein Graph. Zeigen Sie, dass $AUT(G)$ eine Untergruppe von S_n bildet.*

Eine Partition der Knotenmenge V eines Graphen $G = (V, E)$ heißt *Automorphismuspartition*, falls für alle $i, j \in V$ beide Knoten i und j genau dann in derselben Menge der Partition sind, wenn mindestens ein Automorphismus von G existiert, der i auf j abbildet. Das Problem der Berechnung der Automorphismuspartition eines gegebenen Graphen heißt *Graphenautomorphismus-Partitionierungsproblem* (GAP). Wir werden nun für Graphenisomorphie geeignete Invarianten formal charakterisieren. Bezeichne $G_{n,m} = \{G \mid G = (V, E), |V| = n, |E| = m\}$ die Menge aller Graphen mit n Knoten und m Kanten. Eine Abbildung $I : G \rightarrow \{0, 1\}^*$ heißt *Grapheninvariante* oder kurz *g-Invariante*, falls

$$G \cong G' \Rightarrow I(G) = I(G').$$

Eine g-Invariante heißt *vollständig*, falls

$$G \cong G' \Leftrightarrow I(G) = I(G').$$

Nun stellt sich die Frage, wie man geeignete Grapheninvarianten erhält. Obige einfache Invariante hat jedem Knoten v seinen Grad zugeordnet. Dieser Ansatz lässt sich dahingehend verallgemeinern, dass wir jedem Knoten v eine *Knoteninvariante* $i_G(v)$ zuordnen. Die Gesamtheit der Knoteninvarianten bildet dann die korrespondierende Grapheninvariante $I(G)$. D.h., $I(G) = \{i_G(v) \mid v \in V\}$. Eine Knoteninvariante heißt genau dann *vollständig*, wenn die korrespondierende Grapheninvariante vollständig ist. Eine in Polynomzeit berechenbare vollständige Grapheninvariante würde einen polynomiellen Algorithmus für das Graphenisomorphieproblem implizieren. Das Problem ist, dass eine derartige Invariante nicht bekannt ist.

Wir werden nun Backtrackingalgorithmen für das Graphenisomorphieproblem entwickeln und dabei unvollständige Knoteninvarianten als notwendiges Kriterium, dass der bisherige partielle Lösungskandidat zu einer Gesamtlösung fortgesetzt werden kann, verwenden. Zunächst werden wir eine allgemeine Methode für die Berechnung von Knoteninvarianten herleiten. Die Idee hierzu ist die folgende: Gegeben ein Graph $G = (V, E)$, berechne eine Partition $V_1, V_2, \ldots, V_s$ von V, die folgende Eigenschaft hat:

- $\forall i, j \in \{1, 2, \ldots, s\}, i \neq j$ gilt: Falls $x \in V_i$ und $y \in V_j$, dann existiert kein Automorphismus von G, der x und y aufeinander abbildet.

Partitionen, die obige Eigenschaft besitzen, heißen *geeignet*. Optimal wäre es, wenn $V_1, V_2, \ldots, V_s$ die Automorphismuspartition wäre, da, wie wir zeigen werden, ein polynomieller Algorithmus zur Berechnung der Automorphismuspartition einen polynomiellen Algorithmus für das Graphenisomorphieproblem nach sich zieht. Für die Berechnung einer möglichst guten geeigneten Partition starten wir mit einer geeigneten Anfangspartition $V_1, V_2, \ldots, V_l$ von V und verfeinern diese sukzessive solange wie möglich. Dies bedeutet insbesondere, dass die Verfeinerung einer gegebenen geeigneten Partition die Eigenschaft „geeignet " nicht zerstören darf. Es stellt sich also die Frage, wie man eine Partition verfeinert, ohne dabei diese Eigenschaft zu verletzen. Wir verfolgen hierzu folgende Strategie:

1. Charakterisiere eine separierende Eigenschaft $\mathcal{E}$, die Knoten, die nicht durch einen Automorphismus aufeinander abgebildet werden können, unterscheidet.

2. Solange ein V_i existiert, das gemäß der separierenden Eigenschaft $\mathcal{E}$ in mehrere Klassen zerfällt, teile V_i auf.

Beispiel 4.1 Sei $G = (V, E)$ gegeben. Sei $\mathcal{V} = V_1, V_2, \ldots, V_l$ die aktuelle geeignete Partition. D.h., $\cup_{i=1}^{l} V_i = V$ und $V_i \cap V_j = \emptyset$ für $i \neq j$. Wir assoziieren zu $v \in V$ ein l-Tupel $(a_1, a_2, \ldots, a_l)$, wobei

$$a_i = |\{w \mid (v, w) \in E \text{ und } w \in V_i\}| \text{ für } 1 \leq i \leq l.$$

Knoten mit verschiedenen l-Tupel können nicht durch einen Automorphismus aufeinander abgebildet werden. Also können wir V_i wie folgt verfeinern:

(1) Sortiere die zu Knoten in V_i korrespondierenden Listen lexikographisch. Sei r die Anzahl der unterschiedlichen Listen.

(2) Teile V_i in r Knotenmengen, die jeweils zu genau einer der r unterschiedlichen Listen korrespondieren, auf.

Eine mögliche Startpartition wäre diejenige Partition, die V gemäß dem Knotengrad der einzelnen Knoten in V aufteilt. Diese Partition ist offensichtlich geeignet.

♦

Falls alle Knoten im Graphen $G = (V, E)$ denselben Grad haben, dann ist in obigen Beispiel die Startpartition V selbst. Demzufolge wird keine Verfeinerung durchgeführt und somit auch kein Informationsgewinn erzielt. Graphen, in denen alle Knoten denselben Grad haben, heißen *regulär*.

Bevor wir obiges Verfahren weiter verbessern, zeigen wir, dass das Graphenisomorphie- und das Graphenautomorphismus-Partitionierungsproblem (GAP) polynomiell aufeinander transformierbar sind. Dabei bezeichnet P die Menge der Probleme, die in polynomieller Zeit gelöst werden können.

Übung 4.11:

a) *Zeigen Sie, dass ein Automorphismus Knoten mit verschiedenen l-Tupel nicht aufeinander abbildet.*

b) *Geben Sie eine Implementierung des obigen Verfahrens an. Welche Laufzeit hat Ihre Implementierung und welchen Speicherplatz benötigt sie?*

Satz 4.18 $GI \in P \Leftrightarrow GAP \in P$

Beweis:

„$\Rightarrow$"

Sei $G = (V, E)$ gegeben. Wir können o.B.d.A. annehmen, dass G zusammenhängend ist. Andernfalls bearbeiten wir die Zusammenhangskomponenten von G nacheinander. Sei $K_n = (V_n, E_n)$ der vollständige Graph mit n Knoten. Für alle $x \in V$ konstruiere aus G und K_n den Graphen $G_x = (V_x, E_x)$, wobei $V_x = V \cup V_n$ und $E_x = E \cup E_n \cup \{(x, v) \mid v \in V_n\}$. Der Graph G_x hat folgende Eigenschaften:

1. In G_x ist x der einzige Knoten mit Grad $> n$.

2. Für alle $x, y \in V$ sind G_x und G_y genau dann isomorph, wenn x und y in derselben Klasse der Automorphismuspartition von G sind.

Also kann GAP mittels weniger als n^2 GI's gelöst werden.

„$\Leftarrow$"

Seien $G = (V, E)$ und $G' = (V', E')$ gegeben. O.B.d.A. seien G und G' zusammenhängend. Andernfalls betrachte die Komplementgraphen. Beachte, falls ein Graph nicht zusammenhängend ist, dann ist sein Komplementgraph zusammenhängend. Ferner sind zwei Graphen genau dann isomorph, wenn ihre Komplementgraphen isomorph sind. Berechne die Automorphismuspartition von $\tilde{G} = G \cup G'$. Dann ist folgende Eigenschaft erfüllt:

G und G' sind genau dann isomorph, wenn eine Klasse der Automorphismuspartition sowohl einen Knoten aus V als auch einen Knoten aus V' enthält.

Übung 4.12: *Beweisen Sie obige Eigenschaft.*

∎

Die einfache Knoteninvariante, die wir in obigen Beispiel verwendet haben, heißt *Gradinvariante*. Es stellt sich nun die Frage, wie man die Gradinvariante derart erweitern kann, dass Graphen, wie z.B. reguläre, bei denen die Gradinvariante versagt, behandelt werden können. Ein erster Ansatz wäre, weitere Eigenschaften den einzelnen Knoten hinzuzufügen. Folgende Beispiele hierfür wurden u.a. in der Literatur untersucht:

1. Anzahl der Knoten, die über Pfade der Länge 2 erreichbar sind.

2. Anzahl der verschiedenen k-Cliquen, die den Knoten enthalten. Dabei ist k eine kleine Konstante.

3. Anzahl der verschiedenen unabhängigen Mengen der Größe k, die den Knoten enthalten, wobei k eine kleine Konstante ist.

4. Für $k = 1, 2, \ldots, n$, Anzahl der Knoten, die kürzeste Distanz k vom Knoten haben.

Wir werden eine andere sehr natürlich aussehende Erweiterung der Gradinvariante näher betrachten. Bei der Gradinvariante hängt die Invariante eines Knotens v nur von der Anzahl der Nachbarn vom jeweiligen Typ ab. Es gilt nun, dass v sich selbst in der Nachbarschaftsliste eines jeden seiner Nachbarn befindet. Betrachte $w \in V$ mit $(v, w) \in E$. Nun könnten wir die Invariante von v auch von Eigenschaften der Nachbarschaftsliste von w abhängig machen und dies auch für alle $w \in V$ mit $(v, w) \in E$. Eine Möglichkeit hierfür ist die folgende:

- v erhält für jeden Knoten w mit $(v, w) \in E$ eine Liste $L_{(v,w)}$, die für jeden Partitionstyp die Anzahl der Nachbarn von w, die auch Nachbarn von v sind, enthält.

Es stellt sich nun die Frage, bei welchen Typ von Graphen die erweiterte Invariante immer noch versagt. Dies ist offensichtlich bei regulären dreieckfreien Graphen der Fall. Bipartite Graphen enthalten keine Dreiecke. Demzufolge führt die erweiterte Gradinvariante bei regulären bipartiten Graphen zu keinerlei Informationsgewinn. Nun könnte es sein, dass das Graphenisomorphieproblem für bipartite Graphen (BGI) einfach zu lösen ist und es somit unerheblich wäre, dass die erweiterte Gradinvariante bei manchen bipartiten Graphen versagt. Folgender Satz besagt, dass dies nicht der Fall ist.

Satz 4.19 $GI \in P \Leftrightarrow BGI \in P$.

Beweis: Es ist klar, dass ein polynomieller Algorithmus für das Graphenisomorphieproblem direkt zur Lösung des Graphenisomorphieproblems für bipartite Graphen verwendet werden kann und somit dieses Problem auch in Polynomzeit löst. Also verbleibt noch zu zeigen, dass ein polynomieller Algorithmus für BGI auch einen polynomiellen Algorithmus für GI impliziert.

Seien $G_1 = (V_1, E_1)$ und $G_2 = (V_2, E_2)$ die Eingabegraphen für GI. In beiden Graphen plazieren wir auf jede Kante e einen neuen Knoten u_e. Auf diese Art und Weise erhalten wir für $i = 1, 2$ den bipartiten Graphen $G_i' = (V_i', E_i')$, wobei $V_i' = V_i \cup \{u_e \mid e \in E_i\}$ und $E_i' = \{(v, u_e), (u_e, w) \mid e = (v, w) \in E_i\}$. Zum Beweis des Satzes genügt also der Beweis der Behauptung

$$G_1 \cong G_2 \Leftrightarrow G_1' \cong G_2'.$$

Diese Behauptung werden wir nun beweisen.

„⇒"

Sei $\pi : V_1 \to V_2$ eine Abbildung mit $(v, w) \in E_1 \Leftrightarrow (\pi(v), \pi(w)) \in E_2$. Unser Ziel ist nun die Konstruktion einer Abbildung $\pi' : V_1' \to V_2'$, so dass $(x, y) \in E_1' \Leftrightarrow (\pi(x), \pi(y)) \in E_2'$. Definiere hierzu

$$\pi'(x) = \begin{cases} \pi(x) & \text{falls } x \in V_1 \\ u_{(\pi(v), \pi(w))} & \text{falls } x = u_e \in V_1' \setminus V_1, \text{ wobei } e = (v, w). \end{cases}$$

Für alle $x, y \in V_1'$ impliziert $(x, y) \in E_1'$, dass $x \in V_1$, $y = u_e$ mit $e = (x, z) \in E_1$ oder umgekehrt. O.B.d.A. sei $x \in V_1$. Dann folgt aus der Konstruktion, dass $\pi'(x) = \pi(x)$ und $\pi'(u_e) = u_{(\pi(x), \pi(z))}$. Also gilt $(\pi'(x), \pi'(y)) \in E_2'$.

Für den Beweis, dass $(\pi'(x), \pi'(y)) \in E_2'$ auch $(x, y) \in E_1'$ impliziert, genügt es, obige Argumentation rückwärts zu lesen.

„⇐"

O.B.d.A. seien die Eingabegraphen G_1 und G_2 zusammenhängend. Betrachte eine Abbildung $\pi : V_1' \to V_2'$ mit $(x, y) \in E_1' \iff (\pi(x), \pi(y)) \in E_2'$. Unser Ziel ist nun die Konstruktion einer Abbildung $\pi' : V_1 \to V_2$, so dass $(v, w) \in E_1 \Leftrightarrow (\pi'(v), \pi'(w)) \in E_2$. Folgende Beobachtung ist hierzu sehr hilfreich: In zusammenhängenden bipartiten Graphen bildet ein Isomorphismus π stets eine gesamte Farbklasse auf eine Farbklasse ab. Um dies einzusehen, starte in einem Knoten im Graphen, besuche alle Knoten im Graphen und überlege für jeden besuchten Knoten v, wie $\pi(v)$ aussieht. Wir unterscheiden zwei Fälle:

Falls $n = m$ und alle Knoten in V_1 den Grad 2 haben, dann sind sowohl G_1 als auch G_2 einfache Kreise und somit isomorph.

Falls nun $m \neq n$ oder ein Knoten $v \in V_1$ mit $\text{Grad}(v) \neq 2$ existiert, dann folgt wegen $\text{Grad}(x) = 2$ für alle Knoten $x \in V_1' \setminus V_1$ aus obiger Beobachtung, dass $\pi(V_1) = V_2$ und $\pi(V_1' \setminus V_1) = V_2' \setminus V_2$. Den Rest überlegt man sich analog zum Teil „⇒". ∎

Zum Lösen des Graphenisomorphieproblems berechnen wir gleichzeitig für beide Eingabegraphen $G = (V, E)$ und $G' = (V', E')$ die gemäß der zugrundegelegten Knoteninvariante resultierenden Partitionen. Sobald sich die beiden berechneten Partitionen unterscheiden, wissen wir, dass die Eingabegraphen nicht isomorph sind und wir haben somit das Graphenisomorphieproblem für die Eingabegraphen gelöst. Nehmen wir an, dass die resultierende Partitionen $\mathcal{V} = V_1, V_2, \ldots, V_s$ und $\mathcal{V}' = V_1', V_2', \ldots, V_s'$ gleich sind, wobei für $i = 1, 2, \ldots, s$ jeweils V_i und V_i' sich entsprechende Klassen sind. Es ist klar, dass jeder Isomorphismus π die Knoten sich entsprechender Klassen aufeinander abbildet. Haben zwei korrespondierende Klassen V_i und V_i' die Größe k, dann gibt es exakt $k!$ verschiedene Möglichkeiten, die Knoten aufeinander abzubilden. Somit lassen Klassen der Größe eins dem Isomorphismus, falls solcher überhaupt existiert, keinerlei Spielraum. Also wird der Backtracking-Algorithmus nur bezüglich Klassen, die mindestens die Größe zwei haben, durchgeführt.

Nehmen wir an, dass zwei Knoten v und v' in den Klassen V_i und V_i' aufeinander abgebildet werden. Dadurch werden zwei neue sich entsprechenden Klassen, die jeweils genau einen Knoten, nämlich v bzw. v' enthalten, konstruiert. Die Anzahl der Knoten in den Klassen V_i und V_i' verringert sich jeweils um 1. Da sich nun die in V_i bzw. V_i' verbleibenden Knoten von v bzw. v' unterscheiden, was ja vorher nicht der Fall war, können nun eventuell andere Klassen aufgeteilt werden. Also wird der Algorithmus nach jeder Identifikation von zwei Knoten nebst korrespondierender Modifikation der beteiligten beiden Klassen den Verfeinerungsschritt durchführen. Falls die beiden daraus resultierenden Partitionen gleich sind, wird die Tiefensuche auf dem Aufzählungsbaum fortgesetzt. Falls diese Partitionen verschieden sind, dann ist klar, dass die bisher konstruierte partielle Lösung nicht zu einem Isomorphismus fortgesetzt werden kann und ein Backtrack erfolgt. Nun stellt sich die Frage, ob später möglicherweise wieder v und v' aufeinander abgebildet werden können oder ob es keinen Isomorphismus mehr geben kann, der v und v' aufeinander abbildet. Falls dies stets der Fall wäre, dann würde dies einen polynomiellen Algorithmus für das Graphenisomorphieproblem implizieren. Leider ist dies nicht der Fall, da möglicherweise die Verschiedenheit der resultierenden Partitionen dadurch bedingt wurde, dass vorher durch den Algorithmus durchgeführte Zuordnungen Knoten separiert haben. Werden diese durch den Algorithmus zurückgenommen, dann können v und v' möglicherweise wieder aufeinander abgebildet werden.

Übung 4.13: *Arbeiten Sie den Backtrackingalgorithmus für das Graphenisomorphieproblem unter Zugrundelegung der Gradinvariante aus. Konstruieren Sie ein Beispiel, in dem durch ein Backtrack die Identifizierung zweier Knoten v und v' zurückgenommen und dann später wieder versucht wird.*

4.7 Ergänzende Übungsaufgaben

Übung 4.14:

a) *Entwickeln Sie einen Linearzeitalgorithmus, der für einen gegebenen Graphen $G = (V, E)$ überprüft, ob dieser bipartit ist.*

b) *Entwickeln Sie einen Algorithmus, der für einen gegebenen Graphen feststellt, ob dieser nach Entfernen einer Kante bipartit ist. Was ist die Laufzeit Ihres Algorithmus? Können Sie es auch in Linearzeit?*

Übung 4.15: *Ein Matching heißt nicht erweiterbar, wenn keine Kante hinzugenommen werden kann, ohne die Matchingeigenschaft zu verletzen. Konstruieren Sie einen Graphen, der ein maximales Matching der Größe 10 und ein nicht erweiterbares Matching bestehend aus 5 Kanten besitzt.*

Übung 4.16: *Eine überdeckende Knotenmenge eines Graphen enthält für jede Kante des Graphen mindestens einen der Endknoten. Zeigen Sie, dass in einem bipartiten Graphen die Größe eines maximalen Matchings gleich der Größe einer minimalen überdeckenden Knotenmenge ist.*

Übung 4.17: *Konstruieren Sie einen gewichteten Graphen, dessen gewichtsmaximales Matching kein bezüglich der Anzahl der Kanten maximales Matching ist.*

Übung 4.18: *Wie kann sich die Anzahl der starken Zusammenhangskomponenten eines Graphen ändern, wenn eine Kante entfernt (hinzugefügt) wird?*

Übung 4.19: *Sei $G = (V, E)$ ein gerichteter Graph. Der Komponentengraph $G_{szk} = (V_{szk}, E_{szk})$ enthält für jede starke Zusammenhangskomponente von G einen Knoten. Die Kante (u, v) ist genau dann in E_{szk}, wenn die zum Knoten u korrespondierende Zusammenhangskomponente einen Knoten x und die zum Knoten v korrespondierende Zusammenhangskomponente einen Knoten y enthält, so dass $(x, y) \in E$.*

a) *Zeigen Sie, dass G_{szk} azyklisch ist.*

b) *Entwickeln Sie einen $O(|V| + |E|)$-Algorithmus zur Berechnung des Komponentengraphen $G_{szk} = (V_{szk}, E_{szk})$. Achten Sie darauf, dass der berechnete Graph keine Mehrfachkanten enthält. Beweisen Sie die Korrektheit Ihres Algorithmus.*

Übung 4.20*: *Ein gerichteter Graph $G = (V, E)$ heißt halbzusammenhängend, wenn für beliebige Knoten $u, v \in V$ stets ein Pfad von u nach v oder ein Pfad von v nach u in G existiert. Entwickeln Sie einen effizienten Algorithmus, der entscheidet, ob ein gegebener Graph halbzusammenhängend ist. Beweisen Sie die Korrektheit und analysieren Sie die Laufzeit Ihres Algorithmus.*

Übung 4.21: *Konstruieren Sie einen gewichteten, gerichteten Graphen $G = (V, E, w)$ mit einem Startknoten $s \in V$, so dass für jede Kante $(x, y) \in E$ sowohl ein kürzester Wegebaum existiert, der (x, y) enthält, als auch ein kürzester Wegebaum existiert, der (x, y) nicht enthält.*

Übung 4.22: *Gegeben sei ein azyklischer Graph $G = (V, E)$ und ein Startknoten $s \in V$. Entwickeln Sie einen Algorithmus, der in linearer Zeit für alle $v \in V$ einen längsten Weg von s nach v berechnet. Was geschieht, wenn der Graph Kreise enthält?*

Übung 4.23: *Gegeben sei ein gewichteter Graph $G = (V, E, w)$, ein Startknoten $s \in V$ und $k \in \mathbb{N}$. Entwickeln Sie einen effizienten Algorithmus, der für jeden Knoten $v \in V$ die k kürzesten Pfade von s nach v berechnet. Beweisen Sie die Korrektheit Ihres Algorithmus und führen Sie eine Laufzeitanalyse durch.*

Übung 4.24: *Analysieren Sie unter der Annahme, dass alle „elementaren " Operationen die Kosten 1 haben, ab welcher Graphengröße das Verfahren von* FLOYD *dem Verfahren „n-maliges Anwenden von* DIJKSTRAS *Algorithmus " überlegen ist.*

Übung 4.25: *Der Algorithmus* KRUSKAL *kann für denselben Graphen verschiedene minimale überspannende Bäume konstruieren. Dies hängt davon ab, in welcher Reihenfolge Kanten mit demselben Gewicht in der sortierten Folge stehen. Zeigen Sie, dass für jeden minimalen überspannenden Baum des Eingabegraphen G eine Sortierung der Kanten existiert, so dass dieser vom Algorithmus* KRUSKAL *berechnet wird.*

Übung 4.26: *Sei $G = (V, E, w)$ ein gewichteter Graph mit paarweise unterschiedlichen Kantengewichten. Zeigen Sie, dass G genau einen minimalen überspannenden Baum besitzt.*

Übung 4.27*: *Die Kantenzusammenhangszahl eines ungerichteten Graphen G ist die minimale Anzahl k von Kanten, die aus G entfernt werden muss, so dass G in mindestens zwei Zusammenhangskomponenten zerfällt. Zeigen Sie, dass die Kantenzusammenhangszahl eines ungerichteten Graphen $G = (V, E)$ durch das Lösen von höchstens $|V|$ maximalen Flussproblemen auf Flussnetzwerken mit $O(|V|)$ Knoten und $O(|E|)$ Kanten berechnet werden kann.*

Übung 4.28: *Führen Sie das maximale Matchingproblem in bipartiten Graphen auf ein maximales Flussproblem zurück.*

Übung 4.29: *Zeigen Sie, dass bei der Durchführung des Algorithmus von* DINIC *nach einem Augmentierungsschritt ein Knoten entweder in seiner Schicht bleibt oder in eine Schicht mit größerer Nummer wandert.*

4.8   Literaturhinweise

Die ersten Algorithmen für bipartites Matching gehen auf Arbeiten der ungarischen Mathematiker KÖNIG und EGERVÁRY zurück. Den Klassiker [Kön36] von KÖNIG halte ich nach wie vor für ein lesenswertes Buch. Der Algorithmus für den gewichteten Fall ist ein sogenannter primal-dual-Algorithmus. In Kapitel 8 werden wir noch genauer auf primal-dual-Verfahren eingehen. Den ersten primal-dual-Algorithmus für das Assignmentproblem wurde 1955 von KUHN entwickelt [Kuh55]. Zu Ehren von KÖNIG und EGERVÁRY nannte er diesen Algorithmus *Ungarische Methode*. Satz

4.3 ist von WHITE [Whi67]. Die ersten polynomiellen Algorithmen für nichtbipartite Graphen wurden sowohl für den ungewichteten als auch für den gewichteten Fall Mitte der 60er Jahre von EDMONDS entwickelt [Edm65b, Edm65a]. Eine gute Präsentation des Algorithmus für den ungewichteten Fall findet man in TARJAN [Tar83]. Der gewichtete Fall ist z.B. in den Büchern von LAWLER [Law76], GONDRAN und MINOUX [GM84] und PAPADIMITRIOU und STEIGLITZ [PS82] beschrieben. In [Blu90] und [Blu99a] hat BLUM einen Zugang gewählt, der das explizite Betrachten der sogenannten „Blossoms" vermeidet. Weiterführend ist das Buch von LOVÁSZ und PLUMMER [LP86].

In [Tar72] präsentiert TARJAN den ersten Algorithmus zur Berechnung der starken Zusammenhangskomponenten, der lediglich lineare Zeit benötigt. Der hier präsentierte Algorithmus ist dem Buch [AHU83] von AHO, HOPCROFT und ULLMAN entnommen.

1959 publizierte DIJKSTRA [Dij59] seinen Algorithmus zur Lösung des „Einzelquelle-kürzeste-Weg-Problems". Dieser ist ein primal-dual-Algorithmus. Der Bellman-Ford Algorithmus basiert auf zwei Algorithmen, die unabhängig voneinander von BELLMAN [Bel58] und FORD Mitte der 50er Jahre entwickelt wurden. FLOYD [Flo62] publizierte seinen Algorithmus 1962.

Die beiden hier vorgestellten Algorithmen zur Berechnung von minimalen überspannenden Bäumen wurden um 1955 entwickelt und gehen auf KRUSKAL [Kru56] und PRIM [Pri57] zurück. Gute Referenzen für weiterführende Literatur sind die Bücher von TARJAN [Tar83] und von AHUJA, MAGNANTI und ORLIN [AMO93].

Pionierarbeit auf dem Gebiet der Netzwerkflussprobleme haben FORD und FULKERSON [JF62] in den 50er Jahren geleistet. Von ihnen stammt auch das Max-Flow Min-Cut Theorem [JF56]. DINIC publizierte seinen Algorithmus 1970 [Din70]. Die Verwendung von Preflows wurde 1974 von Karzanov eingeführt [Kar74]. Seitdem wurden eine Vielzahl von Algorithmen zur Lösung von verschiedenen Arten von Netzwerkflussproblemen veröffentlicht. AHUJA, MAGNANTI und ORLIN [AMO93] haben ein ausgezeichnetes Buch über Netzwerkflussprobleme geschrieben. Dieses enthält den Stand der Forschung von Ende 1992.

Einen guten Einstieg für das Studium von Backtrackingalgorithmen für das Graphenisomorphieproblem bilden [RC77] und [CK80]. Vom theoretischen Standpunkt erfolgreicher als Backtrackingalgorithmen waren algebraische Ansätze. Einen guten Überblick über diese gibt der Übersichtsartikel [Bab95] von BABAI.

Viele in der Praxis auftretenden Probleme lassen sich als ein Problem auf Graphen formalisieren. Dementsprechend stellt das Gebiet „Algorithmen auf Graphen" ein zentrales Gebiet – nicht nur in der Informatik – dar. Es wurden eine Vielzahl von Büchern geschrieben, die ihre Stärken und Schwächen haben. Will man nun ein spezielles Problem auf Graphen lösen, sollte man verschiedene Bücher konsultieren und dann die geeigneten heraussuchen.

5   Algorithmen auf Strings

Fragestellungen betreffend der Behandlung von im Computer gespeicherten Text treten in der Praxis immer häufiger auf. So werden z.B. Algorithmen zur Lösung derartiger Fragestellungen in Texteditoren oder auch bei der Untersuchung von biologischen Daten benötigt. Auch bei der Internetsuche spielen Algorithmen auf Strings eine wichtige Rolle. Wir werden uns mit zwei elementaren Problemen, dem *Stringmatchingproblem* und dem *approximativen Stringmatchingproblem* beschäftigen und Algorithmen zu deren Lösung entwickeln. Sei Σ ein endliches Alphabet. Das Stringmatchingproblem besteht darin, jedes Vorkommen eines gegebenen Musterstrings $y \in \Sigma^+$ in einem gegebenen Eingabestring $x \in \Sigma^+$ zu finden. Approximatives Stringmatching sucht nicht notwendigerweise exakte Vorkommen von Musterstrings im Eingabestring, sondern nahezu exakte Vorkommen. Hierzu definiert man für zwei Strings $y, z \in \Sigma^+$ die Editierdistanz $d(y, z)$. Das approximative Stringmatchingproblem besteht darin, jeden Teilstring z in einem gegebenen Eingabestring $x \in \Sigma^+$, der zu einem gegebenen Musterstring $y \in \Sigma^+$ minimale Editierdistanz hat, zu finden.

5.1   Der Algorithmus von Knuth, Morris und Pratt

Gegeben einen Eingabestring x der Länge n und einen Musterstring y der Länge m kann das Stringmatchingproblem leicht in $O(nm)$ Zeit gelöst werden. Hierzu testet man alle möglichen $n - m + 1$ Positionen in x, ob dort ein Teilstring z von x mit $z = y$ beginnt. Jeder Test kann in $O(m)$ Zeit durchgeführt werden, woraus unmittelbar ein $O(nm)$-Algorithmus resultiert. Es stellt sich nun die Frage, ob dieses naive Verfahren das bestmögliche Verfahren ist oder ob der Algorithmus wesentlich verbessert werden kann. Schauen wir uns hierzu dieses naive Verfahren genauer an.

Seien $x = a_1 a_2 \ldots a_n$ und $y = b_1 b_2 \ldots b_m$. Das naive Verfahren überprüft jede Position $k \in [0..n - m]$ ob $a_{k+1} a_{k+2} \ldots a_{k+m} = b_1 b_2 \ldots b_m$. Eine einfache Realisierung erhält man, indem synchron über x und über y jeweils ein Zeiger geschoben wird. Nehmen wir an, dass die Zeiger gerade über a_j und b_i stehen. Abbildung 5.1 skizziert diese Situation. Wir unterscheiden zwei Fälle:

1. Falls $a_j = b_i$, dann gilt $a_{j-i+1} a_{j-i+2} \ldots a_j = b_1 b_2 \ldots b_i$. Beide Zeiger werden um eine Position weitergeschoben.

2. Falls $a_j \neq b_i$, dann gilt $a_{j-i+1} a_{j-i+2} \ldots a_{j-1} = b_1 b_2 \ldots b_{i-1}$ aber auch $a_j \neq b_i$.

$$\downarrow$$

$$
\begin{array}{llllllllll}
x = & a_1 & a_2 & a_3 & \ldots & a_k & a_{k+1} & a_{k+2} & \ldots & a_j & \ldots & a_{k+m} & \ldots & a_n \\
y = & & & & & & b_1 & b_2 & \ldots & b_i & \ldots & b_m
\end{array}
$$

$$\uparrow$$

Abbildung 5.1: Überprüfung der Position k.

Die naive Methode erhöht nun k um 1, schiebt also den Musterstring um eine Position nach rechts und setzt sowohl den Musterzeiger als auch den Stringzeiger um $i - 1$ Positionen nach links, also auf b_1 bzw. a_{k+2}.

Somit „vergisst" die naive Methode das Wissen $a_{j-i+1}a_{j-i+2} \ldots a_{j-1} = b_1b_2 \ldots b_{i-1}$. Es drängt sich die Frage auf, auf welche Art und Weise und mit welchem Gewinn wir dieses Wissen verwerten könnten. Günstig wäre es, wenn wir den Stringzeiger überhaupt nicht zurücksetzen müssten, wenn also jedes Symbol im Eingabestring nur einmal gelesen wird. Demzufolge müsste der Musterzeiger so wenig wie möglich zurückgesetzt werden, so dass links von ihm Muster und Text übereinstimmen. Hierzu definieren wir für $1 \leq r \leq m$

$$H(r) = \max_{l<r}\{l \mid b_1b_2 \ldots b_{l-1} \text{ ist Suffix von } b_1b_2 \ldots b_{r-1}\}.$$

Dies bedeutet, dass $H(r) - 1$ die Länge des maximalen Präfixes von $b_1b_2 \ldots b_{r-2}$, der auch Suffix von $b_1b_2 \ldots b_{r-1}$ ist, bezeichnet. In Kenntnis dieser Werte können wir die naive Methode wie folgt verfeinern:

- Verschiebe den Musterstring derart, dass $b_{H(i)}$ unter a_j steht und verändere den Stringzeiger nicht. Der Musterstringzeiger zeigt danach auf $b_{H(i)}$.

Für $1 \leq r \leq m$ nehmen wir an, dass $H(r)$ bereits berechnet ist. Dann kann das Stringmatchingproblem wie folgt gelöst werden:

Algorithmus KMP

Eingabe: Textstring $x = a_1a_2 \ldots a_n$, Musterstring $y = b_1b_2 \ldots b_m$, Tabelle H.

Ausgabe: k minimal, so dass $a_{k+1}a_{k+2} \ldots a_{k+m} = b_1b_2 \ldots b_m$, falls solches k existiert und „Fehlanzeige" sonst.

Methode:

$$i := 1; \quad j := 1;$$
while $i \leq m$ **and** $j \leq n$
   do
      while $i > 0$ **cand** $b_i \neq a_j$
         do
            $i := H(i)$ (*Beachte $H(1) = 0$.*)

> **od;**
> $i := i + 1; \quad j := j + 1$
> **od;**
> **if** $i > m$
> **then**
> $k := j - (m + 1)$
> **else**
> „Fehlanzeige"
> **fi.**

Das **cand** in der inneren **while**-Schleife ist ein „bedingtes **and**" und vergleicht b_i mit a_j nur falls $i > 0$. Jede Iteration der inneren **while**-Schleife schiebt das Muster so lange um $i - H(i)$ Zeichen nach rechts, bis $i = 0$ oder $b_i = a_j$. Im ersten Fall ist kein nichtleerer Präfix von y Suffix von $a_1 a_2 \ldots a_j$. Im zweiten Fall gilt $b_1 b_2 \ldots b_i = a_{j-i+1} a_{j-i+2} \ldots a_j$. Die äußere **while**-Schleife erhöht synchron den String- und den Musterstringzeiger. Zunächst beweisen wir die Korrektheit des Algorithmus.

Lemma 5.1 *Der Algorithmus* KMP *ist korrekt.*

Beweis: Zu zeigen ist, dass der Algorithmus KMP das kleinste k mit $a_{k+1} \ldots a_{k+m} = b_1 \ldots b_m$ berechnet, falls solches k existiert und ansonsten „Fehlanzeige" ausgibt.

Falls der Algorithmus die äußere **while**-Schleife wegen $i = m + 1$ verlässt, dann gilt gemäß Konstruktion $j \leq n+1$ und $a_{k+1} a_{k+2} \ldots a_{k+m} = b_1 b_2 \ldots b_m$. Dies kann leicht mittels Induktion bewiesen werden. Wir müssen uns noch davon überzeugen dass kein $k' \leq n - m$ existiert mit

i) $a_{k'+1} a_{k'+2} \ldots a_{k'+m} = b_1 b_2 \ldots b_m$ und

ii) $k' < k$, falls KMP k ausgibt.

Nehmen wir hierzu an, dass solches k' existiert. Zur Herbeiführung eines Widerspruches betrachten wir den Ablauf des Algorithmus KMP. Da die Ausgabe von KMP $k > k'$ oder „Fehlanzeige" ist, gibt es folgende Situation:

$$a_1 a_2 \quad \ldots \quad a_l \quad a_{l+1} \quad \ldots \quad a_{k'} \quad \ldots \quad a_q \quad \ldots \quad \underset{\neq}{a_j} \quad \ldots \quad a_{l+m} \quad \ldots \quad a_n$$
$$b_1 \quad \ldots \qquad\qquad\qquad\qquad\qquad\qquad\quad b_i \quad \ldots \quad b_m$$
$$b_1 \quad \ldots \qquad\qquad\qquad\qquad\qquad\qquad\qquad\qquad b_m$$

Unmittelbar vor der Abarbeitung des Blockes der inneren **while**-Schleife steht der Anfang des Musterstringes unmittelbar hinter a_l echt links von $a_{k'+1}$ und danach echt rechts von $a_{k'+1}$. Dies bedeutet, dass $l < k' < j - 1$.

Wegen $a_{k'+1} a_{k'+2} \ldots a_j \ldots a_{k'+m} = b_1 b_2 \ldots b_m$ und $a_{l+1} a_{l+2} \ldots a_{l+(i-1)} = b_1 b_2 \ldots b_{i-1}$ gilt $b_1 b_2 \ldots b_{j-k'-1}$ ist Suffix von $b_1 b_2 \ldots b_{i-1}$.

Gemäß obiger Situation gilt aber $j - k' > H(i)$, was der Definition von $H(i)$ widerspricht. Also ist unsere Annahme falsch, so dass das Lemma bewiesen ist. ∎

Demnach verbleiben noch die Aufwandsanalyse und die Berechnung der Tabelle H.

Der Stringzeiger j wird niemals vermindert. Eine Erhöhung des Musterstringzeigers i um eins impliziert auch die Erhöhung des Stringzeigers um eins. Also wird i maximal n-mal um eins erhöht. Eine Verringerung von i in der inneren **while**-Schleife setzt eine entsprechende Erhöhung von i voraus. Also können wir die Kosten für die Verringerung von i gegen die Kosten für die Erhöhung von i aufrechnen. Demnach ist die vom Algorithmus KMP benötigte Zeit $O(n)$. Der zusätzliche Platzbedarf setzt sich aus dem Platzbedarf für die beiden Zeiger und für die Tabelle H zusammen, ist also $O(m)$.

Es verbleibt noch die Beschreibung eines effizienten Verfahrens für die Berechnung der Tabelle H. Wir berechnen H induktiv.

1. Gemäß Definition gilt $H(1) = 0$ und $H(2) = 1$.
2. Nehmen wir an, dass $H(1), H(2), \ldots, H(i)$, $i \geq 2$ bereits berechnet sind. Wir werden nun $H(i + 1)$ berechnen. Hierzu unterscheiden wir zwei Fälle:
   (a) Falls $b_i = b_{H(i)}$, dann folgt direkt $H(i + 1) = H(i) + 1$.
   (b) Falls $b_i \neq b_{H(i)}$, dann liegt folgende Situation vor:
       $b_1 b_2 \ldots b_{H(i)-1}$ ist Suffix von $b_1 b_2 \ldots b_{i-1}$ aber $b_i \neq b_{H(i)}$. D.h., $b_1 b_2 \ldots b_{H(i)}$ ist kein Suffix von $b_1 b_2 \ldots b_i$.

Wir iterieren nun obige Betrachtungsweise und überprüfen $H(H(i))$, welches gemäß Voraussetzung bereits berechnet ist. Falls nun $b_i = b_{H(H(i))}$, dann gilt $H(i + 1) = H(H(i)) + 1$, andernfalls wiederholen wir obige Betrachtung. Dies tun wir so lange, bis wir entweder $H(i + 1)$ berechnet haben oder zum Anfang des Musterstrings y gelangt sind. Folgender Algorithmus berechnet die Tabelle H:

Algorithmus BERECHNUNG VON H

Eingabe: $y = b_1 b_2 \ldots b_m$.

Ausgabe: Tabelle H.

Methode:

```
H(1) := 0; H(2) := 1;
for i from 2 to m − 1
  do
    j := H(i);
    while j > 0 cand b_i ≠ b_j
      do
        j := H(j)
```

od;
$$H(i + 1) := j + 1$$
od.

Analog zur Analyse des Algorithmus KMP können wir zeigen, dass die benötigte Zeit $O(m)$ ist.

Übung 5.1:

a) *Beweisen sie die Korrektheit der Algorithmen* KMP *und* BERECHNUNG VON H.

b) *Wir haben die Werte* $H(r) = \max_{l < r} \{l \mid b_1 \ldots b_{l-1}$ *ist Suffix von* $b_1 \ldots b_{r-1}\}$ *für* $1 \leq r \leq m$ *berechnet. Es ist allerdings klar, dass im Fall* $b_{H(i)} = b_r$ *die Abfrage* $b_{H(i)} = a_j$ *negativ beantwortet wird. Besser ist es also, statt* $H(r)$ *den Wert* $\text{Next}(r)$ *zu berechnen, wobei*

$$\text{Next}(r) = \max_{l < r}\{l \mid b_1 b_2 \ldots b_{l-1} \text{ ist Suffix von } b_1 b_2 \ldots b_{r-1} \text{ und } b_l \neq b_r\}.$$

Entwickeln Sie ein effizientes Verfahren zur Berechnung von $\text{Next}(r)$ *für* $1 \leq r \leq m$. *Beweisen Sie die Korrektheit Ihres Verfahrens und analysieren Sie die von Ihrem Verfahren benötigte Zeit. Modifizieren Sie den Algorithmus* KMP *derart, dass anstelle der Tabelle* H *die Tabelle* Next *verwendet wird.*

Der Algorithmus KMP berechnet das erste Vorkommen des Musterstrings y im Textstring x. Es stellt sich nun die Frage, wie wir alle Vorkommen von y in x in $O(n + m)$ Zeit berechnen können. Es verbietet sich, nach jedem Finden von y in x den Musterstring einfach um eine Position nach rechts zu verschieben und KMP erneut zu starten, da dies zu einer Laufzeit von $\Omega(m \cdot n)$ führen könnte. Nehmen wir hierzu an, dass der Textstring $x = aa \ldots a$ und $y = aa \ldots a$, wobei $|x| = n$ und $|y| = m$. Für jedes der $n - m + 1$ Vorkommen von y in x würden bei der obigen Vorgehensweise m Vergleiche durchgeführt werden. Die Gesamtanzahl der durchgeführten Vergleiche wäre somit $m(n - m + 1) = mn - m^2 + m$. Unser Ziel ist nun, den Algorithmus KMP derart zu erweitern, so dass alle Vorkommen von y in x in $O(n + m)$ Zeit berechnet werden. Die Idee ist hierzu die Tabelle H um den Wert

$$H(m + 1) := \max_{l < m+1} \{l \mid b_1 b_2 \ldots b_{l-1} \text{ ist Suffix von } b_1 b_2 \ldots b_m\}$$

zu erweitern. Wir können dann mit Hilfe von $H(m + 1)$ den minimalen Rechtsshift berechnen und den Algorithmus KMP im Textstring dort fortsetzen, wo er mit der letzten Ausgabe terminiert ist. Insgesamt erhalten wir folgenden Satz:

Satz 5.1 *Unter Verwendung des Algorithmus* KMP *kann das Stringmatchingproblem in* $O(m + n)$ *Zeit gelöst werden. Der benötigte zusätzliche Speicherplatz ist* $O(m)$.

Übung 5.2: *Modifizieren Sie den Algorithmus* KMP, *so dass alle Vorkommen von* y *in* x *in Zeit* $O(n+m)$ *berechnet werden. Erweitern Sie hierzu auch den Algorithmus* BERECHNUNG VON H, *so dass auch* $H(m+1)$ *berechnet wird.*

Unser Ziel ist nun, den Algorithmus KMP zu verbessern. Betrachten wir hierzu nochmals diesen Algorithmus. In der inneren **while**-Schleife vermindern wir eventuell mehrmals die Laufvariable i, ohne dass der Textstringzeiger j nach rechts geschoben wird. Der Grund hierfür ist, dass stets $b_i \neq a_j$. Diese Beobachtung wirft folgende Frage auf: Können wir eine Tabelle F berechnen, so dass der Musterstringzeiger auf die richtige Position gesetzt wird und danach sowohl der Text- als auch der Musterstringzeiger um eine Position nach rechts geschoben werden? Hierzu benötigen wir für $1 \leq r \leq m$, für alle $c \in \Sigma$

$$F(r, c) := \max_{l \leq r}\{l \mid b_1 b_2 \ldots b_l \text{ ist Suffix von } b_1 b_2 \ldots b_{r-1} c\}.$$

Übung 5.3: *Modifizieren Sie unter der Annahme, dass die Tabelle F bereits berechnet ist, den Algorithmus* KMP, *so dass stets der Text- und der Musterstringzeiger um eine Position nach rechts geschoben wird. Analysieren Sie die Anzahl der Vergleiche, die der modifizierte Algorithmus durchführt.*

Es stellt sich nun die Frage, wie die Tabelle F effizient berechnet werden kann. Hierzu nehmen wir an, dass die Tabelle H bereits berechnet ist. Aus der Definition von F folgt direkt

1. $F(0, c) = 0$ für alle $c \in \Sigma$,
2. $F(1, b_1) = 1$ und
3. $F(1, c) = 0$ für alle $c \in \Sigma \setminus \{b_1\}$.

Des Weiteren folgt aus der Definition von F für $r > 1$:

$$F(r, c) = \begin{cases} H(r) & \text{falls } b_{H(r)} = c \\ F(H(r), c) & \text{sonst.} \end{cases}$$

Der modifizierte Algorithmus benötigt weniger Vergleiche als der Algorithmus KMP. Dafür ist die Tabelle F um den Faktor $|\Sigma|$ größer als H.

Übung 5.4: *Arbeiten Sie einen Algorithmus zur Berechnung der Tabelle F aus.*

5.2 Der Algorithmus von Boyer und Moore

Unser Ziel ist nun die Entwicklung von noch effizienteren Algorithmen für das Stringmatchingproblem. Der Algorithmus von Boyer und Moore, insbesondere die effiziente Berechnung der verwendeten Heuristiken, ist wesentlich komplizierter als der Algorithmus von Knuth, Morris und Pratt. Zudem ist die Analyse des Algorithmus äußerst aufwendig. Wir benötigen hierfür tiefe Einsichten bezüglich Eigenschaften von Strings. Darüber hinaus ist die Erweiterung des Algorithmus, so dass alle Vorkommen des Musterstrings im Textstring berechnet werden, nicht einfach. Auch hierzu werden tiefe Einsichten bezüglich Eigenschaften von Strings benötigt. Dennoch werden wir all dies ausführlich behandeln. Lässt man sich darauf ein, so bin ich überzeugt, dass man sehr viel über Strings lernen wird. Dies kann dann bei der Lösung von anderen Problemen auf Strings von großer Hilfe sein.

5.2.1 Der Algorithmus

Der Algorithmus von Knuth, Morris und Pratt betrachtet stets den gesamten Textstring. Wir möchten einen Algorithmus entwickeln, der häufig nicht den gesamten Textstring betrachtet. Hierzu plazieren wir genauso wie beim Algorithmus KMP den Musterstring $y = b_1 b_2 \ldots b_m$ linksbündig zum Textstring $x = a_1 a_2 \ldots a_n$. Wir vergleichen jedoch y mit dem korrespondierenden Teilstring $a_1 a_2 \ldots a_m$ des Textstrings *von rechts nach links*.

$$
\begin{array}{ccccccccc}
 & & & & \downarrow & & & & \\
x = & a_1 & a_2 & a_3 & \ldots & a_m & a_{m+1} & a_{m+2} & \ldots & a_n \\
y = & b_1 & b_2 & b_3 & \ldots & b_m & & & & \\
 & & & & \uparrow & & & & \\
\end{array}
$$

Im Mittel wird häufig $a_m \neq b_m$ erfüllt sein. Nehmen wir zum Beispiel an, dass wir den Musterstring „problem" im Textstring „Betrachten wir das Stringmatchingproblem" suchen.

```
Betrachten wir das Stringmatchingproblem
problem
        problem
                problem
```

Wir vergleichen zunächst das letzte Symbol m des Musterstrings mit dem korrespondierenden Symbol h des Textstrings. Diese sind verschieden. Da das Symbol h im Musterstring nicht vorkommt, können wir das erste Symbol des Musterstrings direkt unter das auf h folgende Symbol im Textstring plazieren. Also wird als nächstes das letzte Symbol m des Musterstrings mit dem darüberstehenden Symbol r des Textstrings verglichen. Diese sind verschieden. Wiederum kommt das Symbol r nicht im Musterstring vor, so dass das erste Symbol des Musterstrings direkt unter das im Textstring auf r folgende Symbol plaziert wird u.s.w.

Nehmen wir an, dass $a_m \neq b_m$. Dann kann wie folgt verfahren werden: Falls a_m kein Symbol im Musterstring y ist, dann plaziere y unter $a_{m+1}a_{m+2} \ldots a_{2m}$. Andernfalls plaziere y derart, dass a_m von rechts gesehen über dem ersten Symbol b_r mit $b_r = a_m$ steht; d.h., $a_m \neq b_j$ für alle $r < j \leq m$. Danach liegt folgende Situation vor:

$$
\begin{array}{llllllllll}
& & & & & & & \downarrow & & \\
x = & a_1 & a_2 & \ldots & a_{m-r+1} & a_{m-r+2} & \ldots & a_m & \ldots & a_{2m-r} & \ldots & a_n \\
y = & & & & b_1 & b_2 & \ldots & b_r & \ldots & b_m & \\
& & & & & & & \uparrow & &
\end{array}
$$

Wir vergleichen y mit dem korrespondierenden Teilstring $a_{m-r+1}a_{m-r+2} \ldots a_{2m-r}$ des Textstrings von rechts nach links. y und der korrespondierende Teilstring von x können in einem Suffix gleich sein und sich erst dann unterscheiden. Demzufolge liegt folgende allgemeinere Situation vor:

Nehmen wir an, dass wir y mit dem Teilstring $a_{k+1}a_{k+2} \ldots a_{k+m}$ von x vergleichen und dass folgendes erfüllt ist:

1. $a_{k+j} \neq b_j$ und
2. $a_{k+j+1}a_{k+j+2} \ldots a_{k+m} = b_{j+1}b_{j+2} \ldots b_m$.

Die Idee ist nun, den Musterstring y unter Anwendung von „sinnvollen" Regeln nach rechts zu shiften und dann den neuen korrespondierenden Teilstring des Textstrings x von rechts nach links mit y zu vergleichen. Hieraus resultiert direkt folgende Frage: Was sind sinnvolle Regeln bzw. Heuristiken für den Rechtsshift? Derartige Regeln müssen die Eigenschaft besitzen, dass kein Shift über ein Vorkommen von y in x hinaus erfolgt. Boyer und Moore haben zwei Heuristiken, die jeweils einen Wert δ_1 und δ_2 für einen sinnvollen Rechtsshift berechnen, angegeben.

δ_1 basiert auf folgender Idee: Der Textstringbuchstabe c, der einen Mismatch verursacht hat, muss einem Musterstringbuchstaben, der identisch zu ihm ist, zugewiesen werden. Dies bedeutet, dass wir den Musterstring y so weit nach rechts schieben, bis das in y am weitesten rechts stehende c unter dem Textbuchstaben c, der den Mismatch verursacht hat, steht. Für $c \in \Sigma$ ist somit $\delta_1(c)$ definiert durch

$$
\delta_1(c) := \begin{cases} m & \text{falls } c \text{ nicht in } y \text{ vorkommt} \\ \min_{0 \leq i \leq m}\{i \mid b_{m-i} = c\} & \text{sonst.} \end{cases}
$$

Falls $a_{k+j} \neq b_j$ und $a_{k+j+1}a_{k+j+2} \ldots a_{k+m} = b_{j+1}b_{j+2} \ldots b_m$ dann definiert $\delta_1(a_{k+j})$ genau dann einen Rechtsshift von y, wenn $m - \delta_1(a_{k+j}) < j$. Ist dies der Fall, dann kann y um $\delta_1(a_{k+j}) - (m - j)$ Positionen nach rechts geshiftet werden.

δ_1 kann durch eine Tabelle der Größe $|\Sigma|$ beschrieben werden. $\delta_1(c)$ gibt das in y links vom Stringende am weitesten rechts stehende c an. Natürlich kann man für jede Position j, $1 \leq j \leq m$ einen entsprechenden Wert im voraus berechnen. Dies würde allerdings die Vorbereitungszeit erheblich erhöhen und es wäre ein zusätzlicher Speicher der Größe $m|\Sigma|$ notwendig, wenn man dies für alle j tun würde.

δ_2 ist eine Funktion derjenigen Position in y, in der sich y vom gerade geprüften Teilstring von x unterscheidet. Die Idee ist nun eine Tabelle δ_2 zu berechnen, die die notwendige Information über den kleinsten Rechtsshift > 0 enthält, so dass zwischen $a_{k+j+1}a_{k+j+2}\ldots a_{k+m}$ und dem korrespondierenden Teilstring y' im Musterstring y kein Mismatch vorkommt und unmittelbar links von y' in y ein Symbol $\neq b_j$ steht. Falls links von y' in y das Symbol b_j stehen würde, dann hätten wir nach dem Rechtsshift unter a_{k+j} wiederum das Symbol b_j und somit ein Mismatch.

Äquivalent zur obigen Idee könnten wir y unter y plazieren und für das untere y den geringstmöglichen Rechtsshift > 0 durchführen, so dass zwischen $b_{j+1}b_{j+2}\ldots b_m$ und dem darunterstehenden Teilstring y' von y kein Mismatch vorkommt und unmittelbar links von y' ein Symbol $\neq b_j$ steht. D.h., wir benötigen das maximale $g < j$, so dass

$$b_{g+1}b_{g+2}\ldots b_{g+(m-j)} = b_{j+1}b_{j+2}\ldots b_m \text{ und } b_g \neq b_j.$$

Falls g nicht existiert, dann benötigen wir den maximalen Präfix von $b_1 b_2 \ldots b_{m-j}$, der auch Suffix von $b_{j+1}b_{j+2}\ldots b_m$ ist.

Wir berechnen zunächst eine Tabelle δ_2' und dann mit Hilfe dieser die Tabelle δ_2. Dabei enthält $\delta_2'(j)$ den Index desjenigen Symbols in y, das unter b_m geschoben wird. Falls das untere y ganz über das obere y hinaus geschoben wir, dann erhält $\delta_2'(j)$ den Wert 0. Somit ergibt sich für $\delta_2'(j)$ folgender Wert:

$$\delta_2'(j) := \begin{cases} \max\{g + (m-j) \mid 1 \le g < j, b_g \neq b_j & \text{falls solches } g \\ \quad \text{und } b_{g+1}\ldots b_{g+(m-j)} = b_{j+1}\ldots b_m\} & \text{existiert} \\ \max\{l \mid b_1\ldots b_l \text{ ist Suffix von } b_{j+1}\ldots b_m\} & \text{falls nicht } g \text{ aber} \\ & \text{solches } l \text{ existiert} \\ 0 & \text{sonst.} \end{cases}$$

Falls der erste Fall eintritt, dann wird der Musterstring derart nach rechts geshiftet, dass b_g unter a_{k+j} und somit auch $b_{g+(m-j)}$ unter a_{k+m} stehen. Falls der zweite Fall eintritt, dann wird der Musterstring y derart nach rechts geshiftet, dass b_l unter a_{k+m} steht. Im dritten Fall wird y ganz über a_{k+m} hinaus geschoben, so dass b_1 unter a_{k+m+1} steht.

Im Gegensatz zur Tabelle δ_2' geben die Komponenten der Tabelle δ_1 die Länge eines möglichen Rechtsshiftes an. Besser wäre es, wenn δ_2' dies auch tun würde. Dann könnte der Algorithmus den maximalen der beiden Rechtsshifte einfach bestimmen und diesen durchführen. Daher werden wir für alle j den Wert $\delta_2'(j)$ zu einen Wert $\delta_2(j)$ transformieren, so dass dieser die Länge des durch $\delta_2'(j)$ spezifizierten Rechtsshiftes angibt. Je nachdem welchen Wert δ_2' annimmt, tritt einer der folgenden drei Fälle auf:

	$b_1 b_2$	$\cdots$		b_j	$\cdots$	b_m				
1. Fall		b_1	$\cdots$	b_g	$\cdots$	$b_{g+(m-j)}$	$\cdots$	b_m		
2. Fall				$b_1 \cdots$	b_l			$\cdots$	b_m	
3. Fall						$b_1 b_2$		$\cdots$		b_m

Somit ergibt sich als Länge des korrespondierenden Rechtsshiftes:

1. Fall: $m - (g + (m - j)) = j - g$

2. Fall: $m - l$

3. Fall: m

Also erhalten wir für $1 \le j \le m$

$$\delta_2(j) = m - \delta_2'(j).$$

δ_2 kann durch eine Tabelle der Größe m spezifiziert werden. Da δ_2 nur vom Musterstring y und nicht vom Textstring x abhängt, kann diese Tabelle im voraus berechnet werden. Gegeben die Tabellen δ_1 und δ_2 sieht der Algorithmus von Boyer und Moore folgendermaßen aus:

Algorithmus BM

Eingabe: Textstring $x = a_1 a_2 \ldots a_n$, Musterstring $y = b_1 b_2 \ldots b_m$, Tabellen δ_1 und δ_2.

Ausgabe: k minimal, so dass $a_{k+1} a_{k+2} \ldots a_{k+m} = b_1 b_2 \ldots b_m$, falls solches k existiert und „$Fehlanzeige$" sonst.

Methode:

> $Ausgabe := n$;
> $msende := m$; (*markiert das Musterstringende in x)
> **while** $msende \le n$
>   **do**
> $k := msende$; (*Zeiger in x*)
> $j := m$;   (*Zeiger in y*)
>   **while** $j > 0$ **and** $a_k = b_j$
>   **do**
> $j := j - 1; k := k - 1$
>   **od**;
>   **if** $j = 0$
>   **then**
> $msende := n + 1$; $Ausgabe := k$
>   **else**
> $msende := \max\{k + \delta_1(a_k), msende + \delta_2(j)\}$
>   **fi**

od;
if $Ausgabe < n$
  then
    return($Ausgabe$)
  else
    return(„$Fehlanzeige$")
fi.

Gemäß der Definition der Tabellen δ_1 und δ_2 schiebt keiner der durch diese Tabellen definierten Shifts den Musterstring y über ein Vorkommen von y im Textstring x hinaus. Somit müssen wir uns für den Beweis der Korrektheit des Algorithmus BM davon überzeugen, dass BM diese Shifts korrekt durchführt.

Nach dem durch $\delta_1(a_k)$ definierten Shift muss die Position des Musterstrings y die folgende sein:

$$\begin{cases} b_1 & \text{steht unter } a_{k+1} & \text{falls } a_k \text{ kein Symbol in } y \\ b_{m-q} \text{ steht unter } a_k & & \text{sonst,} \end{cases}$$

wobei $q := \min_{0 \le i < m}\{i \mid b_{m-i} = a_k\}$. Falls der Algorithmus BM den zu $\delta_1(a_k)$ korrespondierenden Shift durchführt, dann gilt danach

$$msende = k + \delta_1(a_k).$$

Also steht dann b_m unter

$$\begin{cases} a_{k+1} & \text{falls } \delta_1(a_k) = m \\ a_{k+q} & \text{falls } \delta_1(a_k) = q := \min_{0 \le i < m}\{i \mid b_{m-i} = a_k\}. \end{cases}$$

Also steht

$$\begin{cases} b_1 & \text{steht unter } a_{k+1} & \text{falls } a_k \text{ kein Symbol in } y \\ b_{m-q} \text{ steht unter } a_k & & \text{sonst.} \end{cases}$$

Demzufolge führt der Algorithmus BM den Shift korrekt durch.

$\delta_2(j)$ gibt die Länge des Rechtsshifts, um die der Musterstring nach rechts geschoben wird, an. Falls BM den zu $\delta_2(j)$ korrespondierenden Shift durchführt, dann gilt danach

$$msende = msende + \delta_2(j).$$

Dies bedeutet, dass der Musterstring exakt um $\delta_2(j)$ nach rechts geschoben wird. Also führt der Algorithmus BM auch diesen Shift korrekt durch.

Falls für $q := \delta_1(a_k)$ der Wert $m - q$ größer als j ist, dann wäre der durch $\delta_1(a_k)$ definierte Shift ein Linksshift. Wegen $\delta_2(j) > 0$ gilt dann

$$msende + \delta_2(j) > k + \delta_1(a_k),$$

so dass der durch $\delta_2(j)$ definierte Rechtsshift von BM durchgeführt wird. Also führt BM stets einen Rechtsshift durch. Bevor wir uns mit der Laufzeitanalyse des Algorithmus BM beschäftigen, überlegen wir uns, wie wir die Tabellen δ_1 und δ_2 effizient berechnen können.

5.2.2 Die Berechnung der Tabellen δ_1 und δ_2

Die Berechnung der Tabelle δ_1 ist einfach und wird von folgenden Algorithmus durchgeführt:

Algorithmus BERECHNUNG VON δ_1

Eingabe: $y = b_1 b_2 \ldots b_m$.

Ausgabe: Tabelle δ_1.

Methode:

> **for** alle $c \in \Sigma$
> > **do**
> > > $\delta_1(c) := m$
> >
> > **od;**
> > **for** j **from** m **to** 1
> > > **do**
> > > > **if** $\delta_1(b_j) = m$
> > > > > **then**
> > > > > > $\delta_1(b_j) := m - j$
> > > >
> > > > **fi**
> > >
> > **od.**

Übung 5.5: *Beweisen Sie die Korrektheit des Algorithmus* BERECHNUNG VON δ_1 *und führen Sie die Laufzeitanalyse durch.*

Die Berechnung der Tabelle δ_2 gestaltet sich wesentlich schwieriger. Für jedes $1 \le j \le m$ ist genau ein Wert $\delta_2(j)$ zu berechnen. Unser Ziel ist, die Gesamttabelle in $O(m)$ Zeit zu berechnen. Für $1 \le j \le m$ betrachten wir noch einmal $\delta_2(j)$. Drei Fälle sind zu unterscheiden:

1. Es existiert $1 \le g < j$ mit $b_{g+1} \ldots b_{g+(m-j)} = b_{j+1} \ldots b_m$ und $b_g \neq b_j$.

   Dann ist das maximale solche g zu berechnen. Sei g_0 dieses g. Dann gilt

   $$\delta_2(j) = j - g_0.$$

2. Es gilt nicht der erste Fall und es existiert $1 \le l \le m - j$ mit $b_1 \ldots b_l$ ist Suffix von $b_{j+1} \ldots b_m$.

Dann ist das maximale solche l zu berechnen. Sei l_0 dieses l. Dann gilt

$$\delta_2(j) = m - l_0.$$

3. Die Fälle 1 und 2 sind nicht erfüllt.

Dann gilt

$$\delta_2(j) = m.$$

Demzufolge ist folgende Grobstruktur für den Algorithmus zur Berechnung der Tabelle δ_2 sinnvoll:

(1) Für alle $1 \leq j \leq m$ initialisiere

$$\delta_2(j) := m.$$

(2) Für alle $1 \leq j \leq m$ berechne g_0 und setze

$$\delta_2(j) := j - g_0,$$

falls g_0 existiert.

(3) Für alle $1 \leq j \leq m$, für die in (2) kein g_0 berechnet wurde, d.h., $\delta_2(j) = m$, berechne l_0 und setze

$$\delta_2(j) := m - l_0,$$

falls l_0 existiert.

Für die Durchführung von Schritt (3) benötigen wir lediglich $O(m)$ Zeit. Wir können hierzu den Algorithmus BERECHNUNG VON H verwenden. Unser Ziel ist nun die Entwicklung eines Algorithmus für Schritt (2), der auch nur $O(m)$ Zeit benötigt. Hierzu reduzieren wir Schritt (2) zunächst auf ein Problem, dessen Lösung in Zeit $O(m)$ die Durchführung von Schritt (2) in $O(m)$ Zeit nach sich zieht. Dafür ist es sinnvoll, die Aufgabenstellung (2) äquivalent umzuformen. Betrachten wir zunächst nochmals die Situation, in der ein Wert $\delta_2(j)$ zu berechnen ist.

$$a_1 a_2 \ldots a_k \, a_{k+1} \quad \ldots \quad a_{k+j} \quad \ldots \quad a_{k+m} \ldots a_n$$
$$\neq$$
$$b_1 \ldots b_{g_0} b_{g_0+1} \ldots \quad b_j \quad \ldots b_s b_{s+1} \ldots \quad b_m$$

Dabei ist s so gewählt, dass $m - s = j - g_0$, d.h., $s = g_0 + m - j$ oder äquivalent $j = g_0 + m - s$ oder $g_0 = s + j - m$. Somit erhalten wir aus (2) folgende äquivalente Aufgabenstellung:

(2') Für alle $1 \leq j \leq m$ berechne das maximale $s < m$ mit

$$b_{g+1} b_{g+2} \ldots b_s = b_{j+1} b_{j+2} \ldots b_m \quad \text{und} \quad b_g \neq b_j,$$

wobei $g := s + j - m$ und setze

$$\delta_2(j) := m - s,$$

falls solches s existiert.

Zur Lösung dieser Aufgabenstellung möchten wir einmal den Musterstring y lesen und dabei die benötigten Werte $\delta_2(j)$, $1 \le j \le m$ berechnen. Da die zu bestimmenden Eigenschaften vom Suffix von y abhängen, macht lesen von links nach rechts keinen Sinn. Beim Lesen von rechts nach links haben wir die Schwierigkeit, dass zum Zeitpunkt, wenn b_j betrachtet wird, b_s bereits betrachtet ist. Bereits zum Zeitpunkt, wenn b_s betrachtet wird, muss die jetzt benötigte Information zumindest vorbereitet werden und spätestens dann, wenn das zu b_j korrespondierende b_g betrachtet wird, berechnet sein. Hierzu ist es nützlich, die Aufgabenstellung (2') nochmals äquivalent umzuformen. Folgende Lemma hilft uns hierbei:

Lemma 5.2 *Für jedes* $1 \le s < m$ *gibt es höchstens ein* g, *so dass*

$$b_{g+1}b_{g+2}\dots b_s = b_{j+1}b_{j+2}\dots b_m \quad und \quad b_g \ne b_j,$$

wobei $j := m + g - s$.

Beweis: Betrachten wir $s < m$ fest. Falls kein $g < s$, das obige Eigenschaften erfüllt, existiert, dann ist nichts mehr zu beweisen. Betrachten wir $g < s$ minimal, so dass

$$b_{g+1}b_{g+2}\dots b_s = b_{j+1}b_{j+2}\dots b_m \quad und \quad b_g \ne b_j,$$

wobei $j := m + g - s$. Dann gilt für alle $g < h := g + l \le s$

$$b_h = b_{g+l} = b_{j+l} = b_{m+g-s+l} = b_{m+h-s}.$$

Also existiert kein $h > g$, so dass

$$b_{h+1}b_{h+2}\dots b_s = b_{j+1}b_{j+2}\dots b_m \quad und \quad b_h \ne b_j,$$

wobei $j := m + h - s$.   ∎

Somit erhalten wir aus (2') folgende äquivalente Aufgabenstellung:

(2'') Für alle $1 \le s \le m$ berechne, falls es existiert, das eindeutige $g \in \{1, 2, \dots, s\}$ mit

$$b_{g+1}b_{g+2}\dots b_s = b_{j+1}b_{j+2}\dots b_m \quad und \quad b_g \ne b_j,$$

wobei $j := m + g - s$. Falls g existiert und $\delta_2(j) > m - s$, dann führe

$$\delta_2(j) := m - s$$

aus.

Für $1 \leq s < m$ bezeichne N_s die Länge des längsten Suffixes des Teilstrings $b_1 b_2 \ldots b_s$, der auch Suffix von $b_1 b_2 \ldots b_m$ ist. Dann gilt für das zu s gemäß der Aufgabenstellung (2") korrespondierende g

$$g = s - N_s$$

und daher

$$j = m + g - s = m + s - N_s - s = m - N_s.$$

Also können wir anstatt g auch N_s berechnen. Nach der Berechnung von N_s können wir, falls $\delta_2(m - N_s) > m - s$

$$\delta_2(m - N_s) := m - s$$

ausführen.

Wir arbeiten lieber einen String von vorne nach hinten als von hinten nach vorne ab. Daher definieren wir den String y^R durch

$$y^R := b_m b_{m-1} \ldots b_1.$$

Da wir auch lieber mit aufsteigenden als mit absteigenden Indizes arbeiten, indizieren wir y^R um und erhalten den String

$$z = c_1 c_2 \ldots c_m,$$

wobei $c_q = b_{m-q+1}$ bzw. $b_q = c_{m-q+1}$ für $1 \leq q \leq m$.

Für $1 \leq i \leq m$ bezeichne Z_i die Länge des längsten Präfixes von $c_i c_{i+1} \ldots c_m$, der auch Präfix von $c_1 c_2 \ldots c_m$ ist. Dann gilt

$$N_s = Z_{m-s+1} \quad \text{und} \quad Z_r = N_{m-r+1}.$$

Demzufolge genügt zur Lösung der Aufgabenstellung (2") die Entwicklung eines Algorithmus für das folgende maximale Präfixproblem:

Maximale Präfixproblem

Gegeben: String $z = c_1 c_2 \ldots c_m$.

Gesucht: Z_i für $1 < i \leq m$.

Unser Ziel ist nun die Entwicklung eines effizienten Algorithmus für das maximale Präfixproblem. Hierfür ist folgendes Konzept nützlich: Betrachten wir die in Abbildung 5.2 gezeichneten Boxen. Jede Box startet in einer Position j mit $Z_j > 0$. Die Länge der Box, die in j startet, ist Z_j. Dies bedeutet, dass jede Box einen Teilstring maximaler Länge, der gleich einem Präfix von z ist und nicht in Position 1 beginnt, repräsentiert. D.h., wir definieren die *Z-Box bezüglich* j als das Intervall $[j, j + Z_j - 1]$.

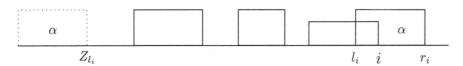

Abbildung 5.2: Boxen.

Für jedes $i > 1$ bezeichnet r_i den am weitesten rechts liegenden Endpunkt aller Z-Boxen, die in i oder links von i beginnen. D.h.,

$$r_i := \max_{1 < j \leq i} \{ j + Z_j - 1 \mid Z_j > 0 \}.$$

Für jedes $i < 1$ bezeichnet l_i den am weitesten links liegenden Endpunkt aller Z-Boxen, deren rechter Endpunkt r_i ist. D.h.,

$$l_i := \min_{1 < j \leq i} \{ j \mid j + Z_j - 1 = r_i \}.$$

Die Idee ist nun, in $i = 2$ beginnend sukzessive die Werte Z_i, r_i und l_i zu berechnen. Dabei werden wir bereits erworbene Kenntnisse derart verwenden, dass insgesamt nur $O(m)$ Vergleiche durchgeführt werden. In dem nachfolgenden Algorithmus enthalten die Klammern (* und *) Kommentare.

Algorithmus MAXPREF

Eingabe: String $z = c_1 c_2 \ldots c_m$.

Ausgabe: Werte Z_i für $2 \leq i \leq m$.

Methode:

(1) $i := 2$;
(2) Vergleiche $c_2 c_3 \ldots c_m$ und z von links nach rechts bis ein Mismatch gefunden ist.
(3) $Z_2 :=$ Länge des gemeinsamen Präfixes von $c_2 c_3 \ldots c_m$ und z.
(4) **if** $Z_2 > 0$
      then
            $r := 2 + Z_2 - 1$;   (*Dann gilt $r = r_2$.*)
            $l := 2$;   (*Dann gilt $l = l_2$.*)
      else
            $r := 0$;
            $l := 0$
    fi;
(5) **for** $i := 3$ **to** m
      do
         if $i > r$
            then

(a) Vergleiche $c_i c_{i+1} \ldots c_m$ und z von links nach rechts bis ein Mismatch gefunden ist.

(b) $Z_i := $ Länge des gemeinsamen Präfixes von $c_i c_{i+1} \ldots c_m$ und z.

(c) **if** $Z_i > 0$
  then
    $r := i + Z_i - 1;$
    $l := i$
  fi

else (* $i \leq r$.

D.h., die Position i ist in der Z-Box $[l, r]$ und c_i im Teilstring $\alpha := c_l c_{l+1} \ldots c_r$. Der Teilstring α ist auch Präfix von z. Also gilt

$$c_{i-l+1} = c_i$$

und auch

$$c_{i-l+1} c_{i-l+2} \ldots c_{Z_l} = \underbrace{c_i c_{i+1} \ldots c_r}_{\beta}$$

Da der in Position $i - l + 1$ beginnende Teilstring einen gemeinsamen Präfix der Länge Z_{i-l+1} mit z hat, gilt: Der in Position i beginnende Teilstring hat mit z einen gemeinsamen Präfix der Länge $\geq \min\{Z_i, |\beta|\}$. Dies ist in Abbildung 5.3 skizziert. *)

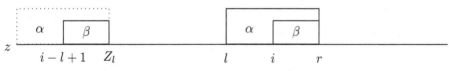

Abbildung 5.3: Situation $i \leq r$.

if $Z_{i-l+1} < |\beta|$
  then
    $Z_i := Z_{i-l+1}$ (*Dies ist in Abbildung 5.4 skizziert.*)
  else (*$Z_{i-l+1} \geq |\beta|$
    Dann ist $c_i c_{i+1} \ldots c_r$ ein Präfix von z und
    $Z_i \geq |\beta| = r - i + 1$. *)
  (a) Vergleiche $c_{r+1} c_{r+2} \ldots c_m$ mit $c_{|\beta|+1} c_{|\beta|+2} \ldots c_m$ von links nach rechts bis ein Mismatch gefunden ist. Sei $q \geq r + 1$ diejenige Position, die diesen Mismatch enthält.

(b) $Z_i := q - i$,

   if $q - 1 > r$

     then

        $r := q - 1$;
        $l := i$;

     fi

         fi

      fi

   od.

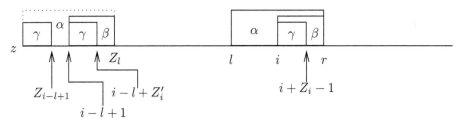

Abbildung 5.4: Situation $Z_{i-l+1} < |\beta|$.

Übung 5.6:

a) *Beweisen Sie die Korrektheit des Algorithmus* MAXPREF.

b) *Arbeiten Sie den Algorithmus* MAXPREF *aus.*

Als nächstes analysieren wir die Laufzeit des Algorithmus MAXPREF.

Lemma 5.3 *Der Algorithmus* MAXPREF *hat die Laufzeit* $O(m)$, *wobei* m *die Länge des Eingabestrings ist.*

Beweis: Jede Iteration benötigt konstante Zeit zuzüglich der Anzahl der Vergleiche, die während der Iteration durchgeführt werden. Also ist die Gesamtzeit $O(m) +$ $O(GAV)$, wobei GAV die Gesamtanzahl der durchgeführten Vergleiche ist. Unser Ziel ist nun der Beweis einer oberen Schranke für GAV. Jeder Vergleich endet in einem Match oder in einem Mismatch. Bezeichne A_1 die Gesamtanzahl der Matches und A_2 die Gesamtanzahl der Mismatches. Dann gilt

$$GAV = A_1 + A_2.$$

Jede Iteration, die Vergleiche durchführt, endet, sobald ein Mismatch auftritt. Also gilt

$$A_2 \leq m.$$

Für $i \geq 3$ gilt $r_i \geq r_{i-1}$. Sei k eine Iteration, in der q Vergleiche mit einem Match enden. Dann gilt

$$r_k = r_{k-1} + q.$$

Ferner gilt $r_i \leq m$ für alle i. Insgesamt folgt somit

$$A_1 \leq m.$$

Also gilt

$$GAV \leq 2m.$$

∎

Wir haben bewiesen, dass die Vorbereitungszeit für den Algorithmus BM linear in der Länge des Musterstrings ist. Offen ist noch die Laufzeitanalyse für den Algorithmus BM.

5.2.3 Die Laufzeitanalyse

Wie immer können bei der Laufzeitanalyse zwei Kostenmaße zugrunde gelegt werden: die erwartete Laufzeit und die Laufzeit im worst case. Die erwartete Laufzeit kann mit Hilfe von Experimenten oder auch theoretisch analysiert werden. Möchte man die erwartete Laufzeit experimentell ermitteln, dann stellt sich die Frage: Was ist ein geeignetes Experiment? D.h., wie sehen die Problemstellungen in der Praxis aus? Bei einer theoretischen Analyse stellt sich die Frage: Was ist ein realistisches Modell? Es ist einfach zu zeigen, dass der Algorithmus KMP höchstens $2n$ Vergleiche benötigt. Da im Gegensatz zum Algorithmus KMP der Algorithmus BM bereits berechnete Information wieder vergisst, ist seine worst case Analyse wesentlich komplizierter. Für die Analyse unterteilen wir den Algorithmus BM in sogenannte Vergleiche/Shift-Phasen, die wir mit eins beginnend durchnummerieren. Betrachten wir folgende Vergleiche/Shift-Phase:

$$
\begin{array}{ccccccc}
a_1 a_2 \ldots a_q\, a_{q+1} & \ldots & a_k\, a_{k+1} & \ldots & a_{k+m} & \ldots & a_n \\
\neq & & = & & = & & \\
b_1 \ldots & & b_j\, b_{j+1} & \ldots & b_m & &
\end{array}
$$

Zu Beginn der Vergleiche/Shift-Phase steht das rechte Ende des Musterstrings y unter einer Position im Eingabestring x. Der Musterstring wird von rechts nach links mit dem darüber stehenden Teilstring von x verglichen bis entweder y in x gefunden ist oder ein Mismatch auftritt. Falls ein Mismatch vorliegt, dann wird y gemäß den Regeln δ_1 und δ_2 nach rechts geshiftet.

Unser Ziel ist nun die Abschätzung der Anzahl der in einer Vergleiche/Shift-Phase vorgenommenen Vergleiche. Hierzu ordnen wir jeden Vergleich demjenigen Textsymbol zu, das an dem Vergleich teilnimmt. Wir unterscheiden zwei Vergleichstypen. Ein Vergleich heißt *unkritisch*, falls das Textsymbol zum ersten Mal an einem Vergleich teilnimmt. Falls das Textsymbol bereits vorher an einem Vergleich teilgenommen hat, dann heißt der Vergleich *kritisch*. Da jedes Textsymbol höchstens einmal an einem unkritischen Vergleich teilnimmt, ist die Anzahl der unkritischen Vergleiche durch die Anzahl n der Textsymbole beschränkt. Falls für die Anzahl der kritischen Vergleiche der Beweis gelingt, dass diese höchstens das Dreifache der Anzahl aller unkritischen Vergleiche ist, dann haben wir eine $4n$ obere Schranke für die Gesamtanzahl aller Vergleiche bewiesen. Zu jeder Vergleiche/Shift-Phase korrespondieren Länge des durchgeführten Shiftes viele unkritische Vergleiche. Diese möchten wir kritischen Vergleichen derart zuordnen, dass wir hieraus eine obere Schranke für die Anzahl der kritischen Vergleiche herleiten können. Der Algorithmus BM führt den Shift mittels der Operation

$$msende := \max\{k + \delta_1(a_k), msende + \delta_2(j)\}$$

durch. Jenachdem, ob dieser gemäß der δ_1- oder der δ_2-Heuristik durchgeführt wird, unterscheiden wir zwei Fälle. Nehmen wir zunächst an, dass der Shift gemäß der δ_2-Heuristik durchgeführt wird, d.h.,

$$msende := msende + \delta_2(j).$$

Es gilt

$$\delta_2(j) = m - \delta_2'(j),$$

wobei

$$\delta_2'(j) = \begin{cases} \max\{g + (m - j) \mid 1 \leq g < j, b_g \neq b_j & \text{falls solches } g \\ \quad \text{und } b_{g+1} \ldots b_{g+(m-j)} = b_{j+1} \ldots b_m\} & \text{existiert} \\ \max\{l \mid b_1 \ldots b_l \text{ ist Suffix von } b_{j+1} \ldots b_m\} & \text{falls nicht } g \text{ aber} \\ & \text{solches } l \text{ existiert} \\ 0 & \text{sonst.} \end{cases}$$

Somit können drei Unterfälle auftreten. Nehmen wir zunächst an, dass

$$\delta_2'(j) = \max\{g + (m - j) \mid 1 \leq g < j, b_g \neq b_j \text{ und} \\ b_{g+1} \ldots b_{g+(m-j)} = b_{j+1} \ldots b_m\}.$$

Dann gilt

$$\delta_2(j) = j - g_0, \text{ wobei } g_0 + (m - j) = \delta_2'(j).$$

Somit liegt die in Abbildung 5.5 beschriebene Situation vor, wobei $p := j - g_0$ die Länge des durchgeführten Shiftes ist.

Sei

$$\bar{y} := b_{j+1} b_{j+2} \ldots b_m = b_{g_0+1} b_{g_0+2} \ldots b_{g_0+(m-j)}.$$

$$a_1 a_2 \ldots a_q \, a_{q+1} \quad \ldots a_k \; a_{q+j+1} \cdots a_{q+m} \qquad \ldots a_{q+m+p} \cdots a_n$$

$$\begin{array}{cccc} & \neq & = & \ldots = \\ b_1 \ldots & b_j & b_{j+1} & \ldots b_m \\ & ? & = & \ldots = \\ b_1 \ldots & b_{g_0} & b_{g_0+1} & \ldots b_{g_0+(m-j)} \cdots b_m \end{array}$$

Abbildung 5.5: Situation im 1. Unterfall

Falls $j - g_0 \geq m - j$, dann können alle in der aktuellen Vergleiche/Shift-Phase durchgeführten kritische Vergleiche paarweise verschieden durch den Shift der Länge $j - g_0$ bedingte unkritische Vergleiche zugeordnet werden. Nehmen wir also $j - g_0 < m - j$ an. Dann liegt folgende Situation vor:

$$b_j \;\; b_{j+1} \ldots b_m$$

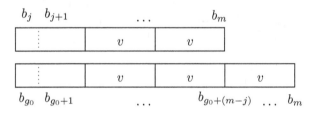

Wegen $j - g_0 < m - j$ ist $v := b_{g_0+(m-j)+1} \ldots b_m$ ein echter Suffix von $b_{j+1} \ldots b_m$. Gemäß obiger Situation ist v auch ein Suffix von $b_{g_0+1} \ldots b_{g_0+(m-j)}$. Diese Betrachtungsweise setzt sich fort, so dass sich insgesamt die in Abbildung 5.6 skizzierte Situation ergibt.

b_j b_{j+1}		$\ldots$	b_m	
$\vdots$	v		v	

$\vdots$	v		v	v
b_{g_0} b_{g_0+1}		$\ldots$	$b_{g_0+(m-j)}$ $\ldots$	b_m

Abbildung 5.6: Struktur von $\bar{y}$.

Also können wir $\bar{y}$ wie folgt schreiben:

$$\bar{y} = u v^k,$$

wobei $k \geq 1$ und $u \in \Sigma^*$ ein Suffix von v ist. Ferner ist $b_j u$ auch ein Suffix von v. Falls $u = \varepsilon$, dann gilt $k > 1$. Wegen $|u v^k| > |v|$ können wir nicht auf triviale Art und Weise die zu $u v^k$ korrespondierenden kritischen Vergleiche paarweise unterschiedlichen zu v korrespondierenden unkritischen Vergleiche zuordnen. Daher ist eine genauere Analyse der obigen Situation notwendig.

Eine *Periode* eines Strings s ist die Länge $|v|$ eines Suffixes v von s, so dass $s = u v^k$ für $k \geq 1$ und einen möglicherweise leeren Suffix u von v. *Periode*(s) bezeichnet stets die kleinste Periode von s.

Lemma 5.4 *Seien v und w zwei nichtleere Strings, so dass $vw = wv$. Dann existieren ein String u und natürliche Zahlen i und j, für die gilt: $v = u^i$ und $w = u^j$.*

Beweis: Wir beweisen das Lemma mittels Induktion über $|v| + |w|$.

Falls $|v| + |w| = 2$ dann sind wegen $vw = wv$ beide Strings gleich und somit für $u := v$, $i := 1$ und $j := 1$ auch $v = u^i$ und $w = u^j$.

Nehmen wir also an, dass die Behauptung des Lemmas für alle $v, w \in \Sigma^+$ mit $|v|+|w| = l$, wobei $l \geq 2$ erfüllt ist. Betrachten wir nun $v, w \in \Sigma^+$ mit $|v|+|w| = l+1$ beliebig, aber fest.

Falls $|v| = |w|$ dann impliziert wiederum $vw = wv$, dass beide Strings gleich sind. Somit erhalten wir für $u := v$, $i := 1$ und $j := 1$ auch $v = u^i$ und $w = u^j$.

Sei $|v| \neq |w|$. O.B.d.A. können wir $|v| < |w|$ annehmen. Dann implizieren $vw = wv$ und $|v| < |w|$ dass v ein echter Präfix von w ist. Also existiert ein $z \in \Sigma^+$ mit $w = vz$. Die Substitution von vz für w in der Gleichung $vw = wv$ ergibt dann

$$vvz = vzv.$$

Das Streichen der linken Kopie von v auf beiden Seiten der Gleichung ergibt:

$$vz = zv.$$

Wegen

$$|v| + |z| = |w| < |v| + |w| = l + 1$$

gilt

$$|v| + |z| \leq l.$$

Aus der Induktionsannahme folgt, dass $u \in \Sigma^+$, $i, j \in \mathbb{N}$ mit $v = u^i$ und $z = u^j$ existieren. Also gilt

$$w = vz = u^i u^j = u^{(i+j)},$$

womit das Lemma bewiesen ist. ∎

Übung 5.7: *Seien $s = vw = wv$ für $v, w \in \Sigma^+$. Zeigen Sie, dass s Periodizität t mit $t \leq \min\{|v|, |w|\}$ besitzt.*

Nun können wir mit der Analyse des Algorithmus BM fortfahren. Die in Abbildung 5.5 beschriebene Situation liegt vor, wobei $p := j - g_0 < m - j$ und $v := b_{g_0+(m-j)+1} b_{g_0+(m-j)+2} \ldots b_m$. Die Idee besteht nun darin, zu beweisen, dass viele der in der aktuellen Vergleiche/Shift-Phase durchgeführten Vergleiche unkritisch sind, so dass die Anzahl der kritischen Vergleiche die Länge $j - g_0$ des durchgeführten Shiftes nicht allzu sehr überschreiten kann.

Sei z der kürzeste Teilstring von v, so dass $v = z^l$ für ein $l \in \mathbb{N}$. Wegen $v = v^1$ existiert dieser Teilstring. z heißt *Generator* von v. Oben haben wir uns überlegt, dass

$$\bar{y} = uv^k,$$

wobei $k \geq 1$ und $u \in \Sigma^*$ ein Suffix von v ist. Ferner ist auch $b_j u$ ein Suffix von v. Also gilt folgendes Lemma.

Lemma 5.5 $|z|$ *ist eine Periode von* $\bar{y}$ *und auch von* $b_j \bar{y}$.

Abbildung 5.7 bezieht das Lemma 5.5 in die oben skizzierten Situation mit ein. Dabei bezeichnet • eine Generatorendposition und × ein Musterstringende im Textstring x. Zur Charakterisierung derjenigen Vergleiche, die kritisch sein können, müssen wir obi-

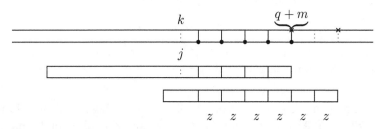

Abbildung 5.7: Einbeziehung des Lemmas 5.5.

ge Situation sorgfältig analysieren und einige Eigenschaften herausarbeiten. Zunächst werden wir zeigen, dass in vorangegangenen Phasen die Musterstringendposition in x niemals gleich einer aktuellen Generatorposition in x war.

Lemma 5.6 *In keiner vorangegangenen Vergleiche/Shift-Phase war die Endposition des Musterstrings in* x *gleich einer aktuellen Generatorendposition in* x.

Beweis: Solange der Musterstring im Textstring nicht gefunden ist, schließt jede Vergleiche/Shift-Phase mit einem Rechtsshift ab. Da die Generatorendposition $q + m$ die aktuelle Endposition des Musterstrings ist, muss in jeder Vorgängerphase das Musterstringende echt links von $q + m$ liegen. Nehmen wir an, dass die Endposition

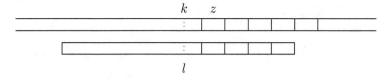

Abbildung 5.8: Musterstringende auf aktueller Generatorendposition.

des Musterstrings in einer Vorgängerphase in einer aktuellen Generatorendposition echt links von $q + m$ liegt. Dann liegt die in Abbildung 5.8 beschriebene Situation vor. Lemma 5.5 impliziert $b_l = b_j$. Also muss die Vergleichsphase der betrachteten Vorgängerphase mit einem Mismatch zwischen b_l und a_k enden. Wir betrachten nun den Shift, der gemäß der δ_2-Heuristik durchgeführt würde. Da nach dem Shift gemäß der δ_2-Heuristik unter a_k ein $b_h \neq b_l$ steht, muss das Ende des Shifts echt innerhalb eines der Generatoren liegen. Nach dem Shift liegt somit die in Abbildung 5.9 beschriebene Situation vor. Gemäß der δ_2-Heuristik stimmen der unter $\bar{x} = z$

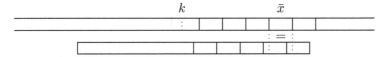

Abbildung 5.9: Situation nach Shift.

stehende Teilstring des Musterstrings und $\bar{x}$ überein. Also gilt

$$z = z_1 z_2 = z_2 z_1 \quad \text{für zwei nichtleere Strings } z_1 \text{ und } z_2.$$

Lemma 5.4 impliziert, dass z nicht der kürzeste Teilstring von v mit $v = z^l$ für ein $l \in \mathbb{N}$ ist. Dies ist ein Widerspruch zur Wahl von z.   ∎

Für den Beweis des obigen Lemmas ist es unerheblich, ob der Algorithmus BM in der Tat den Shift gemäß der δ_2-Heuristik durchführt oder nicht. Mit Hilfe von Lemma 5.6 lässt sich leicht das folgende Lemma beweisen.

Lemma 5.7 *In jeder vorangegangenen Vergleiche/Shift-Phase matcht der Musterstring y in $a_{q+j+1} a_{q+j+2} \dots a_{q+m}$ höchstens $|z| - 1$ Symbole.*

Beweis: Nehmen wir an, dass der Musterstring y in $a_{q+j+1} a_{q+j+2} \dots a_{q+m}$ einen Teilstring der Länge $\geq |z|$ matcht. Lemma 5.6 impliziert, dass die Endposition von y nicht gleich einer aktuellen Generatorendposition ist. Also liegt die in Abbildung 5.10 beschriebene Situation vor.

Abbildung 5.10: Situation im Beweis des Lemmas 5.7.

Demzufolge wäre $z = z_1 z_2 = z_2 z_1$ für zwei nichtleere Strings z_1 und z_2, was wegen der Wahl von z nicht sein kann.

∎

Das folgende Lemma grenzt die möglichen Endpositionen des Musterstrings y während vorangegangenen Vergleiche/Shift-Phasen innerhalb von $a_{q+j+1}a_{q+j+2}\cdots a_{q+m}$ ein.

Lemma 5.8 *Falls in einer vorangegangenen Vergleiche/Shift-Phase die Endposition des Musterstrings y innerhalb von $a_{q+j+1}a_{q+j+2}\cdots a_{q+m}$ liegt, dann befindet sich diese innerhalb der ersten $|z| - 1$ Positionen oder innerhalb der letzten $|z|$ Positionen von $a_{q+j+1}a_{q+j+2}\cdots a_{q+m}$.*

Beweis: Nehmen wir an, dass sich die Endposition des Musterstrings in einer vorangegangenen Phase rechts von den ersten $|z| - 1$ und links von den letzten $|z|$ Positionen innerhalb von $a_{q+j+1}a_{q+j+2}\cdots a_{q+m}$ befindet. Wegen Lemma 5.6 befindet sich die Endposition des Musterstrings echt innerhalb eines Generators $\bar{x}$. Abbildung 5.11 skizziert diese Situation.

Abbildung 5.11: Situation im Beweis des Lemmas 5.8.

Lemma 5.7 impliziert, dass die Länge des Matches, mit dem die Vergleichsphase endet, $\leq |z| - 1$ ist. Also erfolgt der Mismatch innerhalb von $a_{q+j+1}a_{q+j+2}\cdots a_{q+m}$. Gemäß der δ_2-Heuristik wird der Musterstring so wenig wie möglich nach rechts verschoben, so dass

1. der aktuelle Match nach dem Shift wieder gematcht wird und

2. unter dem Symbol im Textstring, das den Mismatch bedingt hat, nach dem Shift ein anderes Musterstringsymbol steht.

Betrachten wir den Shift, der die Endposition unter die Endposition von $\bar{x}$ plazieren würde. Da $\bar{x} = z$ der Generator von $\bar{y}$ ist, würde innerhalb von $a_{q+j+1}a_{q+j+2}\cdots a_{q+m}$ kein Mismatch erfolgen. Also wird der aktuelle Match nach dem Shift wieder gematcht und unter dem Symbol in x, das den Mismatch bedingt hat, steht nun ein anderes Musterstringsymbol.

Somit erfüllt der betrachtete Shift bis eventuell auf die Minimalität die δ_2-Heuristik. Lemma 5.6 impliziert, dass dieser Shift nicht möglich ist. Also muss gemäß der δ_2-Heuristik ein Shift erfolgen, der das Musterstringende echt innerhalb $\bar{x}$ belässt.

Übung 5.8: *Zeigen Sie, dass auch gemäß der δ_1-Heuristik nur ein Shift erfolgen kann, der das Musterstringende echt innerhalb $\bar{x}$ belässt.*

Da dies für jede Phase, die mit dem Musterstringende echt innerhalb $\bar{x}$ startet, gilt, kann das Musterstringende niemals über die Endposition von $\bar{x}$ hinaus geschoben werden. Dies ist unmöglich, da in der aktuellen Vergleiche/Shift-Phase das Musterstringende echt rechts von $\bar{x}$ steht. Also ist unsere Annahme falsch und das Lemma somit bewiesen.

∎

Nun können wir die Zuordnung der während der aktuellen Vergleiche/Shift-Phase erfolgten kritische Vergleiche an die zum Shift korrespondierenden unkritischen Vergleiche durchführen. Gemäß unserer Konstruktion ist die Länge $|v|$ des erfolgten Shiftes mindestens $|z|$, wobei z der Generator von v ist.

Falls in einer vorangegangenen Vergleiche/Shift-Phase die Endposition des Musterstrings y innerhalb des aktuellen Matches $a_{q+j+1}a_{q+j+2}\ldots a_{q+m}$ liegt, dann folgt aus Lemma 5.8, dass sich diese innerhalb der ersten $|z| - 1$ oder innerhalb der letzten $|z|$ Positionen des Matches sich befindet. Lemma 5.7 zeigt, dass in jeder vorausgegangenen Vergleiche/Shift-Phase der Musterstring y in $a_{q+j+1}a_{q+j+2}\ldots a_{q+m}$ höchstens $|z| - 1$ Symbole matcht. Also kann ein Musterstring, dessen Endposition sich innerhalb den letzten $|z|$ Positionen befindet, nur Symbole innerhalb den letzten $2|z| - 1$ Positionen matchen. Somit können höchstens $3|z| - 2$ der $m - j$ Vergleiche kritisch sein.

Wir können die kritischen Vergleiche der aktuellen Vergleiche/Shift-Phase derart den $\geq |z|$ zum Shift korrespondierenden unkritischen Vergleiche zuordnen, dass

1. jeder unkritische Vergleich höchstens drei kritische Vergleiche zugeordnet bekommt und

2. mindestens ein unkritischer Vergleich weniger als drei Vergleiche zugeordnet bekommt.

Damit ist die Analyse des ersten Unterfalles abgeschlossen.

Nehmen wir nun an, dass

$$\delta_2'(j) = \max\{l \mid b_1 b_2 \ldots b_l \text{ ist Suffix von } b_{j+1}b_{j+2}\ldots b_m\}.$$

Dann ist

$$\delta_2(j) = m - l_0, \text{ wobei } l_0 := \delta_2'(j).$$

Somit liegt folgende Situation vor:

$$
\begin{array}{l}
a_1 \ldots a_q \; a_{q+1} \quad \ldots a_k \; a_{q+j+1} \ldots a_{q+m-l_0+1} \ldots a_{q+m} \ldots a_{q+2m-l_0} \ldots a_n \\
\qquad\qquad\qquad \neq \;\; = \qquad\quad \ldots = \qquad\qquad \ldots = \\
\qquad b_1 \ldots \qquad b_j \; b_{j+1} \quad \ldots b_{m-l_0+1} \quad \ldots b_m \\
\qquad\qquad\qquad\qquad\qquad = \qquad\qquad \ldots = \\
\qquad\qquad\qquad\qquad\quad b_1 \qquad \ldots b_{l_0} \quad \ldots b_m
\end{array}
$$

Falls $m - l_0 \geq m - j$, dann können alle in der aktuellen Vergleiche/Shift-Phase durchgeführten kritische Vergleiche paarweise verschiedenen durch den Shift der Länge $m - l_0$ bedingte unkritische Vergleiche zugeordnet werden. Nehmen wir also $m - l_0 < m - j$ an. Dann liegt folgende Situation vor:

$$
\begin{array}{c}
\overset{\text{Länge } m-l_0}{\overbrace{b_1 b_2 \ldots}} \quad b_{m-l_0+1} \ldots b_m \\
= \qquad \ldots = \\
\overset{\text{Länge } m-l_0}{} \\
b_1 \qquad \ldots b_{l_0} \underbrace{\overbrace{b_{l_0+1} \ldots b_m}}_{v}
\end{array}
$$

Analog zum ersten Unterfall überlegen wir uns, dass $m - l_0$ eine Periode des Musterstrings y ist. Wir betrachten nun den kürzesten Teilstring z von v mit $v = z^l$ für ein $l \in \mathbb{N}$ und formulieren zu den Lemmata 5.6 - 5.8 analoge Lemmata, wobei y die Rolle von $\bar{y}$ spielt. Diese können genauso wie die Lemmata 5.6 - 5.8 bewiesen werden.

Übung 5.9: *Führen Sie die Analyse des zweiten Unterfalles durch.*

Im dritten Unterfall gilt $\delta_2'(j) = 0$ und somit $\delta_2(j) = m$. Dies bedeutet, dass der Musterstring um m Positionen nach rechts geschoben wird. Wegen $m > m - j$ können alle in der aktuellen Vergleiche/Shift-Phase durchgeführten kritische Vergleiche paarweise verschiedenen durch den Shift der Länge m bedingte unkritische Vergleiche zugeordnet werden.

Damit haben wir die Analyse des Falles, dass der Shift gemäß der δ_2-Heuristik durchgeführt wird, abgeschlossen.

Nehmen wir nun an, dass der Shift gemäß der δ_1-Heuristik durchgeführt wird. Die Analyse des Falles „Durchführung gemäß der δ_2-Heuristik" hängt nicht davon ab, ob der Shift in der Tat gemäß der δ_2-Heuristik erfolgt. Falls der Shift nicht gemäß der δ_2-Heuristik durchgeführt wird, dann stehen mehr unkritische Vergleiche für die Zuordnung zur Verfügung, als dies nach Durchführung des Shiftes gemäß der δ_2-Heuristik der Fall wäre. Somit kann auch bei der Durchführung des Shiftes gemäß der δ_1-Heuristik die Zuordnung der kritischen Vergleiche durchgeführt werden.

In allen diskutierten Fällen können wir den zum Mismatch korrespondierenden Vergleich einem zum Shift korrespondierenden unkritischen Vergleich, dem maximal zwei kritische Vergleiche zugeordnet wurden, zuordnen. Insgesamt haben wir folgenden Satz bewiesen:

Satz 5.2 *Der Algorithmus* BM *führt maximal $4n$ Vergleiche durch, wobei $n := |x|$ die Länge des Textstrings ist.*

5.2.4 Die Berechnung aller Musterstringvorkommen

Der Algorithmus BM berechnet das erste Vorkommen des Musterstrings y im Textstring x. Wir möchten nun den Algorithmus derart modifizieren, dass alle Vorkommen von y in x in $O(n + m)$ Zeit berechnet werden. Folgende Idee liegt nahe: Nach jedem Vorkommen von y in x führe den minimalen Rechtsshift, so dass die übereinander stehende Suffix gemäß der alten Position und Präfix gemäß der neuen Position von y übereinstimmen, durch. Setze dann den Algorithmus BM fort. Allerdings könnte dies zu einer Laufzeit von $O(n \cdot m)$ führen. Falls

$$x = \underbrace{aa \ldots a}_{n-\text{mal}} \quad \text{und} \quad y = \underbrace{aa \ldots a}_{m-\text{mal}},$$

dann würde der Algorithmus BM bei obiger Vorgehensweise für jedes der $n - m + 1$ Vorkommen von y im Textstring m Vergleiche durchführen. Die Gesamtanzahl der durchgeführten Vergleiche wäre dann $n \cdot m - m^2 + m$.

Der Musterstring y hat die kleinstmögliche Periode eins. Eine kleine Periode des Musterstrings haben alle Beispiele, bei denen obige Vorgehensweise eine hohe Laufzeit nach sich zieht. Diese Beobachtung legt folgende Idee nahe: Immer wenn der Musterstring y im Textstring x gefunden ist, vermeide mit Hilfe der Kenntnis von $Periode(y)$ redundante Vergleiche. Für die Durchführung der obigen Idee, insbesondere für den Beweis der Korrektheit der Methode, benötigen wir eine weitere Eigenschaft der Perioden eines Strings. Für die Analyse des Algorithmus BM war folgende Definition der Periode eines Strings s sinnvoll:

Eine *Periode* eines Strings s ist die Länge $|v|$ eines Suffixes v von s, so dass $s = uv^k$ für ein $k \geq 1$ und einen möglicherweise leeren Suffix u von v.

Folgende äquivalente Definition ist für die Durchführung der obigen Idee geeigneter:

Eine *Periode* eines Strings s ist die Länge $|v|$ eines Präfixes v von s, so dass $s = v^k u$ für ein $k \geq 1$ und einen möglicherweise leeren Präfix u von v.

> **Übung 5.10:** *Beweisen Sie, dass beide Definitionen einer Periode eines Strings s äquivalent sind.*

Folgendes Lemma ist das in der Literatur wohlbekannte *Periodizitätslemma*.

Lemma 5.9 *Seien p und q zwei Perioden eines Strings s. Falls $p + q \leq |s|$, dann ist $ggT(p, q)$ auch eine Periode des Strings s.*

Beweis: Falls $p = q$, dann ist wegen $ggT(p, q) = p$ die Behauptung trivialerweise erfüllt. Sei $p \neq q$. O.B.d.A. können wir $p > q$ annehmen. Zunächst werden wir uns davon überzeugen, dass folgende Behauptung (*) das Lemma impliziert und danach die Behauptung (*) beweisen.

(*) Sei s ein String. Für alle Perioden a und b von s gilt: $(a + b \leq |s|$ und $a > b) \Rightarrow$ $a - b$ ist eine Periode von s.

Für die Reduktion des Lemmas auf die Behauptung (*) betrachten wir die Berechnung des $\mathrm{ggT}(p, q)$ durch den Euklid'schen Algorithmus. Diese sieht wie folgt aus:

$$
\begin{array}{llll}
p & = c_1 q & + r_1 & \quad 0 < r_1 < q \\
q & = c_2 r_1 & + r_2 & \quad 0 < r_2 < r_1 \\
r_1 & = c_3 r_2 & + r_3 & \quad 0 < r_3 < r_2 \\
& \vdots & & \\
r_{j-2} & = c_j r_{j-1} + r_j & & \quad 0 < r_j < r_{j-1} \\
r_{j-1} & = c_{j+1} r_j & &
\end{array}
$$

Dann gilt $\mathrm{ggT}(p, q) = r_j$.

c_1-maliges Anwenden der Behauptung (*), wobei a zu Beginn den Wert p und danach den Wert der aktuellen Differenz $a - b$ und b stets den Wert q erhalten, ergibt:

$\quad r_1 \quad$ ist Periode von s.

c_2-maliges Anwenden der Behauptung (*), wobei q die Rolle von p und r_1 die Rolle von q spielen, ergibt:

$\quad r_2 \quad$ ist Periode von s.

$\quad \vdots$

$\quad r_{j-1} \quad$ ist Periode von s.

c_j-maliges Anwenden der Behauptung (*) ergibt:

$\quad r_j \quad$ ist Periode von s.

Wegen $\mathrm{ggT}(p, q) = r_j$ folgt somit das Lemma. Also fehlt nur noch der Beweis der Behauptung (*).

Sei $s := a_1 a_2 \ldots a_n$. Zu zeigen ist, dass $a - b$ eine Periode von s ist. Hierzu genügt es zu zeigen, dass für $1 \leq i \leq n$ folgendes erfüllt ist:

$$
a_i = \begin{cases} a_{i+(a-b)} & \text{falls } i + (a - b) \leq n \\ a_{i-(a-b)} & \text{falls } i - (a - b) \geq 1. \end{cases}
$$

Hierzu betrachten wir $i \in \{1, 2, \ldots, n\}$ beliebig aber fest. Wegen $a + b \leq n$ gilt

$$
i + a \leq n \text{ oder } i - b \geq 1 \quad \text{und} \quad i - a \geq 1 \text{ oder } i + b \leq n.
$$

Wir können nun $i+(a-b)$ und auch $i-(a-b)$ auf zwei Arten und Weisen hinschreiben:

$$
\begin{array}{lll}
i + (a - b) = (i + a) - b & \text{oder} & i + (a - b) = (i - b) + a \\
i - (a - b) = i - a + b & \text{oder} & i - (a - b) = i + b - a.
\end{array}
$$

Wir diskutieren zunächst den Fall $i + (a - b) \leq n$. Falls $i + a \leq n$, dann folgt, da a und b Perioden von s sind

$$a_i = a_{i+a} = a_{(i+a)-b} = a_{i+(a-b)}.$$

Den Fall $i - (a - b) \geq 1$ beweist man analog. ∎

Übung 5.11: *Führen Sie im Beweis der Behauptung (*) den Fall $i - (a - b) \geq 1$ durch.*

Folgendes Lemma zeigt, dass eine große Anzahl von Vorkommen des Musterstrings y im Textstring x nur möglich ist, wenn Periode(y) klein ist.

Lemma 5.10 *Seien $n := |x|$, $m := |y|$, $m < n$ und r die Anzahl der Vorkommen des Musterstrings y im Textstring x. Dann gilt $r \geq \frac{2n}{m} \Rightarrow$ Periode$(y) \leq \frac{m}{2}$.*

Beweis: Zunächst überlegen wir uns, dass es zwei Vorkommen von y in x, die sich mindestens in $\frac{m}{2}$ Positionen überlappen, gibt. Nehmen wir hierzu an, dass keine Vorkommen von y in x sich in $\geq \frac{m}{2}$ Positionen überlappen. Dann kann nach einem Vorkommen von y das nächste Vorkommen von y frühestens nach $\frac{m}{2} + 1$ Positionen beginnen. Also impliziert $r \geq \frac{2n}{m}$

$$\begin{aligned} |x| &\geq (\tfrac{2n}{m} - 1)(\tfrac{m}{2} + 1) + m \\ &= n + \tfrac{2n}{m} - \tfrac{m}{2} - 1 + m \\ &> n, \end{aligned}$$

was ein Widerspruch zu $|x| = n$ ist. Somit liegt die in Abbildung 5.12 skizzierte Situation, wobei $|u| \leq \frac{m}{2}$, vor.

Abbildung 5.12: Situation im Beweis des Lemmas 5.10.

Also ist $|u|$ eine Periode von y, was Periode$(y) \leq \frac{m}{2}$ impliziert. ∎

Übung 5.12: *Seien x der Textstring, y der Musterstring, $n := |x|$, $m := |y|$ und Periode$(y) > \frac{m}{2}$. Zeigen Sie, dass die Laufzeit des Algorithmus BM $O(n + m)$ ist.*

Für die folgenden Überlegungen nehmen wir stets Periode$(y) \leq \frac{m}{2}$ an. u bezeichnet stets denjenigen Präfix von y mit $|u| = $ Periode(y).

Übung 5.13: *Entwickeln Sie einen effizienten Algorithmus, der für einen gegebenen String s Periode(s) berechnet.*

Unser Ziel ist nun den Algorithmus BM derart zu modifizieren, dass auch bei einem Musterstring y mit Periode$(y) \leq \frac{m}{2}$ der modifizierte Algorithmus lineare Laufzeit hat. Betrachten wir hierzu die Vorkommen des Musterstrings y im Textstring x. Seien p und q zwei Positionen in x, in denen jeweils ein Vorkommen von y beginnt. Wir sagen, die Vorkommen p und q sind *nahe beieinander*, falls $|p - q| \leq \frac{m}{2}$. Wir definieren die *Nachbarschaftsrelation* als reflexive, transitive Hülle von „nahe beieinander". Ein *Block* ist eine maximale Menge von Nachbarn. Folgendes Lemma ist leicht zu beweisen:

Lemma 5.11 *Sei B ein Block und p die maximale Position in B, in der ein Vorkommen des Musterstrings beginnt. Dann kann ein neuer Block B' nicht vor Position $p + \frac{m}{2}$ beginnen. Die Anzahl der Blöcke ist $\leq \frac{2n}{m}$.*

Übung 5.14: *Beweisen Sie Lemma 5.11.*

Folgendes Lemma besagt, dass aufeinanderfolgende Positionen innerhalb eines Blockes stets den Abstand Periode(y) haben.

Lemma 5.12 *Sei B ein Block und seien $p_1, p_2, \ldots, p_r$, $r > 1$ die Anfangspositionen von y in B in streng monoton wachsender Ordnung. Dann gilt $p_i - p_{i-1} = Periode(y)$ für $1 < i \leq r$.*

Beweis: Sei $k := $ Periode(y). Betrachten wir $1 < i \leq r$ beliebig aber fest. Sei $k' := p_i - p_{i-1}$. Da p_i und p_{i-1} nahe beieinander liegen, gilt $k' \leq \frac{m}{2}$. Genauso wie im Beweis von Lemma 5.10 folgt nun, dass k' eine Periode von y ist. Wegen $k' + k \leq m$ folgt aus Lemma 5.9, dass auch ggT(k', k) eine Periode von y ist. Wegen Periode$(y) = k$ ist ggT$(k', k) = k$. Also gilt $k' = l \cdot k$ für ein $l \in \mathbb{N}$. Falls $l = 1$, dann ist nichts mehr zu beweisen. Nehmen wir also $l > 1$ an. Da Periode$(y) = k$ und in den Positionen p_{i-1} und $p_{i-1} + lk$, $l > 1$ Vorkommen von y in x starten, startet auch in der Position $p_{i-1} + k < p_i$ ein Vorkommen von y in x. Dies ist ein Widerspruch zur Konstruktion des Blockes B. Somit war unsere Annahme falsch und das Lemma ist bewiesen.

∎

Der Algorithmus BM findet jedes Vorkommen des Musterstrings y im Textstring x zu einem Zeitpunkt. Geschickter wäre es, stattdessen stets einen gesamten Block zu einem Zeitpunkt zu finden. Den resultierenden Algorithmus nennen wir BMG. Dieser arbeitet wie folgt:

1. Solange kein Musterstring y in x gefunden ist, arbeitet BMG genauso wie der Algorithmus BM.

2. Sobald ein Vorkommen von y in einer Position q gefunden wird, startet BMG genauso wie BM die Suche nach dem nächsten Vorkommen in Position $q + k$, wobei $k :=$ Periode(y). Im Gegensatz zu BM untersucht BMG jedoch nur die letzten k Symbole des Musterstrings y, ob diese mit den korrespondierenden Symbolen im Textstring übereinstimmen.

   Ist dies der Fall, dann ist das nächste Vorkommen von y in x gefunden und BMG sucht nun genauso wie oben beschrieben in Position $q + 2k$ weiter.

   Ist dies nicht der Fall, dann arbeitet BMG genauso wie BM weiter, bis das nächste Vorkommen von y in x gefunden ist.

Übung 5.15:

a) Arbeiten Sie den Algorithmus BMG aus.

b) Beweisen Sie die Korrektheit des Algorithmus BMG

c) Zeigen Sie, dass die Laufzeit des Algorithmus BMG linear ist.

5.3 Suffixbäume

Die Algorithmen KMP und BMG haben den Musterstring vorbereitet um dann in Linearzeit alle Vorkommen des Musterstrings im Textstring zu finden. Falls viele verschiedene Musterstrings im Textstring gesucht werden, ist es mitunter sinnvoller den Textstring vorzubereiten, so dass dann die einzelnen Musterstrings effizient im Textstring gefunden werden. Unser Ziel ist nun, eine Datenstruktur für den Textstring zu entwickeln, die die effiziente Lösung von Stringmatchingproblemen ermöglicht. Insbesondere sollen alle Vorkommen eines Musterstrings y mit $|y| = m$ in Zeit $O(m + A(y))$ gefunden werden können, wobei $A(y)$ die Anzahl der Vorkommen von y im Textstring bezeichnet.

5.3.1 Die Datenstruktur

Unsere Datenstruktur verwendet einen Trie T. Der Trie T repräsentiert eine Menge $S(T)$ von Strings. Diese korrespondiert zur Gesamtheit aller Pfade von der Wurzel von T zu einem Blatt. Die Menge $S(T)$ in Beispiel 5.1 ist präfixfrei; d.h., kein Element von $S(T)$ ist Präfix eines anderen Elementes von $S(T)$. Falls eine Menge S von nicht präfixfreien Strings durch einen Trie repräsentiert wird, dann sind innere Knoten, in denen solch ein Präfix endet, markiert, so dass die Pfade von der Wurzel des Tries zu einem markierten Knoten oder zu einem Blatt eineindeutig zu den Elementen von S korrespondieren.

Beispiel 5.1 Abbildung 5.13 ist ein Trie zur Repräsentation der Menge {abbdc, abbdg, cb, cab, cadab, ga, gg, gc}.

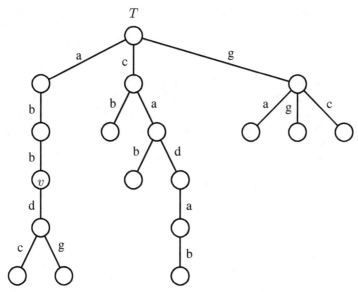

Abbildung 5.13: Trie T für die Menge $S(T) = \{$abbdc, abbdg, cb, cab, cadab, ga, gg, gc$\}$.

Wenn wir im obigen Trie T den Knoten v markieren, dann erhalten wir einen Trie T', der die Menge $S(T') = \{$abb, abbdc, abbdg, cb, cab, cadab, ga, gg, gc$\}$ repräsentiert.

◇

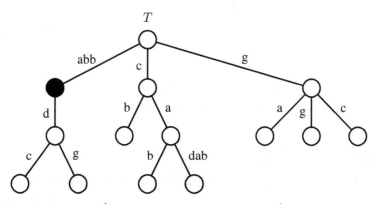

Abbildung 5.14: Der zu T' korrespondierende kompakte Trie T_c'.

Aus dem Trie T erhalten wir den korrespondierenden *kompakten Trie* T_c, indem wir alle Pfade P, auf denen nur nichtmarkierte Knoten mit Ausgangsgrad eins liegen, zu einer Kante zusammenfassen und diese mit dem zu P korrespondierenden String beschriften.

Beispiel 5.1 (Fortführung) Abbildung 5.14 enthält den zu T' korrespondierenden kompakten Trie T'_c.

♦

Ein *Suffixbaum* $T(x)$ für einen String $x = a_1 a_2 \ldots a_n \in \Sigma^n$ ist ein kompakter Trie bezüglich des Alphabets Σ, der n markierte Knoten, die mit den Zahlen $1, 2, \ldots, n$ nummeriert sind, enthält. Der Pfad von der Wurzel zum Knoten mit Nummer i korrespondiert zu demjenigen Suffix von x, der in der i-ten Position von x beginnt; d.h., zu $a_i a_{i+1} \ldots a_n$.

Beispiel 5.2 Die Abbildung 5.15 enthält den Suffixbaum $T(x)$ für den String $x =$ abaababa.

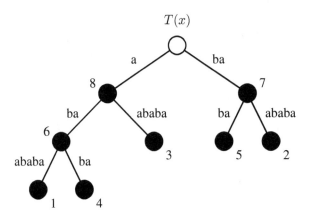

Abbildung 5.15: Suffixbaum für $x =$ abaababa.

♦

Bevor wir einen effizienten Algorithmus zur Berechnung eines Suffixbaumes $T(x)$ für einen gegeben Textstring x entwickeln, zeigen wir, wie mit Hilfe des Suffixbaumes das Stringmatchingproblem effizient gelöst werden kann.

Maximale Stringmatchingproblem

Gegeben: Textstring $x := a_1 a_2 \ldots a_n$, Suffixbaum $T(x)$ und Musterstring $y := b_1 b_2 \ldots b_m$.

Gesucht: Alle Positionen in x, in denen der Musterstring y beginnt.

Zur Lösung des Stringmatchingproblems starten wir in der Wurzel des Suffixbaumes $T(x)$ und konstruieren den längstmöglichen Pfad P in $T(x)$ mit Kantenmarkierung

$b_1 b_2 \ldots b_j, 0 \le j \le m$. Falls $j < m$, dann ist der Musterstring y kein Teilstring von x. Andernfalls betrachten wir denjenigen Knoten v in $T(x)$, in dem der konstruierte Pfad P endet. Die Nummern der markierten Knoten im Teilbaum mit Wurzel x bezeichnen exakt diejenigen Positionen in x, in denen der Musterstring y beginnt.

Übung 5.16: *Entwickeln Sie einen formalen Beweis für die Korrektheit des obigen Verfahrens zur Lösung des Stringmatchingproblems.*

Betrachten wir für den String $x = cabca$ den Suffixbaum $T(x)$ in Abbildung 5.16. $T(x)$ enthält Knoten, die den Ausgangsgrad eins haben. Da $T(x)$ kompakt ist, sind

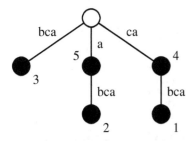

Abbildung 5.16: Suffixbaum $T(x)$ für den String $x = cabca$.

alle Knoten mit Ausgangsgrad eins markiert. Falls wir in $T(x)$ alle Pfade, auf denen nur Knoten mit Ausgangsgrad eins liegen, zu einer Kante zusammenfassen und diese mit demjenigen String, der zu dem Pfad korrespondiert, beschriften, dann erhalten wir den Baum $T'(x)$ in Abbildung 5.17.

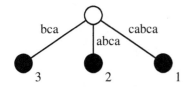

Abbildung 5.17: Impliziter Suffixbaum $T'(x)$ für x.

Allgemein definieren wir: Sei $T(z)$ ein Suffixbaum für einen String z. Wir erhalten aus $T(z)$ einen *impliziten Suffixbaum* $T'(z)$ für z, indem wir Pfade, auf denen nur Knoten mit Ausgangsgrad eins liegen, zu einer Kante zusammenfassen und diese mit demjenigen String, der zu dem Pfad korrespondiert, beschriften.

5.3.2 Der Konstruktionsalgorithmus

Wir werden nun einen Algorithmus zur Konstruktion eines Suffixbaumes $T(x)$ für einen gegebenen String $x := a_1 a_2 \ldots a_n$ entwickeln. Die Idee besteht darin, zunächst einen impliziten Suffixbaum für x zu konstruieren und dann diesen zu einem

Suffixbaum zu erweitern. Hierzu konstruieren wir mit dem Präfix a_1 beginnend sukzessive für jeden Präfix $a_1 a_2 \ldots a_i$ von x einen impliziten Suffixbaum T_i. Gegeben einen impliziten Suffixbaum T_n für x konstruieren wir dann einen Suffixbaum für x. Demzufolge ist der Algorithmus in n Phasen unterteilt. In Phase i, $1 \leq i \leq n$ wird ein impliziter Suffixbaum T_i für den Präfix $a_1 a_2 \ldots a_i$ von x konstruiert. Die Phasen sehen wie folgt aus:

In der ersten Phase wird T_1 konstruiert. T_1 besitzt nur eine Kante. Diese ist mit a_1 markiert. D.h., T_1 ist der Trie in Abbildung 5.18. Nehmen wir an, dass für $a_1 a_2 \ldots a_i$,

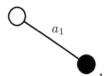

1   **Abbildung 5.18:** Impliziter Suffixbaum T_1 für den Präfix a_1.

$i \geq 1$ ein impliziter Suffixbaum T_i konstruiert ist. Die $(i + 1)$-te Phase ist in $i + 1$ *Erweiterungsschritte* unterteilt. Dabei korrespondiert für $1 \leq j \leq i + 1$ der j-te Erweiterungsschritt zum Suffix $a_j a_{j+1} \ldots a_{i+1}$ von $a_1 a_2 \ldots a_{i+1}$. Wir werden nun den j-ten Erweiterungsschritt beschreiben.

Das Ziel ist, dafür zu sorgen, dass gestartet in der Wurzel des aktuellen impliziten Suffixbaumes ein Pfad mit Markierung $a_j a_{j+1} \ldots a_{i+1}$ existiert. Solch ein Pfad kann auf einer Kante, in einem inneren Knoten oder in einem Blatt enden. Zum Erreichen dieses Zieles starten wir in der Wurzel des aktuellen Baumes und bestimmen das Ende des Pfades P mit Markierung $a_j a_{j+1} \ldots a_i$. Da T_i solch einen Pfad enthält, befindet sich auch solcher im aktuellen Baum. Jenachdem, wo dieser Pfad endet, unterscheiden wir drei Fälle:

1. Fall: P endet in einem Blatt.

Konkateniere a_{i+1} an das Ende der Markierung derjenigen Kante, die in dem Blatt des Pfades endet.

2. Fall: P endet in einem inneren Knoten v.

Zwei Unterfälle können eintreten:

2.1 Die Markierung einer der ausgehenden Kanten von v hat Präfix a_{i+1}.

Dann ist der gewünschte Pfad mit Markierung $a_j a_{j+1} \ldots a_{i+1}$ bereits im aktuellen Suffixbaum. Daher wird der aktuelle Baum nicht modifiziert.

2.2 Alle Markierungen der ausgehenden Kanten von v beginnen mit einem anderen Symbol als a_{i+1}.

Dann erhält v einen neuen Nachfolgerknoten w. Die Kante (v, w) erhält die Markierung a_{i+1} und w die Nummer j. Der Knoten w ist dann ein Blatt im aktuellen Suffixbaum.

3. Fall: P endet auf einer Kante e.

Sei $\beta c\gamma$ die Markierung der Kante e, wobei β der Suffix von $a_j a_{j+1} \ldots a_i$ ist. Also ist c das erste Symbol der Kantenmarkierung, das nicht zu $a_j a_{j+1} \ldots a_i$ korrespondiert. Da der Pfad auf der Kante e und nicht in einem Knoten endet, existiert c. Zwei Unterfälle können eintreten:

3.1 $c = a_{i+1}$.

Dann ist der gewünschte Pfad mit Markierung $a_j a_{j+1} \ldots a_{i+1}$ bereits im aktuellen Suffixbaum. Daher wird der aktuelle Baum nicht modifiziert.

3.2 $c \neq a_{i+1}$.

Führe die in Abbildung 5.19 beschriebene Transformation durch.

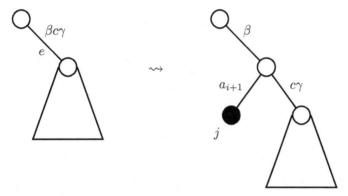

Abbildung 5.19: Im Fall 3.2 durchzuführende Transformation.

Beispiel 5.3 Betrachten wir den impliziten Suffixbaum für $acabc$ in Abbildung 5.20.

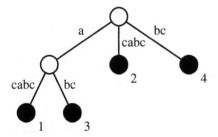

Abbildung 5.20: Impliziter Suffixbaum für $acabc$.

Nach Hinzufügen des Symbols b erweitert sich dieser zum impliziten Suffixbaum für $acabcb$ in Abbildung 5.21.   ♦

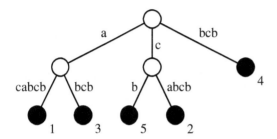

Abbildung 5.21: Impliziter Suffixbaum für *acabcb*.

Unser Ziel ist nun die Abschätzung des Zeit- und Platzbedarfes des obigen Algorithmus. In jedem Blatt von T_i, $1 \leq i \leq n$ endet eines der möglichen n Suffixe. Also enthält T_i maximal n Blätter, somit maximal $n-1$ innere Knoten und höchstens $2n-1$ Kanten. Eine Kante ist mit einem Teilstring von x der Länge $\leq n$ beschriftet. Also ist $O(n^2)$ der Platzbedarf für T_i.

Bezeichne $K(T_{i+1})$ die zur Konstruktion von T_{i+1} benötigte Zeit. Für die j-te Erweiterung ist zunächst das Ende des Pfades mit Markierung $a_j a_{j+1} \ldots a_i$ zu finden. Falls man hierzu in der Wurzel des aktuellen Baumes startet und den Pfad abläuft, dann benötigt man Länge des Pfades, also $O(i - (j - 1)) = O(i + 1 - j)$ Zeit. Ansonsten benötigt man für den Erweiterungsschritt konstante Zeit. Also gilt

$$K(T_{i+1}) = O(\sum_{j=1}^{i} i + 1 - j) = O(\sum_{j=0}^{i-1} j + 1) = O(i^2).$$

Somit ergeben sich die Gesamtkosten

$$O(\sum_{i=1}^{n} i^2) = O(n^3).$$

Unser Ziel ist nun die Reduktion der benötigten Zeit und des benötigten Platzes. Zunächst werden wir die benötigte Gesamtzeit auf $O(n^2)$ reduzieren. Falls wir für jedes j das Ende des Pfades mit Markierung $a_j a_{j+1} \ldots a_i$ in konstanter Zeit finden, dann reduzieren sich die Kosten für die Konstruktion von T_i auf $O(i)$. Also betragen die Gesamtkosten dann $O(\sum_{i=1}^{n} i) = O(n^2)$. Nach der Konstruktion von T_i, $1 \leq i < n$ kennen wir für $1 \leq j \leq i$ das Ende des Pfades, der in der Wurzel beginnt und die mit Markierung $a_j a_{j+1} \ldots a_i$ hat. Wenn wir uns dieses merken, dann erhalten wir bei der Konstruktion von T_{i+1} dieses in konstanter Zeit. Lediglich für $j = i + 1$ muss das Ende des Pfades mit Markierung a_{i+1} explizit durch Ablaufen des Pfades ermittelt werden, falls dieser überhaupt existiert. Hierfür genügt konstante Zeit. Somit haben wir die Zeit auf $O(n^2)$ reduziert. Da wir an der Struktur der impliziten Suffixbäume nichts geändert haben, hat sich der Platzbedarf nicht geändert und ist nach wie vor $O(n^2)$. Nun möchten wir die benötigte Zeit und den benötigten Platz jeweils auf $O(n)$ reduzieren. Folgendes Beispiel zeigt, dass der bisherige Suffixbaum in der Tat $\Omega(n^2)$ Platz benötigen kann.

Beispiel 5.4 Sei $x = abcdefghijklmnopqrstuvwxyz$. Jedes Suffix beginnt mit einem unterschiedlichen Symbol. Also besitzt die Wurzel des impliziten Suffixbaumes 26 Söhne. Jede korrespondierende Kante ist mit einem kompletten Suffix markiert. Somit benötigen wir für die Markierungen $\sum_{j=1}^{26} j = \frac{26 \cdot 27}{2}$ Platz.

♦

Jede Kantenmarkierung korrespondiert zu einem Teilstring des Textstrings x. Anstatt diesen explizit hinzuschreiben genügt es, den Anfang und das Ende dieses Teilstrings im Textstring zu spezifizieren, was den Platzbedarf von $O(n^2)$ auf $O(n)$ reduziert.

Beispiel 5.5 Sei $x = abaababa$. Wir erhalten dann die Suffixbäume in Abbildung 5.22.

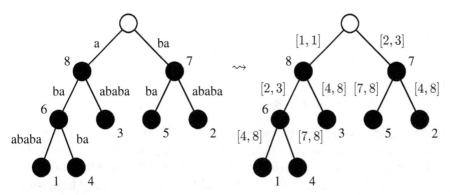

Abbildung 5.22: Suffixbäume für $abaababa$.

♦

Für die Reduktion der benötigten Zeit betrachten wir nochmals die Durchführung des j-ten Erweiterungsschrittes. Je nachdem, welche Aktion der Erweiterungsschritt durchführt, fassen wir die Fälle und Unterfälle zusammen. Wir erhalten dann:

Aktion	Fall bzw. Unterfall
1. Tue nichts	2.1 und 3.1
2. Erweitere Blattmarkierung.	1
3. Füge eventuell inneren Knoten plus Blatt ein.	2.2 und 3.2

Um zu verdeutlichen, was im einzelnen passiert, lösen wir folgende Übungsaufgabe:

Übung 5.17: *Führen Sie explizit die Konstruktion des Suffixbaumes für $x = abaababa$ durch.*

Folgende Beobachtungen erweisen sich als sehr hilfreich:

1. Falls im aktuellen Suffixbaum T ein in der Wurzel beginnender Pfad mit Markierung $c_1 c_2 \ldots c_k$ existiert, dann existiert in T für jedes $1 \leq l \leq k$ ein Pfad, der in der Wurzel beginnt und die Markierung $c_l c_{l+1} \ldots c_k$ hat. Somit gilt:

   Wenn bei der Konstruktion von T_{i+1} beim j-ten Erweiterungsschritt die erste Aktion „tue nichts" durchgeführt wird, dann wird auch bei jeder nachfolgenden l-ten Erweiterung, $j + 1 \leq l \leq i + 1$ diese Aktion duchgeführt.

2. Wenn ein Blatt mit der Nummer k kreiert wird, dann bleibt dieser Knoten auch in den nachfolgenden Suffixbäumen ein Blatt mit Nummer k.

Zur Verdeutlichung der nächsten Beobachtung betrachten wir für $x = aaaab$ die Konstruktion von T_5 aus T_4. Wie in Abbildung 5.23 ersichtlich, besteht T_4 aus einer Kante mit Markierung $aaaa$. Das einzige Blatt in T_4 hat die Nummer eins.

T_4:

aaaa; $[1, 4]$

1   **Abbildung 5.23:** Die Struktur von T_4.

Bei der Konstruktion von T_5 wird zunächst die Blattmarkierung des Blattes mit Nummer eins erweitert. Dann werden nacheinander jeweils ein innerer Knoten plus ein Blatt und einmal nur ein Blatt eingefügt. Abbildung 5.24 enthält den resultierenden Baum T_5. Dies ermöglicht uns folgende exakte Charakterisierung der Struktur der Erweiterungsschritte:

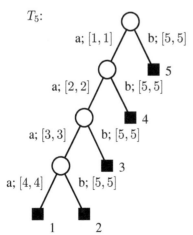

T_5:

a; $[1, 1]$ b; $[5, 5]$

                              5

a; $[2, 2]$ b; $[5, 5]$

                              4

a; $[3, 3]$ b; $[5, 5]$

                              3

a; $[4, 4]$ b; $[5, 5]$

1   2   **Abbildung 5.24:** Die Struktur von T_5.

3. Bei der Konstruktion von T_{i+1} aus T_i hat die Folge der Erweiterungsschritte folgende Struktur:

a) Folge von Aktionen vom Typ 2 „erweitere Blattmarkierung" gefolgt von

b) Folge von Aktionen vom Typ 3 „füge eventuell inneren Knoten plus Blatt ein" gefolgt von

c) Folge von Aktionen vom Typ 1 „tue nichts".

Dabei können eine oder zwei der oben definierten Folgen leer sein.

Aus der Struktur der Folge von Erweiterungsschritten folgt, dass für $1 \leq k \leq n$ gilt: Wenn ein Blatt mit Nummer k kreiert wird, dann gilt für $1 \leq l < k$, dass das Blatt mit Nummer l bereits existiert. Für unseren Konstruktionsalgorithmus haben obige Beobachtungen folgende Implikationen:

Die Erweiterungen der Blattmarkierungen müssen nicht explizit durchgeführt werden. D.h., für eingehende Kanten der Blätter ist lediglich der Anfang des Teilstrings von x, der zur Kantenmarkierung korrespondiert, zu spezifizieren. Das Ende ist stets das aktuelle Ende in x. Demzufolge muss die Folge der Aktionen vom Typ 2 nicht explizit durchgeführt werden.

Nehmen wir an, dass aus T_i der Suffixbaum T_{i+1} konstruiert werden soll, in T_i die Blätter mit Nummern $1, 2, \ldots, k$ existieren und kein Blatt mit Nummer $k + 1$ existiert. Um im Fall $k < i$ bei der Konstruktion von T_{i+1} mit der expliziten Durchführung der Konstruktion beginnen zu können, benötigen wir in T_i das Ende des in der Wurzel beginnenden Pfades P mit Markierung $a_{k+1}a_{k+2}\ldots a_i$. Gemäß den obigen Überlegungen endet P in einem inneren Knoten oder auf einer Kante. Obige Beobachtung 1 und die Wahl von k impliziert, dass P genau derjenige Pfad ist, mit dem die Konstruktion von T_i beendet wurde. Also ist das Ende von P bekannt, so dass die Konstruktion von T_{i+1} am Ende von P gestartet werden kann. Hierbei können zwei Fälle eintreten:

1. Fall: Aktion vom Typ 1 wird durchgeführt.

Wegen der Beobachtung 3 sind wir mit der Konstruktion von T_{i+1} fertig. Des Weiteren kennen wir nun das Ende des in der Wurzel beginnenden Pfades mit der Markierung $a_{k+1}a_{k+2}\ldots a_{i+1}$, so dass die explizite Konstruktion von T_{i+2} hier gestartet werden kann.

2. Fall: Aktion vom Typ 3 wird durchgeführt.

Je nachdem, wo der Pfad P endet unterscheiden wir zwei Unterfälle.

2.1 P endet in einem inneren Knoten v.

Gemäß unserer Konstruktion beginnen alle Markierungen der ausgehenden Kanten von v mit einem Symbol $\neq a_{i+1}$. Der Knoten v erhält ein neues Blatt b mit Nummer $k + 1$ als weiteren Sohn. Die Kante (v, b) wird mit $[i + 1, \ldots]$ markiert.

2.2   P endet auf einer Kante $e := (v, w)$.

Sei $[p, q]$ die Markierung von e. Die Abbildung 5.25 beschreibt die Situation und die durchgeführte Modifikation des aktuellen Baumes.

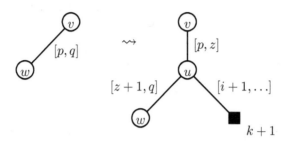

Abbildung 5.25: Situation im Fall 2.2 nebst durchgeführte Modifikation.

Um die Konstruktion fortsetzen zu können benötigen wir das Ende desjenigen Pfades P', der in der Wurzel anfängt und die Markierung $a_{k+2}a_{k+3} \ldots a_i$ hat. Gemäß Beobachtung 1 existiert P'. Unser Ziel ist nun die Entwicklung einer Datenstruktur, die den Zugriff auf das Ende von P' in konstanter Zeit ermöglicht. Zunächst benötigen wir einige Definitionen.

Sei v ein Knoten im aktuellen Suffixbaum T. Dann bezeichnet $m(v)$ die zum Pfad von der Wurzel von T zum Knoten v korrespondierende Kantenmarkierung. Sei $m(v) = a\alpha$ mit $a \in \Sigma$ und $\alpha \in \Sigma^*$. Dann definieren wir

$$s(v) := \begin{cases} \text{Knoten } w \text{ in } T \text{ mit } m(w) = \alpha & \text{falls } w \text{ existiert} \\ \text{undefiniert} & \text{sonst.} \end{cases}$$

Seien v ein Blatt mit Nummer p und u ein Blatt mit Nummer $p + 1$ in T. Dann gilt $s(v) = u$. Nehmen wir an, dass im aktuellen Suffixbaum T jeder Knoten v, für den $s(v)$ existiert, einen Zeiger auf den Knoten $s(v)$ enthält. Dann können wir das Ende des Pfades P' wie folgt finden. Dabei unterscheiden wir, je nachdem, ob oben der Unterfall 2.1 oder 2.2 zutreffend war, zwei Fälle:

2.1   P endet in einem inneren Knoten v.

Da jeder innere Knoten mindestens zwei Söhne hat, gibt es Pfade von der Wurzel zu einem Blatt mit Markierungen

$$a_{k+1}a_{k+2} \ldots a_i c \ldots \quad \text{und} \quad a_{k+1}a_{k+2} \ldots a_i d \ldots,$$

wobei $c \neq d$. Also impliziert Beobachtung 1, dass es Pfade von der Wurzel zu einem Blatt mit Markierungen

$$a_{k+2} \ldots a_i c \ldots \quad \text{und} \quad a_{k+2} \ldots a_i d \ldots$$

gibt. Also endet der Pfad P'', der in der Wurzel anfängt und die Markierung $a_{k+2} \ldots a_i$ hat, in einem inneren Knoten. Dies impliziert, dass im aktuellen Suffixbaum der Knoten $s(v)$ existiert. Gemäß der obigen Annahme enthält v einen sogenannten *Suffixzeiger* auf $s(v)$.

Übung 5.18: *Geben Sie ein Beispiel an, in dem $s(v)$ eine ausgehende Kante, deren Markierung mit einem Symbol $g \in \Sigma$ beginnt, hat, obwohl dies für v nicht der Fall ist.*

Obige Übungsaufgabe besagt, dass nun zwei Situationen eintreten können: Eine der ausgehenden Kanten von $s(v)$ hat eine Markierung, die mit a_{i+1} beginnt oder alle ausgehenden Kanten von $s(v)$ haben Markierungen, die mit einem anderen Symbol beginnt.

Falls die erste Situation vorliegt, dann wird eine Aktion vom Typ 1 „tue nichts" durchgeführt. Beobachtung 3 impliziert, dass wir mit der Konstruktion von T_{i+1} fertig sind. Des Weiteren kennen wir nun das Ende des Pfades, der in der Wurzel beginnt und die Markierung $a_{k+2}a_{k+3} \ldots a_{i+1}$ hat, so dass die Konstruktion von T_{i+2} hier gestartet werden kann.

Falls die zweite Situation vorliegt, dann erhält $s(v)$ ein neues Blatt b mit der Nummer $k+2$ als weiterer Sohn. Die Kante $(s(v), b)$ erhält die Markierung $[i+1, \ldots]$. Wir folgen nun dem Zeiger auf $s(s(v))$. Dieser existiert, falls $s(v)$ nicht die Wurzel des aktuellen Suffixbaumes ist, was in der Definition von $s(v)$ $\alpha = \varepsilon$ implizieren würde. Falls der Zeiger auf $s(s(v))$ nicht existiert, dann ist lediglich noch die $(i+1)$-te Erweiterung durchzuführen. Oben haben wir uns überlegt, dass dies nur konstante Zeit benötigt.

2.2 P endet auf einer Kante $e = (v, w)$.

Dann ist v ein innerer Knoten. Oben haben wir überlegt, dass $s(v)$ existiert. Die Abbildung 5.25 beschreibt die vorliegende Situation und die durchgeführte Modifikation des aktuellen Baumes. Sei

$$a_{k+1}\alpha\beta = a_{k+1}a_{k+2} \ldots a_i,$$

wobei $a_{k+1}\alpha$ die Markierung des Pfades $\bar{P}$ von der Wurzel zum Knoten v und β die Markierung der Kante (v, u) sind. Dann gilt

$$|\beta| = z - p + 1.$$

Gemäß unserer Annahme enthält v einen Zeiger auf $s(v)$. Wir folgen diesem Zeiger und dann von $s(v)$ aus dem Pfad mit Markierung β bis das Ende dieses Pfades gefunden ist.

Unser Ziel ist nun die Analyse dieser Pfadverfolgung. Sei hierzu

$$\beta = a_l a_{l+1} \ldots a_i.$$

Immer wenn ein innerer Knoten eingefügt wird, erhält dieser ein neues Blatt als Sohn. Dieses Blatt verbleibt während der gesamten Konstruktion als Blatt im Suffixbaum und ändert auch niemals seine Nummer. Somit folgt aus der Tatsache, dass P auf einer Kante endet und der Konstruktion, dass $s(v)$ genau eine ausgehende Kante $e_1 := (s(v), w_1)$ besitzt, deren Markierung mit a_l beginnt. Sei $[p_1, q_1]$ die Markierung der Kante e_1.

Im Folgenden bezeichnet L stets die Länge des Suffixes von β, das zu dem noch zu folgenden Teilpfad korrespondiert. D.h., zu Beginn gilt $L = z - p + 1$.

Falls $L = q_1 - p_1 + 1$, dann endet der Pfad mit Markierung β im Knoten w_1. Falls $L < q_1 - p_1 + 1$, dann endet der Pfad mit Markierung β auf der Kante e_1. Falls $L > q_1 - p_1 + 1$, dann entspricht der zur Kante $e_1 = (s(v), w_1)$ korrespondierende Teilpfad einem echten Präfix der Länge $q_1 - p_1 + 1$ von β. Wir modifizieren L durch

$$L := L - (q_1 - p_1 + 1)$$

und folgen von w_1 aus dem Pfad weiter. Wir verfahren nun bezüglich des Pfades mit Markierung $a_{k+2} a_{k+3} \ldots a_i$ wie oben bezüglich des Pfades mit Markierung $a_{k+1} a_{k+2} \ldots a_i$ beschrieben.

Zwei Dinge haben wir noch herauszuarbeiten: Zum einen müssen wir uns noch überlegen, wie wir die Suffixzeiger der inneren Knoten setzen (Für Blätter benötigen wir keine Suffixzeiger). Zum anderen ist noch abzuschätzen, welchen Aufwand wir insgesamt für das Zurückverfolgen der Teilpfade haben.

Zunächst überlegen wir uns, wie wir die Suffixzeiger der inneren Knoten effizient setzen können. Falls wir uns davon überzeugen könnten, dass nach Hinzufügen eines neuen inneren Knotens u in einem Erweiterungsschritt einer Phase der Knoten $s(u)$ im nächsten Erweiterungsschritt derselben Phase sowieso besucht wird, dann könnte nach Hinzunahme eines neuen inneren Knotens u der Suffixzeiger auf $s(u)$ im nachfolgenden Erweiterungsschritt mit lediglich konstanten Mehraufwand gesetzt werden. Dies leistet gerade das folgende Lemma.

Lemma 5.13 *Falls bei der Konstruktion von T_{i+1} bei der j-ten Erweiterung ein neuer innerer Knoten u mit $m(u) = a_j a_{j+1} \ldots a_i$ dem aktuellen Suffixbaum als Sohn des Knotens v hinzugefügt wird, dann endet bei der $(j+1)$-ten Erweiterung die Zurückverfolgung des Pfades von $s(v)$ aus beginnend in einem inneren Knoten w mit $m(w) = a_{j+1} a_{j+2} \ldots a_i$, falls solcher Knoten existiert. Andernfalls wird ein Knoten w mit $m(w) = a_{j+1} a_{j+2} \ldots a_i$ dem aktuellen Suffixbaum hinzugefügt.*

Den Beweis überlassen wir den Lesern als Übungsaufgabe.

Übung 5.19: *Beweisen Sie Lemma 5.13.*

Es verbleibt somit noch die Analyse des Gesamtaufwandes für das Zurückverfolgen der Teilpfade. Falls sich hierbei ein Gesamtaufwand von $O(n)$ ergibt, dann folgt aus den obigen Überlegungen, dass der implizite Suffixbaum T_n in $O(n)$ Zeit konstruiert werden kann. Schauen wir uns noch einmal die Definition der Tiefe eines Knotens u in einem Baum T an. Tiefe(u, T) ist die Anzahl der Knoten auf dem Pfad von der Wurzel von T nach u, wobei der Knoten u selbst nicht mitgezählt wird.

Für die Analyse des Gesamtaufwandes interpretieren wir den Algorithmus als einen Agenten, der in der Wurzel des anfänglichen Suffixbaumes startet und genauso wie der Algorithmus die Pfade zurückverfolgt, indem er sich von Knoten zu Knoten bewegt. Unser Ziel ist es, mit Hilfe der Tiefe des Knotens, in dem sich der Agent am Schluss befindet, den Gesamtaufwand für die Wanderung durch den Suffixbaum abzuschätzen.

Die Tiefe des Startknotens ist null. Das Passieren einer Baumkante erhöht die Tiefe des aktuellen Knotens für den Agenten um eins. Nur das Durchschreiten eines Suffixzeigers kann die Tiefe des aktuellen Knotens für den Agenten verringern. Nach der Terminierung des Algorithmus ist die Tiefe des aktuellen Knotens für den Agenten $\leq n$. Somit gilt für die Gesamtlänge GL des durchschrittenen Pfades

$$GL \leq n + 2 \cdot GR,$$

wobei GR die gesamte Verringerung der aktuellen Tiefe mittels Durchschreitens von Suffixzeigern bezeichnet. Somit müssen wir noch GR abschätzen. Dies ist mit Hilfe des folgenden Lemmas einfach.

Lemma 5.14 *Sei $[v, s(v)]$ ein Suffixzeiger, den der Agent durchschreitet. Dann gilt für den aktuellen Suffixbaum T zum Zeitpunkt des Durchschreitens Tiefe$(v, T) \leq$ Tiefe$(s(v), T) + 1$.*

Beweis: Seien P der Pfad von der Wurzel nach v und P' der Pfad von der Wurzel nach $s(v)$ in T. Sei w ein beliebiger Vorgängerknoten von v mit $m(w) = a\beta$, $a \in \Sigma$, $\beta \in \Sigma^+$. Aus Lemma 5.13 folgt, dass $s(w)$ existiert und w den Suffixzeiger $[w, s(w)]$ besitzt. Seien w und w' zwei verschiedene Vorgängerknoten von v mit $|m(w)| \geq 2$ und $|m(w')| \geq 2$. Dann gilt $s(w) \neq s(w')$ und sowohl $s(w)$ als auch $s(w')$ liegen auf P'. Lediglich der direkte Nachfolger der Wurzel von T auf P besitzt eventuell keinen Suffixzeiger. Insgesamt folgt aus obigen Beobachtungen $|P| \leq |P'| + 1$ und somit Tiefe$(v, T) \leq$ Tiefe$(s(v), T) + 1$. ∎

Da maximal n-mal ein Suffixzeiger durchlaufen wird, folgt direkt aus Lemma 5.14, dass $GR \leq n$. Insgesamt haben wir folgenden Satz bewiesen:

Satz 5.3 *Die Länge des Pfades, den der Agent während der Konstruktion des impliziten Suffixbaumes durchläuft, ist $\leq 3n$.*

Da pro Phase die sonstige Arbeit lediglich konstante Zeit benötigt und n Phasen durchlaufen werden, wird der implizite Suffixbaum in $O(n)$ Zeit konstruiert.

Offen ist noch die Konstruktion eines Suffixbaumes aus dem impliziten Suffixbaum. Hierzu konkatenieren wir den Textstring x und den String, bestehend aus dem Sonderzeichen \$. Der Effekt ist, dass kein Suffix des Strings $x\$$ Präfix eines anderen Suffixes ist. Also ist der implizite Suffixbaum für $x\$$ auch der Suffixbaum für $x\$$.

Übung 5.20: *Konstuieren Sie in Linearzeit aus einem Suffixbaum für $x\$$ einen Suffixbaum für x.*

Insgesamt haben wir folgenden Satz bewiesen:

Satz 5.4 *Seien Σ ein endliches Alphabet und $x \in \Sigma^+$ ein String der Länge n über Σ. Ein Suffixbaum für x kann in $O(n)$ Zeit konstruiert werden.*

5.3.3 Anwendungen von Suffixbäumen

Suffixbäume finden unmittelbar ihre Anwendung bei der Implementierung eines Indexes für einen Text. Dies überrascht nicht, da jeder Teilstring eines Textes Präfix eines Suffixes des Textes ist. Sei $x := a_1 a_2 \ldots a_n$ ein Text. Der kürzeste Präfix von $a_i a_{i+1} \ldots a_n$, $1 \leq i \leq n$, der nirgendwo sonst im Text x vorkommt, heißt *Identifizierer* der Position i im Text x. Falls der Text x mit einem Sonderzeichen endet, dann ist für jede Position i der Identifizierer definiert. Der *Positionsbaum* eines Textes $x = a_1 a_2 \ldots a_n \in \Sigma^n$ ist ein kompakter Trie bezüglich des Alphabets Σ, der $\leq n$ markierte Blätter enthält. Die Blätter sind mit paarweise verschiedenen Zahlen aus $\{1, 2, \ldots, n\}$ nummeriert. Der Pfad von der Wurzel zum Blatt mit Nummer i korrespondiert zum Identifizierer der Position i im Text x. Der Positionsbaum für x kann leicht aus dem Suffixbaum für x konstruiert werden.

Übung 5.21: *Entwickeln Sie einen Algorithmus, der in Linearzeit aus dem Suffixbaum für x den Positionsbaum für x konstruiert.*

Folgende vier Operationen soll der Index eines Textes unterstützen:

1. Für $y \in \Sigma^+$ finde den längsten Präfix, der im Text x enthalten ist.
2. Finde das erste Vorkommen eines Strings $y \in \Sigma^+$ im Text x.
3. Bestimme die Anzahl der Vorkommen von $y \in \Sigma^+$ im Text x.
4. Berechne eine Liste aller Vorkommen von $y \in \Sigma^+$ im Text x.

> **Übung 5.22:** *Entwickeln Sie für die vier Operationen, die der Index eines Textes unterstützen soll, Algorithmen. Zeigen Sie insbesondere, dass der Suffixbaum eines Textes x derart in Linearzeit vorbereitet werden kann, dass die Anzahl der Vorkommen eines Strings y im Text x in $O(|y|)$ Zeit ermittelt werden kann.*

1970 hat Don Knuth vermutet, dass es für folgendes Problem keinen Linearzeitalgorithmus gibt:

Längster gemeinsamer Teilstring

Gegeben: Strings x_1 und x_2 über einem endlichen Alphabet Σ.

Gesucht: Ein längster gemeinsamer Teilstring von x_1 und x_2.

Die Verwendung von Suffixbäumen ermöglicht einen einfachen Linearzeitalgorithmus für dieses Problem. Hierbei ist folgende Beobachtung nützlich: Ein längster gemeinsamer Teilstring von x_1 und x_2 ist Präfix sowohl eines Suffixes von x_1 als auch eines Suffixes von x_2. Dies legt die Konstruktion eines gemeinsamen Suffixbaumes für die Strings x_1 und x_2 nahe. Wir möchten dies nicht nur für zwei Strings, sondern gleich allgemeiner für eine Menge $\{x_1, x_2, \ldots, x_t\}$ von t Strings tun. Seien hierzu $\$_1, \$_2, \ldots, \$_t$ paarweise verschiedene Symbole, die in keinen der Strings $x_1, x_2, \ldots, x_t$ vorkommen. Wir berechnen nun einen Suffixbaum für den String $x_1\$_1 x_2\$_2 \ldots \$_{t-1} x_t\$_t$. Die Wahl der Sonderzeichen $\$_1, \$_2, \ldots, \$_t$ und der Konstruktionsalgorithmus sorgen dafür, dass der resultierende Baum die gewünschte Struktur hat. Da die Blattmarkierungen nicht explizit erweitert werden, interpretieren wir, dass diese mit den korrespondierenden Sonderzeichen $\$_i$ enden. Zur Lösung des längsten Teilstringproblems konstruieren wir für die beiden Eingabestrings x_1 und x_2 den gemeinsamen Suffixbaum und merken dabei uns für jeden inneren Knoten v die Anzahl der Symbole auf dem Pfad von der Wurzel zu v. Danach traversieren wir bottom-up den Suffixbaum und entscheiden dabei für jeden inneren Knoten, ob in seinem Teilbaum bezüglich beiden Strings x_1 und x_2 ein Blatt existiert.

> **Übung 5.23:**
>
> a) *Arbeiten Sie den Algorithmus zur Lösung des längsten gemeinsame Teilstringproblems aus.*
>
> b) *Verallgemeinern Sie den Algorithmus, so dass ein längster gemeinsamer Teilstring von k Strings $x_1, x_2, \ldots, x_k$ in $O(k \cdot n)$ Zeit bestimmt wird, wobei $n := |x_1| + |x_2| + \ldots + |x_k|$.*

Ein solcher mit maximaler Anzahl von Symbolen auf dem Pfad von der Wurzel zu ihm definiert einen längsten gemeinsamen Teilstring von x_1 und x_2.

5.4 Approximatives Stringmatching

Zunächst werden wir das approximative Stringmatchingproblem exakt definieren. Hierzu benötigen wir eine formale Definition der Editierdistanz zweier Strings. Diese hängt von einer Menge M von Operationen, mittels denen ein String modifiziert werden kann, ab. Jeder Operation in M werden Kosten zugeordnet. Seien $y = b_1 b_2 \dots b_m$ und $z = c_1 c_2 \dots c_r$ zwei Strings über einem endlichen Alphabet Σ. Die Editierdistanz $d_M(y, z)$ der Strings y und z bezüglich der Operationenmenge M sind die Kosten einer billigsten Folge von Editieroperationen aus M, die den String y in den String z überführt. Wir betrachten hier diejenige Operationenmenge M, die gerade die folgenden drei Typen von Editieroperationen enthält:

1. Streichen eines Zeichens aus y,

2. Einfügen eines Zeichens in y und

3. Ersetzen eines Zeichens in y durch ein anderes Symbol aus Σ.

Formal ist eine Editieroperation ein Paar $(a, b) \in (\Sigma \cup \{\varepsilon\})^2 \setminus \{(\varepsilon, \varepsilon)\}$, wobei

$$(a, b) = \begin{cases} \text{Streichen von } a & \text{falls } a \in \Sigma, b = \varepsilon \\ \text{Einfügen von } b & \text{falls } a = \varepsilon, b \in \Sigma \\ \text{Ersetzen von } a \text{ durch } b & \text{falls } a, b \in \Sigma. \end{cases}$$

Mit jeder Editieroperation (a, b) assoziieren wir positive Kosten $d(a, b)$. Also ist d eine Kostenfunktion $d : (\Sigma \cup \{\varepsilon\})^2 \setminus \{(\varepsilon, \varepsilon)\} \to \mathbb{R}^+$. Diese ist derart definiert, dass die Axiome einer Metrik erfüllt sind. D.h., für alle $a, b, c \in \Sigma \cup \{\varepsilon\}$ gilt:

1. $d(a, b) = 0 \Leftrightarrow a = b$,

2. $d(a, b) = d(b, a)$ und

3. $d(a, c) \leq d(a, b) + d(b, c)$.

Eine Editierfolge $S = s_1, s_2, \dots, s_t$ von Editieroperationen *transformiert* einen String y in einen String z, falls es eine Folge $x_0, x_1, x_2, \dots, x_t$ von Strings gibt, so dass

1. $y = x_0, z = x_t$ und

2. für $1 \leq i \leq t$ der String x_i aus x_{i-1} durch Anwendung der Editieroperation s_i entsteht.

Die *Kosten* $d(S)$ von S sind definiert durch

$$d(S) = \sum_{i=1}^{t} d(s_i).$$

Die *Editierdistanz* $d(y, z)$ der Strings y und z ist definiert durch

$$d(y, z) = \min\{d(S) \mid S \text{ transformiert } y \text{ nach } z\}.$$

Das *approximative Stringmatchingproblem* besteht nun darin, für einen gegebenen Musterstring $y \in \Sigma^+$ alle Teilstrings z eines gegebenen Eingabestrings $x \in \Sigma^+$ mit $d(y, z)$ minimal zu finden. Wir können alle Editierfolgen, die y in Teilstrings von x überführen, in kompakter Form durch einen gerichteten azyklischen Graphen repräsentieren. Hierzu definieren wir den *Editiergraphen* $\mathcal{E}(x, y) = (V, E)$ bezüglich $x = a_1 a_2 \ldots a_n$ und $y = b_1 b_2 \ldots b_m$, wobei

$$
\begin{aligned}
V = {} & \{[i, j] \mid 0 \le i \le m, 0 \le j \le n\} \text{ und} \\
E = {} & \{([i, j], [i + 1, j]), ([i, j], [i, j + 1]), ([i, j], [i + 1, j + 1]) \\
& \mid 0 \le i < m, 0 \le j < n\} \\
& \cup \{([m, j], [m, j + 1]) \mid 0 \le j < n\} \\
& \cup \{([i, n], [i + 1, n]) \mid 0 \le i < m\}.
\end{aligned}
$$

Jede Kante $e = ([i, j], [i', j'])$ korrespondiert auf folgende Art und Weise zu einer Editieroperation $\mathrm{op}(e)$:

$$
\mathrm{op}(e) = \begin{cases}
\text{Einfügen von } a_{j+1} & \text{falls } i' = i, j' = j + 1 \\
\text{Streichen von } b_{i+1} & \text{falls } i' = i + 1, j' = j \\
\text{Ersetzen von } b_{i+1} \text{ durch } a_{j+1} & \text{falls } i' = i + 1, j' = j + 1.
\end{cases}
$$

Mit der Kante e assoziieren wir dann die Kosten $d(\mathrm{op}(e))$. Die Kosten $d(P)$ eines Pfades P in $\mathcal{E}(x, y)$ sind definiert durch

$$d(P) = \sum_{e \in P} d(\mathrm{op}(e)).$$

Wir können den Editiergraphen $\mathcal{E}(x, y)$ als ein $(m+1) \times (n+1)$-Gitter darstellen (siehe Abbildung 5.26). Dabei korrespondiert der Gitterpunkt (i, j) zum Knoten $[i, j]$. Aus der Definition des Editiergraphen folgt direkt, dass die Pfade von Zeile 0 zur Zeile m mit der Eigenschaft, dass die erste Kante eine Kante nach Zeile 1 und die letzte Kante eine Kante von der Zeile $m - 1$ sind, eineindeutig zu denjenigen Editierfolgen von y zu einem Teilstring z von x, die keinen Präfix oder Suffix von z einfügen, korrespondieren. Wir sagen, ein Pfad P in $\mathcal{E}(x, y)$ von Zeile 0 nach Zeile m ist *optimal*, falls P zu einer Editierfolge minimaler Kosten korrespondiert. Seien

$$
\begin{aligned}
E_{\text{opt}} &= \{e \in E \mid e \text{ liegt auf einem optimalen Pfad } P \text{ in } \mathcal{E}(x, y)\} \text{ und} \\
V_{\text{opt}} &= \{v \in V \mid \exists w \in V : (v, w) \in E_{\text{opt}} \text{ oder } (w, v) \in E_{\text{opt}}\}.
\end{aligned}
$$

Sei $\mathcal{E}_{\text{opt}}(x, y) = (V_{\text{opt}}, E_{\text{opt}})$. Für einen Pfad P in $\mathcal{E}(x, y)$ bezeichne $x(P)$ denjenigen Teilstring von x, der zu P korrespondiert. Unser Ziel ist es nun zu beweisen, dass es zur

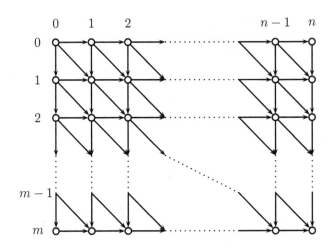

Abbildung 5.26: Der Editiergraph $\mathcal{E}(x,y)$.

Lösung des approximativen Stringmatchingproblems genügt, den Graphen $\mathcal{E}_{\text{opt}}(x,y)$ zu berechnen. Sei

$$x^j = \begin{cases} \varepsilon & \text{falls } j = 0 \\ a_1 a_2 \dots a_j & \text{falls } j > 0. \end{cases}$$

y^i wird analog definiert. Sei

$$e(x^j, y^i) = \begin{cases} 0 & \text{falls } i = 0 \\ \min\{d(\tilde{x}, y^i) \mid \tilde{x} \text{ ist Suffix von } x^j\} & \text{falls } i > 0. \end{cases}$$

Lemma 5.15 *Sei* $P = P_1, [i,j], P_2$ *ein optimaler Pfad. Dann gilt* $d(P_1, [i,j]) = e(x^j, y^i)$.

Beweis: Aus der Definition folgt direkt $d(P_1, [i,j]) \geq e(x^j, y^i)$. Nehmen wir an, dass $d(P_1, [i,j]) > e(x^j, y^i)$. Dann existiert ein Pfad P' mit $d(P', [i,j]) < d(P_1, [i,j])$. Dann ist aber auch $d(P', [i,j], P_2) < d(P)$ und somit P kein optimaler Pfad, was ein Widerspruch zur Optimalität von P ist. ∎

Sei

$$E_d = \{([i,j], [i',j']) \in E \mid e(x^{j'}, y^{i'}) = e(x^j, y^i) + d(\text{op}([i,j], [i',j']))\}.$$

Der *Distanzgraph* $D(x,y)$ ist definiert durch $D(x,y) = (V, E_d)$. Aus Lemma 5.15 folgt direkt folgendes Lemma:

Lemma 5.16 $\mathcal{E}_{opt}(x,y) \subseteq D(x,y)$.

Unser Ziel ist es, zunächst $D(x,y)$ und dann mit Hilfe von $D(x,y)$ den Graphen $\mathcal{E}_{opt}(x,y)$ zu berechnen. Zunächst beweisen wir, dass die Berechnung von $\mathcal{E}_{opt}(x,y)$ unser approximatives Stringmatchingproblem löst.

Satz 5.5 *Es gibt eine Bijektion zwischen den Pfaden von Zeile* 0 *nach Zeile* m *in* $\mathcal{E}_{opt}(x,y)$ *und den optimalen Pfaden in* $\mathcal{E}(x,y)$.

Beweis: Aus der Konstruktion folgt direkt, dass jeder optimale Pfad von Zeile 0 nach Zeile m in $\mathcal{E}(x,y)$ auch in $\mathcal{E}_{opt}(x,y)$ enthalten ist. Zu zeigen ist noch, dass $\mathcal{E}_{opt}(x,y)$ keine weiteren Pfade von Zeile 0 nach Zeile m enthält.

Sei $P = e_1, e_2, \ldots, e_r$ ein beliebiger Pfad von Zeile 0 nach Zeile m in $\mathcal{E}_{opt}(x,y)$. Wir zeigen, dass jedes Präfix von P Präfix eines optimalen Pfades ist. Daraus folgt direkt, dass P selbst optimal sein muss.

Da $e_1 \in E_{opt}$ und e_1 eine Kante von Zeile 0 nach Zeile 1 sein muss, folgt aus der Konstruktion, dass e_1 Präfix eines optimalen Pfades ist. Nehmen wir an, dass $P' = e_1, e_2, \ldots, e_s$, $s \geq 1$ Präfix eines optimalen Pfades ist. Sei $[i,j]$ der Endknoten der Kante e_s. Sei $e_{s+1} = ([i,j],[i',j'])$. Lemma 5.15 impliziert, dass $d(P') = e(x^j, y^i)$ und somit, da e_{s+1} auf einem optimalen Pfad liegt, $d(P', e_{s+1}) = e(x^{j'}, y^{i'})$. Also ist der Pfad P', e_{s+1} Präfix eines optimalen Pfades.

∎

Folgender Algorithmus berechnet den Distanzgraphen $D(x,y)$:

Algorithmus BERECHNUNG VON $D(x,y)$

Eingabe: $x = a_1 a_2 \ldots a_n$, $y = b_1 b_2 \ldots b_m$ und eine Kostenfunktion d.

Ausgabe: $D(x,y) = (V, E_d)$ und für alle Knoten $[i,j] \in V$ den Wert $e(x^j, y^i)$.

Methode:

> $E_d := \emptyset;$
> **for** j **from** 0 **to** n
> > **do**
> > > $e(x^j, y^0) := 0$
> > **od**;
> **for** i **from** 1 **to** m
> > **do**
> > > $e(x^0, y^i) := e(x^0, y^{i-1}) + d(\varepsilon, b_i)$
> > **od**;
> **for** j **from** 1 **to** n
> > **do**
> > > **for** i **from** 1 **to** m

do
$$e(x^j, y^i) := \min \begin{cases} e(x^{j-1}, y^i) + d(a_j, \varepsilon) \\ e(x^{j-1}, y^{i-1}) + d(a_j, b_i) \\ e(x^j, y^{i-1}) + d(\varepsilon, b_i); \end{cases}$$

    if $e(x^j, y^i) = e(x^{j-1}, y^i) + d(a_j, \varepsilon)$
        then
            $E_d := E_d \cup \{([i, j-1], [i, j])\}$
    fi;
    if $e(x^j, y^i) = e(x^{j-1}, y^{i-1}) + d(a_j, b_i)$
        then
            $E_d := E_d \cup \{([i-1, j-1], [i, j])\}$
    fi;
    if $e(x^j, y^i) = e(x^j, y^{i-1}) + d(\varepsilon, b_i)$
        then
            $E_d := E_d \cup \{([i-1, j], [i, j])\}$
    fi
  od
od.

Der einfache Korrektheitsbeweis und die einfache Komplexitätsanalyse bleiben den Lesern überlassen. Insgesamt erhalten wir folgendes Lemma:

Lemma 5.17 *Der Algorithmus* BERECHNUNG VON $D(x, y)$ *berechnet den Distanzgraphen* $D(x, y) = (V, E_d)$ *und die Werte* $e(x^j, y^i)$ *für alle* $[i, j] \in V$ *in* $O(n \cdot m)$ *Zeit.*

Gegeben den Distanzgraphen $D(x, y) = (V, E_d)$ ist es nun unser Ziel, alle Kanten, die nicht in E_{opt} sind, aus E_d zu streichen. Folgendes Lemma gibt eine exakte Charakterisierung von E_{opt} bezüglich $D(x, y)$:

Lemma 5.18 *Sei* $e_{opt} = \min_{1 \le j \le n}\{e(x^j, y^m)\}$. *Dann gilt* $E_{opt} = \{([i, j], [i', j']) \mid \exists P = [i, j], [i', j'], \ldots, [m, l] \text{ in } D(x, y) \text{ mit } e(x^l, y^m) = e_{opt}\}$.

Übung 5.24: *Beweisen Sie Lemma 5.18.*

Wir haben nun das Problem der Berechnung von E_{opt} auf ein Erreichbarkeitsproblem reduziert. Dieses kann leicht mittels einer Rückwärts-Tiefensuche auf $D(x, y)$ mit Startknotenmenge $\{[m, l] \mid e(x^l, y^m) = e_{\text{opt}}\}$ gelöst werden. Insgesamt erhalten wir folgenden Satz:

Satz 5.6 *Der Graph $\mathcal{E}_{opt} = (V_{opt}, E_{opt})$ kann in $O(m \cdot n)$ Zeit berechnet werden.*

Übung 5.25: *Arbeiten Sie den Algorithmus zur Berechnung von $\mathcal{E}_{opt} = (V_{opt}, E_{opt})$ aus.*

5.5 Ergänzende Übungsaufgaben

Übung 5.26: *Entwickeln Sie einen Algorithmus, der für gegebene Strings $x = a_1 a_2 \ldots a_n$ und $y = b_1 b_2 \ldots b_n$ in Linearzeit entscheidet, ob y ein zyklischer Shift von x ist. D.h., ob ein $j \in \{1, 2, \ldots, n\}$ existiert, so dass $y = a_j a_{j+1} \ldots a_n a_1 a_2 \ldots a_{j-1}$.*

Übung 5.27: *Modifizieren Sie den Algorithmus KMP, so dass der größte Präfix von y berechnet wird, der ein Teilstring von x ist.*

Übung 5.28: *Berechnen Sie H für den Musterstring 100011011011001.*

Übung 5.29: *Nehmen wir an, dass als Editieroperationen das Einfügen bzw. das Streichen eines ganzen Teilstrings erlaubt sind. Ferner seien die Kosten einer derartigen Operation nur von der Länge des Operanden und nicht von seinem expliziten Aussehen abhängig. Entwickeln Sie ein effizientes Verfahren, das bezüglich einer derartigen Operationenmenge die Editierdistanz zweier Strings x und y berechnet. Was ist die Laufzeit Ihres entwickelten Verfahrens?*

5.6 Literaturhinweise

KNUTH, MORRIS und PRATT [KMP77] und auch BOYER und MOORE [BM77] haben ihre Algorithmen Anfang der 70er Jahre entwickelt. In [KMP77] wird mit einer komplizierten Analyse eine $7n$ obere Schranke für die Anzahl der Vergleiche, die der Algorithmus BM durchführt, bewiesen. GUIBAS und ODLYZKO [GO80] haben diese obere Schranke auf $4n$ verbessert. Auch ihre Analyse ist kompliziert. Die hier vorgestellte Analyse einer $4n$ oberen Schranke hat COLE [Col94] 1994 publiziert. In derselben Arbeit präsentiert er einen wesentlich schwierigeren Beweis einer $3n$ oberen Schranke und konstruiert Eingaben, für die er beweist, dass der Algorithmus BM $3(n - m)$ Vergleiche benötigt. GALIL [Gal79] hat 1979 den Algorithmus BM derart erweitert, dass dieser in Linearzeit alle Vorkommen des Musterstrings im Textstring findet.

Der hier vorgestellte Algorithmus zur Konstruktion von Suffixbäumen geht auf UK-KONEN [Ukk95] zurück. Weitere Stringmatchingalgorithmen findet man zum Beispiel in [Smy03, CR94, Ste94, Gus97].

Der Algorithmus für approximatives Stringmatching findet in vielen verschiedenen Gebieten Anwendung und wurde dementsprechend von mehreren Autoren unabhängig voneinander um 1970 entdeckt. Hinweise auf diese findet man im ersten Kapitel des Buches [SK83]. Approximatives Stringmatching unter Berücksichtigung von Anwendungen in der Molekularbiologie wird ausführlich in [Blu00] behandelt.

Einen guten Einstieg in das Gebiet „Algorithmen auf Strings" bietet das Buch von STEPHEN [Ste94]. Weiterführend sind die Bücher von GUSFIELD [Gus97], SMYTH [Smy03] und CROCHEMORE und RYTTER [CR94]. Algorithmen auf Strings finden in vielen Bereichen ihre Anwendung. Darunter sind zum Beispiel die Molekularbiologie, die Spracherkennung, die Analyse von Vogelgesang und Textverarbeitungssysteme. Derartige Anwendungsbeispiele findet man in [SK83].

6   Online-Algorithmen

Bisher haben wir vorwiegend Algorithmen für Probleme, für die zu Beginn die Gesamtheit der Eingabedaten bekannt sind, behandelt. Eine Ausnahme bildeten die Datenstrukturen zur Behandlung von Mengenverwaltungsproblemen. Hier mussten wir Daten ohne Kenntnis, welche Anfragen und Operationen in Zukunft zu bearbeiten sind, verwalten. Sind zu Beginn alle relevante Daten bekannt und kann dies bei der Entwicklung des Algorithmus berücksichtigt werden, dann ist der resultierende Algorithmus ein *Offline-Algorithmus*. Ist dies nicht der Fall, d.h., die Eingabe erfolgt portionsweise und muss auch vom Algorithmus portionsweise ohne Kenntnis der zukünftigen Eingabe verarbeitet werden, dann ist der resultierende Algorithmus ein *Online-Algorithmus*. Typisch für Online-Algorithmen ist, dass auch die Ausgabe portionsweise erfolgt. Viele Probleme im täglichen Leben sind dergestalt. Beispiele hierfür sind die Bewegungsplanung bei unvollständiger Information (z.B. ein Roboter in unbekannten Terrain), Spekulation mit Aktien, Währungstausch oder auch Routing im Internet. Die Güte eines Online-Algorithmus hängt zum einen von der Güte der Ausgabe und zum anderen von der benötigten Gesamtzeit ab. Im wesentlichen findet man in der Literatur zwei Arten der Analyse der Güte von Online-Algorithmen, die *average-case Analyse* und die *konkurrierende Analyse* (englisch: *competitive analysis*). Bei der average-case Analyse muss man sich mit der Frage über akkurate Annahmen bezüglich der Verteilung der Eingaben auseinandersetzen. Die konkurrierende Analyse setzt die Ausgabe des Online-Algorithmus zur Ausgabe eines optimalen Offline-Algorithmus in Relation. Dieser Zugang hat, wie bei allen worst-case Analysen den Nachteil, dass die Annahme, dass stets eine für den Algorithmus ungünstigste Eingabe vorliegt, äußerst pessimistisch ist. Wir werden Online-Algorithmen anhand des Listenverwaltungsproblems und des Paging vorstellen. Dabei werden wir grundlegende Analysetechniken, die nicht nur bei Online-Algorithmen ihre Anwendung finden, kennenlernen.

6.1   Das Listenverwaltungsproblem

Die Aufgabe ist die Verwaltung einer Menge S von Items unter folgenden Operationen:

- ACCESS(x): Lokalisiere das Item x in S.
- INSERT(x): Füge das Item x in S ein.

- DELETE(x): Streiche das Item x aus S.

Als einfache Datenstruktur zur Lösung dieser Aufgabe verwenden wir unsortierte lineare Listen. Dabei können die Operationen wie folgt implementiert werden:

ACCESS(x): Vom Anfang der Liste an werden die Items nacheinander betrachtet bis x gefunden ist.

INSERT(x): Zunächst wird verifiziert, dass x nicht bereits in der Liste ist. Hierzu wird die gesamte Liste betrachtet. Falls $x \notin S$, dann wird x an das Listenende gehängt.

DELETE(x): Zunächst wird die Operation Access(x) durchgeführt und dann, falls x sich in der Liste befindet, das Item x entfernt.

Obige Operationen verursachen folgende Kosten:

ACCESS(x): i, wobei x in der i-ten Position der Liste steht.

INSERT(x): $n + 1$, wobei n die Länge der Liste ist.

DELETE(x): $i + 1$, wobei i die Kosten von Access(x) sind.

Während der Durchführung der Operationen kann die Anordnung der Elemente folgendermaßen modifiziert werden: Direkt nach Durchführung der Operation ACCESS(x) oder INSERT(x) kann x ohne Extrakosten an eine beliebige Position näher zum Anfang der Liste plaziert werden. Diese Modifikation der Liste nennen wir *freier Positionswechsel*. Der gewünschte Effekt ist die Verringerung der Kosten für nachfolgende Operationen. Zu jeden Zeitpunkt können zwei aufeinanderfolgende Items ihre Positionen tauschen. Diese Modifikation hat Kosten 1 und heißt *bezahlter Positionswechsel*.

Das oben definierte Listenverwaltungsproblem heißt *dynamisches Listenverwaltungsproblem*. Falls wir für eine gegebene Liste der Länge n nur ACCESS-Operationen zulassen, erhalten wir das sogenannte *statische Listenverwaltungsproblem*. Wir werden Online-Algorithmen bezüglich den folgenden drei Positionswechselregeln analysieren:

- MTF *(Move-to-front)*: Plaziere nach ACCESS(x) oder INSERT(x) das Item x an den Anfang der Liste.

- $TRANS$ *(Transpose)*: Vertausche nach ACCESS(x) oder INSERT(x) die Positionen von x und dem unmittelbar davor stehenden Item.

- FC *(Frequency-count)*: Verwalte für jedes Item x einen Zähler $Z(x)$. Dieser hat zu Beginn den Wert 0 und wird nach jeder ACCESS(x)- bzw. INSERT(x)-Operation um 1 erhöht. Organisiere die Liste derart, dass die Zählerwerte der Items in Reihenfolge der Listenordnung monoton fallen.

Übung 6.1:

a) *Zeigen Sie, dass gemäß unserem Kostenmodell in obigen Regeln sämtliche Positionswechsel frei sind.*

b) *Sei ALG irgendein Algorithmus für das statische Listenverwaltungsproblem und sei σ eine beliebige Anfragefolge. Zeigen Sie, dass es einen Algorithmus ALG' gibt der nur bezahlte Positionswechsel vor Durchführung der ACCESS-Operationen verwendet und dieselben Kosten wie ALG hat.*

Wir werden nun konkurrierenden Analysen für Online-Algorithmen zur Lösung des Listenverwaltungsproblems durchführen. Zunächst benötigen wir einige Bezeichnungen bezüglich eines gegebenen Algorithmus ALG:

$ALG_p(\sigma)$ bezeichnet die Anzahl der bezahlten Positionswechsel, die ALG bei der Operationenfolge σ durchführt.

$ALG_f(\sigma)$ bezeichnet die Anzahl der freien Positionswechsel, die ALG bei der Operationenfolge σ durchführt.

$ALG_c(\sigma)$ bezeichnet die Kosten aller Operationen, die nicht bezahlte Positionswechsel sind, die ALG bei der Operationenfolge σ durchführt.

$ALG(\sigma)$ sind die Gesamtkosten des Algorithmus ALG bei der Operationenfolge σ.

Falls $ALG \in \{MTF, TRANS, FC\}$ dann gilt $ALG_p(\sigma) = 0$ und somit $ALG(\sigma) = ALG_c(\sigma)$ für jede Operationenfolge σ. Nachfolgend bezeichnet OPT stets einen optimalen Offline-Algorithmus. Folgender Satz vergleicht MTF mit OPT.

Satz 6.1 *Sei σ eine Operationenfolge der Länge n. Nehmen wir an, dass MTF und OPT mit derselben Listenkonfiguration starten. Dann gilt $MTF(\sigma) \leq 2OPT_c(\sigma) - n$.*

Beweis: Sei x_j das Item in Position j der aktuellen Liste OPT des Algorithmus OPT. Sei k die Position von x_j in der aktuellen Liste MTF von MTF. Ein Item, das in OPT nach x_j und in MTF vor x_j steht, heißt *Inversion* bezüglich x_j. Bezeichne ν die Anzahl der Inversionen bezüglich x_j. Dann gilt $k - \nu \leq j$. Ferner sind die Kosten für ACCESS(x_j) für OPT gleich j und für MTF gleich $k \leq j + \nu$. Also sind die Kosten von MTF kleiner oder gleich den Kosten von OPT plus die Anzahl der Inversionen bezüglich x_j. Die Operation ACCESS(x_j) hat folgende Auswirkungen auf die Anzahl der Inversionen bezüglich x_j und bezüglich den anderen Items in der Liste:

MTF plaziert x_j an den Listenanfang. Also werden ν Inversionen bezüglich x_j beseitigt und $\leq k - \nu - 1$ Inversionen bezüglich anderer Items kreiert. Bezeichne Φ_i die Anzahl der Inversionen in der Liste MTF nach der Durchführung der i-ten Operation, t_i die Kosten der i-ten Operation für MTF und $a_i = t_i + \Phi_i - \Phi_{i-1}$ die *amortisierten Kosten* der i-ten Operation. Falls ACCESS(x_j) die i-te Operation ist, dann gilt mit obigen Definitionen:

$$a_i \leq k + (k - 1 - \nu) - \nu = 2(k - \nu) - 1 \leq 2j - 1.$$

D.h., die amortisierte Kosten sind höchstens doppelt so hoch wie die Kosten bezüglich OPT reduziert um 1. Falls DELETE(x_j) die i-te Operation ist, dann gilt die obige Beobachtung auch.

Nehmen wir an, dass die i-te Operation eine der Operationen INSERT(x), DELETE(x) oder ACCESS(x) ist, wobei x nicht in der Liste ist. Bezeichne l die Länge der Liste unmittelbar vor der i-ten Operation. Dann gilt:

$$a_i \leq l + 1 + l = 2(l + 1) - 1.$$

Da die Kosten von OPT für die i-te Operation $\geq l + 1$, gilt obige Bemerkung auch für diese Operationen. Also gilt

$$\sum_{i=1}^{n} a_i \leq 2OPT(\sigma) - n.$$

Wir möchten nun $MTF(\sigma) = \sum_{i=1}^{n} t_i$ und $\sum_{i=1}^{n} a_i$ zueinander in Beziehung setzen. Es gilt

$$\sum_{i=1}^{n} a_i = \sum_{i=1}^{n}(t_i + \Phi_i - \Phi_{i-1})$$

$$= \Phi_n - \Phi_0 + \sum_{i=1}^{n} t_i$$

Also gilt

$$\sum_{i=1}^{n} t_i = \Phi_0 - \Phi_n + \sum_{i=1}^{n} a_i$$

und somit wegen $\Phi_0 = 0$ und $\Phi_n \geq 0$

$$\sum_{i=1}^{n} t_i \leq \sum_{i=1}^{n} a_i,$$

womit unser Satz bewiesen ist.

∎

Die Funktion Φ_i ist eine „*Potentialfunktion*". Der Namen rührt daher, dass mittels der Potentialfunktion „potentielle Energie" gezählt wird, die dann für die Bezahlung von zukünftigen Operationen verwendet wird.

Übung 6.2: *Wo haben wir in Kapitel 4 die Potentialfunktionmethode bereits angewandt?*

Ein Online-Algorithmus ALG heißt *c-konkurrierend* (im Englischen *c-competitive*), falls eine Konstante α existiert, so dass für alle endlichen Eingabefolgen I gilt

$$ALG(I) \leq c \cdot OPT(I) + \alpha.$$

Falls $\alpha = 0$, dann heißt ALG *stark c-konkurrierend*.

Korollar 6.1 *Der Algorithmus MTF ist 2-konkurrierend.*

Wir können obiges Korollar für das statische Listenverwaltungsproblem noch etwas verbessern:

Korollar 6.2 *MTF ist bezüglich dem statischen Listenverwaltungsproblem $(2 - \frac{1}{k})$-konkurrierend, wobei k die Länge der statischen Liste ist.*

Beweis: Sei n die Länge der Operationenfolge σ. Dann gilt

$$OPT(\sigma) \leq kn \Leftrightarrow \frac{1}{k}OPT(\sigma) \leq n \quad \text{und} \quad MTF(\sigma) \leq 2OPT(\sigma) - n.$$

Also gilt

$$2OPT(\sigma) - n \leq (2 - \frac{1}{k})OPT(\sigma).$$

■

Als nächstes stellen wir uns die Frage, wie gut im Vergleich zu anderen Online-Algorithmen der Online-Algorithmus MTF ist. Folgender Satz gibt eine Antwort auf diese Frage:

Satz 6.2 *Sei ALG ein c-konkurrierender deterministischer Online-Algorithmus für das statische Listenverwaltungsproblem einer Liste mit k Items. Dann gilt $c \geq 2 - \frac{2}{k+1}$.*

Beweis: Wir werden den Satz mittels eines Gegenspielerargumentes beweisen. Der Gegenspieler stellt stets eine Anfrage bezüglich des letzten Elementes der Liste. D.h., die Gesamtkosten für den Online-Algorithmus bei einer Anfragefolge der Länge n sind $n \cdot k$. Unser Ziel ist nun zu beweisen, dass ein derart guter Offline-Algorithmus existiert, so dass die obige untere Schranke folgt. Die von uns verwendete Methode hierzu ist nicht konstruktiv, sondern zeigt lediglich die Existenz eines solchen Offline-Algorithmus.

Wir betrachten Offline-Algorithmen A_π, die folgendermaßen arbeiten. Zu A_π korrespondiert eine feste Permutation π der k Items in der Liste. Der Algorithmus A_π ordnet zunächst die Startliste derart um, dass die Items in der Liste gemäß der Permutation π gespeichert sind. Danach wird die Anfragefolge ohne jegliche Modifikation der Liste durchgeführt. Die Kosten für die Konstruktion der Liste gemäß der Permutation π sind b, wobei $b \leq k^2$ eine Konstante ist, die nur von k abhängt.

> **Übung 6.3:** *Entwickeln Sie ein Verfahren, das aus der Startliste die Liste gemäß der Permutation π mit Kosten $O(k \log k)$ konstruiert.*

Es gibt $k!$ verschiedene Algorithmen A_π. Wir nennen diese Algorithmen *statische Offline-Algorithmen*, da sie während des Abarbeitens der Anfragefolge die Ordnung der Items in der Liste nicht mehr ändern. Wir betrachten nun eine Anfrage ACCESS(x). Summiert über allen $k!$ statische Offline-Algorithmen ermitteln wir die Kosten $SK(\text{ACCESS}(x))$ von ACCESS(x). Dabei machen wir uns folgende Beobachtung zunutze:

Für jede der möglichen k Positionen für x in der Liste gibt es $(k-1)!$ verschiedene Permutationen der übrigen Items. Also gilt

$$SK(\text{ACCESS}(x)) = \sum_{i=1}^{k} i(k-1)! = (k-1)!\frac{k(k+1)}{2}.$$

Also gilt für die Gesamtkosten GK für die Anfragefolge σ des Gegenspielers summiert über alle $k!$ statischen Offline-Algorithmen

$$GK \leq k!b + n(k-1)!\frac{k(k+1)}{2}.$$

Somit gilt für die mittleren Kosten MK über alle statischen Offline-Algorithmen

$$MK \leq \frac{1}{2}n(k+1) + b.$$

Es muss ein statischer Offline-Algorithmus existieren, dessen Kosten bezüglich der Anfragefolge σ nicht größer sind, als obige mittleren Kosten. Betrachte nun den Quotienten $\frac{nk}{1/2n(k+1)+b}$. Wenn wir die Länge n der Operationenfolge beliebig anwachsen lassen, dann konvergiert dieser Quotient gegen $\frac{2k}{k+1} = 2 - \frac{2}{k+1}$. ∎

> **Übung 6.4*:** *Analysieren Sie die Güte von $TRANS$ und von FC.*

6.2 Paging

Das Problem des Seitenaustausches zwischen Kern- und Hintergrundspeicher eines Computers, das sogenannte *Paging*, ist ein typisches Online-Problem. Zu dem Zeitpunkt, in dem Daten aus dem Hintergrundspeicher in den Kernspeicher geladen werden und daher, um Platz zu machen, Daten aus dem Kernspeicher in den Hintergrundspeicher ausgelagert werden müssen, ist in der Regel nicht bekannt, auf welche Daten das Programm in Zukunft zugreifen wird. Folgendes Modell, der sogenannte *virtuelle Speicher*, wird häufig für die Entwicklung von Algorithmen zur Lösung des Pagingproblems zugrunde gelegt:

Die Daten sind in *Seiten* abgelegt. Der Speicher des Computers ist in Blöcke aufgeteilt, in die jeweils genau eine Seite hineinpasst. Der Computer besitzt einen Kernspeicher $\mathcal{K}$ der Größe k und einen Hintergrundspeicher $\mathcal{H}$ der Größe N. Sobald ein Programm auf Daten, die sich auf der Seite p befinden, zugreifen möchte, muss die gesamte Seite p sich in $\mathcal{K}$ befinden. Ist dies nicht der Fall, dann muss p in den Kernspeicher geladen werden. Falls hierzu noch Platz in $\mathcal{K}$ vorhanden ist, dann haben wir kein Problem. Ist aber $\mathcal{K}$ bereits voll, dann muss ein $q \in \mathcal{K}$ bestimmt werden, das in den Hintergrundspeicher abgelegt wird, um Platz für p zu schaffen. Dem Laden von p aus dem Hintergrundspeicher in den Kernspeicher werden keine Kosten zugeordnet, während die Verdrängung von q aus dem Kernspeicher die Kosten 1 verursacht. Das Ziel ist nun, das q derart zu wählen, dass die Gesamtanzahl der Auslagerungen von Seiten aus dem Kernspeicher in den Hintergrundspeicher minimiert wird. Folgende Heuristiken für die Wahl von q werden wir näher betrachten:

LRU (least-recently-used): Ersetze diejenige Seite, deren letzte Anfrage am längsten zurückliegt.

FIFO (First-in-first-out): Ersetze diejenige Seite, die sich am längsten im Kernspeicher befindet.

LIFO (Last-in-first-out): Ersetze diejenige Seite, die als letzte in den Kernspeicher geladen worden ist.

LFU (Least-frequently-used): Ersetze diejenige Seite, die, seitdem sie sich im Kernspeicher befindet, am wenigsten angefragt worden ist.

LFD (Longest-forward-distance): Ersetze diejenige Seite, deren nächste Anfrage am spätesten erfolgen wird.

Die Verwendung von LFD setzt die Kenntnis der zukünftigen Anfragen voraus. LFD kann somit nur in Offline-Algorithmen verwandt werden. Alle anderen Heuristiken sind unabhängig von den zukünftigen Anfragen und somit online. Folgendes Lemma besagt, dass Seiten erst dann in den Kernspeicher geladen werden müssen, wenn sie wirklich benötigt werden.

Lemma 6.1 *Sei ALG ein Pagingalgorithmus (online oder offline). Dann können die Seitenaustausche in ALG derart verschoben werden, dass die Gesamtkosten des Algorithmus sich nicht vergrößern und eine Seite erst dann in den Hauptspeicher geladen wird, wenn sie auch angefragt wird.*

Beweis: Hierzu verschiebt man einen Seitenaustausch unmittelbar vor die nächste Anfrage derjenigen Seite, die gerade geladen werden soll. Man kann sich leicht überlegen, dass sich dadurch die Kosten höchstens verringern können.   ∎

Übung 6.5: *Arbeiten Sie den Beweis von Lemma 6.1 aus.*

Folgende Bezeichnung wird im Beweis des nächsten Satzes benötigt. Eine *LFD-Folge* ist eine Folge von Seitenaustauschen, wobei die aus dem Hauptspeicher zu verdrängende Seite stets diejenige Seite ist, die auch mittels der *LFD*-Heuristik ermittelt worden wäre. Wir können jeden Pagingalgorithmus derart interpretieren, dass dieser zunächst mit einer (möglicherweise leeren) maximalen *LFD*-Folge startet. Maximal bedeutet, dass der nachfolgende Seitenaustausch eine andere Seite zur Verdrängung aus dem Hauptspeicher auswählt, als diejenige, die aufgrund der *LFD*-Heuristik verdrängt worden wäre.

Satz 6.3 *LFD ist ein optimaler Offline-Algorithmus für Paging.*

Beweis: Sei σ eine beliebige Anfragefolge und sei ALG ein optimaler Pagingalgorithmus, für den gilt:

1. ALG erfüllt Lemma 6.1.

2. ALG startet mit einer LFD-Folge maximaler Länge unter allen optimalen Pagingalgorithmen.

Falls die Startfolge alle Seitenaustausche beinhaltet, dann gilt $ALG = LFD$, womit nichts mehr zu beweisen wäre. Nehmen wir an, dass $ALG \neq LFD$. Mit $p \leftrightarrow q$ bezeichnen wir den Seitenaustausch, der die Seite q aus dem Kernspeicher verdrängt und die Seite p in den Kernspeicher lädt. Seien $x \leftrightarrow v$ der Seitaustausch, der auf die Startfolge in ALG folgt und $x \leftrightarrow u$ der Seitenaustausch, den stattdessen LFD durchführen würde. Wir konstruieren aus ALG folgendermaßen einen Algorithmus ALG':

ALG' führt zunächst die Startfolge von ALG durch. Dann wird anstatt dem von ALG durchgeführten Seitenaustausch $x \leftrightarrow v$ der von LFD durchgeführte Seitenaustausch $x \leftrightarrow u$ ausgeführt. Im Anschluss daran verfährt ALG' genauso wie ALG bis in ALG ein Seitenaustausch $y \leftrightarrow u$ oder $v \leftrightarrow z$ erfolgt. ALG' ersetzt $y \leftrightarrow u$ durch $y \leftrightarrow v$

bzw. $v \leftrightarrow z$ durch $u \leftrightarrow z$. Danach verfährt ALG' genauso wie ALG.

Gemäß der Konstruktion erfolgt eine Anfrage auf u nach der Anfrage auf v und somit auch nach dem Seitenaustausch $v \leftrightarrow z$. Also löst der Algorithmus das durch die Anfragefolge σ definierte Pagingproblem korrekt. Auch gilt $ALG'(\sigma) = ALG(\sigma)$. Jedoch startet ALG' mit einer strikt längeren LFD-Folge, was ein Widerspruch dazu ist, dass ALG mit einer LFD-Folge maximaler Länge unter allen optimalen Pagingalgorithmen startet. Also ist die Annahme $ALG \neq LFD$ falsch, womit der Satz bewiesen ist.

∎

Der Vergleich eines Online-Algorithmus mit einem optimalen Offline-Algorithmus sieht nicht realistisch und auch unfair aus. Dem kann man entgegenwirken, indem man dem Offline-Algorithmus weniger Kernspeicher gibt. Für $h \leq k$ erhalten wir das (h, k)-*Pagingproblem*, indem wir dem Online-Algorithmus einen Hauptspeicher der Größe k zuordnen und die konkurrierende Analyse mit Offline-Algorithmen, die einen Hauptspeicher der Größe h zur Verfügung haben, durchführen. Wir analysieren nun eine spezielle Art von Online-Algorithmen, die sogenannten *Markierungsalgorithmen*. Diese arbeiten wie folgt:

Betrachte eine beliebige, aber feste Anfragefolge σ und sei k die Größe des verfügbaren Kernspeichers. Wir unterteilen σ in Phasen, die sogenannten k-*Phasenunterteilung*. Die Phase i ist wie folgt definiert:

i = 0: Die leere Anfragefolge.

i > 0: Die maximale auf Phase $i - 1$ folgende Anfragefolge σ', die $\leq k$ verschiedene Seitenanfragen enthält.

Aus der Definition folgt direkt, dass die k-Phasenunterteilung für eine Anfragefolge σ eindeutig bestimmt ist. Markierungsalgorithmen arbeiten nach folgenden Spielregeln:

- Jede Seite erhält ein Markierungsbit.

- Vor Beginn einer Phase wird die Markierung jeder Seite im Kernspeicher entfernt.

- Wenn während einer Phase eine Seite angefragt wird, dann wird sie markiert.

- Es wird niemals während einer Phase eine Seite in den Kernspeicher geladen, die nicht auch während derselben Phase angefragt wird.

- Es wird niemals während einer Phase eine markierte Seite aus dem Hauptspeicher verdrängt.

Als nächstes werden wir eine Aussage über die Güte von Markierungsalgorithmen machen.

Satz 6.4 *Sei ALG ein beliebiger Markierungsalgorithmus bezüglich eines Kernspeichers der Größe k. Dann ist ALG $\frac{k}{k-h+1}$-konkurrierend bezüglich Offline-Algorithmen, die einen Kernspeicher der Größe $h \leq k$ verwenden.*

Beweis: Fixiere eine beliebige Anfragefolge σ und betrachte die korrespondierende k-Phasenpartition. Bis auf die letzte Phase gibt es k verschiedene Seitenanfragen in jeder Phase $i \geq 1$. Sobald eine solche erfolgt, wird die betreffende Seite markiert und kann während der Phase nicht verdrängt werden. Jede Seite, die während einer Phase in den Kernspeicher geladen wird, wird auch in derselben Phase angefragt. Aus all diesen Betrachtungen folgt, dass in jeder Phase $i \geq 1$ ALG höchstens k Seitenwechsel durchführt.

Sei OPT ein optimaler Offline-Algorithmus bezüglich der Anfragefolge σ, der einen Kernspeicher der Größe h verwendet. Zum Beweis des Satzes genügt es zu zeigen, dass wir, bis auf die letzte Phase, jeder Phase $i \geq 1$ mindestens $k - (h-1) = k - h + 1$ der von OPT durchgeführten Seitenwechsel zuordnen können.

Betrachte hierzu eine beliebige Phase $i \geq 1$ ungleich der letzten Phase. Sei q die erste in Phase i angefragte Seite. Betrachte nun die Anfragefolge, die mit der zweiten der k unterschiedlichen Seitenanfragen beginnt und mit der ersten Seitenanfrage der Phase $i + 1$ endet. Diese Folge enthält k unterschiedliche Seitenanfragen. Keine von diesen ist bezüglich der Seite q, die zu Beginn dieser Anfragefolge im Kernspeicher sein muss. Also muss OPT während dieser Anfragefolge mindestens $k - (h - 1)$ Seitenwechsel durchführen. Diese ordnen wir der Phase i zu. Da die verschiedenen Phasen zugeordneten Anfragefolgen paarweise disjunkt sind, wird ein Seitenwechsel des Algorithmus OPT maximal einer Phase zugeordnet. Aus all diesen Betrachtungen folgt nun

$$ALG(\sigma) \leq \frac{k}{k - h + 1} OPT(\sigma) + \alpha,$$

wobei $\alpha \leq k$ die maximale Anzahl der von ALG während der letzten Phase durchgeführten Seitenwechsel ist.   ∎

Als nächstes werden wir untersuchen, ob obige Heuristiken Markierungsalgorithmen sind.

Lemma 6.2 *LRU ist ein Markierungsalgorithmus.*

Beweis: Fixiere eine beliebige Anfragefolge σ und betrachte ihre korrespondierende k-Phasenpartition. Nehmen wir an, dass LRU kein Markierungsalgorithmus ist. Dann verdrängt LRU während einer Phase eine markierte Seite x. Betrachte die erste Anfrage bezüglich x während dieser Phase. Dann wird x markiert und x ist auch diejenige Seite im Kernspeicher, die als letzte angefragt worden ist. D.h., damit x aus dem Kernspeicher verdrängt werden kann, müssen in derselben Phase mindestens k weitere unterschiedliche Seiten anschließend angefragt werden. Dann enthält aber die betrachtete Phase Anfragen bezüglich mindestens $k + 1$ verschiedenen Seiten. Dies ist aber ein Widerspruch zur Definition von k-Phasenpartition. Also ist die Annahme falsch und somit LRU ein Markierungsalgorithmus.

∎

Der einfache Beweis des folgenden Lemmas wird dem Leser überlassen.

Lemma 6.3 *FIFO ist kein Markierungsalgorithmus.*

Übung 6.6: *Beweisen Sie Lemma 6.3.*

Bevor wir weitere Heuristiken betrachten, möchten wir beweisen, dass $FIFO$ auch $\frac{k}{k-h+1}$-konkurrierend ist. Hierzu nehmen wir eine andere Charakterisierung von Pagingalgorithmen vor. Wir sagen, ein Pagingalgorithmus ALG ist *konservativ*, wenn während einer beliebigen Anfragefolge mit $\leq k$ verschiedenen Seitenanfragen ALG auch $\leq k$ Seitenwechsel durchführt. Folgender Satz beweist bezüglich konservative Online-Algorithmen dieselbe obere Schranke, wie wir oben für Markierungsalgorithmen bewiesen haben.

Satz 6.5 *Sei ALG ein beliebiger konservativer Online-Pagingalgorithmus bezüglich eines Kernspeichers der Größe k. Ferner sei OPT ein beliebiger optimaler Offline-Algorithmus bezüglich eines Kernspeichers der Größe $h \leq k$, welcher zu Beginn eine Teilmenge des Kernspeicherinhaltes von ALG enthält. Dann gilt für alle Anfragenfolgen σ, dass $ALG(\sigma) \leq \frac{k}{k-h+1} OPT(\sigma)$.*

Beweis: Der Beweis ist analog zum Beweis von Satz 6.4. Oben haben wir auch nur verwandt, dass die Anzahl der Seitenwechsel bei k unterschiedlichen Seitenanfragen durch k beschränkt ist. ∎

Übung 6.7:

a) *Arbeiten Sie den Beweis von Satz 6.5 aus.*

b) *Zeigen Sie, dass LRU und $FIFO$ konservativ sind.*

Um letztendlich die Güte unserer Online-Algorithmen beurteilen zu können, benötigen wir Aussagen über optimale Online-Algorithmen für das Pagingproblem. Aus diesem Grund werden wir nun untere Schranken für das Verhalten von beliebigen Online-Algorithmen für das Pagingproblem beweisen. Zunächst beweisen wir ein Lemma, das eine obere Schranke für das Verhalten des optimalen Offline-Algorithmus LFD für spezielle Anfragefolgen gibt.

Lemma 6.4 *Sei k die Größe des Kernspeichers. Dann gilt für jede endliche Anfragefolge σ, gewählt aus einer Menge von $k + 1$ Seiten, $LFD(\sigma) \leq \frac{|\sigma|}{k}$.*

Beweis: Jedesmal, wenn ein Seitenwechsel notwendig ist, verdrängt LFD diejenige Seite p mit dem größten Abstand zur nächsten eigenen Anfrage. Also erfolgt vor der nächsten Anfrage bezüglich p bezüglich den verbliebenen $k-1$ Seiten jeweils mindestens eine Anfrage. Demzufolge können wir pro Seitenwechsel mindestens $k-1$ Anfragen ohne Seitenwechsel zählen.

∎

Folgender Satz besagt, dass für c-konkurrierende Online-Pagingalgorithmen stets $c \geq k$ gilt. Dabei ist k die Größe des Kernspeichers.

Satz 6.6 *Sei k die Größe des Kernspeichers und sei ALG ein beliebiger Online-Pagingalgorithmus. Dann gibt es eine Anfragefolge σ beliebiger Länge, so dass $ALG(\sigma) \geq k \cdot LFD(\sigma)$.*

Beweis: Wegen Lemma 6.4 genügt es, bezüglich $k+1$ Seiten $p_1, p_2, \ldots, p_{k+1}$ eine beliebig lange Anfragefolge σ mit $ALG(\sigma) = |\sigma|$ zu konstruieren. Zu jedem Zeitpunkt ist exakt eine Seite nicht im Kernspeicher. Der Gegenspieler fragt immer diese Seite an. Demzufolge ist für ALG mit jeder Anfrage ein Seitenwechsel verbunden. Also gilt für die derart definierte Anfragefolge σ, dass $ALG(\sigma) = |\sigma|$.

∎

Übung 6.8: *Beweisen Sie, dass sowohl für $LIFO$ als auch für LFU keine Konstante c existiert, so dass der Online-Algorithmus c-konkurrierend ist.*

6.3 Ergänzende Übungsaufgaben

Übung 6.9: *Betrachten Sie eine dreielementige Liste mit der Anfangskonfiguration $[x_1, x_2, x_3]$, wobei x_1 das erste Element der Liste ist. Beweisen Sie, dass für die Anfragefolge x_3, x_2, x_3, x_2 es einen Offline-Algorithmus der Kosten 8 gibt. Zeigen Sie, dass jeder Offline-Algorithmus ohne bezahlte Positionswechsel mindestens die Kosten 9 hat. Existiert auch solch ein Algorithmus mit Kosten 9?*

Übung 6.10: *Sei ALG irgendein Algorithmus für das Listenverwaltungsproblem und sei σ eine beliebige Anfragefolge. Zeigen Sie, dass es einen Algorithmus ALG' gibt, der nur bezahlte Positionswechsel (vor Durchführung der Access-Operation) verwendet, so dass $ALG'(\sigma) = ALG(\sigma)$.*

Übung 6.11: *Arbeiten Sie die Implikationen des Satzes 6.2 für die Güte des Online-Algorithmus MTF heraus.*

Übung 6.12: *Zeigen Sie, dass MTF für das dynamische Listenverwaltungsproblem $(2 - \frac{1}{k})$-konkurrierend ist. Dabei ist k die maximale Länge der Liste.*

6.4 Literaturhinweise

Heuristiken für Online-Probleme finden bereits lange ihre Anwendung. So wird zum Beispiel das Pagingproblem seit den 60er Jahren sehr intensiv untersucht. Die erste konkurrierende Analyse für einen Online-Algorithmus wurde bereits 1966 von GRAHAM durchgeführt. 1985 haben SLEATOR und TARJAN durch ihre grundlegende Arbeit [ST85] das Interesse von theoretischen Informatikern für Online-Algorithmen geweckt. Inzwischen gibt es eine Vielzahl von Literatur über Online-Algorithmen und deren konkurrierende Analyse. Einen guten Überblick über das Gebiet geben die Bücher [BEY98] und [FW98].

7 Schnelle Fouriertransformationen

Seien $p(x) = \sum_{i=0}^{n} a_i \cdot x^i$ und $q(x) = \sum_{i=0}^{n} b_i \cdot x^i$ zwei Polynome. Dann ist das Produkt von $p(x)$ und $q(x)$ definiert durch $p(x) \cdot q(x) = \sum_{k=0}^{2n} c_k x^k$, wobei $c_k = \sum_{i=\max\{0,k-n\}}^{k} a_i b_{k-i}$. Die direkte Anwendung dieser Formel, die „Schulmethode" zur Berechnung der Koeffizienten des Produktpolynoms, multipliziert jeden Koeffizienten von $p(x)$ mit jedem Koeffizienten von $q(x)$ und summiert dann die korrespondierenden Produkte auf. Hierfür werden somit $\Omega(n^2)$ arithmetische Operationen benötigt. Nun stellt sich die Frage, ob wir dies besser können. Erinnern wir uns, dass ein Polynom vom Grad $< m$ eindeutig durch seine Werte an m verschiedenen Punkten $\xi_0, \xi_1, \ldots, \xi_{m-1}$, den sogenannten *Stützstellen*, bestimmt ist. Also besitzt ein Polynom vom Grad $< m$ neben seiner Repräsentation durch seine m Koeffizienten auch Repräsentationen durch die Werte an m paarweise verschiedenen Punkten. Wegen $(p \cdot q)(\xi_k) = p(\xi_k) \cdot q(\xi_k)$ ist diese Repräsentation von Polynomen durch ihre Werte an m Stützstellen sehr gut für die Polynommultiplikation geeignet, da nun m Multiplikationen zur Berechnung einer Repräsentation des Produktpolynoms durch m Stützstellen genügen. Danach können wir die Koeffizientendarstellung des Produktpolynoms aus seiner Stützstellendarstellung mittels Interpolation ermitteln. Das Resultatspolynom hat typischerweise Grad $2n$, also reichen $2n + 1$ Stützstellen aus. Wir nehmen aus Effizienzgründen etwas mehr, nämlich m Stützstellen, wobei m die zu $2n + 1$ nächstgrößere Zweierpotenz ist. Die folgende Abbildung illustriert diese Vorgehensweise:

Der Gesamtaufwand dieser Vorgehensweise hängt entscheidend von der für die Durchführung der Vorwärts- und der inversen Transformation benötigten Zeit ab. Führen wir die Auswertung der Polynome mittels des Hornerschemas durch und verwenden wir für die Interpolation die Newtoninterpolation, dann benötigen wir hierfür $\Omega(n^2)$ arithmetische Operationen und haben gegenüber der Schulmethode nichts gewonnen. Es stellt sich die Frage, ob durch eine geschickte Wahl der Stützstellen $\xi_0, \xi_1, \ldots, \xi_{m-1}$ die Auswertung und die Interpolation effizienter durchführbar sind.

7.1 Wahl der Stützstellen

Wir betrachten zunächst die Vorwärtstransformation. Sei $p(x) = \sum_{i=0}^{n} a_i \cdot x^i$ das Polynom, das ausgewertet werden soll. Sei ferner $m = 2^r$ für ein $r \in \mathbb{N}_0$. Zunächst werden wir zeigen, dass wir $p(x)$ an m Stützstellen auswerten können, indem wir zwei Polynome p_1 und p_2 vom Grad $(n-1)/2$ an m Stützstellen auswerten und dann jeweils eine Multiplikation und eine Addition durchführen. Hierzu separieren wir geradzahlige und ungeradzahlige Terme in $p(x)$ und klammern bei den ungeradzahligen Termen noch den Faktor x aus. Wir erhalten dann z.B. bei ungeraden n:

$$\begin{aligned}
p(x) &= a_0 + a_1 x + a_2 x^2 + \cdots + a_n x^n \\
&= (a_0 + a_2 x^2 + \cdots + a_{n-1} x^{n-1}) + (a_1 x + a_3 x^3 + \cdots + a_n x^n) \\
&= (a_0 + a_2 x^2 + \cdots + a_{n-1} x^{n-1}) + x(a_1 + a_3 x^2 + \cdots + a_n x^{n-1}).
\end{aligned}$$

Durch Substitution von y für x^2 erhalten wir

$$\begin{aligned}
&= \left(a_0 + a_2 y + \cdots + a_{n-1} y^{\frac{n-1}{2}} \right) + x \left(a_1 + a_3 y + \cdots + a_n y^{\frac{n-1}{2}} \right) \\
&= p_1(y) + x \cdot p_2(y),
\end{aligned}$$

wobei $\mathrm{Grad}(p_1) = \mathrm{Grad}(p_2) = (n-1)/2$. Entsprechendes gilt bei geraden n.

Dies bedeutet, dass wir die Auswertung von $p(x)$ an den Stützstellen $x = \xi_0, \xi_1,$ $\ldots, \xi_{m-1}$ durchführen können, indem wir $p_1(y)$ und $p_2(y)$ an den Stützstellen $y = \varphi_0, \varphi_1, \ldots, \varphi_{m-1}$ mit $\varphi_i = \xi_i^2$ auswerten und dann jeweils eine Multiplikation und eine Addition durchführen. Dies allein würde die Anzahl der arithmetischen Operationen nicht verringern, da bei rekursiver Anwendung der obigen Reduktion pro Teilproblem pro Stützstelle eine Multiplikation und eine Addition, also pro Teilproblem m Multiplikationen und m Additionen, notwendig wären. Dies führt zu einer Gesamtzahl von $\Omega(m \cdot n)$ arithmetischen Operationen.

Falls nun die Stützstellen derart gewählt werden könnten, dass sich nicht nur der Grad der Polynome, sondern auch die Anzahl der Stützstellen, an denen diese ausgewertet werden, halbieren, und diese Vorgehensweise auch rekursiv fortsetzbar ist, dann erhielten wir für die Anzahl $T(2^r)$ der zur Auswertung des Polynoms $p(x) = \sum_{i=0}^{n} a_i x^i$ an $m = 2^r$ Stützstellen benötigten arithmetischen Operationen folgende Rekursionsgleichung:

$$T(2^r) = 2 \cdot T\left(2^{r-1}\right) + 2 \cdot 2^r,$$

wobei der letzte Term $2 \cdot 2^r$ für jede Stützstelle eine Multiplikation und eine Addition repräsentiert. Wegen $T(1) = 0$ erhalten wir dann als Lösung obiger Rekursionsgleichung

$$T(2^r) = 2 \cdot 2^r \cdot r$$

und somit

$$T(m) = O(m \log m).$$

Wegen $m \leq 4n$ könnten zwei Polynome vom Grad n mittels $O(n \log n)$ arithmetischen Operationen multipliziert werden, wobei dann das Produktpolynom durch seine Werte an m Stützstellen repräsentiert ist.

Ziel ist also nun die Konstruktion einer Menge von Stützstellen, die die Eigenschaft hat, dass das jeweilige Quadrieren aller Stützstellen die Anzahl der verschiedenen Stützstellen halbiert. Eine derartige Menge von Stützstellen kann nicht innerhalb der reellen Zahlen, jedoch z. B. innerhalb der komplexen Zahlen konstruiert werden.

Eine komplexe Zahl $\omega \in \mathbb{C}$ heißt *primitive k-te Einheitswurzel*, falls $\omega^k = 1$ und $\omega^j \neq 1$ für alle $0 < j < k$. Für $k \in \mathbb{N}$ ist $\omega_k = e^{\frac{2\pi i}{k}}$ eine primitive k-te Einheitswurzel, d.h., $\omega_k^k = 1$ und $\omega_k^j \neq 1$ für $0 < j < k$. Beispielsweise sind (siehe Abbildung 7.1)

$$\omega_1 = 1, \quad \omega_2 = -1, \quad \omega_4 = i \quad \text{und} \quad \omega_8 = \frac{1+i}{\sqrt{2}}.$$

Beachte, dass $\omega_{2k}^2 = \omega_k$. Das folgende Lemma ist grundlegend für die Konstruktion der Stützstellenmenge:

Lemma 7.1 *Für $\omega = \omega_k$ gilt:*

$$\sum_{0 \leq s < k} \omega^{s\alpha} = \begin{cases} k & \text{falls } \alpha \equiv 0 \bmod k \\ 0 & \text{sonst.} \end{cases}$$

Beweis: Falls $\alpha \equiv 0 \bmod k$, dann gilt gemäß Definition $\omega^{s\alpha} = 1$ für $0 \leq s < k$ und somit auch $\sum_{0 \leq s < k} \omega^{s\alpha} = k$.

Nehmen wir an, dass $\alpha \not\equiv 0 \bmod k$. Dann gilt wegen $z := \omega^\alpha \neq 1$ und $z^k = \omega^{\alpha k} = 1^\alpha = 1$ folgendes:

$$\sum_{0 \leq s < k} \omega^{s\alpha} = \sum_{0 \leq s < k} z^s = \frac{z^k - 1}{z - 1} = 0.$$

∎

Sei nun ω eine k-te Einheitswurzel. Seien $\xi_i = \omega^i$, $0 \leq i < k$ die gewählten Stützstellen. Wir werden uns nun davon überzeugen, dass diese Stützstellenmenge die gewünschten Eigenschaften hat. Betrachten wir zunächst ein Beispiel.

Beispiel 7.1 Sei $k = 2^3$. Sei $\omega = \omega_8$. Dann gilt $\xi_j = \omega^j$ für $0 \leq j < k$. Wegen $\omega^2 = \omega_4$ gilt $\varphi_j = \xi_j^2 = \omega^{2j} = \omega_4^j$.

♦

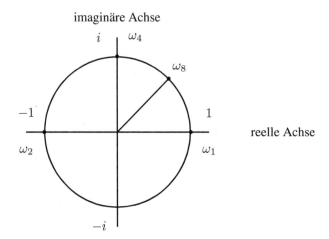

Abbildung 7.1: Primitive Einheitswurzeln auf dem Einheitskreis.

Falls ω eine $2k$-te Einheitswurzel ist, dann ist ω^2 eine k-te Einheitswurzel. Somit halbieren sich durch Quadrieren aller Stützstellen ω^i, $0 \leq i < 2k$ die Anzahl der verschiedenen Stützstellen. Also hat diese Stützstellenmenge die gewünschte Eigenschaft.

Wir werden uns nun davon überzeugen, dass die Interpolation auf ähnliche Art und Weise in $O(n \log n)$ Zeit durchgeführt werden kann. Sei wiederum $p(x) = \sum_{i=0}^{n} a_i x^i$, wobei $n + 1 = 2^r$, für ein $r \in \mathbb{N}_0$. Sei ω eine primitive $(n + 1)$-te Einheitswurzel. Seien die Werte $y_i = p(\omega^i)$, $0 \leq i \leq n$ gegeben. Wir zeigen, dass Interpolation bezüglich der Fourierpunkte $\{\langle \omega^j, y_j \rangle \mid 0 \leq j \leq n\}$ äquivalent zur Durchführung einer Vorwärtstransformation ist. Hieraus folgt direkt, dass zur Durchführung der Interpolation lediglich $O(n \log n)$ Operationen benötigt werden.

Betrachten wir hierzu die Auswertung von $p(x)$ an den Punkten $\{\omega^j \mid 0 \leq j \leq n\}$ als Vektor-Matrixprodukt. Wir erhalten dann

$$(a_0, a_1, \ldots, a_n) \cdot \begin{pmatrix} 1 & 1 & 1 & \cdots & 1 \\ 1 & \omega & \omega^2 & \cdots & \omega^n \\ 1 & \omega^2 & \omega^4 & \cdots & \omega^{2n} \\ & & \vdots & & \\ 1 & \omega^n & \omega^{2n} & \cdots & \omega^{n^2} \end{pmatrix} = (y_0, y_1, \ldots, y_n).$$

Sei V obige Vandermondesche Matrix. Dann gilt

$$(a_0, a_1, \ldots, a_n) = (y_0, y_1, \ldots, y_n) \cdot V^{-1}.$$

Unser Ziel ist nun die Herleitung von V^{-1}. Betrachte hierzu $\tilde{V} = (\tilde{v}_{ij})_{n+1,n+1}$, wobei $\tilde{v}_{ij} = \frac{1}{n+1} \cdot \omega^{-ij}$. Die Zeilen und Spalten der Matrix $\tilde{V}$ sind von 0 beginnend bis n durchnummeriert. Wir werden zeigen, dass $V^{-1} = \tilde{V}$. Betrachte hierzu die Produktmatrix $V \cdot \tilde{V}$. Es gilt

$$
\begin{aligned}
(v\tilde{v})_{ij} &= \frac{1}{n+1} \sum_{0 \leq s \leq n} \omega^{is} \cdot \omega^{-sj} \\
&= \frac{1}{n+1} \sum_{0 \leq s \leq n} \omega^{s(i-j)} \\
&\underset{\text{Lemma 7.1}}{=} \begin{cases} 1 & \text{falls } i = j \\ 0 & \text{falls } i \neq j. \end{cases}
\end{aligned}
$$

Also gilt $\tilde{V} = V^{-1}$. Somit erhalten wir

$$
(a_0, a_1, \ldots, a_n) = (y_0, y_1, \ldots, y_n) \cdot V^{-1}
$$

$$
= (y_0, y_1, \ldots, y_n) \cdot \frac{1}{n+1} \begin{pmatrix} 1 & 1 & 1 & \cdots & 1 \\ 1 & \omega^{-1} & \omega^{-2} & \cdots & \omega^{-n} \\ 1 & \omega^{-2} & \omega^{-4} & \cdots & \omega^{-2n} \\ & & \vdots & & \\ 1 & \omega^{-n} & \omega^{-2n} & \cdots & \omega^{-n^2} \end{pmatrix}
$$

$$
= \frac{1}{n+1} \cdot \left(\sum_{i=0}^{n} y_i z_0^i, \sum_{i=0}^{n} y_i z_1^i, \ldots, \sum_{i=0}^{n} y_i z_n^i, \right),
$$

wobei $z_j = \omega^{-j}$.

Da ω eine primitive $(n+1)$-te Einheitswurzel ist, ist auch ω^{-1} eine primitive $(n+1)$-te Einheitswurzel. Also ist Interpolation bezüglich $\langle \omega^0, y_0 \rangle$, $\langle \omega^1, y_1 \rangle$, $\ldots$, $\langle \omega^n, y_n \rangle$ äquivalent zur Vorwärtstransformation bezüglich dem Polynom $\sum_{i=0}^{n} y_i x^i$ und den Punkten $\{(\omega^{-1})^j \mid 0 \leq j \leq n\}$.

7.2 Ergänzende Übungsaufgaben

Übung 7.1: *Die Auswertung eines Polynoms $p(x)$ vom Grad n an einer gegebenen Stützstelle ψ_0 kann mittels Division von $p(x)$ durch das Polynom $(x - \psi_0)$ erfolgen. Man erhält dann ein Quotientenpolynom $q(x)$ vom Grad $n - 1$ und einen Rest r. D.h., $p(x) = q(x)(x - \psi_0) + r$. Also gilt $p(\psi_0) = r$. Geben Sie ein Verfahren an, das als Eingabe ψ_0 und die Koeffizienten von p erhält und $q(x)$ und r in $O(n)$ Zeit berechnet.*

Übung 7.2[**]:

a) *Geben Sie eine Methode an, mittels der zwei lineare Polynome $p(x) = ax + b$ und $q(x) = cx + d$ unter Verwendung von nur drei Multiplikationen miteinander*

multipliziert werden können.
Hinweis: Eine der Multiplikationen ist $(a+b)(c+d)$.

b) *Entwickeln Sie unter Verwendung von divide-and-conquer einen Algorithmus, der zwei Polynome vom Grad n in $O(n^{\log 3})$ Zeit multipliziert.*

c) *Zeigen Sie, dass zwei n-Bit Integers in $O(n^{\log 3})$ Schritten multipliziert werden können, wobei jeder Schritt auf höchstens einer konstanten Anzahl von 1-Bit-Werten operiert.*

7.3 Literaturhinweise

In ihrer inzwischen berühmten Arbeit [CT65] haben COOLEY und TUKEY 1965 auf die Bedeutung von schnellen Fouriertransformationen hingewiesen. Diese grundlegende Arbeit hatte zur Folge, dass der Aufwand für zahlreiche numerische Transformationen, wie sie in der Anwendung häufig auftreten, drastisch reduziert wurde.

Schnelle Fouriertransformationen dienen zur effizienten Lösung gewisser algebraischer Probleme. Einen guten Einstieg in das Gebiet der Algorithmen zur Lösung algebraischer Probleme geben die Bücher von LIPSON [Lip81], KNUTH [Knu98a], GEDDES, CZAPOR und LABAHN [GCL92] und VON ZUR GATHEN und GERHARD [vzGG99]. Eine ausgezeichnete weiterführende Referenz ist das 1997 erschienene Buch von BÜRGISSER, CLAUSEN und SHOKROLLAHI [BCS97].

Des Weiteren finden Fourier Transformationen in vielen Gebieten wie z.B. die Bildverarbeitung ihre Anwendung. Einen ausgezeichneten Einstieg in diese Anwendungen gibt das auch für den Laien verständlich geschriebene Buch von BARBARA BURKE HUBBARD [Hub98].

8 Lineare Programmierung

In Anwendungen müssen des Öfteren Optimierungsprobleme gelöst werden. Einige haben wir in den Kapiteln 3, 4 und 5 kennengelernt und Algorithmen zu deren Lösung entwickelt. Häufig ging der Beschreibung des Algorithmus eine Problemanalyse voraus, mittels derer wir spezielle kombinatorische Strukturen des gerade betrachteten Problems herausgearbeitet haben. Diese haben dann die Entwicklung eines effizienten Algorithmus zur Lösung des Optimierungsproblems ermöglicht. Da derartige Algorithmen von den zugrundeliegenden speziellen kombinatorischen Strukturen abhängen, lassen sie sich in der Regel nicht auf andere Optimierungsprobleme übertragen. Mitunter ist man auch nicht in der Lage, für ein gegebenes Optimierungsproblem spezielle kombinatorische Strukturen, die einen effizienten Algorithmus zur Lösung des Problems ermöglichen, herauszuarbeiten. Häufig wünscht sich der Anwender ein Programm, das lediglich eine geeignete Spezifikation des Optimierungsproblems benötigt, um dieses dann zu lösen. Demzufolge ist die Entwicklung von allgemeinen Verfahren, die eine Vielzahl von Optimierungsproblemen lösen, von Nutzen und auch interessant. Hierzu stellt sich zunächst die Frage nach einer geeigneten Spezifikation von Optimierungsproblemen.

Die Eingabe eines Optimierungsproblems besteht aus der Beschreibung der Menge F der zulässigen Lösungen und einer *Kosten-* oder auch *Zielfunktion* $z : F \to \mathbb{R}$. Die Aufgabe ist dann die Berechnung eines $x \in F$, so dass $z(x) \leq z(y)$ für alle $y \in F$, falls ein Minimierungsproblem, und $z(x) \geq z(y)$ für alle $y \in F$, falls ein Maximierungsproblem vorliegt. Für die Entwicklung eines effizienten Verfahrens müssen wir präzisieren, wie die Beschreibung von F und von z auszusehen hat. Dabei muss die Art der Beschreibung allgemein genug sein, dass sie eine Vielzahl von interessanten Optimierungsproblemen zulässt. Des Weiteren sollte sie eingeschränkt genug sein, so dass die Entwicklung effizienter Verfahren zur Berechnung von $x \in F$ mit $z(x)$ optimal möglich ist.

Zur genauen Spezifikation der Beschreibung von F und z benötigen wir noch einige Bezeichnungen. Seien $n \in \mathbb{N}$ und $b, c_1, c_2, \ldots, c_n \in \mathbb{R}$. Eine Funktion $f : \mathbb{R}^n \to \mathbb{R}$ mit $f(x_1, x_2, \ldots, x_n) = \sum_{j=1}^{n} c_j x_j$ heißt *lineare Funktion*. $f(x_1, x_2, \ldots, x_n) = b$ heißt *lineare Gleichung* und $f(x_1, x_2, \ldots, x_n) \leq b$ bzw. $f(x_1, x_2, \ldots, x_n) \geq b$ heißen *lineare Ungleichungen*. Lineare Gleichungen und lineare Ungleichungen bezeichnen wir beide als *lineare Restriktionen*. Ein *lineares Programmierungsproblem* oder auch einfach ein *lineares Programm* ist das Problem der Maximierung oder der

Minimierung einer linearen Funktion unter Einhaltung von linearen Restriktionen. Wir werden Optimierungsprobleme, die sich durch ein lineares Programm beschreiben lassen, behandeln. Dies bedeutet, dass F durch endlich viele lineare Restriktionen und z durch eine lineare Funktion spezifiziert werden können. Verlangen wir zusätzlich, dass die Komponenten eines zulässigen Lösungsvektors ganzzahlig sind, dann erhalten wir ein *ganzzahliges lineares Programm*. Wir werden für einige uns bereits bekannte Optimierungsprobleme ein äquivalentes lineares oder ganzzahliges lineares Programm entwickeln. Im folgenden seien stets $|V| = n$ und $|E| = m$.

Gewichtetes Matching

Für einen gegebenen gewichteten, ungerichteten Graphen $G = (V, E, w)$ soll ein gewichtsmaximales Matching $M \subseteq E$ berechnet werden. D.h., für alle Matchings $M' \subseteq E$ gilt $\sum_{(i,j)\in M'} w_{ij} \leq \sum_{(i,j)\in M} w_{ij}$, wobei w_{ij} das Gewicht der Kante (i, j) bezeichnet. Seien die Knoten in V von 1 bis n und die Kanten in E von 1 bis m durchnummeriert. Wir benötigen die Vektoren $w^T = (w_1, w_2, \ldots, w_m)$ und $x^T = (x_1, x_2, \ldots, x_m)$ zur Definition des linearen Programms. Nachfolgend identifizieren wir x_{ij} und x_k, wobei (i, j) die k-te Kante ist. In unserem Lösungsvektor hat x_{ij} genau dann den Wert 1, wenn die Kante (i, j) in dem korrespondierenden Matching ist. Andernfalls hat x_{ij} den Wert 0. Folgendes ganzzahlige lineare Programm ist zum obigen gewichteten Matchingproblem äquivalent:

$$\text{maximiere} \quad z(x) = w^T x$$
$$\sum_{(i,j)\in E} x_{ij} \leq 1 \qquad 1 \leq i \leq n$$
$$x \geq 0$$
$$x \text{ ganzzahlig}$$

Die Zielfunktion berechnet gerade das Gewicht der Kanten im Matching. Die Restriktionen sorgen dafür, dass innerhalb des zulässigen Lösungsraumes genau diejenigen Vektoren existieren, die zu einem Matching korrespondieren.

Maximaler Fluss

Für ein gegebenes Flussnetzwerk $G = (V, E, c, s, t)$ soll ein maximaler Fluss von der Quelle s zur Senke t berechnet werden. O.B.d.A. seien die Knoten in V derart durchnummeriert, dass $s = 1$ und $t = n$. Sei c_{ij} die Kapazität der Kante (i, j). Für $2 \leq i \leq n-1$ sei $K(i) = \sum_{j:(j,i)\in E} x_{ji} - \sum_{j:(i,j)\in E} x_{ij}$. Folgendes lineare Programm ist zum maximalen Flussproblem äquivalent:

$$\text{maximiere} \quad z(x) = \sum_{(i,n)\in E} x_{in}$$
$$K(i) = 0 \qquad 2 \leq i \leq n-1$$
$$x_{ij} \leq c_{ij} \qquad \forall (i, j) \in E$$
$$x_{ij} \geq 0 \qquad \forall (i, j) \in E.$$

Die Zielfunktion berechnet den Fluss, der in die Senke eingeht. $K(i) = 0$ bedeutet, dass das Kirchhoffsche Gesetz bezüglich des Knotens i erfüllt ist. Die anderen

Restriktionen sorgen dafür, dass der Fluss über einer Kante stets im erlaubten Bereich liegt.

Überdeckende Knotenmenge

Für einen gegebenen ungerichteten Graphen $G = (V, E)$ soll die minimale Größe einer überdeckenden Knotenmenge bestimmt werden. $V' \subseteq V$ ist eine überdeckende Knotenmenge, falls $v \in V'$ oder $w \in V'$ für jede Kante $(v, w) \in E$. Wir nehmen an, dass die Knoten in V von 1 bis n durchnummeriert sind. Mit Knoten i, $1 \leq i \leq n$ assoziieren wir die Variable x_i. Folgendes ganzzahlige lineare Programm berechnet eine minimale überdeckende Knotenmenge für G:

$$
\begin{aligned}
\text{minimiere} \quad & z(x) = \textstyle\sum_{i \in V} x_i \\
& x_i + x_j \geq 1 \qquad \forall (i, j) \in E \\
& x_i \geq 0 \qquad\quad 1 \leq i \leq n \\
& x_i \text{ ganzzahlig} \quad 1 \leq i \leq n
\end{aligned}
$$

Übung 8.1: *Beweisen Sie die Äquivalenz der oben definierten linearen bzw. ganzzahlig linearen Programme zu den korrespondierenden Optimierungsproblemen.*

8.1 Grundlagen

Wir werden uns zunächst überlegen, dass ein beliebiges gegebenes lineares Programm LP auf einfache Art und Weise in ein äquivalentes lineares Programm LP', das gewisse Normalformeigenschaften hat, transformiert werden kann. Demzufolge können wir bei der Entwicklung von Algorithmen stets voraussetzen, dass das zu lösende lineare Programm entsprechende Normalformeigenschaften erfüllt. Folgende einfache Transformationen sind hierfür ausreichend:

Ersetzung von nichtrestringierten Variablen

Eine nichtrestringierte Variable x_j kann durch zwei nichtnegative Variablen x_j' und x_j'' ersetzt werden. Wir fügen lediglich die Restriktionen $x_j = x_j' - x_j''$, $x_j' \geq 0$ und $x_j'' \geq 0$ hinzu.

Umdrehen einer Ungleichung

Wir können das Ungleichheitszeichen in einer Ungleichung umdrehen, indem wir beide Seiten der Ungleichung mit -1 multiplizieren.

Ersetzung von Ungleichungen durch Gleichungen

Eine Ungleichung $\sum_{j=1}^{n} a_{ij} x_j \leq b_i$ kann durch Hinzufügen einer nichtnegativen *Schlupfvariablen* x_{n+i} in eine Gleichung konvertiert werden. Hierfür ersetzen wir diese Ungleichung durch die Gleichung $\sum_{j=1}^{n} a_{ij} x_j + x_{n+i} = b_i$ und fügen die Restriktion $x_{n+i} \geq 0$ hinzu.

Ersetzung von Gleichungen durch Ungleichungen

Die Gleichung $\sum_{j=1}^{n} a_{ij} x_j = b_i$ kann durch die beiden Ungleichungen $\sum_{j=1}^{n} a_{ij} x_j \leq b_i$ und $\sum_{j=1}^{n} a_{ij} x_j \geq b_i$ ersetzt werden.

Ersetzung der Optimierungsoperation

Die Maximierung der linearen Funktion $c^T x$ ist äquivalent zur Minimierung der linearen Funktion $-c^T x$.

Lineare Programme werden häufig in einer der beiden folgenden Formen ausgedrückt:

kanonische Form

$$\text{minimiere } z(x) = c^T x$$
$$Ax \leq b$$
$$x \geq 0$$

Standardform

$$\text{minimiere } z(x) = c^T x$$
$$Ax = b$$
$$x \geq 0$$

Dabei sind $A \in \mathbb{R}^m \times \mathbb{R}^n$, $c \in \mathbb{R}^n$, $b \in \mathbb{R}^m$ und x ein n-Vektor von Variablen.

Übung 8.2: *Zeigen Sie, dass ein beliebiges lineares Programm in ein äquivalentes lineares Programm in kanonischer bzw. Standardform transformiert werden kann. Wie wirkt sich die Transformation auf die Größe des linearen Programms aus?*

Wichtig für das Verständnis der linearen Programmierung sind ihre geometrische Interpretation und die algebraische Charakterisierung von relevanten geometrischen Konzepten. Mit diesem Hintergrund führen wir nun einige Bezeichnungen ein:

Seien $x, y \in \mathbb{R}^n$ zwei beliebige Punkte im n-dimensionalen Vektorraum $\mathbb{R}^n$. Dann ist jeder Punkt $z \in \mathbb{R}^n$ mit $z = \lambda x + (1 - \lambda) y$, wobei $\lambda \in [0, 1]$, eine *konvexe Kombination* von x und y ist. Falls $\lambda \neq 0$ und $\lambda \neq 1$, dann heißt z *strikte* konvexe Kombination von x und y. Allgemeiner sagen wir für $x_1, x_2, \ldots, x_t \in \mathbb{R}^n$, dass jeder Punkt $z = \lambda_1 x_1 + \lambda_2 x_2 + \ldots + \lambda_t x_t$ mit $\lambda_i \in [0, 1]$, $1 \leq i \leq t$ und $\sum_{i=1}^{t} \lambda_i = 1$ eine *konvexe Kombination* der Punkte $x_1, x_2, \ldots, x_t$ ist. Eine Menge $C \subseteq \mathbb{R}^n$ heißt *konvex*, wenn C für alle $x, y \in C$ auch jede konvexe Kombination von x und y enthält.

Beispiel 8.1 $\mathbb{R}^n$, $\emptyset$ und $\{x\}$, $x \in \mathbb{R}^n$ sind konvex. In $\mathbb{R}$ ist jedes Intervall konvex und jede konvexe Menge wiederum ein Intervall. Anschaulich gesprochen ist jede Teilmenge $C \subseteq \mathbb{R}^n$ genau dann konvex, wenn für beliebige Punkte $x, y \in C$ auch alle Punkte, die auf der Strecke, die x und y miteinander verbindet, in C sind. Die Abbildung 8.1 enthält Beispiele für konvexe und nichtkonvexe Mengen.   ♦

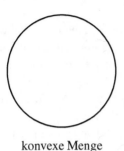 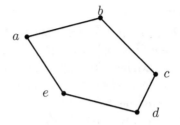

konvexe Menge

Menge aller konvexen
Kombinationen von a, b, c, d, e.

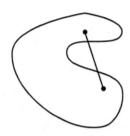

nichtkonvexe Menge

Abbildung 8.1: Konvexe und nichtkonvexe Mengen.

Ein *Extrempunkt* einer konvexen Menge C ist ein Punkt $x \in C$, der nicht als konvexe Kombination von (zwei) anderen Punkten in C ausgedrückt werden kann. Seien $a \in \mathbb{R}^n \setminus \{0\}$ und $b \in \mathbb{R}$. Dann heißt $H = \{x \in \mathbb{R}^n \mid a^T x = b\}$ *Halbebene*. Die Mengen $\overline{H} = \{x \in \mathbb{R}^n \mid a^T x \leq b\}$ bzw. $\overline{H} = \{x \in \mathbb{R}^n \mid a^T x \geq b\}$ sind *abgeschlossene Halbräume*. H heißt *begrenzende Halbebene* des Halbraumes $\overline{H}$. Der Durchschnitt einer endlichen Anzahl von abgeschlossenen Halbräumen heißt *konvexes Polyeder*. Ist dieses nichtleer und beschränkt, dann heißt es *konvexes Polytop* oder einfach *Polytop*.

Übung 8.3: *Zeigen Sie, dass abgeschlossene Halbräume und der Durchschnitt von konvexen Mengen konvex sind.*

Da abgeschlossene Halbräume konvex sind und der Durchschnitt von konvexen Mengen wiederum konvex ist, ist ein konvexes Polyeder konvex. Die Menge der zulässigen Lösungen eines linearen Programmierungsproblems $F = \{x \in \mathbb{R}^n \mid Ax \leq b, x \geq 0\}$ ist ein konvexes Polyeder, da F Durchschnitt der durch die Ungleichungen $a_1^T x \leq b_1, a_2^T x \leq b_2, \ldots, a_m^T x \leq b_m$ und $e_1^T x \geq 0, e_2^T x \geq 0, \ldots, e_n^T x \geq 0$ definierten Halbräume ist. Dabei sind a_i^T die i-te Zeile der Matrix A und e_i^T die i-te Zeile der

$n \times n$-Identitätsmatrix.

Ein *(linearer) Unterraum* S von $\mathbb{R}^n$ ist eine Teilmenge von $\mathbb{R}^n$, die unter Vektoraddition und Skalarmultiplikation abgeschlossen ist. Äquivalent kann man einen Unterraum S von $\mathbb{R}^n$ als die Menge derjenigen Punkte in $\mathbb{R}^n$ definieren, die eine Menge von homogenen linearen Gleichungen erfüllen. D.h., $S = \{x \in \mathbb{R}^n \mid Ax = 0\}$, für ein $A \in \mathbb{R}^m \times \mathbb{R}^n$. Die maximale Anzahl von linear unabhängigen Vektoren in S heißt *Dimension* von S und wird mit $\dim(S)$ bezeichnet. Es gilt: $\dim(S) = n - \text{Rang}(A)$. Ein *affiner Unterraum* S_a von $\mathbb{R}^n$ ist ein durch einen Vektor u verschobener Unterraum S. D.h., $S_a = \{u + x \mid x \in S\}$. Die Dimension $\dim(S_a)$ von S_a ist diejenige von S. Äquivalent ist ein affiner Unterraum von $\mathbb{R}^n$ die Menge derjenigen Punkte in $\mathbb{R}^n$, die eine Menge von inhomogenen Gleichungen erfüllen. D.h., $S_a = \{x \in \mathbb{R}^n \mid Ax = b\}$ für ein $A \in \mathbb{R}^m \times \mathbb{R}^n$ und ein $b \in \mathbb{R}^m$.

Übung 8.4: *Zeigen Sie, dass $S_a \subseteq \mathbb{R}^n$ genau dann affin ist, wenn für beliebige $x, y \in S_a$ und beliebige $-\infty < \lambda < \infty$ stets $z - \lambda x + (1 - \lambda)y \in S_a$.*

Eine Halbebene in $\mathbb{R}^n$ ist nichts anderes als ein $(n-1)$-dimensionaler affiner Unterraum von $\mathbb{R}^n$. Wir sagen auch S_a ist *parallel* zu S, falls $S_a = \{u + x \mid x \in S\}$ für einen Vektor $u \in \mathbb{R}^n$. Die *Dimension* einer beliebigen Teilmenge $C \subseteq \mathbb{R}^n$ ist die minimale Dimension eines affinen Unterraumes von $\mathbb{R}^n$, der C enthält. D.h., $\dim(C) = \min\{\dim(S_a) \mid C \subseteq S_a \text{ und } S_a \text{ affiner Unterraum von } \mathbb{R}^n\}$.

Eine *stützende Halbebene* einer konvexen Menge $C \subseteq \mathbb{R}^n$ ist eine Halbebene H, so dass $H \cap C \neq \emptyset$ und $C \subseteq \overline{H}$ für einen der beiden abgeschlossenen Halbräume $\overline{H}$, die H als begrenzende Halbebene besitzen. Sei $P \subseteq \mathbb{R}^n$ ein konvexes Polyeder und H eine stützende Halbebene von P. Dann heißt $P \cap H$ *Fläche* von P. Wir unterscheiden drei Arten von Flächen: Flächen der Dimension 0, der Dimension 1 und der Dimension $n - 1$. Eine Fläche der Dimension 0 heißt *Ecke*, eine der Dimension 1 heißt *Kante* und eine der Dimension $n - 1$ heißt *Seitenfläche* des Polyeders P. Falls $P = \{x \in \mathbb{R}^n \mid Ax \leq b, x \geq 0\}$, dann korrespondiert jede Seitenfläche von P zum Durchschnitt von P mit einem Halbraum, der durch eine der linearen Restriktionen definiert wird. Umgekehrt gilt nicht notwendigerweise, dass alle derartigen Durchschnitte eine Seitenfläche des Polyeders P definieren. Einige der Durchschnitte können, falls ihr Entfernen aus der Definition von P das Polyeder P nicht ändert, *redundant* sein. Die Ecken eines konvexen Polyeders P sind offensichtlich *Extrempunkte* von P. Kanten sind entweder Liniensegmente, die benachbarte Ecken miteinander verbinden, oder einseitig unendliche Linien, die in einer Ecke starten.

Sei $F = \{x \in \mathbb{R}^n \mid Ax = b, x \geq 0\}$ die Menge der zulässigen Lösungen eines linearen Programms in Standardform. Da F unendlich viele Punkte enthält, kann zur Lösung des linearen Programms nicht jeder Punkt in F explizit betrachtet werden. Somit stellt sich die Frage, ob ein lineares Programm immer durch Betrachten von endlich vielen Punkten gelöst werden kann und falls ja, welche Punkte zu betrachten sind. Zur Beantwortung dieser Frage werden wir zunächst die Ecken des Polyeders $P = \{x \in \mathbb{R}^n \mid Ax = b, x \geq 0\}$ charakterisieren.

Satz 8.1 *Ein Punkt $x \in P = \{x \in \mathbb{R}^n \mid Ax = b, x \geq 0\}$ ist genau dann eine Ecke von P, wenn die zu den positiven Komponenten von x korrespondierenden Spalten von A linear unabhängig sind.*

Beweis: O.B.d.A. nehmen wir an, dass die ersten p Komponenten von x positiv und die letzten $n - p$ Komponenten von x gleich 0 sind. Sei $x = \begin{pmatrix} \overline{x} \\ 0 \end{pmatrix}, \overline{x} > 0$ und sei $\overline{A}$ die Matrix, die aus den ersten p Spalten von A besteht. Dann gilt: $Ax = \overline{A}\overline{x} = b$.

„$\Rightarrow$"

Nehmen wir an, dass die Spalten von $\overline{A}$ nicht linear unabhängig sind. Dann existiert ein Vektor $\overline{w} \neq 0$, so dass $\overline{A}\overline{w} = 0$. Also gilt für alle $\varepsilon > 0$:

$$\overline{A}(\overline{x} + \varepsilon\overline{w}) = \overline{A}(\overline{x} - \varepsilon\overline{w}) = \overline{A}\overline{x} = b.$$

Wähle ε klein genug, so dass $\overline{x} + \varepsilon\overline{w} \geq 0$ und $\overline{x} - \varepsilon\overline{w} \geq 0$. Dann sind beide Punkte $y' = \begin{pmatrix} \overline{x} + \varepsilon\overline{w} \\ 0 \end{pmatrix}$ und $y'' = \begin{pmatrix} \overline{x} - \varepsilon\overline{w} \\ 0 \end{pmatrix}$ in P. Wegen $x = \frac{1}{2}(y' + y'')$ kann x keine Ecke von P sein. Also müssen im Fall, dass x eine Ecke von P ist, die Spalten in $\overline{A}$ linear unabhängig sein.

„$\Leftarrow$"

Nehmen wir an, dass x keine Ecke von P ist. Dann existieren $y', y'' \in P, y' \neq y''$ und $\lambda \in]0, 1[$, so dass $x = \lambda y' + (1 - \lambda)y''$. Wegen $x, y \in P$ gilt: $A(x - y') = Ax - Ay' = b - b = 0$. Da $\lambda > 0$ und $1 - \lambda > 0$ sind die letzten $n - p$ Komponenten von y' und somit auch die letzten $n - p$ Komponenten von $x - y'$ gleich 0. Also ist $A(x - y')$ eine Linearkombination der Spalten in $\overline{A}$. Somit sind die Spalten in $\overline{A}$ linear abhängig. Also war unsere Annahme falsch.

∎

Sei A eine $(m \times n)$-Matrix. Falls Rang$(A) = m$, dann erhalten wir eine äquivalente Charakterisierung der Ecken von P, die zu einer Antwort der oben gestellten Frage führt. Rang$(A) = m$ impliziert $m \leq n$. Den Fall $m > n$ werden wir später auf einfache Art und Weise auf den Fall $m \leq n$ zurückführen.

Sei B eine beliebige reguläre $(m \times m)$-Matrix, bestehend aus m linear unabhängigen Spalten von A. D.h., B ist eine Basis von A. Die Komponenten von x, die zu den Spalten von B korrespondieren, heißen *Basisvariablen* und die anderen Komponenten *Nichtbasisvariablen* bezüglich der Basis B. Ein Punkt $x \in \mathbb{R}^n$ mit $Ax = b$ und der Eigenschaft, dass alle Nichtbasisvariablen bezüglich B gleich 0 sind, heißt *Basislösung* bezüglich der Basis B. Gegeben eine Basis B erhalten wir nach Setzen der

Nichtbasisvariablen auf 0 folgendes System mit m Gleichungen und m Unbekannten:

$$Bx_B = b,$$

welches für die Basisvariablen x_B eine eindeutige Lösung besitzt. Falls eine Basislösung x_B nichtnegativ ist, dann heißt x *zulässige Basislösung*. Folgendes Korollar folgt direkt aus Satz 8.1.

Korollar 8.1 *Ein Punkt $x \in P$ ist genau dann eine Ecke von P, wenn x zulässige Basislösung bezüglich einer Basis B von A ist.*

Da es nur $\binom{n}{m}$ Möglichkeiten gibt, m Spalten von A auszuwählen, ergibt sich direkt folgendes Korollar:

Korollar 8.2 *Ein Polyeder P hat nur eine endliche Anzahl von Ecken.*

Übung 8.5: *Sei P ein Polytop. Zeigen Sie, dass jedes $x \in P$ als konvexe Kombination der Ecken von P ausgedrückt werden kann.*
Hinweis: Zeigen Sie dies zunächst für alle Ecken, dann für alle Punkte auf einer Kante, dann für jeden Punkt auf einer Seitenfläche und schließlich für jeden Punkt im Inneren des Polytops.

Ein Vektor $d \in \mathbb{R}^n \setminus \{0\}$ heißt *Richtung* eines Polyeders P, falls für jeden Punkt $x_0 \in P$ auch der Strahl $\{x \in \mathbb{R}^n \mid x = x_0 + \lambda d, \lambda \geq 0\}$ ganz in P liegt. Offensichtlich ist ein Polyeder P genau dann unbeschränkt, wenn P eine Richtung besitzt. Folgendes Lemma charakterisiert die Richtungen eines Polyeders $P = \{x \in \mathbb{R}^n \mid Ax = b, x \geq 0\}$:

Lemma 8.1 *Sei $d \neq 0$. Dann ist d genau dann eine Richtung von $P = \{x \in \mathbb{R}^n \mid Ax = b, x \geq 0\}$, wenn $Ad = 0$ und $d \geq 0$ sind.*

Beweis:

„$\Rightarrow$"

Sei d eine Richtung von P. Dann gilt für alle $\lambda \geq 0$ und alle $x_0 \in P$, dass $\{x \in \mathbb{R}^n \mid x = x_0 + \lambda d, \lambda \geq 0\} \subseteq P$.

Nehmen wir an, dass $d \not\geq 0$. Dann existiert eine Komponente d_i von d mit $d_i < 0$. Für λ' groß genug gilt dann für beliebiges $x_0 \in P$, dass $x_0^i + \lambda' d_i < 0$, wobei x_0^i die i-te Komponente von x_0 bezeichnet. Dann ist aber $x_0 + \lambda' d \not\geq 0$ und somit $x_0 + \lambda' d \notin P$. Dies ist ein Widerspruch dazu, dass d eine Richtung von P ist. Also gilt $d \geq 0$.

Nehmen wir an, dass $Ad \neq 0$. Dann ist für $\lambda > 0$ auch $A\lambda d \neq 0$. Hieraus folgt für beliebiges $x_0 \in P$, dass $A(x_0 + \lambda d) = Ax_0 + A\lambda d = b + A\lambda d \neq b$. Also gilt $x_0 + \lambda d \notin P$. Dies ist ein Widerspruch dazu, dass d eine Richtung ist. Also gilt

$Ad = 0$.

„⇐"

Nehmen wir an, dass $Ad = 0$ und $d \geq 0$ sind. Dann gilt für alle $x_0 \in P$ und alle $\lambda \geq 0$, dass $A(x_0 + \lambda d) = Ax_0 + A\lambda d = b + \lambda Ad = b$. Also folgt direkt aus der Definition, dass d eine Richtung von P ist.

∎

Aus Lemma 8.1 folgt unmittelbar, dass für jede Richtung $d \in \mathbb{R}^n$ eines Polyeders P und jedes $\lambda > 0$ auch der Vektor λd eine Richtung von P ist. Falls ein Punkt $x \in P$ nicht eine konvexe Kombination der Ecken von P ist, dann kann x als Summe eines Punktes, der eine konvexe Kombination der Ecken von P ist, und einer Richtung von P dargestellt werden. Diese Beobachtung ergibt folgendes einfache Repräsentationstheorem, dessen Beweis den Lesern als Übung überlassen bleibt:

Satz 8.2 *Sei $P \subseteq \mathbb{R}^n$ ein beliebiges Polyeder und sei $\{v_i \mid i \in I\}$ die Menge der Ecken von P. Dann kann jeder Punkt $x \in P$ als $x = \sum_{i \in I} \lambda_i v_i + d$ repräsentiert werden, wobei $\sum_{i \in I} \lambda_i = 1$, $\lambda_i \geq 0$ für alle $i \in I$ und entweder $d = 0$ oder d eine Richtung von P ist.*

Übung 8.6: *Beweisen Sie Satz 8.2.*

Aus Satz 8.2 ergibt sich direkt folgendes Korollar:

Korollar 8.3 *Ein nichtleeres Polyeder $P = \{x \in \mathbb{R}^n \mid Ax = b, x \geq 0\}$ besitzt mindestens eine Ecke.*

Nun können wir das *Fundamentaltheorem der linearen Programmierung* beweisen.

Satz 8.3 *Sei P ein nichtleeres Polyeder. Dann wird entweder der Minimalwert von $z(x) = c^T x$ für $x \in P$ von einer Ecke von P angenommen oder z hat keine untere Schranke in P.*

Beweis: Falls P eine Richtung d mit $c^T d < 0$ besitzt, dann ist P unbegrenzt und z konvergiert entlang der Richtung d gegen $-\infty$. Andernfalls wird das Minimum durch Punkte angenommen, die als konvexe Kombination der Ecken von P ausgedrückt werden können. Sei $\hat{x} = \sum_{i \in I} \lambda_i v_i$ ein beliebiger solcher Punkt, wobei $\{v_i \mid i \in I\}$ die Menge der Ecken von P ist, $\sum_{i \in I} \lambda_i = 1$ und $\lambda_i \geq 0$ für alle $i \in I$. Dann gilt:

$$c^T \hat{x} = c^T \sum_{i \in I} \lambda_i v_i = \sum_{i \in I} \lambda_i c^T v_i \geq \min\{c^T v_i \mid i \in I\}.$$

Also nimmt z den Minimalwert in einer Ecke des Polyeders an.

∎

Obiger Satz besagt, dass es zum Lösen von linearen Programmen ausreicht, zulässige Basislösungen zu betrachten und zu untersuchen, ob eine Richtung, entlang der die

Zielfunktion z gegen $-\infty$ konvergiert, existiert. Nehmen wir an, dass das gegebene lineare Programm

$$\text{minimiere } z(x) = c^T x$$
$$Ax = b$$
$$x \geq 0$$

eine endliche optimale Lösung besitzt. Da $\binom{n}{m}$ Basislösungen existieren können, ist für große n und m die Betrachtung aller Basislösungen zur Berechnung einer optimalen zulässigen Basislösung aus Effizienzgründen impraktikabel. Falls wir nicht alle Basislösungen betrachten möchten, dann benötigen wir

1. eine Stategie, nach der Basislösungen betrachtet werden, und

2. ein Kriterium, das entscheidet, ob eine gerade betrachtete zulässige Basislösung optimal ist.

Beides liefert uns die sogenannte Simplexmethode.

8.2 Die Simplexmethode

Unser Ziel ist nun, eine Methode zur Lösung des linearen Programms

$$LP: \text{minimiere } z(x) = c^T x$$
$$Ax = b$$
$$x \geq 0$$

zu entwickeln, wobei A eine $(m \times n)$-Matrix mit vollem Zeilenrang m ist. Den Fall Rang$(A) < m$ werden wir später diskutieren. Die Idee der Simplexmethode ist die folgende: Wir starten in einer beliebigen Ecke x_0 des Polyeders $P = \{x \in \mathbb{R}^n \mid Ax = b, x \geq 0\}$. Diese korrespondiert zu einer zulässigen Basislösung

$$x_0 = \begin{pmatrix} x_B \\ x_N \end{pmatrix} = \begin{pmatrix} B^{-1}b \\ 0 \end{pmatrix}.$$

Als zugehörige Kosten $z(x_0)$ erhalten wir

$$z(x_0) = c_B^T B^{-1} b,$$

wobei c_B die zu den Basisvariablen korrespondierenden Komponenten von c enthält. Die Simplexmethode versucht nun eine benachbarte Ecke x' von x_0 mit niedrigeren Kosten $z(x')$ zu finden. Hierzu wird eine sogenannte *Abwärtskante* des korrespondierenden Polyeders bezüglich x_0 ermittelt. Auf dieser fällt in x_0 startend der Wert $z(x)$ strikt. Wir unterscheiden zwei Fälle:

1. Die Kante endet in einer benachbarten Ecke x' mit $z(x') < z(x_0)$.

2. Die Kante hat unendliche Länge und der Wert z konvergiert auf ihr gegen $-\infty$.

Falls der zweite Fall eintritt, stellt der Algorithmus fest, dass das Problem kein endliches Optimum besitzt und terminiert. Ansonsten sucht der Algorithmus eine Abwärtskante bezüglich x' usw. Da die Methode stets zu Ecken mit strikt kleinerem Wert für die Zielfunktion wandert, besucht sie keine Ecke mehrmals. Dies bedeutet, dass das Verfahren nach einer endlichen Anzahl von Schritten entweder in einer Ecke, bezüglich der keine Abwärtskante existiert, oder in Fall 2 terminiert. Zur Korrektheit der oben skizzierten Idee ist zu beweisen, dass eine zulässige Basislösung, bezüglich der keine Abwärtskante existiert, stets optimal ist. Zur Durchführung obiger Idee konvertieren wir die geometrische Betrachtung in eine algebraische, so dass wir rechnen können. Dabei haben wir folgende Probleme zu lösen:

1. Im Fall $P \neq \emptyset$ müssen wir eine Ecke von P finden.

2. Bezüglich einer gegebenen Ecke ist eine Abwärtskante zu bestimmen, falls eine existiert. Falls keine Abwärtskante existiert, dann muss dies festgestellt werden.

Wir werden zunächst das zweite Problem lösen und uns dann überlegen, wie wir eine Startecke für das Verfahren finden. Sei B die zu einer gegebenen Ecke x_0 des Polyeders P korrespondierende Basis. Sei

$$x_0 = \begin{pmatrix} x_B \\ x_N \end{pmatrix} = \begin{pmatrix} B^{-1}b \\ 0 \end{pmatrix}$$

die korrespondierende zulässige Basislösung, wobei $A = [B, N]$ und $c^T = [c_B^T, c_N^T]$ bezüglich den Basis- und den Nichtbasisvariablen partitioniert sind. Wir können dann $Ax = b$ schreiben als

$$Bx_B + Nx_N = b.$$

Da B regulär ist, existiert B^{-1}. Also können für jedes zulässige x die zu den Basisvariablen korrespondierenden Werte x_B wie folgt in Abhängigkeit von den zu den Nichtbasisvariablen korrespondierenden Werten x_N ausgedrückt werden:

$$x_B = B^{-1}b - B^{-1}Nx_N \tag{8.1}$$

Somit erhalten wir nach Elimination von x_B in der Gleichung $z(x) = c_B^T x_B + c_N^T x_N$:

$$z(x) = c_B^T B^{-1}b - (c_B^T B^{-1}N - c_N^T)x_N \tag{8.2}$$

Zwei Basen heißen *benachbart*, falls sie sich nur in einer Spalte unterscheiden. Eine Basislösung, in der mindestens eine Basisvariable den Wert 0 hat, heißt *degeneriert*. Andernfalls heißt eine Basislösung *nichtdegeneriert*. Benachbarte Ecken des Polyeders korrespondieren zu benachbarten Basen. Somit ist das Wandern von einer Ecke im Polyeder zu einer benachbarten Ecke äquivalent zum Austausch einer Spalte der korrespondierenden Basis durch eine andere, wobei die übrigen Spalten in der Basis verbleiben. Nehmen wir zunächst der Einfachheit halber an, dass die zulässige Basislösung x_0 nichtdegeneriert ist. Dann bedeutet Wandern von x_0 zu einer benachbarten Ecke Anwachsen einer Nichtbasisvariablen x_j, wobei die Werte der anderen Nichtbasisvariablen 0 bleiben. Es stellt sich nun folgende Frage: Wie finden wir eine geeignete Nichtbasisvariable x_j? Oder anders ausgedrückt: Wie finden wir eine Abwärtskante bezüglich x_0?

Betrachten wir noch einmal die Gleichung 8.2. Die Nichtbasisvariable x_j anwachsen lassen und für alle anderen Nichtbasisvariablen gleichzeitig weiterhin den Wert 0 beibehalten bedeutet, dass der zweite Summand den Wert $-(c_B^T B^{-1} a_j - c_j) x_j$ erhält, wobei a_j die j-te Spalte von A ist. $\bar{c}_j = -(c_B^T B^{-1} a_j - c_j)$ heißt *reduzierte Kosten* für x_j. Demnach korrespondiert eine Nichtbasisvariable x_j genau dann zu einer Abwärtskante, wenn $\bar{c}_j < 0$. Es ist nützlich, 8.1 und 8.2 wie folgt zusammenzufassen:

$$\begin{bmatrix} z(x) \\ x_B \end{bmatrix} = \begin{bmatrix} c_B^T B^{-1} b \\ B^{-1} b \end{bmatrix} - \begin{bmatrix} c_B^T B^{-1} N - c_N^T \\ B^{-1} N \end{bmatrix} x_N$$

Sei R die Indexmenge der Spalten in N und seien

$$z(x) = x_{B_0} \text{ und } x_B = (x_{B_1}, x_{B_2}, \ldots, x_{B_m})^T.$$

Zur Vereinfachung der Schreibweise definieren wir

$$y_0 := \begin{bmatrix} y_{00} \\ y_{10} \\ \vdots \\ y_{m0} \end{bmatrix} := \begin{bmatrix} c_B^T B^{-1} b \\ B^{-1} b \end{bmatrix}$$

und für $j \in R$, d.h., a_j ist eine Spalte in N,

$$y_j := \begin{bmatrix} y_{0j} \\ y_{1j} \\ \vdots \\ y_{mj} \end{bmatrix} := \begin{bmatrix} c_B^T B^{-1} a_j - c_j \\ B^{-1} a_j \end{bmatrix}.$$

Dann können 8.1 und 8.2 für $i = 0, 1, \ldots, m$ wie folgt geschrieben werden:

$$x_{B_i} = y_{i0} - \sum_{j \in R} y_{ij} x_j \tag{8.3}$$

Wir erhalten die zu B korrespondierende Basislösung, indem wir in 8.3 $x_j = 0$ für alle $j \in R$ setzen. Gemäß Definition gilt $y_{0j} = -\bar{c}_j$ für alle $j \in R$. Nehmen wir an, dass x_B nichtdegeneriert ist und dass $y_{0q} > 0$ für ein $q \in R$. Bei Erhöhung von x_q unter gleichzeitigem Festhalten der anderen Nichtbasisvariablen auf 0 vermindert sich x_{B_0} proportional zu y_{0q}. Des Weiteren ist jedes x_{B_i} eine lineare Funktion von x_q und vermindert sich proportional zu y_{iq}.

Falls $y_{iq} > 0$, dann gilt $x_{B_i} \geq 0$ solange wie $x_q \leq \frac{y_{i0}}{y_{iq}}$. Sobald $x_q = \frac{y_{i0}}{y_{iq}}$ gilt $x_{B_i} = 0$.

Falls $y_{iq} \leq 0$ für $1 \leq i \leq m$, dann kann x_q beliebig erhöht werden, ohne dass eine der Basisvariablen x_{B_i}, $1 \leq i \leq m$ negativ und somit die Lösung unzulässig wird. Dies bedeutet, dass wir den Wert der Zielfunktion im zulässigen Bereich beliebig verbessern können und somit das zugrundeliegende lineare Programm *unbeschränkt* ist. Es ist auch einfach einzusehen, dass ein unbeschränktes lineares Programm stets eine derartige zulässige Basislösung besitzt. Der Beweis dieser Beobachtung wird den Lesern als Übung überlassen. Somit ergibt sich folgender Satz:

Satz 8.4 *Ein lineares Programm LP ist genau dann unbeschränkt, wenn es eine zulässige Basislösung x_B und eine Nichtbasisvariable x_q gibt, so dass für den zu x_q korrespondierenden Vektor y_q gilt: $y_{0q} > 0$ und $y_{iq} \leq 0$ für $1 \leq i \leq m$.*

Für die Entwicklung der Simplexmethode nehmen wir nun an, dass das gegebene lineare Programm beschränkt ist. Sei x_{B_p} eine beliebige Basisvariable mit

$$0 < \frac{y_{p0}}{y_{pq}} = \min_{1 \leq i \leq m} \{\frac{y_{i0}}{y_{iq}} \mid y_{iq} > 0\}.$$

Dann gilt nach Anwachsen von x_q auf $\frac{y_{p0}}{y_{pq}}$ unter Festhalten der anderen Nichtbasisvariablen auf 0

$$x_q = \frac{y_{p0}}{y_{pq}}$$
$$x_{B_i} = y_{i0} - y_{iq}\frac{y_{p0}}{y_{pq}} \quad \text{für } i = 0, 1, \ldots, m.$$

Wir erhalten eine neue zulässige Basislösung mit

$$x_q > 0, x_{B_p} = 0 \quad \text{und} \quad x_{B_0} = y_{00} - y_{0q}\frac{y_{p0}}{y_{pq}}.$$

Da $y_{0q} > 0$ und $\frac{y_{p0}}{y_{pq}} > 0$, fällt x_{B_0} strikt. Als nächstes werden wir uns die Berechnung der zur neuen Basis korrespondierenden Werte sowie den neuen y_{ij}'s aus den Gleichungen in 8.3 überlegen. Den zur neuen Basisvariablen x_q korrespondierenden Wert erhalten wir, indem wir die zu x_{B_p} korrespondierende Gleichung in 8.3 für x_q lösen. Nach Isolation von x_q ergibt sich:

$$x_q = \frac{y_{p0}}{y_{pq}} - \sum_{j \in R \setminus \{q\}} \frac{y_{pj}}{y_{pq}} x_j - \frac{1}{y_{pq}} x_{B_p} \tag{8.4}$$

Den zur Basisvariablen x_{B_i}, $i \neq p$ korrespondierenden Wert erhalten wir, indem wir unter Verwendung von 8.4 in der zu x_{B_i} korrespondierenden Gleichung in 8.3 x_q eliminieren. Demnach gilt

$$x_{B_i} = y_{i0} - \frac{y_{iq}y_{p0}}{y_{pq}} - \sum_{j \in R \setminus \{q\}} (y_{ij} - \frac{y_{iq}y_{pj}}{y_{pq}})x_j + \frac{y_{iq}}{y_{pq}} x_{B_p}.$$

Bezeichne R' die Indexmenge der Nichtbasisvariablen nach dem Austauch der Basisvariablen x_{B_p} mit der Nichtbasisvariablen x_q. D.h., $R' = \{B_p\} \cup R \setminus \{q\}$. Ferner bezeichne y'_{ij} den neuen Wert für y_{ij} in den Gleichungen 8.3. Dann gilt für $0 \leq i \leq m$, $i \neq p$:

$$y'_{i0} = y_{i0} - \frac{y_{iq}y_{p0}}{y_{pq}},$$

$$y'_{ij} = y_{ij} - \frac{y_{iq}y_{pj}}{y_{pq}} \quad \text{für } j \in R' \setminus \{B_p\} \text{ und}$$

$$y'_{iB_p} = -\frac{y_{iq}}{y_{pq}}.$$

Die alte p-te Basisvariable x_{B_p} ist durch die neue p-te Basisvariable x_q ersetzt worden. Somit ergibt sich aus 8.4:

$$y'_{p0} = \frac{y_{p0}}{y_{pq}},$$

$$y'_{pj} = \frac{y_{pj}}{y_{pq}} \quad \text{für } j \in R' \setminus \{B_p\} \text{ und}$$

$$y'_{pB_p} = \frac{1}{y_{pq}}.$$

Als nächstes werden wir beweisen, dass unsere Vorgehensweise korrekt ist. D.h., wir werden uns nun überlegen, dass eine zulässige Basislösung optimal ist, wenn die korrespondierende Ecke des Polyeders keine Abwärtskante besitzt, wenn also $y_{0j} \leq 0$ für alle $j \in R$. Sei hierzu B eine Basis mit zulässiger Basislösung x' und $y_{0j} \leq 0$ für alle $j \in R$. Dann gilt wegen 8.2 und 8.3 für alle $x \in P$:

$$z(x) = c_B^T B^{-1} b - \sum_{j \in R} y_{0j} x_j \qquad (8.5)$$

Da $y_{0j} \leq 0$ und $x_j \geq 0$ für alle $j \in R$, ist $c_B^T B^{-1} b$ eine untere Schranke für $z(x)$. Wegen $x'_B = B^{-1} b$ und $x'_N = 0$ erreicht $z(x')$ diese untere Schranke und ist somit optimal. Insgesamt haben wir folgenden Satz bewiesen:

Satz 8.5 *Die durch die Gleichungen 8.3 beschriebene Basislösung ist eine optimale Lösung für das zugrundeliegende lineare Programm, falls folgende Eigenschaften erfüllt sind:*

1. $y_{i0} \geq 0$ *für* $i = 1, 2, \ldots, m$ *(Zulässigkeit)*
2. $y_{0j} \leq 0$ *für alle* $j \in R$ *(Optimalität)*

Wir können nun einen Algorithmus für die Simplexmethode angeben. Hierfür nehmen wir nach wie vor an, dass die berechneten Basislösungen nichtdegeneriert sind. Wir werden uns später eine Erweiterung des Algorithmus überlegen, die den Fall der degenerierten Basislösungen umfasst. Des Weiteren nehmen wir an, dass zu Beginn eine zulässige Basislösung bekannt ist. Bei der Beschreibung des Algorithmus werden wir die oben eingeführten Schreibweisen und Bezeichnungen verwenden.

Algorithmus SIMPLEX

Eingabe: lineares Programm

$$LP : \text{minimiere } z(x) = c^T x$$
$$Ax = b$$
$$x \geq 0.$$

Ausgabe: optimale Lösung für LP, falls das Optimum begrenzt ist, und eine Meldung „Optimum unbegrenzt" sonst.

Methode:

(1) *Initialisierung:* Starte mit einer zulässigen Basislösung $(x_B, 0)$.

(2) *Optimalitätstest:* Falls $y_{0j} \leq 0$ für alle $j \in R$, dann ist die aktuelle Basislösung $(x_B, 0)$ optimal. Gib $(x_B, 0)$ aus und halte an.

(3) *Bestimmung einer Abwärtskante:* Wähle eine geeignete Variable x_q, $q \in R$ zum Betreten der Basis.
Wähle eine Variable x_{B_p} mit $\frac{y_{p0}}{y_{pq}} = \min_{1 \leq i \leq m} \{ \frac{y_{i0}}{y_{iq}} \mid y_{iq} > 0 \}$ zum Verlassen der Basis, falls $\frac{y_{p0}}{y_{pq}}$ definiert ist.
Falls $\frac{y_{p0}}{y_{pq}}$ undefiniert ist, d.h., $y_{iq} \leq 0$ für $1 \leq i \leq m$, dann ist das lineare Programm unbeschränkt. Gib entsprechende Meldung aus und halte an.

(4) *Pivotschritt:* Löse die Gleichungen 8.3 für x_q und x_{B_i}, $i \neq p$ wie oben beschrieben.
Setze $x_j = 0$ für $j \in \{B_p\} \cup R \setminus \{q\}$ um die neue Basislösung zu erhalten. Gehe zu Schritt (2).

Wir können die Simplexmethode mit Hilfe von sogenannten Tafeln implementieren. Die in Tabelle 8.1 skizzierte Tafel repräsentiert die Gleichungen in 8.3. Die i-te Zeile der Tafel korrespondiert zur i-ten Gleichung. Wir sagen, dass solche Tafeln den *Typ 1* haben. Wir werden uns nun überlegen, wie wir den Basiswechsel konkret mit Hilfe dieser Tafel durchführen können, so dass wir anschließend die korrekte Tafel bezüglich der neuen Basis berechnet haben. Nehmen wir an, dass die Basisvariable x_{B_p} durch die Nichtbasisvariable x_q ausgetauscht werden soll. Dieser Basiswechsel kann mit Hilfe folgender Regeln in der in Tabelle 8.1 dargestellten Tafel durchgeführt werden:

1. Dividiere die p-te Zeile durch y_{pq}. (y_{pq} heißt *Pivotelement* der Iteration.)

2. Für $0 \leq i \leq m, i \neq p$ multipliziere die neue p-te Zeile mit y_{iq} und subtrahiere diese von der i-ten Zeile.

Tabelle 8.1: Tafel vom Typ 1.

		Nichtbasisvariablen		
		$\cdots$ $\quad -x_j$ $\quad\cdots$	$-x_q$	$\cdots$
	x_{B_0}	y_{00}	y_{0j}	y_{0q}
	$\vdots$	$\vdots$	$\vdots$	$\vdots$
	x_{B_i}	y_{i0}	y_{ij}	y_{iq}
Basisvariablen	$\vdots$	$\vdots$	$\vdots$	$\vdots$
	x_{B_p}	y_{p0}	y_{pj}	y_{pq}
	$\vdots$	$\vdots$	$\vdots$	$\vdots$
	x_{B_m}	y_{m0}	y_{mj}	y_{mq}

3. Dividiere die alte q-te Spalte durch y_{pq} und multipliziere sie mit -1. Ersetze die Komponente in der p-ten Zeile der resultierenden Spalte durch $\frac{1}{y_{pq}}$. Assoziiere mit der neuen q-ten Spalte die neue Nichtbasisvariable x_{B_p}.

Nach Durchführung dieser Transformation erhalten wir die in Tabelle 8.2 beschriebene Tafel. In der Literatur finden sich auch andere Typen von Tafeln. Am verbreitetsten

Tabelle 8.2: Tafel vom Typ 1 nach Durchführung des Basiswechsels.

		$\cdots$	$-x_j$	$\cdots$	$-x_{B_p}$	$\cdots$
x_{B_0}	$y_{00} - \left(\dfrac{y_{0q}y_{p0}}{y_{pq}}\right)$		$y_{0j} - \left(\dfrac{y_{0q}y_{pj}}{y_{pq}}\right)$		$-\dfrac{y_{0q}}{y_{pq}}$	
$\vdots$						
x_{B_i}	$y_{i0} - \left(\dfrac{y_{iq}y_{p0}}{y_{pq}}\right)$		$y_{ij} - \left(\dfrac{y_{iq}y_{pj}}{y_{pq}}\right)$		$-\dfrac{y_{iq}}{y_{pq}}$	
$\vdots$						
x_q	$\dfrac{y_{p0}}{y_{pq}}$		$\dfrac{y_{pj}}{y_{pq}}$		$\dfrac{1}{y_{pq}}$	
$\vdots$						

sind Tafeln, die für $i = 0, 1, \ldots, m$ folgende Gleichungen repräsentieren:

$$0 = y_{i0} - \sum_{j=1}^{n} y_{ij} x_j.$$

Diese Tafeln heißen *Tafeln vom Typ 2*. Betrachte hierzu die in Tabelle 8.3 beschriebene Tafel.

Diese enthält für jede Basisvariable eine Zeile und für jede Variable eine Spalte. Falls x_{B_i} die Basisvariable in der i-ten Zeile der Tafel ist, dann gilt:

$$y_{ij} = \begin{cases} 0 \text{ falls } x_j \in B \text{ und } j \neq B_i \\ 1 \text{ falls } j = B_i. \end{cases}$$

Tabelle 8.3: Tafel vom Typ 2.

		alle Variablen		
		$-x_j$	$\cdots$	$-x_{B_i}$ $\cdots$
	x_{B_0}	y_{00}	y_{0j}	0
	$\vdots$	$\vdots$	$\vdots$	$\vdots$
	x_{B_i}	y_{i0}	y_{ij}	1
Basisvariablen	$\vdots$	$\vdots$	$\vdots$	$\vdots$
	x_{B_p}	y_{p0}	y_{pj}	0
	$\vdots$	$\vdots$	$\vdots$	$\vdots$

Tafeln vom Typ 2 haben den Vorteil, dass jede Variable eine feste Spaltenposition erhält und dass stets m Spalten der Tafel eine $(m \times m)$-Einheitsmatrix bilden.

Übung 8.7: *Entwickeln Sie Regeln zur Durchführung der Simplexmethode mit Hilfe von Tafeln vom Typ 2.*

Als nächstes überlegen wir uns, wie wir eine anfängliche zulässige Basislösung für ein gegebenes lineares Programm

$$LP : \text{minimiere } z(x) = c^T x$$
$$Ax = b$$
$$x \geq 0$$

berechnen können. Wir können o.B.d.A. $b \geq 0$ annehmen. Sollte dies für eine Gleichung $a_j^T x = b_j$ nicht zutreffen, dann multiplizieren wir beide Seiten dieser Restriktion mit -1. Die Idee für die Berechnung einer anfänglichen zulässigen Basislösung ist die folgende:

Formuliere in Abhängigkeit von LP ein lineares Programm LP', das folgende Eigenschaften hat:

1. LP' hat eine triviale zulässige Lösung, so dass der Algorithmus SIMPLEX mit dieser und LP' als Eingabe gestartet werden kann.

2. Aus der Lösung für LP' erhalten wir auf einfache Art und Weise eine zulässige Basislösung für LP, falls solche existiert.

Seien $x = (x_1, x_2, \ldots, x_{n+m})^T$, $\tilde{x} = (x_1, \ldots, x_n)^T$ und $\overline{x} = (x_{n+1}, \ldots, x_{n+m})^T$. Betrachte folgendes lineare Programm:

$$LP' : \text{minimiere } z(x) = \sum_{i=n+1}^{n+m} x_i$$
$$A\tilde{x} + \overline{x} = b$$
$$x \geq 0.$$

Dieses lineare Programm hat offensichtlich die zulässige Basislösung $x_i = 0$ für $1 \leq i \leq n$ und $x_{n+i} = b_i$ für $1 \leq i \leq m$ mit der Einheitsmatrix I als Basis. Die Variablen $x_{n+1}, x_{n+2}, \ldots, x_{n+m}$ heißen *künstliche Variablen*. Wir werden nun untersuchen, wie die Ausgabe des Algorithmus SIMPLEX, gestartet mit LP' und obiger zulässigen Basislösung als Eingabe, in Abhängigkeit von LP aussieht. Falls LP keine zulässige Lösung hat, dann terminiert SIMPLEX mit einer zulässigen Basislösung, die positive Werte für künstliche Variablen enthält. D.h., $\bar{x} \neq 0$. Falls LP eine zulässige Lösung besitzt, dann terminiert SIMPLEX mit einer zulässigen Basislösung, in der alle künstlichen Variablen den Wert 0 haben. Falls in dieser keine künstliche Variable Basisvariable ist, dann ergibt sich unmittelbar eine zulässige Basislösung für LP, indem wir einfach die künstlichen Variablen weglassen. Andernfalls ist die Lösung degeneriert. Unser Ziel ist nun, künstliche Basisvariablen durch Nichtbasisvariablen aus $\{x_1, x_2, \ldots, x_n\}$ auszutauschen oder zusammen mit redundanten Gleichungen zu streichen, so dass nur Basisvariablen aus $\{x_1, x_2, \ldots, x_n\}$ verbleiben. Diese definieren dann eine zulässige Basislösung für LP. Wir brauchen wiederum nur die künstlichen Variablen wegzulassen. Wir werden uns nun diesen Schritt etwas genauer anschauen. Nehmen wir an, dass B eine künstliche Variable enthält. Sei dies die p-te Basisvariable. Sei e_p die p-te Spalte der Einheitsmatrix. Wir unterscheiden zwei Fälle:

Falls eine Nichtbasisvariable x_q, $q \leq n$ mit $e_p^T B^{-1} a_q \neq 0$, d.h., $y_{pq} \neq 0$ existiert, dann kann x_{B_p} genauso wie bei der Durchführung eines Pivotschrittes durch x_q ersetzt werden. Wir erhalten eine zulässige Basislösung mit denselben Kosten, jedoch mit einer künstlichen Variablen weniger.

Falls $e_p^T B^{-1} a_j = 0$, d.h., $y_{pj} = 0$, für alle Nichtbasisvariablen x_j, $j \leq n$, dann haben wir in der ursprünglichen Matrix durch elementaren Zeilenoperationen eine Nullzeile konstruiert. Also ist $Ax = b$ redundant, so dass aus B die p-te Spalte und aus A die p-te Zeile gestrichen werden kann. Somit haben wir eine künstliche Variable aus der Basis entfernt.

Wir wiederholen diese Verfahrensweise solange, bis wir eine zulässige Basislösung ohne künstliche Variable erhalten haben. Die Berechnung einer anfänglichen zulässigen Basislösung wird üblicherweise *Phase 1* der Simplexmethode genannt. Die anschließende Berechnung einer optimalen Lösung heißt dann *Phase 2*. Bei der Entwicklung der Phase 1 der Simplexmethode haben wir uns überlegt, wie wir im Fall eines redundanten Gleichungssystems $Ax = b$ eine Spalte und eine Zeile aus diesem streichen können, ohne hierdurch den zulässigen Bereich zu ändern. Dies bedeutet, dass wir im Grunde genommen bereits wissen, was im Fall Rang$(A) < m$ zu tun ist. Die konkrete Ausarbeitung bleibt den Lesern als Übung überlassen.

Zu diskutieren ist noch die Behandlung von degenerierten zulässigen Basislösungen. Nehmen wir hierzu an, dass für ein $q \in R$ und ein $p \in \{1, 2, \ldots, m\}$ $y_{p0} = 0, y_{0q} > 0$ und $y_{pq} > 0$.

Falls die Nichtbasisvariable x_q die Basis betritt, dann muss x_{B_p} oder eine andere Basisvariable mit Wert 0 die Basis verlassen. Obwohl wir eine neue Basis erhalten haben, ändert sich der Wert der Zielfunktion nicht. Die neue Basislösung ist auch degeneriert. Auch kann es sein, dass die neue Basis zur selben Ecke korrespondiert, wie die vorangegangene Basis. Es ist sogar möglich, dass der Algorithmus SIMPLEX im Fall der Degeneriertheit von Basislösungen in eine Endlosschleife gerät. Dies wäre dann der Fall, wenn unendlich oft ein Zyklus von zulässigen Basislösungen, die alle zur selben Ecke des Polyeders korrespondieren, durchlaufen wird. Dieses Phänomen heißt *Kreisen*.

Übung 8.8: *Entwickeln Sie ein Verfahren zur Lösung von linearen Programmen*

$$\text{minimiere } z(x) = c^T x$$
$$Ax = b$$
$$x \geq 0$$

mit A ist eine $(m \times n)$-Matrix und Rang$(A) < m$.

Es wurden Beispiele konstruiert, in denen dieses Phänomen eintreten kann, falls die Wahl der Spalte, die die Basis verlässt, innerhalb der erlaubten Möglichkeiten beliebig ist. Unser Ziel ist nun die Entwicklung von Auswahlregeln für die Spalte, die die Basis verlässt, so dass Kreisen unmöglich ist. Bei Verwendung dieser Auswahlregeln terminiert der Algorithmus SIMPLEX auch, wenn degenerierte Basislösungen auftreten. Wir verwenden zur Entwicklung dieser Auswahlregeln Tafeln vom Typ 1. Zunächst benötigen wir noch einige Bezeichnungen.

Tabelle 8.4: Erweiterte Tafel vom Typ 1.

								$-x_j$	
x_{B_0}	y_{00}	0	$\cdots$	0	$\cdots$	0	$\cdots$	y_{0j}	$\cdots$
x_{B_1}	y_{10}	1	$\cdots$	0	$\cdots$	0	$\cdots$	y_{1j}	$\cdots$
		$\vdots$		$\vdots$		$\vdots$		$\vdots$	
x_{B_i}	y_{i0}	0	$\cdots$	1	$\cdots$	0	$\cdots$	y_{ij}	$\cdots$
		$\vdots$		$\vdots$		$\vdots$		$\vdots$	
x_{B_m}	y_{m0}	0	$\cdots$	0	$\cdots$	1	$\cdots$	y_{mj}	$\cdots$

Ein Vektor $v \neq 0$ heißt *lexikographisch positiv*, falls seine erste $\neq$ 0-Komponente positiv ist. Wir schreiben dann $v >_l 0$. Ein Vektor v heißt *lexikographisch größer* als ein Vektor u, falls $v - u >_l 0$. Eine Folge $v^1, v^2, \ldots, v^s$ von Vektoren mit $v^{i+1} - v^i >_l 0$ für $1 \leq i < s$ heißt *lexikographisch wachsend*. $v \geq_l 0$ steht für $v = 0$ oder $v >_l 0$. *Lexikographisch kleiner* bzw. *lexikographisch fallend* sind analog definiert.

Zur Definition des Auswahlverfahrens erweitern wir die zur anfänglich zulässigen Basislösung korrespondierende Tafel auf folgende Art und Weise: Wir fügen zwischen der Lösungsspalte und den Spalten, die zu den Nichtbasisvariablen korrespondieren, in den Zeilen $1, 2, \ldots, m$ die $(m \times m)$-Einheitsmatrix ein. Die Zeile 0 wird in den entsprechenden Spalten mit 0 aufgefüllt. Wir erhalten somit die in Tabelle 8.4 dargestellte Tafel. Die zusätzlichen Spalten dienen lediglich zur Auswahl der Variablen, die die Basis verlassen. Seien

$$v_0 = (y_{00}, 0, 0, \ldots, 0) \text{ und } v_i = (y_{i0}, 0, \ldots, 0, 1, 0, \ldots, 0), 1 \leq i \leq m$$

die Koeffizienten der ersten $m + 1$ Spalten der Zeilen $0, 1, \ldots, m$ der Tafel. Wegen $y_{i0} \geq 0$ gilt $v_i >_l 0$ für $1 \leq i \leq m$. Auch sind diese Vektoren linear unabhängig. Während der Durchführung des Simplexalgorithmus werden die Vektoren $v_1, v_2, \ldots, v_m$ stets lexikographisch positiv und linear unabhängig sein. Betrachten wir nun die Durchführung einer Iteration des Algorithmus SIMPLEX.

Nehmen wir an, dass $y_{0q} > 0$ und dass x_q zum Betreten der Basis ausgewählt wurde. Seien

$$S_q = \{i \mid i \geq 1, y_{iq} > 0\} \quad \text{und} \quad u_i = \frac{v_i}{y_{iq}} \quad \text{für alle } i \in S_q.$$

Sei u_p der lexikographisch kleinste dieser Vektoren, d.h., $u_i \geq_l u_p$ für alle $i \in S_q$. Wir schreiben dann:

$$u_p = \text{lexmin}\{u_i \mid i \in S_q\}.$$

Da die Vektoren v_i, $1 \leq i \leq m$ linear unabhängig sind, ist u_p eindeutig bestimmt. Wähle die Basisvariable x_{B_p} zum Verlassen der Basis. Wegen

$$u_p = \text{lexmin}\{u_i \mid i \in S_q\} \Rightarrow \frac{y_{p0}}{y_{iq}} = \min\{\frac{y_{i0}}{y_{iq}} \mid i \in S_q\}$$

erfüllt x_{B_p} die erforderliche Bedingung für das Verlassen der Basis. Zunächst überzeugen wir uns davon, dass die sich nach Durchführung der Transformationen ergebenden Vektoren $\hat{v}_i$, $1 \leq i \leq m$ lexikographisch positiv und linear unabhängig sind. Es gilt

$$\hat{v}_p = \frac{v_p}{y_{pq}}$$
$$\hat{v}_i = v_i - \frac{y_{iq}}{y_{pq}}v_p = v_i - y_{iq}\hat{v}_p \quad \text{für } i \neq p.$$

Wegen $v_p >_l 0$ und $y_{pq} > 0$ gilt $\hat{v}_p >_l 0$. Falls $y_{iq} \leq 0$, dann gilt $-y_{iq}\hat{v}_p \geq_l 0$ und somit auch $\hat{v}_i >_l 0$. Falls $y_{iq} > 0$, dann folgt aus der Wahl von u_p, dass

$$u_i - u_p = \frac{v_i}{y_{iq}} - \hat{v}_p >_l 0.$$

Nach Multiplikation dieser Gleichung mit y_{iq} erhalten wir $\hat{v}_i >_l 0$. Also sind $\hat{v}_i$, $1 \leq i \leq m$ lexikographisch positiv. Da die Addition der Vielfachen eines

Vektors mit einem anderen Vektor die lineare Unabhängigkeit einer Menge von linear unabhängigen Vektoren nicht stört, sind $\hat{v}_i$, $1 \leq i \leq m$ linear unabhängig.

In der q-ten Iteration hängt die Tafel, bis auf Permutation von Nichtbasisspalten und Permutation von Basiszeilen, nur von der aktuellen Basis B_q ab. Also gilt für zwei Iterationen q und t, dass $v_0^q \neq v_0^t$ auch $B_q \neq B_t$ impliziert. Falls die Folge $\{v_0^t\}$ lexikographisch fallend ist, dann gilt für alle t_1 und t_2 mit $t_1 \neq t_2$ auch $v_0^{t_1} \neq v_0^{t_2}$. Dies impliziert, dass kein Kreisen erfolgt. Es gilt:

$$v_0^{t+1} = v_0^t - \frac{v_{0q}^t}{y_{pq}^t} v_p^t = v_0^t - y_{0q}^t v_p^{t+1}.$$

Wegen $v_p^{t+1} >_l 0$ und $y_{0q}^t > 0$ gilt somit $v_0^{t+1} <_l v_0^t$. Also ist die Folge $\{v_0^t\}$ lexikographisch fallend.

8.3 Dualität

Das Konzept der Dualität hat sich in der kombinatorischen Optimierung als sehr wichtig und äußerst nützlich erwiesen. Dieses wurde ursprünglich bezüglich linearer Programmierung entwickelt. Jedoch fand bald die Dualität bei der Entwicklung von Algorithmen zur Lösung von Optimierungsproblemen ohne Verwendung von linearer Programmierung ihre Anwendung. So beinhaltet z.B. bereits Dijkstras Algorithmus zur Berechnung kürzester Wege die Dualität. Auch bei der Berechnung eines maximalen gewichteten Matchings in einem bipartiten Graphen haben wir die Dualität angewandt. In Bezug auf lineare Programmierung besagt die Dualtätstheorie, dass zu jedem linearen Programm, dem sogenannten *primalen* linearen Programm, ein anderes lineares Programm, das sogenannte *duale* lineare Programm korrespondiert. Zwischen beiden linearen Progammen gibt es eine Vielzahl von interessanten Beziehungen, die unter anderem auch bei der Lösung dieser linearen Programme von Nutzen sind. Unser Ziel ist nun die Entwicklung der Dualitätstheorie für lineare Programme. Sei

$$\begin{aligned} LP: \text{ minimiere } \quad & z(x) = c^T x \\ & Ax = b \\ & x \geq 0 \end{aligned}$$

ein lineares Programm, wobei A vollen Zeilenrang hat. Seien B eine beliebige Basis von A und $x = (x_B, x_N)$ eine beliebige zulässige Lösung von LP. Wir haben uns bereits überlegt, dass

$$z(x) = c_B^T B^{-1} b - (c_B^T B^{-1} N - c_N^T) x_N.$$

Eine hinreichende Bedingung für die Optimalität der zu B korrespondierenden Basislösung ist somit:

1. Die zu B korrespondierende Basislösung ist zulässig.
2. $c_B^T B^{-1} N - c_N^T \leq 0$.

Dies folgt aus der Beobachtung, dass bezüglich einer zulässigen Lösung mit positiven Werten für Nichtbasisvariablen zum Wert $c_B^T B^{-1} b$ höchstens noch ein Betrag hinzuaddiert wird. Wir werden uns nun überlegen, wann die Bedingungen 1 und 2 gleichzeitig erfüllt sein können.

Seien $\hat{B}$ und $\bar{B}$ zwei Basen von A mit $c_{\hat{B}}^T \hat{B}^{-1} b < c_{\bar{B}}^T \bar{B}^{-1} b$. Nehmen wir an, dass die zu $\hat{B}$ korrespondierende Basislösung $(x_{\hat{B}}, x_{\hat{N}})$ zulässig für LP ist, also Bedingung 1 bezüglich $\hat{B}$ erfüllt ist. Dann kann die Basis $\bar{B}$ Bedingung 2 nicht erfüllen. Um dies einzusehen, betrachte die zulässige Basislösung $x = (x_{\hat{B}}, x_{\hat{N}})$. Für diese gilt dann

$$c_{\hat{B}}^T \hat{B}^{-1} b = z(x) = c_{\bar{B}}^T \bar{B}^{-1} b - (c_{\bar{B}}^T \bar{B}^{-1} \bar{N} - c_{\bar{N}}^T) x_{\bar{N}}.$$

Da x zulässig ist, ist jede Komponente in $x_{\bar{N}} \geq 0$. Also impliziert $c_{\hat{B}}^T \hat{B}^{-1} b < c_{\bar{B}}^T \bar{B}^{-1} b$ auch $c_{\bar{B}}^T \bar{B}^{-1} \bar{N} - c_{\bar{N}}^T \not\leq 0$. Demzufolge erfüllt die Basis $\bar{B}$ nicht die Bedingung 2.

Demnach könnte nur eine Basis B, die $c_B^T B^{-1} b$ unter Einhaltung von $c_B^T B^{-1} N \leq c_N^T$ maximiert, das lineare Programm LP lösen. Es stellt sich nun die Frage, wie wir diese Vorgehensweise in ein Optimierungsproblem einbetten können. Sei $\pi^T = c_B^T B^{-1}$. Wegen $c_B^T B^{-1} B = c_B^T$ definiert folgendes lineare Programm das gewünschte Optimierungsproblem:

$$LP' : \text{ maximiere } w(\pi) = \pi^T b$$
$$\pi^T A \leq c^T$$
$$\pi \lesseqgtr 0.$$

Dabei bedeutet $\pi \lesseqgtr 0$, dass die Variablen in π nichtrestringiert sind. LP heißt *primales* lineares Programm und LP' das zu LP *duale* lineare Programm.

Es stellt sich nun die Frage nach dem Zusammenhang der zulässigen Lösungen eines primalen und seines dualen linearen Programms. Seien x und π zulässige Lösungen des primalen bzw. dualen linearen Programms. Dann gilt:

$$c^T x \geq \pi^T A x = \pi^T b.$$

Obiger Zusammenhang wird üblicherweise als *schwache Dualität* bezeichnet. Demnach sind die Kosten des primalen linearen Programms stets mindestens so groß wie die des dualen linearen Programms.

Wenn das primale lineare Programm eine zulässige Lösung besitzt, dann kann das duale lineare Programm keine zulässige Lösung mit unbegrenzten Kosten haben. Somit impliziert dann die Existenz einer optimalen Lösung für das primale lineare Programm auch die Existenz einer optimalen Lösung für das duale lineare Programm. Dies folgt aus der Beobachtung, dass bezüglich einer optimalen Basislösung des primalen linearen Programms (x_B, x_N) auch $c_B^T B^{-1} b - c_N^T \leq 0$ erfüllt sein muss. Die umgekehrte Betrachtung gilt auch. Ziel ist nun zu beweisen, dass die Kosten der optimalen Lösungen des primalen und des dualen linearen Programmes stets gleich sind. Wegen der schwachen Dualität genügt es, eine explizite duale zulässige Lösung π_0 zu konstruieren, so dass $\pi_0^T b = c^T x_0$, wobei x_0 eine optimale Lösung des primalen linearen Programmes ist. Da das primale lineare Programm eine optimale Lösung besitzt, folgt aus Satz 8.3, dass eine Basis $\hat{B}$ existiert, so dass die korrespondierende Basislösung optimal ist. D.h., $z(x_0) = c_{\hat{B}}^T \hat{B}^{-1} b$. Setze $\pi_0 = c_{\hat{B}}^T \hat{B}^{-1}$. Dann gilt:

$$w(\pi_0) = \pi_0^T b = c_{\hat{B}}^T \hat{B}^{-1} b = c^T x_0 = z(x_0).$$

Somit haben wir folgenden Satz bewiesen:

Satz 8.6 *Falls ein lineares Programm eine optimale Lösung besitzt, dann hat sein duales lineares Programm auch eine optimale Lösung und die Kosten dieser optimalen Lösungen sind gleich.*

Eine wichtige Eigenschaft von Dualität ist ihre Symmetrie. D.h., das duale lineare Programm des dualen linearen Programms ist wiederum das primale lineare Programm. Da das duale lineare Programm nicht in Standardform ist, ist es zum Beweis dieser Beobachtung zunächst nützlich, ein lineares Programm in allgemeiner Form zu betrachten und für dieses das zugehörige duale lineare Programm zu bestimmen. Hierzu transformieren wir dieses lineare Programm zunächst nach Standardform, damit wir obige Konstruktion anwenden können. Betrachte das folgende lineare Programm als primales lineares Programm, wobei A_i die i-te Zeile der Matrix A bezeichnet:

$$\begin{aligned}
LP : \text{minimiere } & z(x) = c^T x \\
& A_i x = b_i \quad && i \in M \\
& A_i x \geq b_i \quad && i \in \bar{M} \\
& x_j \geq 0 \quad && j \in N \\
& x_j \lesseqgtr 0 \quad && j \in \bar{N}.
\end{aligned}$$

Zur Transformation von LP nach Standardform kreieren wir

1. für jede Ungleichung $A_i x \geq b_i$ mit $i \in \bar{M}$ eine *Schlupfvariable* x_i^s und

2. für jede nichtrestringierte Variable x_j, $j \in \bar{N}$ zwei neue nichtnegative Variablen x_j^+ und x_j^- mit $x_j = x_j^+ - x_j^-$ und ersetzen die Spalte a_j durch zwei Spalten a_j und $-a_j$.

Dies führt zu folgendem äquivalenten linearen Programm:

$$\begin{aligned}
\text{minimiere } & \hat{z}(\hat{x}) = \hat{c}^T \hat{x} \\
& \hat{A}\hat{x} = b \\
& \hat{x} \geq 0
\end{aligned}$$

wobei

$$\hat{A} = \left[a_j, j \in N \mid (a_j, -a_j), j \in \bar{N} \mid \begin{matrix} 0, i \in M \\ -I, i \in \bar{M} \end{matrix} \right]$$

$$\hat{x} = (x_j, j \in N \mid (x_j^+, x_j^-), j \in \bar{N} \mid x_i^s, i \in \bar{M})^T$$

$$\hat{c} = (c_j, j \in N \mid (c_j, -c_j), j \in \bar{N} \mid 0)^T.$$

Wir erhalten dann:

$$\hat{z}(\hat{x}) = \hat{c}_{\hat{B}}^T \hat{B}^{-1} b - (\hat{c}_{\hat{B}}^T \hat{B}^{-1} \hat{N} - \hat{c}_{\hat{N}}^T)\hat{x}_{\hat{N}}$$

Sei $\pi^T = \hat{c}_{\hat{B}}^T \hat{B}^{-1}$. Somit ergibt sich folgendes duale lineare Programm:

$$\text{maximiere } w(\pi) = \pi^T b$$
$$\pi^T \hat{A} \leq \hat{c}^T$$
$$\pi \lessgtr 0$$

Die Anzahl der Zeilen von $\hat{A}$ ist dieselbe wie die von A. Jede Ungleichung in $\pi^T \hat{A} \leq \hat{c}^T$ korrespondiert zum Produkt von π^T und einer Spalte in $\hat{A}$. Die Spalten in $\hat{A}$ sind unterteilt in drei Mengen. Dementsprechend erhalten wir folgende Unterteilung der Ungleichungen in $\pi^T \hat{A} \leq \hat{c}^T$:

1. $\pi^T a_j \leq c_j$,   für $j \in N$,
2. $\pi^T a_j \leq c_j$ und $-\pi^T a_j \leq -c_j$ $\Leftrightarrow$ $\pi^T a_j = c_j$ für $j \in \bar{N}$ und
3. $-\pi_i \leq 0$ $\Leftrightarrow$ $\pi_i \geq 0$ für $i \in \bar{M}$.

Demnach können wir obiges lineare Programm wie folgt schreiben:

$$LP': \text{ maximiere } w(\pi) = \pi^T b$$
$$\begin{array}{lll} \pi^T a_j & \leq c_j & j \in N \\ \pi^T a_j & = c_j & j \in \bar{N} \\ \pi_i & \lessgtr 0 & i \in M \\ \pi_i & \geq 0 & i \in \bar{M}. \end{array}$$

Sei das lineare Programm LP in allgemeiner Form das primale lineare Programm. Dann ist LP' das zu LP duale lineare Programm. In Tabelle 8.5 haben wir beide linearen Programme nebeneinander geschrieben. Nun können wir die Symmetrieeigenschaft der Dualität beweisen.

Tabelle 8.5: Primales und duales lineares Programm.

	primal				dual	
minimiere	$z(x)$	$= c^T x$		maximiere	$w(\pi)$	$= \pi^T b$
	$A_i x$	$= b_i$	$i \in M$		π_i	$\lessgtr 0$
	$A_i x$	$\geq b_i$	$i \in \bar{M}$		π_i	≥ 0
	x_j	≥ 0	$j \in N$		$\pi^T a_j$	$\leq c_j$
	x_j	$\lessgtr 0$	$j \in \bar{N}$		$\pi^T a_j$	$= c_j$

Satz 8.7 *Das duale lineare Programm des Dualen ist wiederum das primale lineare Programm.*

Beweis: Wir schreiben zunächst das duale lineare Programm um. D.h., mittels Transformationen sorgen wir dafür, dass wir ein Minimierungsproblem haben, in dem an Ungleichheitszeichen nur $\geq$ vorkommen und die Zeilen der Matrix mit dem Spaltenvektor der Variablen multipliziert werden. Danach führen wir auf das sich ergebende lineare Programm obige Konstruktion durch. Links steht noch einmal das duale lineare Programm und rechts das äquivalente lineare Programm, auf das wir obige Konstruktion anwenden.

$$\begin{array}{ll} \text{maximiere } w(\pi) = \pi^T b & \text{minimiere } \quad w(\pi) = \pi^T(-b) \\ \quad \pi^T a_j \leq c_j \quad j \in N & \quad (-a_j^T)\pi \geq -c_j \\ \quad \pi^T a_j = c_j \quad j \in \bar{N} & \quad (-a_j^T)\pi = -c_j \\ \quad\quad \pi_i \geq 0 \quad i \in \bar{M} & \quad\quad \pi_i \geq 0 \\ \quad\quad \pi_i \lessgtr 0 \quad i \in M & \quad\quad \pi_i \lessgtr 0 \end{array}$$

Nach Anwendung obiger Konstruktion erhalten wir folgendes duale lineare Programm:

$$\begin{array}{ll} \text{maximiere } \quad z(x) = x^T(-c) \\ \quad\quad\quad x_j \geq 0 & \quad j \in N \\ \quad\quad\quad x_j \lessgtr 0 & \quad j \in \bar{N} \\ \quad -A_i x \leq -b_i & \quad i \in \bar{M} \\ \quad -A_i x = -b_i & \quad i \in M. \end{array}$$

Dieses ist äquivalent zum ursrünglichen primalen linearen Programm:

$$\begin{array}{ll} \text{minimiere } \quad z(x) = c^T x \\ \quad\quad A_i x = b_i & \quad i \in M \\ \quad\quad A_i x \geq b_i & \quad i \in \bar{M} \\ \quad\quad x_j \geq 0 & \quad j \in N \\ \quad\quad x_j \lessgtr 0 & \quad j \in \bar{N}. \end{array}$$

∎

Ein lineares Programm LP erfüllt stets genau einen der folgenden drei Fälle:

1. LP hat ein endliches Optimum.

2. LP ist unbeschränkt.

3. LP hat keine zulässige Lösung.

Tabelle 8.6 beschreibt, welche Kombinationen obiger drei Fälle für ein primales und sein duales lineares Programm möglich sind. Die Sätze 8.6 und 8.7 haben in der ersten Zeile und der ersten Spalte alle Möglichkeiten bis auf die Kombination 1 eliminiert. Falls das primale oder das duale lineare Programm unbegrenzte Kosten hat, dann kann das andere lineare Programm keine zulässige Lösung besitzen. Anhand von einfachen Beispielen zeigen wir, dass die Kombinationen 2 und 3 in der Tat vorkommen. Betrachte hierzu

$$LP : \text{minimiere} \quad z(x) = x_1$$
$$x_1 + x_2 \geq 1$$
$$-x_1 - x_2 \geq 1$$
$$x_1 \lessgtr 0$$
$$x_2 \lessgtr 0.$$

LP besitzt offensichtlich keine zulässige Lösung. Sein duales lineare Programm ist

$$\text{maximiere} \quad w(\pi) = \pi_1 + \pi_2$$
$$\pi_1 - \pi_2 = 1$$
$$\pi_1 - \pi_2 = 0$$
$$\pi_1 \geq 0$$
$$\pi_2 \geq 0,$$

welches auch keine zulässige Lösung besitzt. Also haben wir ein Beispiel für Kombination 2. Ersetzen wir im primalen linearen Programm die Restriktionen der Variablen

Tabelle 8.6: Mögliche Kombinationen der primal-dual-Paare

primal / dual	endliches Optimum	unbeschränkt	unzulässig
endliches Optimum	1	×	×
unbeschränkt	×	×	3
unzulässig	×	3	2

x_1 und x_2 durch $x_1 \geq 0$ und $x_2 \geq 0$, dann besitzt das primale lineare Programm weiterhin keine zulässige Lösung, während sein duales lineares Programm unbegrenzt wird. Insgesamt haben wir folgenden Satz bewiesen:

Satz 8.8 *Ein primal-dual Paar von linearen Programmen erfüllt stets genau eine der in Tabelle 8.6 beschriebenen Kombinationen 1-3.*

Betrachten wir noch einmal ein primales lineares Programm in allgemeiner Form und das korrespondierende duale lineare Programm wie in Tabelle 8.5 beschrieben. Die strengeren Restriktionen des primalen linearen Programms korrespondieren zu den Indexmengen M bzw. N, während die strengeren Restriktionen des dualen linearen Programms zu den Indexmengen $\bar{M}$ bzw. $\bar{N}$ korrespondieren. Eine notwendige und hinreichende Bedingung, dass ein Paar x, π von zulässigen Lösungen für ein primal-dual Paar von linearen Programmen optimal ist, ist im nachfolgenden Satz formuliert. Diese Bedingung wird *komplementäre Schlupfbedingung* genannt.

Satz 8.9 *Seien* x, π *zulässige Lösungen für ein primal-dual Paar von linearen Programmen. Dann ist das Paar* x, π *genau dann optimal, wenn*

1. $u_i = \pi_i(A_i x - b_i) = 0$ *für alle* $i \in M \cup \bar{M}$ *und*
2. $v_j = (c_j - \pi^T a_j)x_j = 0$ *für alle* $j \in N \cup \bar{N}$.

Beweis: Die Restriktionen der beiden linearen Programme implizieren

$$u_i \geq 0 \quad \text{für alle } i \in M \cup \bar{M} \quad \text{und}$$
$$v_j \geq 0 \quad \text{für alle } j \in N \cup \bar{N}.$$

Seien

$$u = \sum_{i \in M \cup \bar{M}} u_i \quad \text{und} \quad v = \sum_{j \in N \cup \bar{N}} v_j.$$

Dann gilt $u \geq 0$ und $v \geq 0$. Ferner gilt:

$$u = 0 \Leftrightarrow \pi_i(A_i x - b_i) = 0 \quad \text{für alle } i \in M \cup \bar{M}$$
$$v = 0 \Leftrightarrow (c_j - \pi^T a_j)x_j = 0 \quad \text{für alle } j \in N \cup \bar{N}.$$

Betrachte

$$u + v = \sum_{i \in M \cup \bar{M}} \pi_i(A_i x - b_i) + \sum_{j \in N \cup \bar{N}} (c_j - \pi^T a_j)x_j$$
$$= c^T x - \pi^T b.$$

Also gilt $u_i = 0$ für alle $i \in M \cup \bar{M}$ und $v_j = 0$ für alle $j \in N \cup \bar{N}$ genau dann, wenn $u + v = 0$. Dies ist wiederum äquivalent zu $c^T x = \pi^T b$. Da für zulässige Lösungen x und π stets $c^T x \geq \pi^T b$ gilt, folgt nun aus Satz 8.6 die Behauptung. ∎

Bezüglich den Indexmengen M und $\bar{N}$ folgt bereits aus der Zulässigkeit von x und π, dass die Gleichungen des obigen Satzes erfüllt sind. Interessant ist die komplementäre Schlupfbedingung bezüglich der Indexmengen $\bar{M}$ und N. Diese besagt:

- Falls eine nichtnegative Variable > 0 ist, dann muss für die korrespondierende Restriktion im anderen linearen Programm Gleichheit gelten.

Wir haben den Simplexalgorithmus für ein gegebenes primales lineares Programm entwickelt. Dieser wird häufig *primaler Simplexalgorithmus* genannt. Der primale Simplexalgorithmus löst das lineare Programmierungsproblem, indem er von einer zulässigen Basislösung des primalen linearen Programms, oder kurz *primal zulässigen Basis*, zu einer anderen benachbarten wandert. Unser Ziel ist nun die Entwicklung eines Simplexalgorithmus, der das lineare Programmierungsproblem löst, indem er von einer zulässigen Lösung des dualen linearen Programmes, einer *dual zulässigen*

Basislösung, zu einer benachbarten wandert. Dieser heißt *dualer Simplexalgorithmus*. Betrachten wir hierzu noch einmal ein primal-dual Paar von linearen Programmen, wobei das primale lineare Programm in Standardform ist. Dieses ist in Tabelle 8.5 beschrieben. Seien

$$z_0 = \min\{c^T x \mid Ax = b, x \geq 0\} \quad \text{und}$$
$$w_0 = \max\{\pi^T b \mid \pi^T A \leq c^T, \pi \lesseqgtr 0\}$$

die Kosten einer optimalen Lösung des primalen bzw. dualen linearen Programms. Sei B eine beliebige Basis von A. Die korrespondierende Basislösung (x_B, x_N) mit $x_B = B^{-1}b$ und $x_N = 0$ ist genau dann zulässig, wenn $B^{-1}b \geq 0$ ist. (x_B, x_N) heißt dann *primal zulässige Basislösung* und B heißt *primal zulässige Basis*. Die zum dualen Programm korrespondierende Lösung bezüglich der Basis B ist $\pi^T = c_B^T B^{-1}$. Wir wollen uns überlegen, wann diese für das duale Programm zulässig ist. Betrachte $\pi^T A - c^T$. Es gilt:

$$\pi^T A \quad c^T = c_B^T B^{-1}(B, N) - (c_B, c_N)^T = (0, c_B^T B^{-1} N - c_N)^T.$$

Also ist $\pi^T = c_B^T B^{-1}$ genau dann für das duale lineare Programm zulässig, wenn

$$c_B^T B^{-1} N - c_N^T \leq 0.$$

Eine Basis B von A heißt *dual zulässig*, wenn $c_B^T B^{-1} N \leq c_N^T$.

Somit definiert eine Basis B den Punkt $x = (x_B, x_N) = (B^{-1}b, 0) \in \mathbb{R}^n$ und den Punkt $\pi^T = c_B^T B^{-1} \in \mathbb{R}^m$. B kann primal zulässig, dual zulässig, keines von beiden oder primal und dual zulässig sein.

Lemma 8.2 *Falls eine Basis B von A primal und dual zulässig ist, dann sind $x = (x_B, x_N) = (B^{-1}b, 0)$ eine optimale Lösung des primalen und $\pi = c_B^T B^{-1}$ eine optimale Lösung des dualen linearen Programms.*

Beweis: Es gilt $c^T x = c_B^T x_B = c_B^T B^{-1} b$ und $\pi^T b = c_B^T B^{-1} b$ und somit $c^T x = \pi^T b$, woraus die Behauptung folgt.

∎

Lemma 8.2 erlaubt folgende Interpretation des primalen Simplexalgorithmus: Der primale Simplexalgorithmus startet mit einer primal zulässigen Basis und versucht unter Beibehaltung der primalen Zulässigkeit die duale Zulässigkeit zu erreichen. Im Gegensatz hierzu startet der duale Simplexalgorithmus mit einer dual zulässigen Basislösung und versucht unter Beibehaltung der dualen Zulässigkeit die primale Zulässigkeit zu erreichen.

Man könnte nun das duale lineare Programm durch geeignete Umformung in die für den primalen Simplexalgorithmus notwendige Form bringen, um dieses mit Hilfe des primalen Simplexalgorithmus zu lösen. Dies werden wir nicht tun, sondern ein direktes Verfahren zur Lösung des dualen linearen Programms entwickeln.

> **Übung 8.9:** *Gegeben sei das zu einem primalen linearen Programm duale lineare Programm. Formen Sie das duale lineare Programm derart um, dass der primale Simplexalgorithmus anwendbar ist.*

Sei B eine dual zulässige Basis von A. Da somit das duale lineare Programm zulässig ist, sind gemäß Satz 8.8 die in Tabelle 8.7 beschriebenen Kombinationen für das gegebene primal-dual Paar von linearen Programmen möglich. Dies bedeutet, dass der

Tabelle 8.7: Mögliche Kombinationen für ein primal-dual Paar.

primal / dual	endliches Optimum	unbeschränkt
endliches Optimum	1	×
unzulässig	×	3

duale Simplexalgorithmus in folgenden Fällen terminieren kann:

1. Er hat ein endliches Optimum gefunden.

2. Er stellt fest, dass das primale lineare Programm unzulässig ist.

Daher ist es sinnvoll, ein hinreichendes Kriterium für die Unzulässigkeit des primalen linearen Programms zu entwickeln.

Sei hierzu $x = (x_B, x_N)$ eine zulässige Lösung des primalen linearen Programms. Wegen $Bx_B + Nx_N = b$ gilt

$$x_B + B^{-1}Nx_N = B^{-1}b.$$

Sei R die Indexmenge der Nichtbasisvariablen. Dann können wir obige Gleichung folgendermaßen schreiben:

$$x_B + \sum_{j \in R} B^{-1}a_j x_j = B^{-1}b.$$

Sei $B^{-1}b = (y_{10}, y_{20}, \ldots, y_{m0})^T$. Falls die Basis B auch primal zulässig ist, d.h., $y_{i0} \geq 0$ für alle $i = 1, 2, \ldots, m$, dann folgt aus Lemma 8.2, dass $(B^{-1}b, 0)$ und $c_B^T B^{-1}$ optimale Lösungen für das primale bzw. das duale lineare Programm sind. Nehmen wir also an, dass B nicht primal zulässig ist und seien $B'_1, B'_2, \ldots, B'_m$ die Zeilen von B^{-1}. Dann existiert $p \in \{1, 2, \ldots, m\}$ mit $y_{p0} < 0$. Folgendes Lemma liefert uns nun das gewünschte Kriterium:

Lemma 8.3 *Sei $y_{p0} < 0$. Falls $B'_p a_j \geq 0$ für alle $j \in R$, dann ist das primale lineare Programm unzulässig.*

Beweis: Es gilt $y_{p0} = x_{B_p} + \sum_{j \in R} B'_p a_j x_j$. Für jede primal zulässige Lösung gilt $x_j \geq 0$ für alle $j \in R$. Wegen $y_{p0} < 0$ und $B'_p a_j \geq 0$ für alle $j \in R$ muss dann aber $x_{B_p} < 0$ sein. Also kann das primale lineare Programm nicht zulässig sein. ∎

Falls das in Lemma 8.3 entwickelte Kriterium nicht erfüllt ist, dann existiert ein $q \in R$ mit $B'_p a_q < 0$. Unser Ziel ist es, ein solches q mit der Absicht, den Basiswechsel $a_{B_p} \leftrightarrow a_q$ durchzuführen, zu bestimmen. Dabei muss darauf geachtet werden, dass die duale Zulässigkeit nicht verletzt wird. Der Basiswechsel kann folgendermaßen durchgeführt werden:

Für $j \in R$ gilt $y_{0j} = -\bar{c}_j$. Da B dual zulässig ist, gilt $y_{0j} \leq 0$ für alle $j \in R$. Nach dem Basiswechsel ergibt sich folgender Wert y'_{0j} für $-\bar{c}_j$:

$$y'_{0j} = y_{0j} - \frac{y_{0q}}{y_{pq}} y_{pj}.$$

Damit die neue Basis B' dual zulässig ist, muss für alle $j \in R' = \{B_p\} \cup R \setminus \{q\}$

$$y'_{0j} \leq 0$$

erfüllt sein. Also haben wir dafür zu sorgen, dass

$$y_{0j} - \frac{y_{0q}}{y_{pq}} y_{pj} \leq 0$$

ist. Falls $y_{pj} = 0$, dann ist obige Ungleichung wegen $y_{0j} \leq 0$ erfüllt. Wegen $y_{pq} = B_p^T a_q < 0$ impliziert $y_{0q} \leq 0$ im Fall $y_{pj} > 0$, dass obige Ungleichung erfüllt ist. Lediglich im Fall $y_{pj} < 0$ müssen wir aufpassen. Dann ist obige Ungleichung äquivalent zu

$$\frac{y_{0j}}{y_{pj}} \leq \frac{y_{0q}}{y_{pq}}.$$

Falls wir nun q derart wählen, dass

$$\frac{y_{0q}}{y_{pq}} = \max\{\frac{y_{0j}}{y_{pj}} \mid y_{pj} < 0\},$$

dann haben wir in jedem Fall sichergestellt, dass obige Ungleichung erfüllt ist und somit die duale Zulässigkeit nach dem Basiswechsel nach wie vor gilt. Damit haben wir alle Eigenschaften hergeleitet, die wir für die Formulierung des dualen Simplexalgorithmus benötigen. Diese überlassen wir den Lesern als Übung.

Übung 8.10: *Arbeiten Sie den dualen Simplexalgorithmus einmal ohne Verwendung von Tafeln und zum andern unter Verwendung von Tafeln aus. Können Sie dieselben Tafeln wie beim primalen Simplexalgorithmus verwenden?*

8.4 Ganzzahlige lineare Programmierung

Fügen wir einem linearen Programm die Restriktion hinzu, dass die Lösung ganzzahlig sein muss, dann erhalten wir ein *ganzzahliges lineares Programm*. Wir betrachten zunächst ganzzahlige lineare Programme in Standardform. D.h., ganzzahlige lineare Programme

$$IP : \text{ minimiere } z(x) = c^T x$$
$$Ax = b$$
$$x \geq 0$$
$$x \text{ ganzzahlig,}$$

wobei A, c und b rational sind. Da ein beliebiges ganzzahliges lineares Programm mit rationalen Koeffizienten leicht in ein äquivalentes lineares Programm in Standardform transformiert werden kann, ist dies keine Einschränkung.

Falls die Ecken des zum zulässigen Bereich korrespondierenden Polyeders alle ganzzahlig sind, dann können wir die Simplexmethode zur Lösung des ganzzahligen linearen Programms verwenden, da diese eine ganzzahlige optimale Lösung berechnen würde, falls sie existiert. Falls die Ecken dieses Polyeders nicht alle ganzzahlig sind, muss das Problem anders gelöst werden. Ein erster Ansatz hierzu könnte folgender sein:

• Löse das korrespondierende lineare Programm mit Hilfe des Simplexalgorithmus und runde die berechnete Lösung zum nächsten ganzzahligen Punkt.

Dieser Ansatz schlägt fehl, falls der nächste ganzzahlige Punkt nicht zulässig ist. Die Abbildung 8.2 skizziert eine derartige Situation. Die vier zur optimalen Lösung nächsten ganzzahligen Punkte sind unzulässig.

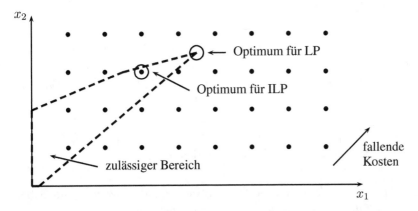

Abbildung 8.2: Situation, in der die Rundung der optimalen Lösung des linearen Programms fehlschlägt.

Übung 8.11: *Zeigen Sie, dass ein beliebiges ganzzahliges lineares Programm mit rationalen Koeffizienten nach Standardform transformiert werden kann.*

Wir werden Aufzählungsmethoden zur Lösung von ganzzahligen linearen Programmen kennenlernen. Diese verwenden, dass in einem begrenzten ganzzahligen linearen Programm die Anzahl der zulässigen Lösungen endlich ist. Demzufolge könnte man alle zulässigen Lösungen aufzählen, sich dabei stets eine unter allen aufgezählten optimale Lösung merken und somit eine optimale Lösung bestimmen. Aufgrund der großen Anzahl von zulässigen Lösungen verbietet sich in der Regel solch ein naiver Ansatz. Unser Ziel ist nun die Entwicklung von intelligenten Aufzählungsmethoden zur Lösung von ganzzahligen linearen Programmen. Derartige Verfahren haben die Eigenschaft, dass sie nicht alle zulässige Lösungen aufzählen, sondern mit Hilfe geeigneter Kriterien die Aufzählung von zulässigen Lösungen vermeiden. Hierzu wird üblicherweise Branch-and-Bound verwandt. Zum Verständnis des Nachfolgenden wäre es günstig, zunächst Kapitel 3.3 über Aufzählungsmethoden zu lesen. Die verwendete Terminologie bezieht sich auf die dort eingeführten Bezeichnungen. Unser Ziel ist nun die Entwicklung von Methoden zur effizienten Abarbeitung eines zu einem gegebenen ganzzahligen linearen Programm korrespondierenden Aufzählungsbaumes. Folgende Probleme haben wir dabei zu lösen:

1. Wann können wir ganze Teilbäume des Aufzählungsbaumes abschneiden?

2. Wie bestimmen wir denjenigen Knoten des bisher konstruierten partiellen Aufzählungsbaumes, der weiter verzweigt werden soll?

Wir werden uns zunächst überlegen, wann der Baum unterhalb eines Knotens abgeschnitten werden kann. Hierzu leiten wir einige einfache Lemmata, deren Beweise den Lesern als Übung überlassen bleiben, her.

Lemma 8.4 *Sei j ein Knoten im Aufzählungsbaum mit korrespondierender Lösungskandidatenmenge S_j. Sei $S_j^* = \{T_1, T_2, \ldots, T_k\}$ eine Separation von S_j. Für $1 \leq i \leq k$ seien $z_j^i = \min\{c^T x \mid x \in T_i\}$ und $z_j = \min\{c^T x \mid x \in S_j\}$. Dann gilt $z_j = \min\{z_j^i \mid 1 \leq i \leq k\}$.*

Folgendes Lemma gibt uns hinreichende Bedingungen dafür, dass ein Blatt eines Aufzählungsbaumes nicht mehr weiter verfolgt werden muss:

Lemma 8.5 *Sei j ein Blatt im aktuellen Aufzählungsbaum. Dann braucht j nicht mehr verzweigt zu werden, falls eine der folgenden Bedingungen erfüllt ist:*

Unzulässigkeit: $S_j = \emptyset$.

Optimalität: $x \in S_j$ mit $c^T x = z_j$ ist bekannt.

Kostendominanz: $\overline{z}_{IP} \leq z_j$, wobei $\overline{z}_{IP}$ die Kosten einer zulässigen Lösung von IP sind.

Wir möchten Lemma 8.5 anwenden, ohne das zu S_j korrespondierende ganzzahlige lineare Programm zu lösen. Hierzu verwenden wir Vergröberung oder Dualität. RP_j ist eine *Vergröberung* von IP_j, falls der zulässige Bereich S_j^R von RP_j den zulässigen Bereich S_j von IP_j ganz umfasst und $z_R^j(x) \leq z(x)$ für alle $x \in S_j$, wobei z_R^j die Zielfunktion von RP_j ist. Folgendes Lemma ist leicht zu beweisen:

Lemma 8.6 *Seien j ein Blatt im aktuellen Aufzählungsbaum und RP_j eine Vergröberung von IP_j. Dann braucht j nicht mehr verzweigt werden, falls eine der folgenden drei Bedingungen erfüllt ist:*

1. *RP_j ist unzulässig.*

2. *Eine optimale Lösung x_R^j von RP_j erfüllt $x_R^j \in S_j$ und $z_R^j(x_R^j) = c^T x_R^j$.*

3. *$\min\{z_R^j(x) \mid x \in S_j^R\} \geq z(x)$ für eine zulässige Lösung x von IP.*

Beweis: Wenn RP_j unzulässig ist, dann gilt dies auch für IP_j. Bedingung 2 impliziert, dass x_R^j eine optimale Lösung von IP_j ist. Bedingung 3 besagt, dass eine optimale Lösung von IP_j keine geringeren Kosten als $z(x)$ haben kann. ∎

Folgendes Lemma folgt direkt aus Satz 8.8:

Lemma 8.7 *Sei DP_j das zu IP_j duale lineare Programm. Dann braucht j nicht mehr betrachtet werden, falls eine der folgenden beiden Bedingungen erfüllt ist:*

1. *DP_j ist unbegrenzt.*

2. *DP_j hat eine zulässige Lösung, deren Kosten $\geq z(x)$ für eine zulässige Lösung x von IP sind.*

Um die Kostendominanz, wie in Lemma 8.6 beschrieben, anwenden zu können, müssen die optimalen Kosten von RP_j berechnet werden. Die Dominanzeigenschaft des Lemmas 8.7 kann möglicherweise bezüglich dual zulässiger Lösungen, die nicht optimal sind, angewandt werden.

Sei $\mathcal{L}$ stets eine Kollektion von ganzzahligen linearen Programmen IP_j, wobei jedes die Form $z_{IP}^j = \min\{c^T x \mid x \in S_j\}$ mit $S_j \subseteq S$ hat. Mit jedem linearen Programm IP_j in $\mathcal{L}$ sei eine untere Schranke $\underline{z}^j \leq z_{IP}^j$ assoziiert. Obige Betrachtungen führen zu folgendem allgemeinen Branch-and-Bound Algorithmus:

Algorithmus BAB-GZLP

Eingabe: ganzzahliges lineares Programm

$$IP_0 : \text{ minimiere } z(x) = c^T x$$
$$Ax \leq b$$
$$x \geq 0$$
$$x \text{ ganzzahlig.}$$

Ausgabe: optimale Lösung für IP_0, falls eine existiert.

Methode:

(1) *Initialisierung:*
$\mathcal{L} := \{IP_0\}; S_0 := S; \underline{z}^0 := -\infty; \overline{z}_{IP} := \infty;$

(2) *Test auf Terminierung:*
if $\mathcal{L} = \emptyset$
    then
        x^0 mit $\overline{z}_{IP} = c^T x^0$ ist optimal. Gib x^0 aus.
fi;

(3) *Problemauswahl und Vergröberung:*
Wähle $IP_j \in \mathcal{L}$;
$\mathcal{L} := \mathcal{L} \setminus \{IP_j\}$;
Löse Vergröberung RP_j;
Falls RP_j keine optimale Lösung besitzt, dann **goto** (2);
Seien x_R^j eine optimale Lösung von RP_j und z_R^j ihre Kosten.

(4) *Baumbeschneidung:*
if $z_R^j \geq \overline{z}_{IP}$
    then
        goto(2)
fi;
if $x_R^j \notin S_j$
    then
        goto(5)
fi;
if $x_R^j \in S_j$ **and** $c^T x_R^j < \overline{z}_{IP}$
    then
        $\overline{z}_{IP} := c^T x_R^j$;
        Streiche aus $\mathcal{L}$ alle Probleme IP_j mit $\underline{z}^j \geq \overline{z}_{IP}$;
        if $c^T x_R^j = z_R^j$
            then
                goto(2)
            else
                goto(5)
        fi
fi;

(5) *Verzweigung:*
Sei S_j^* eine Separation von S_j. Füge alle korrespondierenden ganzzahligen

Programme mit der unteren Schranke z_R^j in $\mathcal{L}$ ein.

goto(2).

Obiger Algorithmus lässt im wesentlichen folgende Fragen offen:

1. Art der Vergröberung,

2. Problemauswahl für die Vergröberung und

3. Art der Verzweigung.

Wir werden unter Verwendung von linearer Programmierung Heuristiken für die Beantwortung dieser Fragen entwickeln. Ein gegebenes ganzzahliges lineares Programm kann durch Weglassen von Restriktionen vergröbert werden. Populär ist es, die Bedingungen der Ganzzahligkeit zu entfernen. Demzufolge kann zur Lösung des sich ergebenden linearen Programms der Simplexalgorithmus verwendet werden. Wir werden nun diese Methode ausarbeiten. Gegeben sei das anfängliche ganzzahlige lineare Programm

$$IP_0 : \text{ minimiere } z(x) = c^T x$$
$$Ax \leq b$$
$$x \geq 0$$
$$x \text{ ganzzahlig.}$$

Das heißt:

$$z_{IP_0} = \min\{c^T x \mid x \in S_0\}, \text{ wobei } S_0 = \{x \in \mathbb{Z}_+^n \mid Ax \leq b\}.$$

In der anfänglichen Vergröberung ersetzen wir S durch

$$S_{LP}^0 = \{x \in \mathbb{R}_+^n \mid Ax \leq b\}.$$

Die Kostenfunktion verändern wir nicht. D.h., $z_{LP}(x) = c^T x$ bei jeder Vergröberung.

Baumbeschneidungskriterium:

Die Kriterien gemäß den Lemmata 8.6 und 8.7 sind direkt anwendbar. Nehmen wir an, dass wir am Knoten j des Aufzählungsbaumes folgende Vergröberung haben:

$$z_{LP}^j = \min\{c^T x \mid x \in S_{LP}^j\}, \text{ wobei } S_{LP}^j = \{x \in \mathbb{R}_+^n \mid A^j x \leq b^j\}.$$

Bezeichne x^j eine optimale Lösung des linearen Programms LP_j, falls eine existiert. Dann haben wir folgende Baumbeschneidungsbedingungen:

1. $S_{LP}^j = \emptyset$ (Unzulässigkeit)

2. $x^j \in \mathbb{Z}_+^n$ (Optimalität)

3. $z_{LP}^j \geq \overline{z}_{IP}$ (Kostendominanz)

wobei $\overline{z}_{IP}$ die Kosten einer bekannten zulässigen Lösung von IP_0 sind.

Verzweigung von j:

Da wir zur Vergröberung lineare Programmierung verwenden, können wir in einem Knoten durch Hinzunahme von linearen Restriktionen die Verzweigung des Knotens realisieren. Eine Möglichkeit wäre die folgende:

$$S_j = S_j^1 \cup S_j^2, \text{ wobei}$$
$$S_j^1 = S_j \cap \{x \in \mathbb{R}_+^n \mid dx \leq d^j\} \text{ und}$$
$$S_j^2 = S_j \cap \{x \in \mathbb{R}_+^n \mid dx \geq d^j + 1\},$$

wobei $d \in \mathbb{Z}^n, d^j \in \mathbb{Z}$. Falls x^j Lösung der Vergröberung

$$z_{LP}^j = \min\{c^T x \mid x \in \mathbb{R}_+^n, A^j x \leq b^j\}$$

ist, dann können wir d und d^j derart wählen, dass

$$d^j < dx^j < d^j + 1.$$

Eine derartige Wahl kann wegen $x^j \notin S_{LP}^{j1} \cup S_{LP}^{j2}$ für $i \in \{1, 2\}$ zu einer verbesserten Schranke

$$z_{LP}^{ji} = \min\{c^T x \mid x \in S_{LP}^{ji}\} > z_{LP}^j$$

führen. In der Praxis verwendet man sehr spezielle d, d^j. Populär ist folgende Wahl für diese Werte, die im Grunde genommen die Variablen aufspaltet:

Nehmen wir an, dass am Knoten j der Baum nicht abgeschnitten werden kann. Dies bedeutet insbesondere, dass $x^j \notin \mathbb{Z}_+^n$. Also existiert $i \in \{1, 2, \ldots, n\}$ mit $x_i^j \notin \mathbb{Z}_+$. Wir wählen als zusätzliche Restriktionen

$$x_i \leq \lfloor x_i^j \rfloor \text{ und } x_i \geq \lfloor x_i^j \rfloor + 1.$$

Also haben wir dann $d^j = \lfloor x_i^j \rfloor$ und $d = (d_1, d_2, \ldots, d_n)$ mit

$$d_l = \begin{cases} 1 & \text{falls } l = i \\ 0 & \text{sonst} \end{cases}$$

gewählt.

Obige Methode hat den Vorteil, dass nur einfache untere bzw. obere Schranken bezüglich einer Variablen hinzugefügt werden. Dies bedeutet insbesondere, dass die Größe der Basis nicht anwächst. Des Weiteren ist die gewählte Separation in der Tat eine Partition. Als nächstes werden wir die maximale Größe des konstruierten Aufzählungsbaumes abschätzen.

Lemma 8.8 *Falls $P = \{x \in \mathbb{R}_+^n \mid Ax \leq b\}$ begrenzt ist, dann ist der durch obige Methode konstruierte Aufzählungsbaum endlich. Ferner sei $w_i = \lceil \max\{x_i \mid x \in P\} \rceil$ für $i = 1, 2, \ldots, n$. Dann hat jedes Blatt im konstruierten Aufzählungsbaum eine Tiefe $\leq \sum_{i=1}^n w_i$.*

Der Beweis des obigen Lemmas ist einfach und bleibt den Lesern als Übung überlassen.

Übung 8.12: *Beweisen Sie Lemma 8.8.*

Knotenauswahl:

Gegeben eine Liste $\mathcal{L}$ von aktiven Teilproblemen oder äquivalent ein partieller Aufzählungsbaum mit nicht verzweigten aktiven Blättern, müssen wir uns entscheiden, welches Blatt als nächstes bearbeitet werden soll. Wir unterscheiden zwei Arten von Regeln, die bei der Beantwortung dieser Fragen behilflich sind:

1. *a priori Regeln*, die von vorne herein festlegen, in welcher Reihenfolge der Baum generiert wird.

2. *adaptive Regeln*, die in Abhängigkeit von berechneter Information ein Blatt zur weiteren Bearbeitung auswählen.

Eine populäre a priori Regel ist die Verwendung von Tiefensuche. Diese hat den Vorteil, dass stets an einem Sohn des gerade expandierten Blattes weitergearbeitet wird. Somit kann mit Hilfe des dualen Simplexalgorithmus die Reoptimierung ohne Datentransfer erfolgen. Eine populäre adaptive Regel ist, unter allen aktiven Blättern stets ein Blatt mit der kleinsten unteren Schranke auszuwählen.

8.5 Ergänzende Übungsaufgaben

Übung 8.13: *Sei $S \subseteq \mathbb{R}^n$ eine konvexe Menge. Eine Funktion $f : S \to \mathbb{R}$ heißt konvex in S, falls für alle $x, y \in S$ und $0 \leq \lambda \leq 1$ stets $f(\lambda x + (1 - \lambda)y) \leq \lambda f(x) + (1 - \lambda)f(y)$.*

a) Ist das Produkt zweier konvexer Funktionen immer konvex? Falls ja, beweisen Sie es. Falls nein, dann geben Sie ein Gegenbeispiel an.

b) Sei $f(x)$ in $\mathbb{R}^n$ konvex. Ist $f(x + b)$, wobei b eine Konstante ist, in $\mathbb{R}^n$ konvex?

c) Zeigen Sie, dass die Summe zweier konvexer Funktionen konvex ist.

Übung 8.14:

a) Beweisen Sie folgende Aussage: Falls zwei verschiedene Basen zur selben zulässigen Basislösung x korrespondieren, dann ist x degeneriert.

b) Zeigen Sie, dass degenerierte Basislösungen, deren korrespondierende Basen eindeutig sind, existieren können.

Übung 8.15: *Lösen Sie folgende lineare Programme mit Hilfe des Simplexalgorithmus:*

a)

$$maximiere \qquad z(x) = x_1 - 3x_2 + x_3$$
$$3x_1 + 2x_2 = 6$$
$$4x_1 + x_2 + 4x_3 = 12$$
$$x_1 \lessgtr 0$$
$$x_2, x_3 \leq 0$$

b)

$$minimiere \qquad z(x) = 6x_1 - 9x_2$$
$$x_1 - x_2 = 6$$
$$3x_1 + x_2 \geq 1$$
$$2x_1 - 3x_2 \geq 3$$
$$x_1 \geq 0$$
$$x_2 \leq 0$$

Übung 8.16: *Betrachten Sie folgendes lineare Programm LP:*

$$minimiere \qquad z(x) = x_1 + x_3$$
$$x_1 + 2x_2 \leq 5$$
$$x_2 + 2x_3 = 6$$
$$x_1, x_2, x_3 \geq 0$$

a) *Lösen Sie LP unter Verwendung des Simplexalgorithmus.*

b) *Bestimmen Sie das zu LP duale lineare Programm LP'.*

c) *Schreiben Sie die komplementäre Schlupfbedingung hin und verwenden Sie diese zur Lösung von LP'. Überprüfen Sie Ihre Lösungen mittels Auswertung der optimalen Kosten von LP und LP'.*

Übung 8.17: *Zeigen Sie, dass das duale lineare Programm eines linearen Programms in kanonischer Form auch in kanonischer Form ist.*

Übung 8.18: *Ersetzen Sie im obigen linearen Programm LP die Ungleichung durch die Ungleichung $x_1 + 2x_2 \leq -5$ und wiederholen Sie für das sich ergebende lineare Programm die Aufgabe 8.5.*

Übung 8.19: *Sei LP das duale lineare Programm zu einem linearen Programm in Standardform. Formen Sie LP, ohne das zu LP primale lineare Programm zu konstruieren, derart um, dass LP mit Hilfe des primalen Simplexalgorithmus gelöst werden kann.*

Übung 8.20: *Ein System von linearen Ungleichungen $Ax \leq b$ heißt inkonsistent, falls ein y mit $y^T A = 0$, $y^T b < 0$ und $y \geq 0$ existiert. Zeigen Sie, dass das System $Ax \leq b$ genau dann keine Lösung besitzt, wenn es inkonsistent ist.*

Übung 8.21: *Ist das Kriterium von Satz 8.5 notwendig für die Optimalität einer zulässigen Basislösung? Beweisen Sie die Notwendigkeit oder geben Sie ein Gegenbeispiel an.*

Übung 8.22: *Gegeben sei ein primal-dual Paar von linearen Programmen. Beweisen Sie folgende Aussage: Falls das primale lineare Programm eine degenerierte optimale Lösung besitzt, dann ist die optimale Lösung des dualen linearen Programms nicht eindeutig.*

Übung 8.23: *Beweisen Sie folgende Aussage: Sei $x = (x_1, x_2, \ldots, x_n)$ eine Basislösung eines linearen Programms. Dann gilt für alle $i = 1, 2, \ldots, n$*

$$|x_i| \leq m! \alpha^{m-1} \beta,$$

wobei $\alpha = \max_{i,j}\{|a_{ij}|\}$ und $\beta = \max_j\{|b_j|\}$.
Hinweis: Verwenden Sie die Definition der Inversen einer Matrix mittels Determinanten.

Übung 8.24:

a) *Zeigen Sie, dass folgende Aussage gilt: Falls ein ganzzahliges lineares Programm in Standardform eine zulässige Lösung besitzt, dann besitzt es auch eine zulässige Lösung, die nur ganze Zahlen, deren Länge polynomiell in Länge der Eingabe sind, enthält.*

b) *Zeigen Sie, dass ganzzahlige lineare Programmierung in NP liegt.*

Übung 8.25: *Lösen Sie die folgenden ganzzahligen linearen Programme mit Hilfe von Branch-and-Bound:*

a)
$$\begin{aligned}
\text{maximiere} \quad & z(x) = 2x_1 + 5x_2 \\
& 4x_1 + x_2 \leq 28 \\
& x_1 + 4x_2 \leq 24 \\
& x_1 - x_2 \leq 1 \\
& x_1, x_2 \geq 0 \text{ ganzzahlig}
\end{aligned}$$

b)
$$\begin{aligned}
\text{maximiere} \quad & z(x) = 16x_1 + 19x_2 + 23x_3 + 28x_4 \\
& 2x_1 + 3x_2 + 4x_3 + 5x_4 \leq 7 \\
& x_1, x_2, x_3, x_4 \geq 0 \text{ ganzzahlig}
\end{aligned}$$

8.6 Literaturhinweise

1947 entwickelte DANTZIG die Simplexmethode, um einige militärische Planungsprobleme zu lösen. Diese Methode war Ausgangspunkt für eine Vielzahl von grundlegenden praktischen und theoretischen Resultaten, auf die hier im einzelnen nicht eingegangen werden kann. Gute historische Überblicke enthalten die Bücher von DANTZIG und THAPA [DT97], von CHVÁTAL [Chv83] und von SCHRIJVER [Sch86]. Die Dualitätstheorie geht auf VON NEUMANN zurück, wurde von ihm selbst jedoch niemals publiziert. Eine gute Einführung in die lineare Programmierung geben neben den oben erwähnten Büchern von DANTZIG,THAPA und CHVÁTAL u.a. die Bücher von GARFINKEL und NEMHAUSER [GN72], PAPADIMITRIOU und STEIGLITZ [PS82] sowie der Übersichtsartikel von GOLDFARB und TODD [GT89].

Für jede bekannte Variante der Simplexmethode sind Beispiele bekannt, zu deren Lösung exponentielle Laufzeit benötigt wird. Lange Zeit war es ein berühmtes offenes Problem, ob es einen Algorithmus zur Lösung von linearen Programmen gibt, der im worst case nur polynomielle Zeit benötigt. Diese Frage hat KHACHIYAN [Kha79] 1979 positiv beantwortet. Obwohl die Publikation seiner sogenannten *Elipsoidmethode* viel Aufsehen erregte, erwies sie sich in der praktischen Anwendung der Simplexmethode weit unterlegen. 1984 publizierte KARMARKAR [Kar84] ein weiteres polynomielles Verfahren, die sogenannte *innere Punktmethode*. Diese hat gegenüber der Elipsoidmethode den Vorteil, dass sie auch in praktischen Anwendungen mit der Simplexmethode konkurrieren kann. Karmarkars Arbeit hat eine Flut von weiteren Arbeiten über die innere Punktmethode ausgelöst. Bücher über die innere Punktmethode haben u.a. DEN HERTOG [dH94] sowie NESTEROV und NEMIROVSKII [NN93] geschrieben.

Der erste Branch-and-Bound Algorithmus zur Lösung von allgemeinen ganzzahligen linearen Programmen wurde 1960 von LAND und DOIG [LD60] publiziert. Gute Bücher über ganzzahlige lineare Programmierung sind u.a. die oben erwähnten Bücher von GARFINKEL und NEMHAUSER sowie von SCHRIJVER und das Buch von NEMHAUSER und WOLSEY [NW88]. Neuere Entwicklungen sowohl die lineare als auch die ganzzahlige lineare Programmierung betreffend findet man in [Bea96].

Literaturverzeichnis

[ACG+99] G. Ausiello, P. Crescenzi, G. Gambosi, V. Kann, A. Marchetti-Spaccamela, and M. Protasi. *Complexity and Approximation: Combinatorial Optimization Problems and Their Approximability Properties.* Springer, 1999.

[AGU72] A. V. Aho, M. R. Garey, and J. D. Ullman. The transitive reduction of a directed graph. *SIAM J. Computing 1, 131–137*, 1972.

[AHU74] A. V. Aho, J. E. Hopcroft, and J. D. Ullman. *The Design and Analysis of Computer Algorithms.* Addison-Wesley, 1974.

[AHU83] A. V. Aho, J. E. Hopcroft, and J. D. Ullman. *Data Structures and Algorithms.* Addison-Wesley, 1983.

[AKS04] M. Agrawal, N. Kayal, and N. Saxena. Primes is in P. *Annals of Mathematics 160, 781–793*, 2004.

[AMO93] R. K. Ahuja, T. L. Magnanti, and J. B. Orlin. *Network Flows.* Prentice-Hall, 1993.

[AVL62] G. M. Adel'son-Vel'skiĭ and E. M. Landis. An algorithm for the organisation of information. *Soviet Mathematics Doklady 3, 1259–1262*, 1962.

[Bab95] L. Babai. Automorphism groups, isomorphism, reconstruction. In *R. L. Graham and M. Grötschel and L. Lovász (eds.), Handbook of Combinatorics Vol. II, North-Holland, 1447–1540*, 1995.

[BCS97] P. Bürgisser, M. Clausen, and M. A. Shokrollahi. *Algebraic Complexity Theory.* Springer, 1997.

[Bea96] J. E. Beasley, editor. *Advances in Linear and Integer Programming.* Oxford University Press, 1996.

[Bel57] R. Bellman. *Dynamic Programming.* Princeton University Press, 1957.

[Bel58] R. E. Bellman. On a routing problem. *Quarterly of Applied Mathematics 16, 87–90*, 1958.

[BEY98] A. Borodin and R. El-Yaniv. *Online Computation and Competitive Analysis.* Cambridge University Press, 1998.

[Blu86] N. Blum. On the single-operation worst-case time complexity of the disjoint set union problem. *SIAM J. Computing 15, 1021–1024*, 1986.

[Blu90]   N. Blum. A new approach to maximum matching in general graphs. In *17th ICALP, 586–597*, 1990.

[Blu99a]   N. Blum. Maximum matching in general graphs without explicit consideration of blossoms. Research Report, 1999.

[Blu99b]   N. Blum. A simplified realization of the Hopcroft-Karp approach to maximum matching in general graphs. Research Report, 1999.

[Blu00]   N. Blum. Speeding up dynamic programming without omitting any optimal solution and some applications in molecular biology. *Journal of Algorithms 35, 129–168*, 2000.

[BM72]   R. Bayer and E. M. McCreight. Organisation and maintenance of large ordered indexes. *Acta Informatica 1, 173–189*, 1972.

[BM77]   R.S. Boyer and J.S. Moore. A fast string searching algortihm. *Communications of the ACM 20, 762–772*, 1977.

[Chv83]   V. Chvátal. *Linear Programming*. Freeman, 1983.

[CK80]   D. G. Corneil and D. G. Kirkpatrick. A theoretical analysis of various heuristics for the graph isomorphism problem. *SIAM J. Computing 9, 281–297*, 1980.

[CLRS01]   T. H. Cormen, C. E. Leiserson, R. L. Rivest, and C. Stein. *Introduction to Algorithms, 2nd edition*. MIT Press, 2001.

[Col94]   R. Cole. Tight bounds on the complexity of the Boyer-Moore string matching algorithm. *SIAM J. Computing 23, 1075–1091*, 1994.

[CR94]   M. Crochemore and W. Rytter. *Text Algorithms*. Oxford University Press, 1994.

[CT65]   J. W. Cooley and J. W. Tukey. An algorithm for the machine calculation of complex fourier series. *Math. Comp. 19, 297–301*, 1965.

[CW79]   J. L. Carter and M. N. Wegman. Universal classes of hash functions. *Journal of Computer and System Sciences 18, 143–154*, 1979.

[dH94]   D. den Hertog. *Interior Point Approach to Linear, Quadratic and Convex Programming*. Kluwer Academic Publishers, 1994.

[Die96]   R. Diestel. *Graphentheorie*. Springer, 1996.

[Die04]   M. Dietzfelbinger. *Primality Testing in Polynomial Time: From Randomized Algorithms to „PRIMES is in P"*. Springer LNCS 3000, 2004.

[Dij59]   E. W. Dijkstra. A note to two problems in connection with graphs. *Numerische Mathematik 1, 269–271*, 1959.

[Din70]   E. A. Dinic. Algorithm for solution of a problem of maximum flow in networks with power estimation. *Soviet Mathematics Doklady 11, 1277–1280*, 1970.

[DT97]   G. B. Dantzig and M. Thapa. *Linear Programming 1: Introduction.* Springer, 1997.

[Edm65a] J. Edmonds. Maximum matchings and a polyhedron with 0,1 vertices. *Journal of Research of the National Bureau of Standards 69B, 125–130,* 1965.

[Edm65b] J. Edmonds. Paths, trees, and flowers. *Canadian Journal of Mathematics 17, 449–467,* 1965.

[Eve79]   S. Even. *Graph Algorithms.* Pitman, 1979.

[Flo62]   R. W. Floyd. Algorithm 97, shortest path. *Communications of the ACM 5, 345,* 1962.

[Fre60]   E. Fredkin. Trie memory. *Communications of the ACM 3, 490–499,* 1960.

[FW98]   A. Fiat and G. J. Woeginger, editors. *Online Algorithms: The State of the Art.* Springer LNCS 1442, 1998.

[Gal79]   Z. Galil. On improving the worst case running time of the boyer-moore string matching algorithm. *Communications of the ACM 22, 505–508,* 1979.

[GCL92]   K. O. Geddes, S. R. Czapor, and G. Labahn. *Algorithms for Computer Algebra.* Kluwer, 1992.

[GJ79]   M.R. Garey and D.S. Johnson. *Computers and Intractibility, A Guide to the Theory of NP-Completeness.* Freeman & Company, 1979.

[GM59]   E.N. Gilbert and E.F. Moore. Variable length encodings. *Bell System Technical Journal 38, 933–968,* 1959.

[GM84]   M. Gondran and Minoux. *Graphs and Algorithms.* John Wiley & Sons, 1984.

[GN72]   R. S. Garfinkel and G. L. Nemhauser. *Integer Programming.* John Wiley & Sons, 1972.

[GO80]   L.J. Guibas and A.M. Odlyzko. A new proof of the linearity of the Boyer-Moore string searching algorithm. *SIAM J. Computing 9, 672–682,* 1980.

[Gon84]   G. H. Gonnet. *Handbook of Algorithms and Data Structures.* Addison-Wesley, 1984.

[Gra66]   R. L. Graham. Bnds for certain multiprocessing anomalies. *Bell System Technical Journal 45, 1563–1581,* 1966.

[GT89]   D. Goldfarb and M. J. Todd. Linear programming. In *Handbooks in Operations Research and Management Science, Vol. 1: Optimization (G. L. Nemhauser, A. H. G. Rinnooy Kan, and M. J. Todd, eds.), 73–170,* 1989.

[Gus97]   D. Gusfield. *Algorithms on Strings, Trees, and Sequences.* Cambridge University Press, 1997.

[Har74]   F. Harary. *Graphentheorie*. Oldenbourg Verlag, 1974.

[Hoc97]   D. S. Hochbaum, editor. *Approximation Algorithms for NP-hard Problems*. PWS Publishing Company, 1997.

[Hu82]   T. C. Hu. *Combinatorial Algorithms*. Addison-Wesley, 1982.

[Hub98]   B. Burke Hubbard. *The World According to Wavelets: The Story of a Mathematical Technique in the Making, 2nd edition*. A K Peters, Ltd., 1998.

[Huf52]   D. A. Huffman. A method for the construction of minimum-redundancy codes. In *Proceedings of the IRE 40, 1098–1101*, 1952.

[JF56]   L. R. Ford Jr. and D. R. Fulkerson. Maximal flow through a network. *Canadian Journal of Mathematics 8, 399–404*, 1956.

[JF62]   L. R. Ford Jr. and D. R. Fulkerson. *Flows in Networks*. Princeton University Press, 1962.

[JM08]   K. Jansen and M. Margraf. *Approximative Algorithmen und Nichtapproximierbarkeit*. de Gruyter, 2008.

[Jr.56]   L. R. Ford Jr. Network flow theory. The RAND Corporation, Paper P-923, 1956.

[Jun94]   D. Jungnickel. *Graphen, Netzwerke und Algorithmen*. BI-Wissenschaftsverlag, 1994.

[Kar74]   A. V. Karzanov. Determining the maximal flow in a network by the method of preflows. *Soviet Mathematics Doklady 15, 434–437*, 1974.

[Kar84]   N. Karmarkar. A new polynomial-time algorithm for linear programming. *Combinatorica 4, 373–395*, 1984.

[Kha79]   L. G. Khachiyan. A polynomial algorithm in linear programming. *Soviet Mathematics Doklady 20, 191–194*, 1979.

[KMP77]   D. E. Knuth, J. H. Morris, and V. R. Pratt. Fast pattern matching in strings. *SIAM J. Computing 6, 323–350*, 1977.

[Knu71]   D.E. Knuth. Optimum binary search trees. *Acta Informatica 1, 14–25*, 1971.

[Knu97]   D. E. Knuth. *The Art of Computer Programming, Vol 1, Fundamental Algorithms, 3nd Edition*. Addison-Wesley, 1997.

[Knu98a]   D. E. Knuth. *The Art of Computer Programming, Vol 2, Seminumerical Algorithms, 3nd Edition*. Addison-Wesley, 1998.

[Knu98b]   D. E. Knuth. *The Art of Computer Programming, Vol. 3, Sorting and Searching, 2nd edition*. Addison-Wesley, 1998.

[Kön36]   D. König. *Theorie der endlichen und unendlichen Graphen*. Akademische Verlagsgesellschaft Leipzig, 1936.

[Kru56]   J. B. Kruskal.   On the shortest spanning subtree of a graph and the travelling salesman problem. *Proceedings of the American Mathematical Society 7, 48–50*, 1956.

[Kuh55]   H. W. Kuhn. The hungarian method for the assignment problem. *Naval Research Logistics Quarterly 2, 83–97*, 1955.

[Law76]   E. L. Lawler. *Combinatorial Optimization: Networks and Matroids*. Holt, Rinehart and Winston, 1976.

[LD60]   A. H. Land and A. G. Doig. An automatic method for solving discrete programming problems. *Econometrica 28, 497–520*, 1960.

[Lip81]   J. D. Lipson. *Elements of Algebra and Algebraic Computing*. Addison-Wesley, 1981.

[LP86]   L. Lovász and M. D. Plummer. *Matching Theory*. North-Holland, 1986.

[Meh84]   K. Mehlhorn. *Data Structures and Algorithms 2: Graph Algorithms and NP-Completeness*. Springer, 1984.

[Meh88]   K. Mehlhorn. *Datenstrukturen und effiziente Algorithmen Band 1: Sortieren und Suchen*. Teubner, 1988.

[Mil76]   G. L. Miller. Riemann's hypothesis and tests for primality. *J. Comput. Syst. Sci. 13, 300–317*, 1976.

[MR95]   R. Motwani and P. Raghavan. *Randomized Algorithms*. Cambridge University Press, 1995.

[MU05]   M. Mitzenbacher and E. Upfal. *Probability and Computing*. Cambridge University Press, 2005.

[NN93]   Y. Nesterov and A. Nemirovskii. *Interior-Point Polynomial Algorithms in Convex Programming*. SIAM, 1993.

[NW88]   G. L. Nemhauser and L. A. Wolsey. *Integer and Combinatorial Optimization*. John Wiley & Sons, 1988.

[OW90]   T. Ottmann and P. Widmayer. *Algorithmen und Datenstrukturen*. BI-Wissenschaftsverlag, 1990.

[Pea84]   J. Pearl. *Heuristics: Intelligent Search Strategies for Computer Problem Solving*. Addison-Wesley, 1984.

[Pri57]   R. C. Prim. Shortest connection networks and some generalizations. *Bell System Technical Journal 36, 1389–1401*, 1957.

[PS82]   C. H. Papadimitriou and K. Steiglitz. *Combinatorial Optimization: Algorithms and Complexity*. Prentice-Hall, 1982.

[Rab80]   M. O. Rabin. Probablistic algorithm for testing primality. *J. Number Theory 12, 128–138*, 1980.

[RC77]   R. C. Read and D. G. Corneil. The graph isomorphism disease. *Journal of Graph Theory 1, 339–363*, 1977.

[Sch86]   A. Schrijver. *Theory of Linear and Integer Programming*. John Wiley & Sons, 1986.

[SK83]   D. Sankoff and J. B. Kruskal, editors. *Time Warps, String Edits, and Macromolecules: The Theory and Practice of Sequence Comparison*. Addison-Wesley, 1983.

[Smy03]   B. Smyth. *Computing Patterns in Strings*. Pearson, 2003.

[SS77]   R. Solovay and V. Strassen. A fast monte-carlo test for primality. *SIAM J. Computing 6, 84–85*, 1977.

[ST85]   D. Sleator and R. E. Tarjan. Amortiezed efficiency of list update and paging rules. *Communications of the ACM 28, 202–208*, 1985.

[Ste94]   G. A. Stephen. *String Searching Algorithms*. World Scientific, 1994.

[Tar72]   R. E. Tarjan. Depth first search and linear graph algorithms. *SIAM J. Computing 1, 146–160*, 1972.

[Tar83]   R. E. Tarjan. *Data Structures and Network Algorithms*. Society for Industrial and Applied Mathematics, 1983.

[Tut84]   W. T. Tutte. *Graph Theory*. Addison-Wesley, 1984.

[Ukk95]   E. Ukkonen. Online-construction of suffix trees. *Algorithmica 14, 249–260*, 1995.

[Vaz01]   V. V. Vazirani. *Approximation Algorithms*. Springer, 2001.

[vzGG99]   J. von zur Gathen and J. Gerhard. *Modern Computer Algebra*. Campridge University Press, 1999.

[Wag70]   K. Wagner. *Graphentheorie*. B.I.-Wissenschaftsverlag, 1970.

[Whi67]   L. J. White. *A parametric study of matchings and coverings in weighted graphs*. PhD thesis, Department of Electrical Engineering, University of Michigan, Ann Arbor, 1967.

Index

www.ingramcontent.com/pod-product-compliance
Lightning Source LLC
La Vergne TN
LVHW080114070326
832902LV00015B/2573